Tim LaHaye & Jerry B. Jenkins

Leben wir in der Endzeit?

Biblische Prophezeiungen
und ihre Bedeutung für die heutige Zeit

Tim LaHaye & Jerry B. Jenkins

Leben wir in der Endzeit?

Biblische Prophezeiungen
und ihre Bedeutung für die heutige Zeit

Projektion J

Originaltitel: *Are We Living In The End Times?*

1. Auflage 2002

Auf der Grundlage der neuen Rechtschreibung.

ISBN 3-89490-400-3

Übersetzung: Rosina Erb
Umschlaggestaltung: Michael Wenserit
Autorenfoto: Reg Francklyn
Satz: Die Feder GmbH, Wetzlar
Druck und Verarbeitung: Ebner Ulm

Dieses Buch ist den vielen Millionen
von Lesern der »Finale«-Reihe gewidmet.
Wir beten für sie und hoffen,
dass es ihnen hilft, ein klares Bild
über biblische Endzeitprophetie
zu gewinnen.

Inhalt

Einführung

Wie lange wird es noch dauern?

Dies ist vielleicht die bislang aufregendste Zeit der Geschichte. Nicht nur wegen atemberaubender Fortschritte in Wissenschaft und Technik, sondern auch weil wir Christen des 21. Jahrhunderts Grund zu der Annahme haben, dass Christus bald wiederkommen und uns ins Haus seines Vaters holen wird, jedenfalls mehr als jede andere Generation, die vor uns gelebt hat.

Natürlich sind wir nicht die erste Generation, die dies denkt. Die Geschichte zeigt, dass schon viele vor uns die Geschehnisse ihrer Zeit als Erfüllung der Endzeitprophetien ausgelegt haben. In einigen Fällen sind Menschen aber durch wilde Spekulationen und Angaben von Daten eher abgeschreckt als inspiriert worden. Dennoch haben diese Interpretationen zumindest dazu geführt, dass Menschen wieder angefangen haben, in der Bibel zu lesen, um die Zeichen erkennen zu können. Viele von ihnen haben sich aufrichtig danach gesehnt, dass Christus endlich sein Reich aufrichtet und damit den zunehmenden Sittenverfall beendet. Alle Christen betrachten diese Aussicht als eine ungeheure Verbesserung für unsere von Kriegen geplagte und unter dem Fluch der Sünde stehenden Welt.

Es sollte uns nicht wundern, wenn die Menschen über Endzeitereignisse verwirrt sind, denn sogar Daniel, einem der größten Propheten Israels, wurde befohlen: »Halte geheim, was ich dir jetzt gesagt habe; schreibe es auf und versiegle das Buch, damit es in der letzten Zeit geöffnet wird!« (Daniel 12,4; Gute Nachricht). Die Angabe »letzte Zeit« bezieht sich dabei auf die Zeit unmittelbar vor dem Beginn der Trübsalzeit und erstreckt sich bis zur und einschließlich der Wiederkunft Christi.

Ein Grund für die Verwirrung liegt darin, dass es durch die »Versiegelung« der Endzeitereignisse wesentlich schwieriger geworden ist, die »Zeichen der Zeit« zu erkennen. Die »Entsiegelung« oder die Fähigkeit, Prophetien verstehen zu können, die sich auf die Endzeit beziehen, wird nach Aussage von Daniel erst dann kommen, wenn viele nachforschen werden, bis die Erkenntnis groß sein wird (Dan 12,4; Einheitsübersetzung). Wahrscheinlich zweifeln nur wenige daran, dass wir in einer Zeit leben, in der sich das Wissen enorm vermehrt hat. Allein in diesem Jahrhundert sind sowohl säkulare Erkenntnisse als auch Einsichten über die Wahrheit der Prophetie stark angestiegen. Wir glauben, dass wir dichter vor einem Durchbruch im Bereich der prophetischen Einsichten stehen, als das je zuvor in den letzten beiden Jahrtausenden der Fall war.

Ich, Tim LaHaye, beschäftige mich seit über 50 Jahren mit Prophetie und kann Ihnen versichern, dass Menschen noch nie ein so großes Interesse daran hatten, etwas über die Zukunft in Erfahrung zu bringen wie heute. Und das gilt gleichermaßen für säkulare wie christliche Kreise. Auch der Aufsehen erregende Erfolg unserer »Finale«-Reihe spricht dafür. Unsere Internet-Seite (www.leftbehind.com) wird im Schnitt mehr als 80 000-mal pro Tag besucht. Tausende von Lesern haben uns geschrieben, um uns ihre Anerkennung auszudrücken, um uns Fragen zu stellen oder um zu berichten, dass sie durch diese Reihe zur Umkehr ermutigt wurden.

Es sind vor allem diese Briefe (und speziell die uns darin gestellten Fragen), die uns dazu angeregt haben, dieses Buch zu schreiben. Wir haben dabei hauptsächlich zwei Ziele vor Augen:

1. den Lesern zu helfen, die biblischen Grundlagen der Charaktere unserer Endzeitromane zu entdecken, und ihnen einen Begleitband zur Verfügung zu stellen, der die wichtigsten Ereignisse dieser Zeit umreißt;
2. aufzuzeigen, dass wir mehr als jede vor uns lebende Generation Grund zu der Annahme haben, dass Christus noch zu unseren Lebzeiten wiederkommen kann.

Die zunehmende Flut von Büchern, Kassetten und Videokassetten über die Erfüllung von Endzeitprophetien hat die Veröffentlichung dieses Buchs zusätzlich beschleunigt. Vor kurzem fand ich in meiner Post einen neu erschienenen Film und zwei neue Videos mit Informationen über Vorzeichen für die baldige Wiederkunft

Christi. Es stimmt, dass die Erkenntnisse über dieses Thema zunehmen – nach meiner Ansicht eines der vielen Zeichen, dass wir mit Riesenschritten auf diese Zeit zugehen.

Dass sich andere vor uns darüber geirrt haben, wie nahe die Wiederkunft Christi bevorsteht, sollte uns gerade jetzt, wo einige Prophezeiungen über die Endzeit entsiegelt werden, nicht davon abhalten, in der Bibel nachzuforschen. Die Fähigkeit, die Zeichen unserer Zeit richtig einschätzen zu können, nimmt fast täglich zu. Angefangen von der Tatsache, dass Israel wieder zu einem Staat geworden ist, dem Hass, der ihm von Seiten Russlands und arabischen Staaten entgegenschlägt, bis zum Erstarken Chinas und vieler anderer Dinge – all das sind die Fäden, aus denen der Teppich der Endzeit gewebt wird.

Durch die technologischen Voraussetzungen unserer Generation haben wir einen Eindruck davon bekommen, wie sich bestimmte Dinge erfüllen könnten, etwas, das noch in der vorigen Generation unmöglich gewesen ist. Auch wenn Christus heute wiederkommen würde, wäre keine der Prophetien, die sein Kommen bedingen, unerfüllt geblieben.

Natürlich können wir nicht *garantieren*, dass Christus noch in unserer Generation kommt. Das kann sich durch seine Gnade noch um ein, zwei Tage verzögern, was nach seiner Zeitrechnung unter Umständen 1 000 Jahre bedeutet (vgl. 2 Petr 3,8). Doch wir betonen nachdrücklich, dass wir mehr als jede Generation vor uns Grund haben zu glauben, dass er noch in unserer Generation kommen wird. Und wir sind sicher, dass auch Sie uns zustimmen werden, wenn Sie dieses Buch zu Ende gelesen haben.

Teil 1

Zusammenhänge

1. Einführung in die biblische Prophetie

Gott muss gewollt haben, dass seine Nachfolger die biblische Prophetie verstehen lernen, denn er hat diesem Thema etwa 30 Prozent der Bibel gewidmet. Durch Prophetie bekommen wir nicht nur Einblick in zukünftige Ereignisse, sondern wir bekommen auch die Gewissheit, dass Gott sein Wort hält und zu seinen Verheißungen steht.

Das Alte Testament enthält z. B. mehr als 100 Prophezeiungen, die sich darauf beziehen, dass ein Messias auf diese Erde kommen wird. Auf Grund dieser Prophezeiungen können wir sagen, dass Jesus wirklich der Messias war, denn er hat jede Einzelne von ihnen erfüllt. Das ist auch der Grund, warum alle, die an ihn glauben, sicher sein können, dass er wirklich auf diese Erde zurückkommen wird, um sein Königreich zu errichten. Denn das wurde uns ebenfalls zugesagt – fünfmal öfter als uns versprochen wurde, dass er das erste Mal kommen wird! Da sein erstes Kommen eine historische Tatsache ist, können wir fünfmal so sicher sein, dass er auch ein zweites Mal kommen wird.

Prophetie für Christen, die noch ganz am Anfang stehen

Eines der zuerst entstandenen Bücher des Neuen Testaments, der erste Brief an die Thessalonicher, enthält sehr viele Informationen über die Endzeit. Auch das weist darauf hin: Gott will, dass sich Christen mit Prophetie beschäftigen und sie verstehen lernen. Praktisch jedes Kapitel enthält einen Hinweis auf die Wiederkunft Christi. Paulus, ein Mann, den Gott dazu gebraucht hat, um Gemeinden auf der ganzen Welt zu lehren, lehrte die junge Gemeinde von Thessalonich schon in den ersten drei Wochen ihres Bestehens über biblische Prophetie. (Das wissen wir, weil er noch vor seinem vierten Sabbat aus der Stadt vertrieben wurde.) Schon eine flüchtige Lektüre dieses Briefes zeigt, dass er keinerlei Hemmungen hatte, über die bevorstehende Wiederkunft Christi, die Entrückung, den Antichristen, den Zorn Gottes und andere zukünftige Dinge zu sprechen, Themen, mit denen auch wir uns in diesem Buch beschäftigen werden.

Prophetie ist keine schwierige Sache

In den vergangenen 30 Jahren ist sowohl in der Pfarrerausbildung als auch in unseren Gemeinden biblische Lehre über Prophetie zu kurz gekommen. Der Grund dafür ist ganz einfach: Viele Professoren unserer Seminare, die an säkularen Universitäten studiert haben, mussten oft Demütigungen hinnehmen, weil man ihnen vorwarf, sie seien »Fundamentalisten«. Man spottete darüber, dass sie die Bibel wörtlich nahmen, und erklärte ihnen, dass Prophetie verwirrend und schwer zu verstehen sei.

Wenn diese Männer dann die Ausbildung unserer zukünftigen Pfarrer übernehmen, führt das unweigerlich dazu, dass sie die prophetischen Anteile der Bibel einfach beiseite lassen. Sie begründen das damit, dass Prophetie »zu kontrovers« sei. Da kein Mensch etwas lehren kann, von dem er keine Ahnung hat, ist es wahrscheinlich, dass Tausende unserer heutigen Gemeinden noch nie eine Predigt über Prophetie zu hören bekommen haben – nicht etwa, weil ihre Pastoren nicht an diese Dinge glauben, sondern einfach, weil sie nichts davon verstehen.

Ein Pastor entgegnete auf die Frage, wie er ein bestimmtes umstrittenes prophetisches Thema behandle: »Nun, ich behandle es *nicht.*«

Was? Er lässt beinahe 30 Prozent der Bibel außer Acht? Laien, die Bücher über dieses Thema lesen oder Tagungen über Prophetie besuchen, wissen oft mehr über biblische Prophetie als ihre Pastoren.

Der Pastor einer der renommiertesten Gemeinden Amerikas, ein bekannter Autor, lud mich vor kurzem dazu ein, mit ihm ein neues Buch über Prophetie zu schreiben. Er sagte, sein Verleger sei angesichts der Tatsache, dass um die Jahrtausendwende ein verstärktes Interesse an diesem Thema bestehe, mit dieser Idee an ihn herangetreten. Und er fügte hinzu: »Ich habe mich niemals mit Prophetie beschäftigt und fühle mich einfach nicht qualifiziert genug, um darüber zu schreiben. Aber ich habe genug von Ihnen gelesen, um sicher zu sein, dass wir grundsätzlich auf einer Linie liegen. Ich denke, es wäre keine schlechte Sache, wenn wir uns zusammen an dieses Projekt heranwagten.« Ich ermutigte ihn, sich mit dem Thema zu beschäftigen und das Buch selbst zu schreiben, denn Prophetie ist wirklich nicht so schwer.

Jeder kann die großen Ereignisse, die in der biblischen Prophetie beschrieben werden, verstehen, wenn er nur ein wenig Zeit dafür aufwendet, um Schriftstellen miteinander zu vergleichen, und der Versuchung widersteht, alles, was auf den ersten Blick kompliziert erscheint, sofort bildlich zu deuten. Eine gute Daumenregel für Bibelstudium an sich ist in der bekannten goldenen Regel für die Auslegung der Bibel zu finden:

> *»Wenn eine Schriftstelle Sinn ergibt und mit dem gesunden Menschenverstand übereinstimmt, dann suche nicht nach einem tieferen Sinn. Nimm jedes Wort in seiner ursprünglichen, wörtlichen Bedeutung, außer wenn der Sachverhalt im unmittelbaren Zusammenhang klar und deutlich auf etwas anderes hinweist.«*
> (Dr. David L. Cooper)

Wenn Sie diese Regel beachten, dann ist es relativ einfach, die Bibel zu verstehen; wenn Sie diese Regel missachten, dann werden Sie oft in die Irre gehen. Das gilt ganz besonders für Abschnitte der Bibel, die sich mit Prophetie beschäftigen. In den letzten Jahren hat sich eine Reihe von Bibellehrern darauf geeinigt, dass Prophetie grundsätzlich symbolisch zu verstehen sei. Als Folge davon haben eine Reihe von widersprüchlichen Lehrmeinungen eine solche Verwirrung über die Kirche gebracht, dass viele das Thema schließlich zur Seite gelegt haben, auch wenn sie damit auf einen wichtigen Teil von Gottes Wort verzichten.

Wenn ich in einer Gemeinde oder auf einer Tagung darüber spreche, dass Christus wiederkommt, dann ist es nicht ungewöhnlich, dass einzelne Menschen auf mich zukommen und mir berichten, dass sie in den letzten 25 Jahren noch nie etwas davon gehört haben. Ein Pfarrer schrieb mir, wie schuldig er sich fühle, dass er in keiner seiner Predigten ein Wort darüber verloren habe, dass Christus wiederkommen wird. Er schloss mit den Worten: »Ich habe Gott versprochen, mich ernsthaft mit Prophetie auseinander zu setzen und auch darüber zu predigen.« Wenn er das wirklich tut, wird seine Gemeinde aufleben. Sie wird ihre Aufmerksamkeit darauf richten und auch geistlich wachsen. Es gibt wahrscheinlich kaum ein anderes biblisches Thema, das uns mehr herausfordert und geistlich motiviert als die Beschäftigung mit Prophetie.

Geschichtliche Auswirkungen von Prophetie

Prophetie, die richtig vermittelt wird, betont nachdrücklich die nahe bevorstehende Wiederkunft Christi – nämlich, dass er in jedem Augenblick kommen kann. Das hat sich im Laufe der Kirchengeschichte als eine der wirksamsten Kräfte erwiesen, Menschen geistlich zu motivieren. Prophetie hatte schon immer eine dreifache Auswirkung, und das trifft auf die Kirche der ersten drei Jahrhunderte ebenso zu wie auch auf die der letzten zwei Jahrhunderte:

1. Sie fordert Gläubige auf, mitten in einer unheiligen Umgebung ein heiliges Leben zu führen.
2. Sie motiviert Christen verstärkt dazu, die Gute Nachricht an andere weiterzugeben.
3. Sie veranlasst die Kirche, mehr in die Mission zu investieren, weil ihr bewusst wird, dass sie den großen Auftrag ausführen muss, bevor Christus wiederkommt.

Die vier wichtigsten Ereignisse der Geschichte

Jedes der im Folgenden genannten vier überaus wichtigen geschichtlichen Ereignisse markiert die Wende einer Epoche. Drei davon gehören der Vergangenheit an, das vierte Ereignis muss erst noch geschehen. Alle waren im Grunde nichts anderes als ein gigantischer Kampf zwischen Gott und dem Widersacher um die Seelen der Menschen. Jedes von ihnen hatte entscheidende Auswirkungen auf die nachfolgenden Generationen. Die ersten drei sind Schöpfung, Sintflut und das erste Kommen Christi, einschließlich seines Todes für die Sünden der Menschheit und seiner Auferstehung. Das vierte und letzte Ereignis von zentraler Bedeutung wird die Wiederkunft Christi auf diese Erde sein.

Die Schöpfung

Nach Aussage des 1. Kapitels der Genesis (was »Ursprung, Anfänge« bedeutet) stellt die Erschaffung dieses besonderen Wesens, des Menschen, den Höhepunkt der Schöpfung dar. Der Mensch besteht nicht nur aus einem Körper und einer Seele, sondern er hat auch einen unsterblichen Geist. Darüber wird in den ersten drei Kapiteln der Schöpfungsgeschichte berichtet. Die Auswirkungen des Sündenfalls – der Sünde Adams und Evas, die makellos geschaffen wurden, aber ihren freien Willen dazu missbrauchten, Gott nicht zu gehorchen – haben die Welt in Tod und Verderben gestürzt. Sie haben eine Menschheit hervorgebracht, die in nur 1 000 Jahren so böse wurde, dass Gott alle, mit Ausnahme von Noah und seiner Familie, bei der Sintflut umkommen ließ.

Die Sintflut

Der Bericht über eine weltweite Flut, die in Genesis, Kapitel 6 bis 8 in allen Einzelheiten beschrieben wird, zeigt auch, dass Gott die Erde durch nur acht Menschen wieder bevölkert hat. Dieses große Ereignis wird in der Literatur verschiedener Völker der antiken Welt ebenfalls erwähnt, was darauf hinweist, dass die ganze Welt davon betroffen war. Würde diese Tatsache von der Wissenschaft anerkannt, dann wäre die Evolutionstheorie unhaltbar, ebenso wie die Theorie einer »theistischen Evolution« (einer von Gott gelenkten Evolution). Aber der humanistische Mensch zieht es vor, einer unwissenschaftlichen Evolutionstheorie mehr Glauben zu schenken als der biblischen Wahrheit, dass Gott den Menschen erschaffen hat und von ihm Rechenschaft über sein Leben fordern wird.

Das Kreuz

Das dritte Ereignis von zentraler Bedeutung war die Kreuzigung Jesu Christi. Das Symbol des Kreuzes schließt auch die jungfräuliche Geburt ein, in der sich eine biblische Voraussage erfüllt hat, sein sündloses Leben, Jesu Opfertod und seine Auferstehung. Als der erstgeborene Sohn Gottes freiwillig zustimmte, für die »Sünden der Welt« am Kreuz zu sterben, beendete er damit das Zeitalter des Gesetzes und leitete das Zeitalter der Gnade ein. Von diesem Zeitpunkt an konnten Menschen für alle Ewigkeit dadurch gerettet werden, dass sie glauben, ihre Sünden bereuen und Jesus bitten, sie zu erlösen. Darum wird es auch »Zeitalter der Gnade« genannt. Es wird mit dem nächsten wichtigen Ereignis zu Ende gehen ...

Die Wiederkunft Christi

Das zweite Kommen Jesu Christi und zahlreiche kleinere Ereignisse, die ihm vorausgehen und folgen werden, sind der eigentliche Inhalt der Endzeit-Prophetie. Es ist zweifellos die größte Geschichte über die Zukunft, die es gibt. Keine Religion, keine Kultur und keine Literatur haben einen so großartigen Entwurf zukünftiger Ereignisse zu bieten, die aber nur der Auftakt zu etwas noch Besserem sind, nämlich der Ewigkeit. Wer diese sensationellen Dinge erst einmal verstanden hat, für den haben sie sich oft als so spannend und faszinierend erwiesen, dass er von seinem gottlosen Verhalten lässt und Jesus Christus als Herrn und Retter annimmt.

Das ist ein guter Grund für alle Christen, die Zusammenhänge verstehen zu lernen, insbesondere da wir sehen, wie vieles davon vor unseren Augen in Erfüllung geht.

Natürlich gibt es in der Geschichte auch andere wichtige Ereignisse, aber keine, die von größerer Bedeutung wären als diese vier. Auf dem folgenden Schaubild wollen wir daher diese Ereignisse besonders herausstellen und auf einer Zeitlinie anordnen. Diese umfasst die gesamte Spanne der Menschheit auf dieser Erde, eingebettet in die Ewigkeit. Die vergangenen ewigen Zeitalter werden dabei von den kommenden ewigen Zeitaltern getrennt.

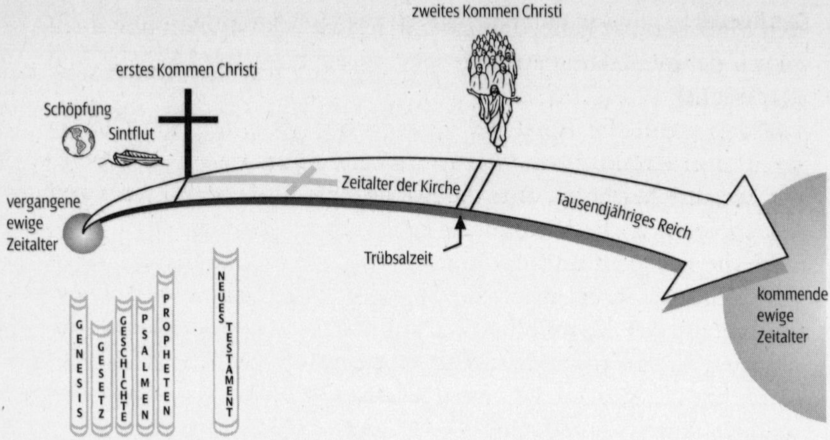

Abb. 1: Die vier wichtigsten Ereignisse der Geschichte

Aus Gründen, die nur Gott kennt, berichtet uns die Bibel nur sehr wenig über die Ewigkeit. Aber Gott scheint großen Wert darauf zu legen, dass der Mensch seine eigene Geschichte verstehen lernt, denn etwa die Hälfte der Bibel beschäftigt sich mit der Geschichte des Menschen. Sie enthält eine Fülle von historischen Informationen, die in den letzten beiden Jahrhunderten auch durch die Archäologie bestätigt wurden. Die 66 Bücher der Bibel beschäftigen sich hauptsächlich mit der Existenz des Menschen in einer Periode, die wir »Zeit« nennen und die von Adam und Eva bis zum kommenden Königreich Jesu Christi reicht.

25 % der Bibel enthalten Richtlinien dafür, wie wir als Menschen leben und mit anderen umgehen sollen.

Weitere 28 % der Bibel sind Prophezeiungen, von denen einige bereits durch Israel und das erste Kommen Christi in Erfüllung gegangen sind. Die Bibel erwähnt nur kurz, dass wir in der Ewigkeit bei Gott im Himmel sein werden, und sagt uns einige tröstende Worte über unsere Zukunft. Ein Beispiel dafür ist: »Dann werden wir immer mit ihm zusammen sein« (1 Thess 4,17; Gute Nachricht). Ein anderes Beispiel ist das wunderbare Versprechen, das uns Jesus selbst gegeben hat: »Im Haus meines Vaters gibt es viele Wohnungen, und ich gehe jetzt hin, um dort einen Platz für euch bereitzumachen. [...] Und wenn ich gegangen bin und euch den Platz bereitet habe, dann werde ich zurückkommen und euch zu mir nehmen, damit auch ihr seid, wo ich bin« (Joh 14,2–3; Gute Nachricht).

Auch wenn die Bibel die vergangenen Zeitalter nur flüchtig streift, werden uns doch viele Einzelheiten über den Konflikt dieser Zeitalter berichtet, über die Auflehnung des Widersachers und seinen Versuch, die Menschheit zu täuschen – nämlich über Gott, über die Ewigkeit und darüber, wie die Welt im tausendjährigen Friedensreich ihren absoluten Höhepunkt erreichen wird. Diese Geschichte der Menschheit, die von Adam bis zu Christus, dem »zweiten Adam« (oder dem vollkommenen Menschen) reicht, der starb, um die Sünden des ersten Adam zu sühnen, ist wirklich eine wunderschöne Geschichte.

Das Buch, das Sie in Händen halten, handelt hauptsächlich von Gottes wunderbarem Plan für die Zukunft der Menschheit auf dieser Erde, bevor sie in eine Periode des Friedens eintreten wird. Wenn es uns nicht gelingt, Gottes Plan zu verstehen, angefangen vom Kommen eines »ersten Adam« bis zu Jesus Christus, der ein zweites Mal kommen wird, um sein Königreich aufzurichten, dann werden wir auch nicht in der Lage sein, die großen philosophischen Fragen unseres Lebens zu beantworten: »Wozu lebe ich? Wohin gehe ich? Wie kann ich dorthin kommen?« Wir sind der Auffassung, dass nur die Beschäftigung mit Prophetie alle diese Fragen ausreichend beantworten kann.

Wir werden die skizzierte Zeitschiene unserer menschlichen Geschichte in diesem Buch immer wieder gebrauchen, um viele Bibelstellen an ihr festzumachen, die uns Auskunft über unsere Zukunft geben. Es hat sich als sehr hilfreich erwiesen, jede prophetische Lehre in Beziehung zu dieser Zeitschiene zu setzen.

Das gegenwärtige Zeitalter der Kirche

Jesus hat seinen Nachfolgern nicht nur versprochen, dass er wiederkommen und sie zu sich in das Haus seines Vaters holen wird (Joh 14,1–3), sondern auch, dass er seine Gemeinde bauen wird, die von keiner Macht vernichtet werden kann (Mt 16,18). Er hat diese Gemeinde durch den Dienst des Heiligen Geistes gebaut, der sowohl in den Aposteln als auch in Menschen wirkte, die durch sie zum Glauben gekommen sind. Diese Gemeinde wurde 20 Jahrhunderte lang von anderen Religionen, Königen und Machthabern verfolgt und ist heute dennoch stärker als je zuvor. Das allein stützt schon sein Versprechen, denn sie breitet sich immer weiter aus, obwohl ihr in der Welt von allen Seiten beständiger Hass entgegenschlägt. Das wird auch weiter so sein, bis er sie aus dieser Welt herausnimmt. Experten für Gemeindewachstum schätzen, dass es zur Zeit mehr als eine Milliarde Christen gibt und dass diese Zahl steigend ist.

Das Zeitalter der Kirche reicht vom ersten Pfingstfest der Apostelgeschichte (Apg 2) bis zum heutigen Tag und wird auch als Zeit der Gnade bezeichnet. Im Matthäus-Evangelium, Kapitel 13 wird ein Bild von ihr skizziert, und die Apostel, insbesondere Petrus, Johannes und Paulus, haben ihr ganzes Leben der Aufgabe gewidmet, die Gemeinde Jesu Christi zu bauen und sie zu lehren. In den Kapiteln 2 und 3 der Offenbarung wird sie in groben Zügen skizziert, und das Neue Testament beschreibt speziell in den Briefen, wie ihre Aktivitäten aussehen sollten.

Zum Gebrauch der Schaubilder

Ein altes chinesisches Sprichwort sagt, dass ein Bild 1 000 Worte ersetzen kann. Wenn das stimmt, dann kann jedes gute Schaubild 1 000 Worte über Prophetie ersetzen, denn sie fixieren bestimmte Ereignisse an einem festen Zeitpunkt und zeigen, welchen Zusammenhang diese zu anderen haben. Ich verwende diese Schaubilder seit vielen Jahren in Gemeinden und auf Tagungen zum Thema Prophetie, um damit komplexe Dinge zu illustrieren. Sie sind ein wesentlicher Bestandteil aller sechs Bücher, die ich über Prophetie geschrieben habe. Um der Klarheit willen werden wir auch in diesem Buch immer wieder auf sie zurückgreifen.

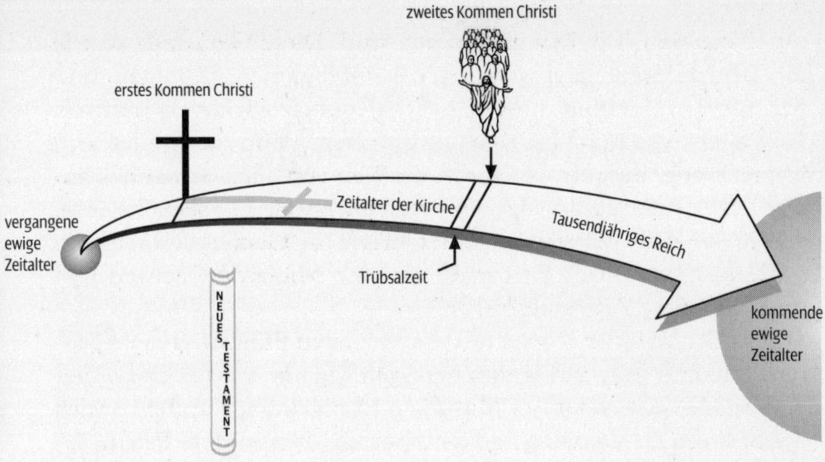

Abb. 2: Prophezeiungen aus dem Neuen Testament

Wenn Sie dieses Schaubild über die vergangene und zukünftige Reise des Menschen über diese Erde betrachten, dann hoffen wir, dass Ihnen dabei mindestens drei Dinge bewusst werden.

Das Kreuz

Das berühmteste Zeichen der menschlichen Geschichte steht für das bedeutendste Ereignis aller Zeiten. Als Jesus Christus an dem Kreuz »für die Sünden der ganzen Welt« gestorben ist, hatte das Auswirkungen, die bis zu Adam und Eva zurückreichen und die bis zum letzten Menschen reichen werden, der während des Millenniums – dem Tausendjährigen Reich Christi auf Erden – geboren werden wird. Mit seinem Tod hat er die Sünden der gesamten Menschheit gesühnt. Er hat damit auf den Glauben aller geantwortet, die vor ihm gelebt haben. Und er hat allen, die nach ihm kamen bzw. kommen, angeboten, durch einen einfachen Glaubensschritt den Folgen von Adams Sündenfall zu entgehen. Dieses Wunder der Erlösung ist nur durch ihn, den sündlosen Sohn Gottes, möglich geworden. Seine Kreuzigung ist mehr als nur das Sterben eines Menschen um der Sünden anderer willen, es ist das

Sterben des erstgeborenen Sohnes Gottes für die Sünden der ganzen Menschheit.

Die ganze Menschheit muss sich entscheiden

Jeder Mensch jeder Generation hat die Freiheit, Gott zu gehorchen oder nach seinem eigenen Willen zu leben. In alttestamentlichen Zeiten verlangte ein gehorsamer Glaube von Menschen, dass sie nach den Vorschriften Gottes ein unschuldiges Lamm opfern. Nachdem Christus sein Werk am Kreuz vollbracht hat, besteht dieser gehorsame Glaubensschritt jetzt darin, vor diesem Kreuz die Knie zu beugen und den Namen des Herrn anzurufen. Damit entscheidet jeder Einzelne darüber, wo er die Ewigkeit verbringen wird – mit Gott oder ohne ihn. Wir haben nur die Wahl zwischen diesen beiden Alternativen.

Sie müssen sich entscheiden

Prüfen Sie Ihr Herz, ob Sie jemals eine solche Entscheidung getroffen haben. Haben Sie den Namen des Herrn persönlich angerufen? Wenn nicht, dann bitten wir Sie eindringlich, beim Lesen eine Pause einzulegen und es jetzt zu tun. Für den Fall, dass Sie Hilfe bei der Formulierung brauchen, schlagen wir Ihnen folgendes Gebet vor:

> *»Lieber himmlischer Vater, ich bekenne dir, dass ich gesündigt habe und in deinen Augen ein Sünder bin. Ich brauche deine Vergebung. Ich danke dir, dass du Jesus, deinen Sohn, geschickt hast, damit er am Kreuz für meine Sünden stirbt, so wie es in der Bibel gesagt wird. Danke, dass du ihn wieder auferweckt hast. Ich bitte ihn jetzt, in mein Leben zu kommen und meine Sünden von mir zu nehmen. Ich bitte ihn, mich zu erlösen und mein Herr zu sein. Ich will zu dir gehören. Das bete ich im Namen Jesu! Amen.«*

2. Was sind die letzten Tage?

Worauf bezieht sich die Bibel mit ihren zahlreichen Wendungen über die letzten Tage? Auf den ersten Blick gibt es viele Bezeichnungen, die scheinbar austauschbar sind, aber das ist nicht immer der Fall. Wenn Sie den Zusammenhang nicht sorgfältig überprüfen, um sicherzustellen, dass der Ausdruck wirklich das meint, was Sie denken, dann wird Verwirrung entstehen.

Einige Bezeichnungen für »Endzeit« sind »die letzten Tage«, »die letzte Zeit«, »die letzten Jahre« oder Daniels bevorzugter Ausdruck »die Zeit des Endes«. Jesus hat seine Rede über die Endzeit damit begonnen, dass er die Frage seiner Jünger beantwortet hat: »Woran können wir erkennen, dass du wiederkommst und das Ende der Welt da ist?« (Mt 24,1–8; Gute Nachricht). Er hat diese Zeit oft als »das Ende« bezeichnet oder darauf hingewiesen, dass »dann das Ende kommen wird«. Viele Menschen denken, dass man diese Begriffe beliebig austauschen könne, weil sie ganz allgemein mit dem Ende der Trübsalzeit zu tun haben, wenn Christus auf diese Erde wiederkommen wird, um sein tausendjähriges Königreich aufzurichten (vgl. Kapitel 14 und 15). Wir haben in der Bibel mehr als 50 unterschiedliche Passagen entdeckt, in denen diese Bezeichnungen verwendet werden, und wahrscheinlich gibt es noch mehr.

Eine Parallele zum Alltag

Thomas Ice, einer meiner Kollegen auf diesem Gebiet, weist auf eine interessante Parallele hin:

> *»Wenn Christen in der Bibel von ›den letzten Tagen‹, ›der Endzeit‹ und ähnlichen Wendungen lesen, dann neigen sie oft zu der Annahme, dass sich alle diese Redewendungen immer auf ein und dieselbe Sache beziehen. Das ist aber nicht der Fall. Wie in unserem persönlichen Alltagsleben gibt es auch hier vieles, das zu Ende gehen kann – das Ende eines Arbeitstages, das Ende eines Tages der Uhrzeit nach, das Ende der Woche oder eines Monats, das Ende eines Jahres. Nur weil das Wort ›Ende‹ benutzt wird, bedeutet das noch lange nicht, dass wir damit immer den gleichen Zeitpunkt meinen. Das Wort ›Ende‹ wird jedoch eingeschränkt und präzise definiert, sobald es durch den Zusatz ›Tag‹, ›Woche‹, ›Jahr‹ usw. näher bestimmt wird. Ebenso kann sich ›Endzeit‹ in der Bibel auf das Ende des gegenwärtigen Zeitalters der Kirche beziehen oder auf irgendeinen anderen Zeitpunkt hinweisen.«*[1]

Es ist nicht schwer herauszufinden, welche Zeit der jeweilige biblische Autor im Auge hatte, vorausgesetzt, der Leser macht sich die Mühe, den Zusammenhang zu studieren, um festzustellen, zu wem der Prophet gerade redet – zur Kirche oder zu Israel. Die meisten Bezeichnungen, die im Alten Testament oder von Jesus verwendet werden, lenken unsere Aufmerksamkeit auf das Ende der Trübsalzeit (und die meisten dieser Hinweise setzen das Ende der Trübsalzeit mit der Wiederkunft Christi gleich). In den Briefen des Neuen Testaments werden diese Ausdrücke aber manchmal so verwendet, dass sie sich auf das Ende des Zeitalters der Kirche beziehen. Das wird natürlich damit zusammentreffen, dass wir, die Gemeinde, zu Jesus gerufen und entrückt werden (vgl. Kapitel 9).

So wie bei jeder Regel gibt es auch hier mindestens zwei Ausnahmen: eine Stelle aus dem Brief an die Hebräer und eine aus dem ersten Brief des Johannes. Im Brief an die Hebräer heißt es: »In der Vergangenheit hat Gott in vielfältigster Weise durch die Propheten zu unseren Vorfahren gesprochen. Aber jetzt, *am Ende der Zeit,* hat er zu uns gesprochen durch den Sohn. Ihn hat Gott dazu bestimmt, dass ihm am Ende alles als Erbbesitz gehören soll. Durch ihn hat er auch am Anfang die Welt geschaffen« (Hebr 1,1–2; Gute Nachricht, Hervorhebung durch den Autor).

Es ist offensichtlich, dass sich das auf die Zeit bezieht, in der dieser Brief geschrieben wurde. Denn in ihrer Lebenszeit hat Gott seinen Sohn geschickt, damit er für unsere Sünden stirbt und so seine große Liebe zu uns Menschen zeigt. Dieser göttliche Gnadenakt hatte auch zur Folge, dass das alttestamentliche Opfersystem zu Ende war. Gott hat es durch einen neuen Bund ersetzt, der erst durch das Blut seines Sohnes möglich gemacht wurde.

Im ersten Brief des Johannes ist von der »letzten Stunde« die Rede. Johannes spricht von diesem neuen Bund und warnt davor, dass es auch in diesem Zeitalter der Kirche viele Antichristen geben wird, »und daran erkennen wir, dass es die letzte Stunde ist« (1 Joh 2,18; Gute Nachricht). Und er sollte Recht behalten! Denn in den folgenden 2 000 Jahren dieser Kirchenzeitalters hat es keine Zeit gegeben, in der der Widersacher keine falschen Christusse oder »Antichristen« geschickt hätte, um die Heiligen in die Irre zu führen.

Wie »Endzeit« meist gebraucht wird

In den meisten Fällen bezieht sich der Begriff »Ende der Zeit« oder »letzte Tage« auf eine Periode, die wahrscheinlich nicht mehr als ca. sieben bis zehn Jahre umspannt. Es ist nicht möglich, diese Zeit noch genauer einzugrenzen, da wir nicht mit Sicherheit sagen können, wie viel Zeit zwischen der Entrückung, die das Ende des Kirchenzeitalters markiert, und dem Beginn der Trübsalzeit verstreichen wird, die mit der Unterzeichnung eines Abkommens zwischen dem Antichristen und Israel beginnen wird (vgl. Daniel 9,27; Kapitel 13 dieses Buches). Manche meinen, dass es sich dabei nur um einige wenige Tage handeln wird, aber es gibt auch Einschätzungen, die sich auf bis zu 50 Jahre belaufen – eine Meinung, die vor mehr als 75 Jahren zu Papier gebracht wurde. Wir sind aber ziemlich sicher, dass dieser Autor, würde er heute noch leben, angesichts der zahlreichen neuen Anzeichen für die Endzeit, die während unserer Lebenszeit in Erscheinung getreten sind, seine Prognose auf ein bis drei Jahre kürzen würde.

Wenn wir annehmen, dass der Bund, den der Antichrist mit Israel schließen wird, kurz nach der Entrückung unterzeichnet wird, dann kann man von einer Zeitspanne von schätzungsweise drei bis zehn Jahren ausgehen. Das folgende Schaubild lokalisiert die zur Debatte stehende Zeit und die relativ kurze Periode, die sie umschließt.

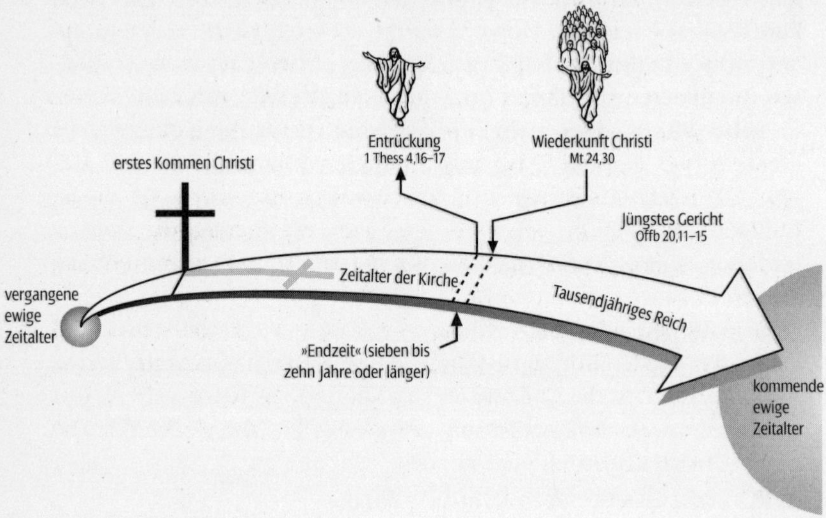

Abb. 3: Das zweite Kommen Christi

Ein Ausdruck in Joel 3, Verse 1 bis 5 – »danach« – bezieht sich auf die gleiche Zeitspanne. Wir beziehen diese Stelle mit ein, weil sie sehr wichtig ist. Hier wird prophezeit, dass kurz vor und während der siebzigsten Jahrwoche Israels (der Trübsalzeit), also zwischen Entrückung und »dem Tag des Herrn«, der Heilige Geist noch einmal auf die Erde ausgegossen wird. Er wird dann Millionen von Menschen zum Glauben führen, so wie damals zu Pfingsten. Man muss jedoch, so wie an anderen Stellen auch, auf den Zusammenhang achten, um zu erkennen, was damit gemeint ist. In diesem Fall ist zu erwarten, dass der Heilige Geist zu Beginn der Trübsalzeit die Herzen der Menschen anrühren wird, was sich dann bis zur Wiederkunft Christi steigern und schließlich einen Höhepunkt erreichen wird. Diese Ausgießung des Heiligen Geistes wird während des Dienstes der 144 000 jüdischen Zeugen stattfinden, von dem in Offenbarung, Kapitel 7 berichtet wird (vgl. Kapitel 24). »Eine große Schar, die niemand zählen kann«, wird dann durch sie zum Glauben an Christus kommen.

Zusammengefasst bedeutet dies: »Die letzten Tage«, »Endzeit«, »die letzten Tage« oder auch »danach« kann sich gewöhnlich auf jeden Zeitpunkt unmittelbar vor der Entrückung bis zur Wiederkunft selbst beziehen. Obwohl einige dieser Stellen vielleicht auf bestimmte Dinge des Kirchenzeitalters aufmerksam machen, weisen die meisten von ihnen doch auf eine Periode von etwa sieben bis zehn Jahren (oder mehr) hin, die vom »Ende des Zeitalters der Heiden« (vgl. Kapitel 5) bis zum Ende der »Drangsalzeit« (vgl. Kapitel 14) reicht. Es ist meist nicht schwer zu erkennen, was die jeweiligen Schreiber an den Stellen meinen, die sich auf die Endzeit beziehen, vorausgesetzt, dass Sie auf den genauen Zusammenhang achten.

Begriffe wie »die letzten Tage«, »die Zeit des Endes« und »das Ende der Zeit« führen uns zur siebenjährigen Trübsalzeit hin, wenn dieses Zeitalter, so wie wir es kennen, zu Ende geht. Diese Zeit wird durch die Entrückung eingeleitet und durch die Wiederkunft Christi abgeschlossen werden.

3. Sind das die Zeichen der Zeit?

Schon als Jesus Christus seine Nachfolger darauf vorbereitet, dass er sie verlassen wird, um zu seinem Vater in den Himmel zurückzugehen, und als er ihnen verspricht wiederzukommen, um sie zu sich zu nehmen (Joh 14,1–3), wird ihm die Frage aller Fragen gestellt: »Wann wirst du wiederkommen und was sind die Vorzeichen für dein Kommen?« Die Tatsache, dass Jesus seine Jünger nicht zurechtweist, als sie ihm diese Fragen stellen, lässt darauf schließen, dass er es gut findet, wenn wir aufmerksam nach den Anzeichen für seine Wiederkunft Ausschau halten. Auch Daniel, der große jüdische Prophet, stellt im 12. Kapitel seines Buches ähnliche Fragen.

Wenn wir die prophetische Literatur vom ersten Jahrhundert bis in unsere Zeit studieren, zeigt sich, dass Christen, die treu an der Bibel festgehalten haben, schon immer am »Wann« und an den »Zeichen« interessiert waren. Es stimmt, dass manche Bibelausleger absonderliche Theorien aufgestellt und unhaltbare Schlüsse gezogen haben, die sich im Laufe der Zeit als falsch erwiesen. Einige waren sogar so unbesonnen, ein bestimmtes Datum zu nennen. In anderen Fällen, wie z. B. dem der Anhänger von William Miller im Jahr 1844, wurde der Kirche großer Schaden zugefügt. Die meisten waren jedoch Menschen, die sich ehrlich mit diesem Thema auseinander gesetzt, in ihrer Zeit nach Zeichen gesucht und vergebens darauf gehofft haben, dass Christus noch während ihres Lebens wiederkommen würde.

Diese Forschungen waren sicherlich nicht alle schlecht. Während sich manche entmutigen ließen und aufhörten, sich weiter mit Prophetie zu beschäftigen, weil Christus nicht wie erwartet wiedergekommen war, wurden andere davon angeregt, sich die Bibel noch einmal genauer anzusehen. Dadurch wurde ihnen die Möglichkeit klarer bewusst, dass Christus vielleicht in ihrer Generation kommen *könnte*. Was sie wiederum davon überzeugte, dass es notwendig ist, ein geheiligtes Leben zu führen, Menschen zu Jesus zu rufen und den Missionsauftrag ernst zu nehmen. Ich glaube, dass das der eigentliche Grund ist, warum uns Gott durch seinen Sohn, durch seine Jünger und andere Verfasser biblischer Bücher 318 Verheißungen für die Wiederkunft Christi gegeben hat und warum 28 % der Bibel prophetischer Natur sind. (Wenn Sie sich über dieses Thema intensiver informieren wollen, dann lesen Sie nach bei Tim LaHaye: *The Beginning of the End*, Tyndale House Publishers.)

Die Geschichte zeigt, dass immer dann, wenn die Kirche so gelebt hat, als könnte ihr Herr jeden Augenblick wiederkommen, die Christen sich enger an Gott hielten und sich eifrig darum bemühten, den Menschen die Gute Nachricht zu bringen. Die goldenen Tage der Kirche und der persönlichen Evangelisation waren Zeiten, in denen gelehrt wurde, dass Christus bald kommen kann. Eine solche Lehre schloss natürlich auch die genaue Untersuchung der »Anzeichen« mit ein, von denen die Gläubigen dachten, dass sie in ihrer Lebenszeit in Erfüllung gegangen seien. Das Feuer der Erweckung, das im Laufe der Kirchengeschichte immer wieder aufgeflackert ist, war oft damit verbunden, dass über die Wiederkunft Christi und die »Zeichen der Zeit« gelehrt wurde.

Vorsicht bei Zeichen

In der Bibel wird uns gesagt, dass der Herr bald kommen wird (Phil 4,5). Beim Studium der »Anzeichen« für die Endzeit oder die Wiederkunft Christi ist aber immer eine gewisse Zurückhaltung geboten. Menschen, die sich auf ein bestimmtes Datum festlegen, sollten entweder nicht beachtet oder als falsche Propheten zurechtgewiesen werden. Angesichts der Warnung, die Christus selbst aussprach, ist es uns ein Rätsel, dass manche Menschen trotzdem versuchen, ein bestimmtes Datum für die Wiederkunft Christi anzugeben:

> »Doch den Tag und die Stunde, wann das Ende da ist, kennt niemand, auch nicht die Engel im Himmel – nicht einmal der Sohn. Nur der Vater kennt sie« (Mt 24,36; Gute Nachricht).

»Mein Vater hat festgelegt, welche Zeiten bis dahin noch verstreichen müssen und wann es soweit ist. Ihr braucht das nicht zu wissen« (Apg 1,7; Gute Nachricht).

Schon diese beiden Verse sollten uns warnen, dass jeder, der das genaue Datum für die Wiederkunft Christi zu wissen glaubt, sich damit nur irren kann. Im Gleichnis über den Feigenbaum hat Jesus allerdings gesagt, dass wir zumindest *ungefähr* erkennen können, wann er wiederkommt. Er sagte: »So ist es auch, wenn ihr dies alles geschehen seht: Dann wisst ihr, dass das Ende unmittelbar bevorsteht« (Mt 24,33; Gute Nachricht).

Es wird allgemein angenommen, dass die Wiederkunft Christi, die für viele plötzlich und überraschend sein wird, dann geschehen wird, wenn all jene, die ihre Bibel kennen, guten Grund zu der Annahme haben, dass er noch in ihrer Generation kommen kann.

Wir haben wirklich einige sehr gewichtige Gründe, die dafür sprechen, dass unsere Generation mehr als jede andere vor ihr dazu berechtigt ist zu glauben, dass er noch zu unseren Lebzeiten kommt! Wir lehnen es aber immer noch ab, diese Zeit zu befristen, obwohl in unseren Tagen bereits mehrere Anzeichen für die Endzeit eingetreten sind. Wir werden aber genauso zeigen, dass es einige dieser Zeichen vor einer halben Generation noch nicht gegeben hat.

Wir wollen aber von vornherein entschieden betonen, dass wir jede Vorhersage zurückweisen, dass Christus *ganz bestimmt* während unseres Lebens kommen wird. Dieses Ereignis kann sich noch um weitere 50 Jahre oder mehr hinauszögern. Wir sind jedoch weiterhin der Meinung, dass alles auf das Gegenteil hindeutet. Wir werden säkulare Wissenschaftler zitieren, die keine Möglichkeit mehr sehen, wie diese Welt weiter bestehen kann. Angesichts der Unmenge bereits bestehender Probleme haben einige bedeutende Stimmen laut ihre Zweifel daran geäußert, ob unser Planet noch eine Zukunft haben könnte, die über die nächsten 25 bis 50 Jahre hinausgeht.

Wir finden es bezeichnend, dass die heutigen Kenner biblischer Prophetie mit ihren säkularen Gegnern in diesem Punkt weitgehend übereinstimmen. Ein Vergleich der Schlussfolgerungen, zu denen diese beiden unterschiedlichen Gruppen gelangen, führt uns zu der Vermutung, diese »Zeit der Zeichen« weisen darauf hin, dass wir kurz vor dem Ende unseres Zeitalters stehen. Die Zeit, in der Christus wiederkommen und sein Königreich aufrichten wird, scheint in greifbare Nähe zu rücken. Der Grund hierfür ist offensichtlich: Er ist der Einzige, der das Chaos noch entwirren kann, in das der Mensch diese Welt hineingezogen hat.

Etwas Großes bahnt sich an

Gott hat sich mehr als 19 Jahrhunderte weitgehend davon zurückgehalten, in die Angelegenheiten des Menschen eindeutig einzugreifen, so wie er das in Israel zur Zeit des Alten Testaments getan hat. Selbstverständlich gab es auch in dieser Zeit viele Wunder, aber sie waren hauptsächlich auf gläubige Menschen beschränkt, und selbst dann griff er nicht auf eine Weise ein, die Skeptiker dazu gezwungen hätte, seine Existenz anzuerkennen. Während all dieser Jahre hat er seine Existenz in erster Linie durch die Schöpfung, die Bibel, das Leben und die Lehre seines Sohnes und die Macht des Kreuzes geoffenbart, das das Leben von Menschen verändert, die an ihn glauben.

Auch wenn heute viel über die Unzulänglichkeit der Kirche gesprochen wird, gibt es im Leib Christi doch Tausende, die ihr Bestes geben, um die Völker dieser Welt mit seiner Guten Nachricht zu erreichen. Das ist der Grund, warum sich heute in vielen Teilen der Welt eine so erstaunliche Anzahl von Menschen Gott zuwendet. Die Kirche hat den Auftrag, ein »Leuchter« oder ein Licht für diese Welt zu sein, und viele leisten heute Außergewöhnliches, um diesen Auftrag zu erfüllen.

Das wird sich ändern, sobald die Endzeit begonnen hat. Wenn die Kirche entrückt ist (vgl. Kapitel 9), wird Gott wieder anfangen, sichtbar in die Geschichte des Menschen einzugreifen. Russland und seine Verbündeten werden sich aufmachen, um das Volk Israel zu vernichten, dabei aber selbst durch ein übernatürliches Eingreifen Gottes ausgelöscht werden (Ez 38–39; vgl. Kapitel 8). Niemand kann mit Sicherheit sagen, ob das vor oder nach der Entrückung geschehen wird, denn es gibt sowohl für das eine als auch für das andere Hinweise. Eines ist für uns jedoch sicher: Der Angriff Russlands und die Entrückung werden die ersten beiden einschneidenden Ereignisse während der Endzeit sein. Danach folgt der Aufstieg des Antichristen (vgl. Kapitel 21), der Tag des Zornes Gottes (vgl. Kapitel 12–14), die beiden Zeugen (vgl. Kapitel 23), die 144 000 jüdischen Evangelisten (vgl. Kapitel 24) und viele andere Beispiele göttlichen Eingreifens während der Trübsalzeit. Es wird so viele Zeichen geben, dass es in dieser Periode kaum noch Atheismus geben wird. Verblüffenderweise wird er aber durch offene und unverhohlene Auflehnung gegen Gott ersetzt werden.

Auf die Trübsalzeit wird das majestätische Eingreifen Gottes folgen, wenn Christus in großer Macht und Herrlichkeit auf diese Erde zurückkommt (vgl. Kapitel 15). Dann wird er sein tausendjähriges Königreich aufrichten, das zuletzt in die Ewigkeit bzw. in den Himmel einmünden wird (vgl. Kapitel 19).

Mit der »Zeit des Endes«, so wie Daniel es nannte, oder mit den »letzten Tagen«, wie es von den Aposteln genannt wird, ist diese kurze Zeitspanne von etwa sieben bis zehn Jahren (oder mehr) gemeint. Es wird für diese Welt eine Zeit gewaltiger Veränderungen sein, wenn der allmächtige Gott das Zeitalter durch sein übernatürliches Eingreifen zu einem Ende bringt. Christen sollten sich mit den prophetischen Schriften auseinander setzen, einerseits, damit sie selbst vorbereitet sind, und andererseits, um anderen helfen zu können, sich auf sein Kommen vorzubereiten.

Die gute Nachricht dabei ist, dass diese Welt nicht im Chaos enden wird, so wie es von vielen Menschen vorhergesagt wird. In der Bibel heißt es, dass Christus wiederkommen und sich der Probleme dieser Welt annehmen wird, indem er sein tausendjähriges Königreich, die wichtigste Periode in der Geschichte dieser Welt, etablieren wird.

Mehr Anzeichen für die Wiederkunft Christi als je zuvor

Jesus tadelte die Menschen seiner Zeit, weil sie es versäumt hatten, die »Zeichen der Zeit« zu erkennen, die seinem ersten Kommen vorausgegangen waren, und nannte sie »eine böse Generation« (Mt 16,3). Sie hätten diese Zeit erkennen sollen, denn Daniel und andere jüdische Propheten hatten sein Kommen schon vor Jahrhunderten vorausgesagt. Simeon und Hanna, von denen im Lukas-Evangelium, Kapitel 2, berichtet wird, führte der Heilige Geist durch das Studium dieser Prophezeiungen in den Tempel, wo sie das göttliche Kind fanden.

Doch wie viel mehr Grund haben wir heute, die Zeichen für sein zweites Kommen zu erkennen! Wir sind von so vielen offensichtlichen Zeichen umgeben, dass man blind sein müsste, um sie zu übersehen – und dennoch werden sie von manchen Menschen nicht gesehen, selbst wenn man ihre Aufmerksamkeit darauf lenkt. Es existieren heute so viele Zeichen, dass man ein ganzes Buch damit füllen könnte, was ich auch getan habe. *The Beginning of the End* (»Der Anfang des Endes«) erschien 1972 und wurde 1991 neu aufgelegt. Die zahlreichen Veränderungen in den 27 Jahren seit der Erstauflage des Buches haben mich weiter in dem Glauben bestärkt, dass wir tatsächlich in einer »Zeit der Zeichen« leben. Noch nie hat es in der Geschichte so viele begründete Anzeichen für die Wiederkunft Christi gegeben.

Wir sprechen von *berechtigten Anzeichen*, denn es gibt einen Unterschied zwischen den wirklichen Anzeichen für sein Kommen, die auf der Bibel beruhen, und anderen, die nichts als reine Spekulation sind. Ein bekannter Fernsehprediger schrieb 1996 einen Bestseller, zu dem er durch die grausame Ermordung des israelischen Politikers Itzhak Rabin angeregt worden war. Das Buch, das dem von Rabin zwei Jahre zuvor unterzeichneten Friedensvertrag eine überhöhte Bedeutung beimisst, hält Rabins verfrühten Tod für ein Anzeichen für die beginnende Endzeit. Aber die Wahrheit ist, dass Rabins Tod (oder der irgendeines anderen Politikers von Weltrang) nur die Anarchie verdeutlicht, die in der Bibel für das Ende dieses Zeitalters vorausgesagt ist. Ich kenne keine Bibelstelle, die einen Zusammenhang zwischen irgendeinem speziellen Politiker mit irgendeinem Friedensvertrag herstellen würde, bevor der Antichrist auf den Plan tritt und einen siebenjährigen Friedensvertrag mit Israel unterzeichnet (Dan 9,27; vgl. Kapitel 12). Das allerdings wäre ein Zeichen für das Ende – aber nicht die Ermordung Jelzins, Arafats, Bushs oder eines sonstigen Politikers, wie prominent dieser auch sein mag.

Zeichen sind wie eine Stechuhr

Israel 1948
Ezechiel 37

Eine wissenschaftliche Zeitschrift hat vor mehr als 30 Jahren in einem aktuellen Dokumentarbericht das Bild einer Uhr abgedruckt, deren Zeiger fünf vor zwölf zeigen. Auf diese dramatische Weise wollte der Herausgeber den Blick der Leser darauf lenken, dass sich die Zivilisation seiner Meinung nach rasend schnell der Stunde ihrer Selbstzerstörung nähere. In den folgenden Ausgaben dieser Zeitschrift konnte man die Minutenzeiger dieser Uhr immer weiter auf Mitternacht zurücken sehen. Einige Journalisten setzten sogar den Ausdruck »Ende der Geschichte« in Umlauf. Damit wollten sie den Tod dieser Erde infolge von Verschmutzung, Überbevölkerung, atomarer Vernichtung oder sonstigen Katastrophen, die außerhalb des Einflussbereichs von Politikern und Staatsmännern liegen, bezeichnen.

Wir möchten auf das Bild dieser Uhr zurückgreifen, um damit ein Licht auf die Zeichen zu werfen, von denen es immer mehr gibt, seit das erste von ihnen vor über 80 Jahren plötzlich mitten auf die Bühne des Weltgeschehens gepurzelt ist. Die Zeiger unserer Uhr werden um elf Uhr starten, um anzuzeigen, wie nahe wir möglicherweise dem »Ende dieses Zeitalters« schon sind. Immer, wenn Sie auf dieses Symbol treffen, werden Sie über ein neues »Zeichen« informiert, das uns darauf aufmerksam machen will, dass diese Welt zügig auf den Zeitpunkt zugeht, an dem Christus wiederkommen wird.

Zwei Zeichen, die der jüdische Prophet Daniel für die »Zeit des Endes« vorausgesagt hat, sollten für jeden erkennbar sein – die Zunahme des Verkehrs und die Zunahme unseres Wissens. Von 1914 an, als die Durchschnittsgeschwindigkeit von Autos und Lastwagen ca. 20 bis 30 Stundenkilometer betrug, bis zum heutigen Tag, wo Raketen und Satelliten durchschnittlich 38 500 Stundenkilometer erreichen, ist auch das Wissen explosionsartig angewachsen. Warum werden diese beiden Zeichen in einem Atemzug genannt? Weil sie in Wechselbeziehung zueinander stehen. Die Schnelligkeit der Fortbewegung ist vom Wissensstand abhängig. Menschen laufen heute auf der Erde mehr »hin und her«, als das früher je der Fall war – genau so, wie es in der Bibel für die Endzeit vorhergesagt ist.

Zunahme des Verkehrs und des Wissens
Daniel 12,4

4. Die Zeichen seines Kommens

Man kann fast nicht oft genug betonen, wie wichtig die Endzeitreden Jesu auf dem Ölberg sind, die in den Kapiteln 24 und 25 des Matthäus-Evangeliums zu finden sind (verkürzte Versionen davon finden sich in Markus 13 und Lukas 21). Wir betrachten sie nicht nur als die wichtigsten Prophezeiungen zukünftiger Ereignisse, sondern wir sind auch der Überzeugung, dass sie uns einen Überblick über die Zukunft vermitteln, zu der alle übrigen prophetischen Aussagen in Beziehung gesetzt werden sollten. Sie sind so etwas wie eine Wäscheleine, auf der alle übrigen Prophezeiungen aufgehängt werden können. Das richtige Verständnis dieser Bibelstelle ist eine wesentliche Voraussetzung, um auch alle übrigen Prophezeiungen der Bibel richtig verstehen zu können.

Ein einzigartiger historischer Zusammenhang

Obwohl alle Teile der Endzeitreden einen faszinierenden Ausblick auf die Zukunft bieten, stoßen wir gleich in den ersten Versen der Predigt Jesu auf einen historischen Zusammenhang, der einzigartig ist. Dieser ermöglicht es uns, ein Gespür dafür zu entwickeln, wann sich diese großen Ereignisse, die hier beschrieben sind, entfalten werden:

> »Jesus verließ den Tempel und wollte weggehen. Da kamen seine Jünger zu ihm und wiesen ihn auf die Prachtbauten der Tempelanlage hin. Aber Jesus sagte: ›Ihr bewundert das alles? Ich sage euch, hier wird kein Stein auf dem andern bleiben. Alles wird bis auf den Grund zerstört werden.‹

Dann ging Jesus auf den Ölberg und setzte sich dort nieder. Nur seine Jünger waren bei ihm. Sie traten zu ihm und fragten ihn: ›Sag uns, wann wird das geschehen, und woran können wir erkennen, dass du wiederkommst und das Ende der Welt da ist?‹ Jesus sagte zu ihnen: ›Seid auf der Hut und lasst euch von niemand täuschen! Viele werden unter meinem Namen auftreten und von sich behaupten: ‚Ich bin der wiedergekommene Christus!' Damit werden sie viele irreführen.
Erschreckt nicht, wenn nah und fern Kriege ausbrechen! Es muss so kommen, aber das ist noch nicht das Ende. Ein Volk wird gegen das andere kämpfen, ein Staat den andern angreifen. In vielen Ländern wird es Hungersnöte und Erdbeben geben. Das alles ist erst der Anfang vom Ende – der Beginn der Geburtswehen‹« (Mt 24,1–8; Gute Nachricht).

Ist diese Aussage wörtlich zu verstehen?

Wenn sich Christen mit Prophetie beschäftigen, sind sie manchmal unsicher, ob sie eine Bibelstelle wörtlich nehmen oder eher symbolisch auffassen sollten. Wir dürfen dankbar sein, dass uns die Endzeitreden Jesu gleich zu Beginn ein »Musterbeispiel« liefern, aus dem wir schließen können, wie der Rest seiner Predigt aufgefasst werden soll.

In den ersten beiden Versen von Matthäus 24 sehen wir die Jünger, wie sie Jesus voller Stolz auf den Tempel aufmerksam machen. Zweifelsohne erwarteten sie, dass er wie sie in einen Begeisterungstaumel ausbrechen würde. Aber zu sagen, dass es Jesus kalt ließ, was er da sah, grenzt noch an Untertreibung. »Ihr bewundert das alles?«, fragte er seine Jünger und deutete dabei vermutlich auf die Pracht, die sie umgab. »Ich sage euch, hier wird kein Stein auf dem anderen bleiben. Alles wird bis auf den Grund zerstört werden.«

Sehen Sie sich diesen Präzedenzfall genau an. Jesus prophezeit in diesen Versen nicht nur die Zerstörung des Tempels, sondern er sagt auch voraus, dass diese so gründlich sein wird, dass kein Stein auf dem anderen bleiben wird.

Historiker berichten uns, dass diese Worte Jesu im Jahre 70 n. Chr. *wortwörtlich* in Erfüllung gegangen sind. In diesem Jahr zerstörte die römische Armee unter dem Kommando von Titus die Stadt Jerusalem. Feuer wütete in der ganzen Stadt, auch im Tempelbezirk. Als die Flammen niedergebrannt waren, sahen die Soldaten, dass große Mengen von Gold geschmolzen und in die Spalten zwischen die Steine des Tempels geflossen waren. Um an das wertvolle Metall heranzukommen, mussten die Römer das Gebäude Stein für Stein abtragen. Auf diese Weise erfüllte sich die Prophezeiung Jesu wörtlich: Kein Stein blieb auf dem anderen.

Ein Teil dieser Steine wurde später dazu verwendet, um eine Mauer zu errichten, die noch heute in der Nähe am Rande des Tempelberges zu sehen ist. Immer wenn Sie Bilder der Klagemauer in Jerusalem sehen – eine heilige Stätte, die Sie täglich im Internet betrachten können (www.thewall.org) –, wird Ihnen vor Augen gestellt, wie wortwörtlich sich diese Prophetie Jesu erfüllt hat. Und gleichzeitig bekommen Sie einen deutlichen Wink, wie der Rest seiner Endzeitreden zu verstehen ist.

Woran können wir es erkennen?

Wir sind den Jüngern zu Dank verpflichtet, dass sie Jesus die entscheidende Frage gestellt haben: »Woran können wir erkennen, dass du wiederkommst und das Ende der Welt da ist?« In seiner Antwort entfaltete Jesus verschiedene bedeutende »Zeichen«, die das Leben auf dieser Erde kurz vor seiner Wiederkunft beschreiben werden. Wir glauben, dass einige dieser Zeichen bereits in Erfüllung gegangen sind und die Endzeit deshalb bald anbrechen könnte.

Es ist wichtig, die ersten beiden Warnungen zu beachten, die Jesus seinen Jüngern (und damit auch uns) mit auf den Weg gab:

1. »Seid auf der Hut und lasst euch von niemand täuschen! Viele werden unter meinem Namen auftreten und von sich behaupten: ›Ich bin der wiedergekommene Christus!‹ Damit werden sie viele irreführen.«
2. »Erschreckt nicht, wenn nah und fern Kriege ausbrechen!«

Lassen Sie uns diese beide Warnungen näher betrachten und dabei mit der ersten beginnen.

1. Das »Zeichen« der Täuschung oder Irreführung

Die Endzeit wird voll von Täuschungen sein, darauf können Sie sich verlassen! Jesus hat es vorhergesagt. In den Abschiedsreden warnt er seine Jünger mindestens sechsmal vor falschen Lehrern und Betrügern:

- »Seid auf der Hut und lasst euch von niemand täuschen!« (Mt 24,4).
- »Viele werden unter meinem Namen auftreten und von sich behaupten: ›Ich bin der wiedergekommene Christus!‹ Damit werden sie viele irreführen« (Mt 24,5).
- »Zahlreiche falsche Propheten werden auftreten und viele von euch irreführen« (Mt 24,11).
- »Wenn dann jemand zu euch sagt: ›Seht her, hier ist Christus, der versprochene Retter!‹ oder: ›Dort ist er!‹ – glaubt ihm nicht« (Mt 24,23).
- »Denn es werden so manche mit dem Anspruch auftreten, der versprochene Retter oder ein Prophet zu sein. Sie werden sich durch große Wundertaten ausweisen und würden damit sogar die von Gott Erwählten irreführen, wenn das möglich wäre« (Mt 24,24).
- »Wenn also die Leute zu euch sagen: ›Draußen in der Wüste ist er‹, dann geht nicht hinaus! Oder wenn sie sagen: ›Er ist hier und hält sich im Haus verborgen‹, dann glaubt ihnen nicht« (Mt 24,26).

Natürlich hat es schon immer falsche Lehrer gegeben, weil der Widersacher gern auf diese Weise Gottes Wahrheit verzerrt. Jesus hat ihn einen »Lügner und Betrüger« genannt und gesagt, dass er der Vater aller Lüge sei (Joh 8,44). Deshalb gibt es auch so viele Kulte und Religionen, die alle von sich behaupten, christlich zu sein. Wenn der Widersacher Menschen nicht dazu bringen kann, *nicht* zu glauben oder sich gegen Gott aufzulehnen, dann wird er wenigstens versuchen, sie in irgendeine falsche Lehre zu verwickeln und auf diese Weise in die Irre führen. Das ist eigentlich nichts Neues.

Aber wer kann leugnen, dass heute überall, wohin wir schauen, die Täuschungen immer mehr zunehmen? Es geht selten eine Woche vorbei, in der uns nicht irgendjemand einen Brief schickt, um uns von irgendeiner neuen Lehre zu überzeugen, die mit der Bibel entweder nicht übereinstimmt oder deren Sinn verdreht.

Dr. M. R. DeHaan, ein bekannter Bibelausleger der 50er und 60er Jahre, hat einmal geschrieben:

> *»Nie zuvor im Laufe der Geschichte hat es so viele Spaltungen in der Christenheit gegeben. Allein im amerikanischen Protestantismus gibt es heute mehr als 350 Konfessionen, Sekten und Kulte. Alle von ihnen behaupten, dass nur sie die Wahrheit besitzen und daher alle anderen falsch sein müssen.«*[1]

Er fügt noch dazu: »Es wird gesagt, dass in den Vereinigten Staaten jeden Monat mindestens ein neuer Kult aus dem Boden schießt. Egal, wie absurd oder bizarr seine Lehre auch sein mag oder wie verrückt die Ansprüche auch sind, es finden sich immer Menschen, die sich davon täuschen lassen.«[2]

Und diese Sätze wurden vor mehr als 40 Jahren geschrieben! Denken Sie nur daran, was er heute sagen würde, bei all den okkulten und spiritistischen Aktivitäten, die täglich weiter um sich greifen. Wir alle haben in der jüngsten Vergangenheit die tragischen Berichte über religiöse Fanatiker gehört, deren absonderlichen falschen Lehren mit dem Tod von Hunderten ihrer Anhänger endeten: 1978 Jim Jones und seine Anhänger in Guyana; 1993 David Koresh und die Davidianer in Texas; 1997 die *Heaven's Gates* Gruppe im Süden Kaliforniens.

Aber die Zerstörung des menschlichen Lebens ist nur *eine* Folge endzeitlicher Täuschung. Wie sieht es mit der Zerstörung des biblischen Glaubens aus? Jesus sagt: »Fürchtet euch nicht vor denen, die nur den Leib, aber nicht die Seele töten können. Fürchtet euch vor Gott, der Leib und Seele ins ewige Verderben schicken kann« (Mt 10,28; Gute Nachricht). So tragisch der Verlust des Lebens auch ist, es ist schlimmer, seine Seele zu verlieren. Falsche Lehrer, von denen einige auch Drogen verwenden, um den Verstand ihrer Anhänger für »neue Gedanken« aufnahmefähiger zu machen, führen heute Tausende von jungen Leuten in die Irre. Und dabei haben wir noch nicht einmal die kultischen UFO-Gruppen berücksichtigt, die z. Z. starken Zulauf haben.

Ein Reporter der Zeitschrift *Time* hat dieses Problem schon Ende 1997 beschrieben:

»In diesen ausgehenden Jahren des 20. Jahrhunderts zeigt sich am Rande des spirituellen Lebens eine merkwürdige Phosphoreszenz. Mit dem Herannahen des Jahres 2000 wird alles Verrückte, wie vorausgesagt, nach oben gespült. Es bringt eine schillernde Mischung mit sich, bestehend aus Spiritualität plus Popbesessenheit, teils christlicher, teils östlicher Mystik, teils Gnostik, teils unbekannter Natur. [...] *Wir haben das Tier der Apokalypse zu sehen bekommen. Es ist Bambi mit einer Tunika.«*[3]

Wir vermuten, dass die Täuschungen im 21. Jahrhundert noch weiter zunehmen werden, insbesondere dann, wenn das wirklich die »letzten Tage« sind, über die Propheten so viel zu sagen hatten.

1982 sprach ich auf einer Tagung in Kalifornien über Prophetie. Der Leiter des christlichen Buchladens, der zum *Hume Lake Christian Camp* gehörte, zeigte mir eine Seite der *Los Angeles Times*, die ich zunächst für ein großflächiges Inserat hielt. Sie kündigte die Ankunft des »Christus Mytraya« aus England an. Wie bei Tausenden vor ihm gab es viel Aufregung und große Erwartungen an sein Erscheinen, aber nichts war von Bestand. Auch er brachte der Welt nicht den versprochenen Frieden.

Die Tatsache, dass Täuschung und falsche Lehren zunehmen werden, sollte uns nicht überraschen, da dies sowohl von Jesus als auch von den Aposteln vorhergesagt wurde. Paulus warnt uns: »Der Feind Gottes wird bei seinem Auftreten vom Satan unterstützt, sodass er *Aufsehen erregende Wunder vollbringen und die Menschen damit blenden kann.* Alle, die verloren gehen, wird er durch seine bösen Künste *täuschen.* Sie erliegen ihnen, weil sie ihr Herz nicht der Wahrheit geöffnet haben, die sie retten könnte« (2 Thess 2,9–10; Gute Nachricht, Hervorhebung durch den Autor). Johannes warnt im Buch der Offenbarung mehrmals vor falschen Lehren, vor einer falschen Religion und vor einem offiziell bestätigten falschen Propheten, der in der Trübsalzeit Millionen von Menschen in die Irre führen wird.

Die Zeit der größten Täuschung, die je über die Welt hereinbrechen wird, wird aber die siebenjährige Trübsalzeit sein, wenn der Kampf um die Seelen der Menschen zwischen Gott und Satan ihren absoluten Höhepunkt erreicht. Der Widersacher wird alle Möglichkeiten aufbieten, um Lügen zu verbreiten und trügerische Zeichen und Wunder zu wirken, die überzeugend genug sein werden, um selbst die »Auserwählten« fast zu täuschen. Obwohl diese Zeit noch nicht gekommen ist, ist es sehr wahrscheinlich, dass es falsche Lehrer und Betrüger gibt, die sich dem Widersacher bereits zur Verfügung gestellt haben, um mit ihrer Magie der Täuschung auf Verstand und Gefühle der Menschen Einfluss zu nehmen.

Das bekannte Sprichwort, dass große Ereignisse ihren Schatten vorauswerfen, wäre hier angebracht. Täuschungen werden immer mehr zunehmen, je näher das Ende kommt. Um nicht auf all diese Dinge hereinzufallen, ist es also unbedingt nötig, dass Christen gut darüber informiert sind, was auf sie zukommt. Wir schlagen dazu die folgenden sechs Schritte vor:

a) *Machen Sie sich mit Ihrer Bibel vertraut!* Jesus sagt, dass uns die Wahrheit freimachen wird (Joh 8,32). Die Bibel ist die Wahrheit Gottes, darum werden Sie umso besser darauf vorbereitet sein, den Täuschungsmanövern des Widersachers Widerstand zu leisten, je besser Sie die Bibel kennen. Das tägliche Lesen in der Bibel, speziell im Neuen Testament, ist ein absolutes Muss für jeden Christen, der die Wahrheit erkennen will. Beschäftigen Sie sich mit Prophetie, sowohl in der Bibel als auch durch Bücher vertrauenswürdiger Autoren, die über dieses Thema schreiben.

b) *Prüfen Sie die Geister (1 Joh 4,1)!* Überprüfen Sie, ob eine Lehre mit der Bibel übereinstimmt. Das ist der Grund, warum Sie die Bibel regelmäßig lesen sollten. Eine andere wichtige Frage, die Sie stellen sollten, lautet: »Was halten Sie von Jesus?« Die meisten falschen Lehrer haben eine falsche Sicht von Jesus. Bei einigen tritt das ganz offen zu Tage. Die etwas gefährlicheren von ihnen werden zwar seine Göttlichkeit akzeptieren, aber nicht, dass er der menschgewordene Gott ist. Vertrauen Sie keinem Lehrer, der nicht an die jungfräuliche Geburt Jesu, an sein sündloses Leben, seine Auferstehung oder an sein Versprechen glaubt wiederzukommen. Fragen Sie sich immer, ob Jesus durch diese Lehre verherrlicht wird (vgl. Joh 16,13–14). Der Platz, den Jesus bei einem Lehrer einnimmt, hat Schlüsselstellung. Die gefährlichsten Lehrer sind jene, die zwar gut über ihn reden, ihn aber nicht durch ihr Leben ehren. Damit machen sie deutlich, dass er für sie nicht derjenige ist, dem unsere Anbetung, unsere Liebe und unser Dienst gelten.

c) *Suchen Sie nach Gottes Führung, sowohl in der Lehre als auch im Leben (Spr 3,6)!* Gott möchte seine Kinder führen und leiten. Wenn Sie sich von ihm leiten lassen, wird er Sie zur Wahrheit führen.

d) *Vermeiden Sie Unmoral!* Nichts verdunkelt unseren Verstand mehr als Lust und Sünde. Diese Dinge beeinträchtigen unsere Gedanken.

e) *Sprechen Sie mit anderen offen über Ihren Glauben!* In dieser Welt hat es niemals größere Unsicherheit über die Inhalte des christlichen Glaubens gegeben als heute. Wenn Sie Ihren Glauben vor anderen bekennen, werden Ihre eigenen Überzeugungen gestärkt und Sie helfen damit auch anderen.

f) *Lassen Sie sich vom Heiligen Geistes erfüllen (Eph 5,1–20)!* Jeder Christ, egal, wie alt, sollte vom Heiligen Geist erfüllt sein, denn Paulus sagt, das ist »der Wille des Herrn« (Vers 17). Wenn Sie vom Heiligen Geist erfüllt sind und er in Ihrem Leben regiert, dann wird er Sie für Wahrheit und Irrtum gleichermaßen sensibel machen.

Viele falsche Lehrer besitzen ein natürliches Charisma, das sie zunächst außerordentlich geistlich erscheinen lässt. Aber wenn Sie den oben genannten Schritten folgen, wird der Heilige Geist, der in Ihnen wohnt, Ihnen bezeugen, ob dieser Lehrer Wahrheit oder Irrtum verbreitet. Ich konnte das in meinem Leben immer wieder beobachten.

Jeden Monat erhalte ich eine vier bis sechs Seiten umfassende »Prophetie« von einer Frau, die den Anspruch erhebt, eine »Endzeitprophetin« zu sein. Anfangs habe ich ihre Briefe gelesen, um ihre Lehre mit der Bibel zu vergleichen. Schließlich bin ich zu dem Schluss gekommen, dass sie eine falsche Prophetin sein muss, weil sie oft nicht mit der Bibel übereinstimmte. Über eines können Sie absolut sicher sein: Da Gott der Urheber der Bibel ist, wird er wahre Propheten nie dazu inspirieren, etwas zu lehren, das nicht mit den Lehren seiner Propheten, seines Sohnes oder der Apostel übereinstimmt, die im Alten und Neuen Testament überliefert sind.

2. Das »Zeichen« der Kriege und der Kriegsgerüchte

Wussten Sie, dass es seit Bestehen der Menschheit etwa 15 000 Kriege gegeben hat? Die Menschheit neigte schon immer dazu, ihre Streitigkeiten durch Kriege zu klären oder ihre Grenzen auf diese Weise auszudehnen, aber speziell im 20. Jahrhundert hat es mehr Blutvergießen gegeben als in jedem anderen vorangegangenen Jahrhundert. In den letzten 100 Jahren sind weitaus mehr Menschen durch Kriege gestorben als in allen vorhergehenden Jahrhunderten zusammen. Und die Kriegsbereitschaft nimmt zu.

Rund um den Globus haben sich überall ethnische Gruppen zusammengeschlossen, die sich feindlich gegenüberstehen – in Afrika, Osteuropa, Indien, auf dem Gebiet der früheren Sowjetunion und an anderen Orten –, und diese brodelnden Krisenherde scheinen jederzeit in offenen Krieg umschlagen zu können.

Aber wie sollen wir nach Jesu Empfehlung auf solche Berichte reagieren? »Erschreckt nicht«, sagt er. Und warum sollen wir uns nicht schrecken lassen? Dafür gibt es zwei Gründe:

1. »Es muss so kommen.«
2. »Aber das ist noch nicht das Ende« (Mt 24,6).

Offensichtlich sind Kriege nicht zwingend Anzeichen für das Ende! Es ist aber eine Tatsache, dass Christus das Thema »Krieg« angesprochen hat, als er auf die Frage der Jünger antwortete: »Woran können wir erkennen, dass du wiederkommst und das Ende der Welt da ist?« Das kann nur bedeuten, dass es eine besondere Art von Krieg sein muss.

Ein besonderer Krieg

Wie hat Jesus die Frage der Jünger nach dem Ende der Welt beantwortet?

> »Ein Volk wird gegen das andere kämpfen, ein Staat den anderen angreifen. In vielen Ländern wird es Hungersnöte und Erdbeben geben. *Das alles ist erst der Anfang vom Ende – der Beginn der Geburtswehen*« (Mt 24,7–8; Gute Nachricht, Hervorhebung durch den Autor).

Jesus verwendet hier zwei Redewendungen, die seine jüdischen Freunde sofort verstanden. Die erste beruft sich auf das zweite Buch der Chronik sowie auf Jesaja, wo es heißt: »Volk gegen Volk und Reich gegen Reich« (2 Chr 15,1–7; Jes 19,1–2). Dort wird von einem Krieg berichtet, der von zwei Völkern ausgehen sollte und bei dem jede Partei bald von benachbarten Königreichen unterstützt würde, bis alle Reiche daran beteiligt wären, die in die Vision des Propheten eingeschlossen wären. In dieser Stelle aus dem Matthäus-Evangelium hatte Jesus die Welt im Blick. Deshalb wollte er vermutlich sagen: »Wenn ihr seht, dass zwischen zwei Völkern ein Krieg ausbricht, in den bald alle Völker der Welt verwickelt sein werden – gefolgt von beispiellosen Hungersnöten und mehrfachen zeitgleichen Erdbeben –, dann ist das euer Zeichen!«

Wir denken, dass es genau das war, was im Juni 1914 passiert ist, als der österreichische Erzherzog Franz Ferdinand von einem serbischen Fanatiker genau in dem Gebiet erschossen wurde, in dem heute die Friedenstruppen der UNO stationiert sind, um Serben und Kroaten daran zu hindern, sich gegenseitig umzubringen. Einen Monat später erklärte Österreich Serbien den Krieg. Binnen kurzem schlossen sich andere Völker an, bis die ganze Welt in diesen Konflikt verwickelt war (mit Ausnahme von sieben »neutralen« Ländern, und selbst diese schickten Söldner). Dieser Krieg wurde von Historikern anfänglich »der Große Krieg« genannt, denn bis zu diesem Zeitpunkt war er tatsächlich der größte Krieg in der Geschichte der Menschheit, und noch nie hatten sich so viele Soldaten auf den Schlachtfeldern befunden (schätzungsweise 53 Millionen, von denen knapp 10 Millionen ums Leben kamen). Aber das war noch nicht alles, denn eine große Zahl von Zivilisten (die Anzahl lässt sich nicht mehr exakt feststellen) wurde auf beiden Seiten bei Bombenangriffen oder Gefechten verletzt oder getötet. Wenige Jahre später wurde die ursprüngliche Bezeichnung für diesen Krieg durch eine andere ersetzt, die ihn treffender beschreibt: »Erster Weltkrieg«. Damit ist die erste Aussage Jesu in Erfüllung gegangen, mit der er das Zeichen beschrieb.

Wenn das alles wäre, was zwischen 1914 und 1918 geschehen ist, würde es jedoch nicht ausreichen, um die Prophezeiung in Erfüllung gehen zu lassen. Wie Sie sich erinnern, sprach er darüber hinaus noch von Hungersnöten und Seuchen, die an vielen Orten auftreten werden (Lk 21,11). Ein Blick in die Geschichte zeigt, dass sich die Grippeepidemie von 1918 von Europa ausgehend bis nach Kanada und in die Vereinigten Staaten ausgebreitet und weit mehr Todesopfer als der Krieg gefordert hat. Die Krankheitsanfälligkeit in Europa war auf Unterernährung und Hunger zurückzuführen, die ihrerseits Folgen des Krieges waren.

Drei Teile des ersten Zeichens, das Jesus seinen Jüngern genannt hat – eine besondere Art von Krieg, Hungersnöte und Seuchen –, sind also zu Beginn des 20. Jahrhunderts in Erfüllung gegangen. Der vierte Bestandteil – mehrere gleichzeitig auftretende Erdbeben – ist etwas schwieriger zu entdecken. Ich habe aber schon 1972 in meinem Buch *The Beginning of the End* geschrieben:

> *»In Statistiken ist zu lesen, dass bestimmte Erdbeben, wie z. B. das von Baluchistan in Westpakistan am 31. Mai 1935, zu den ›verheerendsten Erdbeben der ganzen Menschheitsgeschichte‹ gehören. Aber dieser Rekord wurde seit damals noch mehrere Male übertroffen. Nach dem Ersten Weltkrieg sind größere Beben an so verschiedenen Orten wie China, Japan, Persien, Indien, Peru, Taiwan und dem südlichen Kalifornien aufgetreten. Die einzigen bekannten mehrfachen Erdbeben, die es in der Geschichte gegeben hat, wurden nach dem Ersten Weltkrieg aufgezeichnet. Während des Bebens in der Türkei hat es z. B. ähnliche Berichte aus Afrika, South Carolina und dem südlichen Kalifornien gegeben. Während eines verlängerten Bebens in Helena, Montana, sind ähnliche Meldungen aus New York und aus Honduras eingetroffen.«*[4]

Auf Grund ihrer erschreckenden Heftigkeit hat man Erdbeben immer schon als Zeichen für ein Gericht Gottes angesehen, zumindest seit Sodom und Gomorra zerstört wurden. Durch Erdbeben zieht Gott oftmals die Aufmerksamkeit der Menschen auf sich. Wenn alles gut läuft und Menschen sich sicher fühlen, denken sie kaum an ihn. Wenn aber ihre Wolkenkratzer und »erdbebensicheren« Hochhäuser zu schwanken beginnen, halten sie Ausschau nach etwas, das größer ist als sie selbst. Wenn die Erde bebt, packt sie das Entsetzen. Und das sollte es auch!

Vor einiger Zeit hielt ich auf einer Weihnachtsfeier im Rotary Club von San Diego einen Vortrag, zu dem mich Dr. Ron Jones eingeladen hatte, ein Zahnarzt, der vor kurzem Christ geworden war. Er war ein Jahr lang Präsident dieses Clubs gewesen und wollte den Stadtvätern beim letzten Treffen ein Zeugnis hinterlassen. Mindestens 700 Personen hatten sich zum Abendessen eingefunden. Die meisten von ihnen schienen sich bei meiner Verkündigung des Evangeliums zu langweilen ... bis sich ein Erdeben ereignete. Die Teller klirrten, das Wasser in den Gläsern schwappte über und die Kronleuchter schaukelten hin und her. Selbst das Licht fiel vorübergehend aus. Jeder Kalifornier kennt dieses Gefühl, weil es bei uns gelegentlich leichte Beben gibt. Plötzlich hatte ich die gespannte Aufmerksamkeit jedes Einzelnen! So wie das Leben eines Menschen vom Krankenbett aus anders aussieht, fühlt er sich auch während eines Erdbebens nicht ganz so sicher. Wir glauben, dass das der Grund ist, warum diese erschreckenden Beben in der Endzeit, sowohl vor als auch während der Trübsalzeit, noch zunehmen werden.

Während eines Bebens geschieht etwas Ungewöhnliches mit unserer Erde! Ein Seismologe des Forschungszentrums in La Jolla, Kalifornien, sagt: »Man bekommt den Eindruck, als würden die Erdplatten im Vorfeld eines der gewaltigsten Beben dieser Erde in Schwingung geraten.« Im Buch der Offenbarung sagt Johannes voraus, dass die schlimmsten Erdbeben, die diesen Planeten treffen werden, während der Trübsalzeit auftreten werden. Ob der Seismologe aus La Jolla vom Erdbeben in Offenbarung 6 oder 11 oder 16 gesprochen hat, wird sich noch zeigen.

Wenn man alle vier Teile dieses »Zeichens« im Zusammenhang sieht, dann ist unserer Meinung nach die Schlussfolgerung berechtigt, dass unser Planet den Anfang vom Ende bereits hinter sich hat.

Die »Geburtswehen«

Viele, die sich mit Prophetie beschäftigen, lehnen es ab, im Ersten Weltkrieg (und den nachfolgenden Katastrophen) eine Erfüllung des »Zeichens« zu sehen, von dem Jesus in Matthäus 24, Vers 3 gesprochen hat. Der Fehler, den sie unserer Ansicht nach machen, bezieht sich auf die zeitliche Abfolge. Jeder von uns weiß, dass »der Große Krieg« nicht der Beginn der Endzeit sein kann, denn nur

21 Jahre später brach der Zweite Weltkrieg über uns herein. Jesus sagte jedoch nicht, dass das erste Zeichen das Ende einleiten würde, sondern er sagte: »Das alles [nämlich die vier Teile des einen Zeichens] ist erst der Anfang vom Ende – der Beginn der Geburtswehen« (Mt 24,8; Gute Nachricht). Damit begegnen wir einer zweiten Wendung aus dem Hebräischen, die Jesus benutzt hat. Der Begriff »Anfang der Wehen« wurde von vier Propheten Israels verwendet, um damit den Schmerz zu beschreiben, den Israel am Ende der Welt zu ertragen haben wird, so wie eine Frau, die Wehen hat.[5]

Die Wehen jeder Frau sind ein genaues Spiegelbild der Wehen, die Eva, die erste Mutter, nach dem Sündenfall und der Vertreibung aus dem Paradies hatte, es sei denn, dass sie aus medizinischen Gründen künstlich eingeleitet werden. Die erste Geburtswehe bedeutet nicht, dass das Baby gleich im nächsten Augenblick zur Welt kommen wird. Eine Frau kann tatsächlich viele weitere Wehen haben, die sich über einige Tage hinziehen, ehe das Kind geboren wird. Meistens läuft es nach dem folgenden Muster ab: Von der ersten Wehe wird sie gewarnt, dass die neun Wartemonate so gut wie vorüber sind. Im Normalfall erwartet sie dabei nicht, dass das Kind sofort kommt, sondern sie wartet auf die nächste Wehe. Und wenn diese da ist, wieder auf die nächste. Wenn die Wehen schließlich stärker und regelmäßiger werden – gewöhnlich drei Wehen innerhalb von zehn Minuten –, dann wissen sie und ihr Ehemann, dass die Geburt kurz bevorsteht.

Der Erste Weltkrieg hat uns kein Signal gegeben, dass die Wiederkunft Christi oder das »Ende dieses Zeitalters« unmittelbar bevorsteht. Er hat uns einen Wink gegeben, auf weitere »Geburtswehen« zu achten. Und unsere Theorie geht davon aus, dass in den mehr als 80 Jahren, die seit dem »Großen Krieg« vergangen sind, viele andere Zeichen (oder Geburtswehen) eingetreten sind. Dem ersten »Zeichen« sind weitere gefolgt, sodass die »Wehen« heute sehr intensiv sind – ja, sie könnten schon in der Endphase sein. Wenn das so ist, dann kann es sein, dass »das Ende« rasch auf uns zukommt. Ja, es könnte tatsächlich sein, dass »das Ende unmittelbar bevorsteht« (Mt 24,33), so wie Jesus gesagt hat.

5. Jerusalem und Israel: Im Brennpunkt weltweiter Aufmerksamkeit

Haben Sie sich schon einmal darüber gewundert, dass die Augen der Welt fast jeden Abend bei den Nachrichten auf ein kleines, nur sechs Millionen Einwohner zählendes Land im Nahen Osten gerichtet sind? Und China, ein Volk von 1,2 Milliarden Menschen, hat erst vor kurzem die Aufmerksamkeit internationaler Sender erlangt. Auch Mexiko City, das größte Ballungszentrum der Welt, zieht nur selten die Augen der Welt auf sich. Und Singapur wird ebenfalls kaum je beachtet, auch wenn ein Missionar vor einigen Jahren über dieses Gebiet gesagt hat: »Wenn man einen Kreis von ca. 2 000 Meilen rund um diese Insel zieht, dann sind darin 50 % der Weltbevölkerung eingeschlossen.«

Die riesigen Ballungszentren unserer Welt werden in den Nachrichten so gut wie nie erwähnt – doch wann ist in letzter Zeit eine Woche vorbeigegangen, in der Israel oder Jerusalem *nicht* in den Schlagzeilen gewesen wäre? Warum dieses auffällige Interesse an einem kleinen Land im Nahen Osten?

Schon die jüdischen und christlichen Propheten hatten viel über die Bedeutung von Israel und Jerusalem in der Endzeit zu sagen. Dort befindet sich auch das Tal von Megiddo, wahrscheinlich das berühmteste Tal überhaupt, denn in der Endzeit werden dort zwei Schlachten stattfinden. Israels arabische Nachbarn und Verbündete Russlands werden dort kämpfen. Und Jerusalem, eine Stadt, die in den Prophetien öfter als jede andere Stadt erwähnt wird, wird für die ganze Welt ein Stein des Anstoßes sein, so wie dies heute der Fall zu sein scheint.

Wir haben diese Stadt besucht, und obwohl in ihr viele heilige Stätten liegen – z. B. der Kalvarienberg oder das Gartengrab, in dem Jesus, wie wir glauben, von den Toten auferweckt wurde –, ist es eigentlich kein schöner Ort. Er quillt über von Menschen, stinkt und ist extrem laut. Diese Stadt ist öfter als jede andere Stadt zerstört und wieder aufgebaut worden und bedeckt heute eine große Fläche. Sie liegt weder an einem Fluss, wie so viele große Städte dieser Welt, noch hat sie einen Hafen, der sie mit den großen Schifffahrtsrouten dieser Welt verbinden würde; und auch der nächste Flughafen befindet sich viele Kilometer entfernt. Es liegt weder ein bedeutender Regierungssitz noch eine wichtige Bank in ihr – und dennoch ist sie im Zentrum weltweiter Aufmerksamkeit.

Jerusalem wird wie ein »Hebestein« sein

Gott hat durch den Propheten Sacharja für die Endzeit vorausgesagt:

> »So kommt es: Ich mache Jerusalem für alle Völker ringsum zu einer Taumelschale. Wenn sie sich an ihm vergreifen wollen, beginnen sie zu taumeln wie jemand, der starken Wein getrunken hat. – Auch Juda wird mitbetroffen sein, wenn sie Jerusalem belagern. – Ja, ich mache Jerusalem an jenem Tag zu einem Hebestein für alle Völker: Wenn sie ihn anzuheben versuchen, werden sie sich die Hände daran wund reißen. Alle Völker der Erde werden sich gegen Jerusalem zusammentun« (Sach 12,2–3; Gute Nachricht).

Eines der größten Probleme für die Planer der kommenden globalen Weltordnung liegt darin, was sie mit Palästina anfangen sollen. Die dort lebenden sechs Millionen Juden denken nicht im Mindesten daran, sich den Vereinten Nationen oder den Vereinigten Staaten oder irgendjemandem unterzuordnen; die Erinnerungen an den Holocaust sind noch zu frisch. Die Juden sind nicht bereit, ihr Land wieder aufzugeben. Das machen sie jedem klar, der es hören will – und das tut auch der Gott der Prophetie.

Die Bedeutung, die Jerusalem in der Endzeit haben wird, ist auch Dr. John Walvoord nicht entgangen, der an der Spitze aller lebenden Experten für Prophetie steht. Er schreibt:

»Die Voraussagen über Jerusalem machen uns deutlich, dass die Heilige Stadt in der Endzeit im Mittelpunkt der Weltereignisse stehen wird. [...] Der Konflikt zwischen Israel und den Palästinensern wird immer mehr Aufmerksamkeit auf Jerusalem ziehen. [...] In all diesen Situationen werden wir gespannt auf Jerusalem blicken, wenn sich die Stadt der Prophetie dafür rüstet, ihre letzte Rolle zu übernehmen. Es ist zu erwarten, dass die Gesamtsituation dieser Welt immer mehr in die Form gepresst wird, die die Propheten vorhergesagt haben. [...] Es scheint, dass Bühne und Darsteller für das Schlussdrama, in dem Jerusalem die entscheidende Rolle spielen wird, schon bereitstehen.«[1]

Die Spannung, die von Israel ausgeht, hat sich nicht von ungefähr ergeben. Sie ist schon lange vorhergesagt. Viele alte Prophezeiungen gehen vor unseren Augen in Erfüllung ... doch sie konnten erst in Erfüllung gehen, nachdem das Volk wieder in sein Land zurückgekehrt war, was heute der Fall ist.

»Gottes Stechuhr«

Für mich ist die Tatsache, dass sechs Millionen Juden wieder ins Heilige Land zurückgekehrt und zu einem Staat geworden sind, ein unfehlbares Zeichen dafür, dass wir uns der Endzeit nähern. Um die volle Bedeutung der Ereignisse erfassen zu können, muss man zuerst verstehen, dass die Rückkehr dieses Volkes, genau wie es die Propheten vorhergesagt haben, auch etwas damit zu tun hat, dass es die Juden überhaupt noch gibt. Noch nie hat ein Volk, das länger als 300 bis 500 Jahre aus seinem Heimatland vertrieben war, es geschafft, seine Identität zu erhalten – keines außer Israel.

Man wird heute vergeblich nach den Nachkommen der Hetiter, Assyrer oder Babylonier suchen, obwohl alle von ihnen in der Antike große, mächtige Völker waren. Wenn es die Bibel nicht gäbe, dann wären die Hetiter vollkommen in Vergessenheit geraten, so tief sind sie im Sand der Geschichte versunken. Es hat sogar Spötter gegeben, die sich über die Bibel lustig gemacht haben, weil sie dort erwähnt wurden; man dachte, sie seien erfunden. Aber Archäologen des 19. Jahrhunderts haben schließlich die Genauigkeit der Bibel bestätigt, als unwiderlegbare Beweise für die Existenz eines ausgedehnten Hetiterreiches entdeckt wurden. Dennoch gibt es sie heute nicht mehr. Man wird auch keinem Assyrer oder Babylonier mehr begegnen. Alle diese stolzen Völker sind für immer verschwunden. Sie existieren nicht mehr.

Nicht so die Juden! Obwohl sie von den Römern nach dem Aufstand von Barchaba im Jahre 135 n. Chr. vertrieben wurden – es gab sogar einen Erlass, dass jeder Jude unverzüglich zu töten sei, den man in Palästina antraf –, haben sie nie aufgehört, ein Volk zu sein. Obwohl sie über Osteuropa, Spanien und später auch Amerika zerstreut wurden, wo heute mehr als die Hälfte aller Juden der Welt leben, haben sie durch 17 Jahrhunderte mörderischen Exils am Erbe ihres Volkes festgehalten.

Wieso ist es ihnen gelungen, so lange zu überleben, während die mächtigen Hetiter, Assyrer und Babylonier verschwunden sind? *Weil Gott es versprochen hat!* Es gibt in der Bibel so viele Zusagen, dass Gott seine Kinder wieder in ihr Land zurückholen wird, dass diese vollkommen unglaubwürdig wären, wenn es im 20. Jahrhundert keine Juden mehr gäbe, die wieder zu einem Volk gesammelt werden könnten.

»Herr, das weißt nur du!«

Das folgende Beispiel ist nur eine der vielen Verheißungen, die sich darauf beziehen, dass Israel wieder in sein Land zurückkehren wird.[2] Gott hat dem Propheten Ezechiel die Totengebeine des jüdischen Volkes gezeigt und ihn gefragt, ob er glaube, dass diese wieder lebendig werden könnten. Der weise Prophet entgegnete darauf: »Herr, das weißt nur du!« (Ez 37,3; Gute Nachricht).

Dann schreibt er:

> »Ich tat, was der Herr mir befohlen hatte. Während ich noch redete, hörte ich es rauschen. Die Knochen rückten zueinander, so wie sie zusammengehörten. Ich sah, wie Sehnen und Fleisch darauf wuchsen und sich eine Haut bildete. Aber es war noch kein Lebensgeist in ihnen.
> Da sagte der Herr zu mir: ›Du Mensch, sprich als Prophet zum Lebensgeist, sag zu ihm: ‚So spricht der Herr, der mächtige

Gott: Komm aus allen vier Himmelsrichtungen und hauche diese Toten an, damit wieder Leben in sie kommt!‘‹
Ich tat, was der Herr mir befohlen hatte. Da kam der Lebensgeist in sie und sie wurden wieder lebendig und standen auf. Es war eine riesige Menschenmenge.
Dann sagte der Herr zu mir: ›Du Mensch, diese Totengebeine sind das Volk Israel. Du hörst doch, wie sie sagen: ‚Unsere Gebeine sind vertrocknet und unsere Hoffnung ist dahin; wir haben keine Zukunft mehr!‘ [...]
Du sollst [...] zu deinen Landsleuten sagen: ‚So spricht der Herr, der mächtige Gott: Gebt Acht, ich hole die Leute von Israel aus den Völkern, zu denen sie gehen mussten, heraus und bringe sie von überall in ihre Heimat zurück. Dort auf den Bergen Israels mache ich aus ihnen ein einziges Volk unter einem einzigen König. Sie sollen nicht mehr zwei getrennte Völker sein und auch nicht zwei getrennte Königreiche. Sie werden sich nicht mehr durch ihren Götzendienst und ihre abscheulichen Untaten verunreinigen. Ich befreie sie von ihrer Schuld und mache sie wieder rein; ich bringe sie von ihren Irrwegen zurück. Sie sollen mein Volk sein, und ich will ihr Gott sein‘‹« (Ez 37,7–11; 21–23; Gute Nachricht).

Wie es geschah

Die Beschreibung der zerstreut herumliegenden toten Knochen des Volkes Israel, die nach und nach wieder lebendig werden, geht unter die Haut. Ezechiel beschreibt das Geräusch und eine Bewegung, die entstehen, wenn die Knochen wieder in ihre richtige Position rücken (vgl. Ez 37,7). Sie umgeben sich mit Sehnen, Fleisch und Haut, aber es ist noch kein Lebensgeist in ihnen (vgl. Ez 37,8). Beginnend mit dem Geräusch eines Ereignisses, das die ganze Welt erbeben ließ (dem Ersten Weltkrieg), sollte das vermeintlich tote Volk Israel *nach und nach* wieder zu einem Leib werden, in den erst *danach* der Lebensgeist kommen sollte. Wenn wir nachlesen, wie sich die Geburt des Staates Israel, beginnend im Jahre 1917, vollzog, dann auf genau diese Weise.

Der vor kurzem verstorbene Bibellehrer Dr. David L. Cooper erzählte gern, dass er sich an die erstaunlichen Ereignisse, die sich bis zum Ersten Weltkrieg zurückverfolgen lassen, in allen Einzelheiten erinnern kann. Bis 1916 war der Kriegsverlauf für England nicht gut gewesen. England suchte verzweifelt nach einer Methode für die rasche Produktion von Dynamit und rauchlosem Schießpulver. Ein Jude namens Chaim Weizmann entdeckte eine Formel, die das möglich machte, und führte damit die Wende des Krieges herbei. David Lloyd George fragte Dr. Weizmann im Auftrag der Regierung nach seinem Preis. Weizmann verlangte als Gegenleistung nichts für sich selbst, sondern erbat sich die internationale Anerkennung Palästinas als Heimat des jüdischen Volkes. Das führte in der Folge zur Balfour-Erklärung, die am 2. November 1917 aufgesetzt und unterzeichnet wurde. Ein berühmter Brief berichtet, was als Nächstes geschah:

»Ministerium des Äußeren, 2.11.1917

Mein lieber Lord Rothschild!

Zu meiner großen Genugtuung übermittle ich Ihnen namens S. M. Regierung die folgende Sympathie-Erklärung mit den jüdisch-zionistischen Bestrebungen, die vom Kabinett geprüft und gebilligt worden ist:
Seiner Majestät Regierung betrachtet die Schaffung einer nationalen Heimstätte in Palästina für das jüdische Volk mit Wohlwollen und wird die größten Anstrengungen machen, um die Erreichung dieses Zieles zu erleichtern, wobei klar verstanden werde, dass nichts getan werden soll, was die bürgerlichen und religiösen Rechte bestehender nichtjüdischer Gemeinschaften in Palästina oder die Rechte und die politische Stellung der Juden in irgendeinem anderen Lande beeinträchtigen könnte.
Ich bitte Sie, diese Erklärung zur Kenntnis der zionistischen Föderation zu bringen.

gez.: James Balfour«[3]

Ist es nur ein sprachlicher Zufall, dass der Anstoß, der die offizielle Rückführung Israels auslösen sollte, als eine Art »Lärm und Erschütterung« prophezeit wurde? Und dass sie durch einen Krieg erfüllt wurde, der infolge des ungeheuren Einsatzes von Dynamit und Schießpulver zu den lautesten Kriegen gehörte, die es bis dato gegeben hatte? Ich war nach dem Zweiten Weltkrieg in Deutschland stationiert und habe genug Dynamitexplosionen gehört, um zu wissen, dass damit immer große Erschütterungen verbunden sind.

Die Rückkehr der Juden nach Palästina nach der Unterzeichnung der Balfour-Deklaration war tatsächlich etwas, das sich schrittweise vollzog – das Volk rückte »Bein an Bein« zusammen. 1917 lebten schätzungsweise knapp 25 000 Juden im Land. 1922 waren es 83 000, 1932 betrug die Zahl 180 000, 1935 waren es 300 000, 1937 bereits 430 000 und 1945 über 500 000. Heute beläuft sich die jüdische Bevölkerung auf fünf Millionen, Tendenz steigend. Im gleichen Maß, in dem die Bevölkerung gewachsen ist, hat auch der geografische Umfang des Landes zugenommen. In den Anfängen kauften die Juden mit Geldern aus dem zionistischen Fonds eine Fläche von etwa 450 Quadratkilometern, hauptsächlich für landwirtschaftliche Zwecke. Inzwischen hat das Land (mit den besetzten Gebieten auf den Golan-Höhen, in den West Banks und im Gaza-Streifen) ein Ausmaß von ungefähr 26 650 Quadratkilometern.

Gott hat Israel gesegnet, obwohl Großbritannien seinen Vertrag von 1917 nicht eingehalten hat. Nach langen Beratungen über den wachsenden Konflikt zwischen Arabern und Juden hat die britische Regierung 1939 eine Stellungnahme veröffentlicht, in dem sie für die Unabhängigkeit der Araber und ihren Anspruch auf das Gebiet eingetreten ist. Als es ihnen nach dem Zweiten Weltkrieg nicht gelang, zwischen Arabern und Juden Frieden zu schaffen, zogen sich die Briten aus Palästina zurück. Kurz darauf – am 14. Mai 1948 – wurde der unabhängige Staat Israel ausgerufen. David Ben Gurion wurde zum Ministerpräsident ernannt und Dr. Chaim Weizmann zum ersten Staatspräsidenten gewählt. Das neue Land wurde sowohl von den Vereinigten Staaten als auch von Russland anerkannt und nach heftigen Debatten mit 37 gegen 12 Stimmen als Mitglied in die Vereinten Nationen aufgenommen.

Drei Wunder für Israel

In der von Lukas überlieferten Fassung der Endzeitreden (vgl. Matthäus 24–25; die beiden wichtigsten prophetischen Kapitel der Bibel) sagt Jesus voraus: »Jerusalem wird von den Völkern, die Gott nicht kennen, verwüstet werden und wird in Trümmern liegen, bis auch deren Zeit abgelaufen ist« (Lk 21,24; Gute Nachricht). In den folgenden vier Versen hat Christus selbst für diese Völker einen zeitlichen Rahmen festgesetzt, beginnend mit der Babylonischen Gefangenschaft im Jahre 606 v. Chr. bis zum Ende der Trübsalzeit und der Wiederkunft Christi.

Wann wird die Zeit dieser Völker abgelaufen sein? Es trennt uns nur mehr ein Wunder davon. Es ist ein Wunder, dass es die Juden heute noch gibt. Ebenso wie der Umstand, dass sie 1967 zum ersten Mal nach der Babylonischen Gefangenschaft die Herrschaft über Jerusalem wiedererlangt haben. Das ist wahrscheinlich die Aufsehen erregendste Erfüllung biblischer Prophetie innerhalb von 20 Jahrhunderten!

Im Sechstagekrieg von 1967 tat Israels Kriegsheld General Moshe Dayan etwas Ungewöhnliches. Nachdem er die israelische Fahne auf dem Felsendom der Moslems anbringen ließ (der heute auf dem Platz steht, an dem die Juden ihren Tempel wieder aufbauen müssen), entschloss er sich zu einer versöhnlichen Geste gegenüber den besiegten Moslems. Anstatt den Platz zu halten, der von jedem orthodoxen Juden der Welt heiß begehrt wird, holte er die Fahne wieder herunter und überließ den heiligen Ort wieder den Moslems.

Warum? Offensichtlich war dieser General, ein säkularer Jude, darum bemüht, die arabische Welt zu beschwichtigen. Obwohl seine Soldaten den Krieg gewonnen hatten, wusste er nur zu gut, dass ihm seine arabischen Nachbarn zahlenmäßig haushoch überlegen waren. Er dachte, er würde die Freundschaft der Araber gewinnen, doch sein einziger »Erfolg« bestand darin, dass er den Zorn seiner Freunde auf sich zog. Vielleicht war der General auch der Meinung, dass es sicherer sei, die heilige Stätte den Arabern zu überlassen. Denn er wusste, diese würden sofort damit beginnen, die Moschee abzureißen und den Tempel wieder aufzubauen. Das hätte augenblicklich zu einem heiligen Krieg geführt.

Einige der religiösen Juden haben Dayan diese Tat noch immer nicht verziehen. Doch es ist möglich, dass er damit zur Erfüllung der Prophetie beitrug, denn obwohl die Israelis heute den größten Teil Jerusalems kontrollieren, haben sie die Herrschaft über das arabische Viertel und den heiß begehrten Tempelplatz immer noch nicht erlangt. Es ist also immer noch Zeit, die Gute Nachricht zu den »Heidenvölkern« zu bringen, die Gott noch nicht kennen.

Die Tatsache, dass in den letzten 50 Jahren die Juden aus der ganzen Welt zurückgekommen und den Staat Israel wieder aufgebaut haben – und ihn damit genau in die Position gebracht haben, die die Voraussetzung für das Kommen des Antichristen und den Beginn der Trübsalzeit ist –, ist Gottes großer Hinweis darauf, dass auch viele andere Entwicklungen unserer Zeit bedeutsam sind. Dr. John Walvoord schreibt:

»Von den vielen merkwürdigen Phänomenen, die für unsere heutige Zeit charakteristisch sind, hat kaum etwas so große Bedeutung im Hinblick auf biblische Prophetie wie die Tatsache, dass die Juden in ihr Land zurückgekehrt sind. Damit wird das Ende unseres Zeitalters vorbereitet, die Voraussetzung dafür, dass der Herr seine Gemeinde zu sich holen und das Schicksal Israels erfüllen wird, so wie es die Propheten prophezeit haben. Israel, Gottes ›Super-Zeichen‹ im Hinblick auf die Endzeit, ist ein deutlicher Hinweis darauf, dass die Zeit knapp wird. Gott bereitet die Welt auf die letzten Ereignisse vor, was vom Wiedererstehen des Staates Israel eingeleitet wird.«[4]

Nur noch einen Atemzug entfernt

Es fehlt nur noch eines, damit die Vision Ezechiels in Erfüllung gehen kann: »Aber es war noch kein Geist in ihnen« (Ez 37,8; Einheitsübersetzung). Der Ausdruck »Atem« oder »Wind« oder »Geist« ist für Bibelleser nicht schwer zu verstehen, weil er sich oft auf den Heiligen Geist bezieht. Und so weist die obige Bibelstelle darauf hin, dass der Heilige Geist irgendwann in nächster Zeit neu auf Israel kommen und das Land von einer mächtigen Erweckung ergriffen werden wird. Das stimmt mit vielen anderen Bibelstellen überein, die eine große geistliche Erweckung für die Zeit vorhersagen, in der die Juden Jesus Christus, den sie 30 n. Chr. »verworfen« haben, als Messias anerkennen werden (vgl. Joel 2,18–3,2; Sach 12,10–13,2; Röm 11,26–27; Offb 7,1–10).

Man darf nicht übersehen, dass diese geistliche Erweckung nur ein Teil der Prophetie ist, die noch nicht in Erfüllung gegangen ist. Inzwischen sind mehr als fünf Jahrzehnte vergangen, seit Israel wieder als Staat erstanden ist, und sie warten noch immer auf den Messias. Das ist der Grund, warum der Prophet sie auffordert: »Hört das Wort des Herrn!« (Ez 37,4; Gute Nachricht). Wenn das Volk das Zeugnis der Bibel über die wahre Identität des Messias wirklich »hören« würde, wäre es gezwungen, Christus als Herrn anzuerkennen.

Neues geistliches Interesse

Als ich das letzte Mal in Israel war, erzählte mir unser jüdischer Reiseführer, ein Hochschullehrer und Offizier in der israelischen Armee, dass viele Juden so intensiv wie nie zuvor die alttestamentlichen Prophezeiungen über den Messias überprüfen. Die religiösen Juden sind an diesem Thema so stark interessiert, dass sie sogar die Eigenschaften wissen wollen, die von einem Messias zu erwarten sind. Sie sind davon überzeugt, dass sich der Messias ihrem Volk bald zu erkennen geben wird.

In meinem Buch *Jesus, Who Is He?* (»Wer ist Jesus?«) habe ich von einem der wenigen Rabbiner Amerikas berichtet, der sich im Neuen Testament ebenso gut wie im Alten Testament auskennt. In einer Fernsehsendung gab dieser Mann zu, dass Jesus während seines Lebens so viele messianische Prophezeiungen erfüllte, dass er zum Messias der Heiden geworden sei – doch der Messias der Juden müsse erst kommen. Einige Juden fangen also immerhin schon an zu erkennen, dass ihr Messias wie Jesus sein wird! So kurz steht das Volk davor, mit »Geist« erfüllt zu werden. Es ist nur einen Atemzug davon entfernt, sich dem Messias zuzuwenden.

Die Generation, die Israel wieder erstehen sieht

Es wird Zeit, dass wir vom Feigenbaum lernen:

> »Lasst euch vom Feigenbaum eine Lehre geben: Wenn der Saft in die Zweige schießt und der Baum Blätter treibt, dann wisst ihr, dass der Sommer bald da ist. So ist es auch, wenn ihr dies alles geschehen seht: Dann wisst ihr, dass das Ende unmittelbar bevorsteht. Ich versichere euch: Diese Generation wird das alles noch erleben« (Mt 24,32–34; Gute Nachricht).

Viele, die sich mit Prophetie beschäftigen, meinen, dass das Ende unmittelbar bevorsteht, wenn wir Israel wieder als Staat erstehen sehen (was 1948 geschehen ist). Sie begründen ihre Auffassung damit, dass der Feigenbaum in der Bibel meist ein Sinnbild für Israel ist. Wenn diese Annahme stimmt (wovon wir überzeugt sind), dann war die Tatsache, dass Israel 1948 offiziell wieder zu einem Staat wurde, das »Zeichen«, von dem in Matthäus 24, Verse 1 bis 8 die Rede ist. Es ist, als habe dieser Baum, der in den Jahren 1914–1918 beim Auftreten der ersten Wehe gepflanzt wurde, bis 1948, als Israel als Staat ausgerufen wurde, gebraucht, um auszutreiben und damit die Prophetien aus Ezechiel 37, Verse 1 bis 8 erfüllen zu können.

Wenn wirklich das die Bedeutung des Feigenbaum-Bildes ist, dann dürfen wir annehmen, dass die »Zeit« für die Wiederkunft Christi gekommen ist, da er angekündigt hat: »Wenn ihr dies alles geschehen seht: Dann wisst ihr, dass das Ende unmittelbar bevorsteht« (Mt 24,33; Gute Nachricht). Mit anderen Worten: »Wenn alle erwähnten Zeichen eingetreten sind – Erster Weltkrieg, Hungersnöte, Seuchen, Erdbeben und die Tatsache, dass Israel wieder zu einem Staat geworden ist –, dann könnt ihr sicher sein, dass es nicht mehr lange dauern wird, bis Jesus wiederkommt.«

Ein Hinweis auf zwei verschiedene Dinge

»Das alles« aus Matthäus 24, Verse 33–34 bezieht sich auf zwei ganz verschiedene Dinge, was man im Hinterkopf behalten muss, um diese Stelle richtig zu verstehen. Das erste »das alles« weist auf die turbulenten Ereignisse hin, deren Beginn in den Versen 7 und 8 beschrieben werden. Das zweite »das« weist auf die prophezeite Zukunft hin, einschließlich der Trübsalzeit und der Wiederkunft Jesu in Herrlichkeit.

In den Versen 32 und 33 will Jesus also betonen, dass uns diese Dinge auf sein nahe bevorstehendes Kommen aufmerksam machen wollen, so wie ein austreibender Feigenbaum den Sommer erahnen lässt.

Wir sollten in diesem Zusammenhang aber sehr darauf achten, dass wir keine Datumsangaben machen! Jesus sagte: »Doch den Tag und die Stunde kennt niemand, auch nicht die Engel im Himmel – nicht einmal der Sohn. Nur der Vater kennt sie« (Mt 24,36; Gute Nachricht). Das Thema Prophetie ist durch Menschen, die ein bestimmtes Datum genannt haben, wahrscheinlich mehr in Verruf geraten als durch irgendetwas anderes. Andererseits weist diese Bibelstelle klar darauf hin, dass wir diese Zeit erkennen *können*. Wir glauben nicht nur, dass wir uns schon in dieser Zeit befinden, sondern dass sie auch bereits weit fortgeschritten ist. Unsere Auslegung darf aber die Angaben, die Jesus selbst gemacht hat, nicht an Präzision übertreffen, der uns darauf hinweist, dass diese Zeit so lang wie eine »Generation« dauern kann.

Die Schlüsselgeneration

Wir wollen jetzt den Zeitpunkt untersuchen, der hier eine Schlüsselstellung einnimmt, um die Frage der Jünger aus Matthäus 24, Vers 3 zu beantworten: »Wann wird das geschehen?« Der Schlüssel findet sich in Vers 34. Dort heißt es: »Ich versichere euch: Diese Generation wird das alles [das zweite »das«] noch erleben.« Es ist entscheidend, was Jesus mit »dieser Generation« gemeint hat und welche Generation nach seinen Worten nicht sterben wird, bevor er zum zweiten Mal kommt.

Im Griechischen bezieht sich das Demonstrativpronomen *haute* (»das«) immer auf eine Person oder Sache, die unmittelbar davor erwähnt wurde. Der Sachverhalt, der vor »Generation« angesprochen wird, schließt all jene ein, die das Zeichen sehen werden, entweder wenn Israel als Staat anerkannt wird oder wenn es den größten Teil von Jerusalem in Besitz nimmt. Es scheint nur vier Generationen zu geben, auf die das zutreffen könnte:

1. *Die Generation der Jünger.* Aber während sie lebten, hat es kein historisches Ereignis dieser Art gegeben. Da ihre Generation gestorben ist, bevor Jesus wiederkam, ist es unwahrscheinlich, dass Jesus die Generation der ersten Jünger gemeint hat.

2. *Die Generation, die den Ersten Weltkrieg erlebt hat.* Viele ausgezeichnete Bibellehrer sind davon ausgegangen, dass diese Generation gemeint war. Aber auch das wird immer unwahrscheinlicher, weil inzwischen die meisten Vertreter dieser Generation gestorben sind. Dennoch sollte man diese Möglichkeit innerhalb der nächsten fünf Jahre nicht ganz ausschließen, auch wenn es ausgesprochen unwahrscheinlich ist, dass sich »diese Generation« auf die Generation bezieht, die noch den Ersten Weltkrieg miterlebt hat.

3. *Die Generation, die 1948 die offizielle Staatsgründung Israels miterlebt hat.* Diese Generation muss alt genug gewesen sein, um »sehen« zu können, dass Israel von den Vereinten Nationen offiziell als Staat anerkannt wurde. Wenn man annimmt, dass diese Generation Kinder einschließt, die 1948 zehn Jahre oder älter waren, dann bezieht sich die Angabe auf eine Generation, die um 1938 geboren wurde – plus/minus fünf bis zehn Jahre.

4. *Die Generation, die 1967 während des Sechstagekrieges gelebt hat.* Das war der Krieg, in dem die israelische Armee in Jerusalem einmarschiert ist und ihre Flagge über der Stadt gehisst hat. Damit beziehen wir uns auf die Generation, die um 1957 geboren wurde.

Eines ist jedenfalls sicher: Es ist gefährlich, dogmatisch zu sein! Aus diesem Grund ziehen wir vor, ganz vorsichtig zu sagen: Wir glauben, dass sich »diese Generation« auf Menschen bezieht, die 1948 schon lebten. Es kann sich aber auch auf jene beziehen, die 1967 am Leben waren, oder aber auf andere, die in irgendeinem zukünftigen Krieg miterleben, dass die Juden noch einmal die Herrschaft über die Heilige Stadt erringen werden.

Wie lange dauert eine Generation?

Der zweite wichtige Aspekt dieser Prophezeiung, der Interpretationsbedarf hat, bezieht sich darauf, was unter »Generation« zu verstehen ist. Wie lange dauert eine Generation in der Bibel?

Kurz nachdem Israel 1948 als Staat anerkannt wurde, haben viele Bibelforscher vorausgesagt, dass Christus 1988 wiederkommen würde. Ausgehend von der Annahme, dass eine Generation 40 Jahre umschließt, haben sie den Schluss gezogen, dass bis 1988 alles vorbei sein wird, einschließlich der Wiederkunft Christi. Sie haben sich offensichtlich geirrt. Auch wenn sie damit die unmittelbar bevorstehende Wiederkunft Christi ernsthaft ankündigen wollten, so haben sie durch ihre unbiblischen Spekulationen das Interesse an seiner Wiederkunft aber nur gedämpft. Ein Mann schrieb sogar ein Buch mit dem Titel *Eighty-Eight Reasons Christ Will Return in 1988* (»Achtundachtzig Gründe, warum Christus 1988 wiederkommen wird«). Obgleich sich dieser Mann irrte, konnte er 3 000 Exemplare dieses Buches verkaufen. 1988 ist gekommen und gegangen, doch statt seinen Irrtum zuzugeben, stellte er neue Berechnungen an und verkündete, dass er sich um ein Jahr verrechnet habe. Er veröffentlichte schnell ein weiteres Buch, um der Öffentlichkeit mitzuteilen, dass Christus erst 1989 wiederkommen würde. Es wird gemunkelt, dass noch 30 000 unverkaufte Exemplare dieses Buches irgendwo in einem Lager liegen. Und da gehören sie auch hin! Spekulationen dieser Art schaden nur dem Leib Christi.

Dieser Mann hat sich in vielen Dingen geirrt, ganz besonders aber mit der Annahme, dass eine Generation in der Bibel genau 40 Jahre umfasst. Davon können wir nicht sicher ausgehen. Die Tatsache, dass Israel 40 Jahre in der Wüste umhergewandert ist oder dass David und Salomo 40 Jahre lang in Israel regiert haben, bedeutet noch lange nicht, dass vier Jahrzehnte die biblische Länge einer Generation ausmachen. Mein Freund Dr. Arnold Fruchtenbaum, ein Lehrer für Prophetie, schreibt dazu: »Die Bibel schränkt den Zeitraum einer Generation an keiner Stelle auf 40 Jahre ein. Die einzige Stelle, an der dem Ausdruck *Generation* eine bestimmte Länge zugemessen wird, wird auf 100 Jahre geschätzt (Gen 15,13–16). Mit ›Generation‹ können 20, 40, 70, 80 oder 100 Jahre gemeint sein.«[5]

In den Psalmen wird uns gesagt: »Siebzig Jahre sind uns zugemessen, wenn es hoch kommt, achtzig – doch selbst die besten davon sind Mühe und Last! Wie schnell ist alles vorbei, und wir sind nicht mehr!« (Ps 90,10; Gute Nachricht). Mose spricht hier davon, dass eine Generation 70 bis 80 Jahre dauert. Das heißt aber nicht, dass eine Generation auf 70 bis 80 Jahre beschränkt ist; er will uns nur daran erinnern, wie kurz das Leben im Allgemeinen ist.

Wir sollten mit der Aussage Jesu sehr vorsichtig umgehen. Er sagte: »Ich versichere euch: Diese Generation wird das alles noch erleben« (Mt 24,34). Aus wie vielen Menschen besteht eine Generation? Aus keiner bestimmten Anzahl – schon ein Mensch, der die bedeutenden Ereignisse von 1948 verstanden hat, würde als Repräsentant dieser »Generation« genügen. Dennoch ist nicht zu erwarten, dass die ganze Generation sterben wird, bevor Jesus wiederkommt! Jesus wusste, dass sich die letzte Generation vor seinem Kommen durch Langlebigkeit auszeichnen wird – auch in unserem Bekanntenkreis gibt es mehrere 90-jährige Männer und Frauen –, darum ist »diese Generation« *nicht* auf achtzig Jahre beschränkt.

Wenn wir also den Zeitpunkt von 1948 oder von 1967 nehmen und die Lebensspanne eines Menschen dazuzählen (plus/minus zehn Jahre, die nötig sind, um diese Ereignisse »sehen« und verstehen zu können) und davon sieben oder mehr Jahre für die Trübsalzeit plus einer Übergangsperiode zwischen Entrückung und der Unterzeichnung eines Abkommens abziehen, kommen wir auf den gleichen mutmaßlichen Zeitraum für die Wiederkunft Christi, den schon viele andere vorgeschlagen haben: irgendwo zwischen dem Ende des 20. Jahrhunderts und dem ersten Viertel des 21. Jahrhunderts. Mit anderen Worten: *in unserer Generation.*

Auch wenn wir nicht ganz sicher sein können, dass unsere Generation wirklich die letzte vor der Wiederkunft Christi ist, sind wir uns einer Sache ganz sicher: Unsere Generation hat mehr Grund anzunehmen, dass er noch während unseres Lebens kommen *könnte*, als jede vorhergehende Generation.

Israel, Gottes Schlüssel für die Zukunft

Viele Jahre lang wurde Israel von Fachleuten für biblische Prophetie als »Gottes Uhr« oder »Gottes Stechuhr« bezeichnet. Die Bestätigung dafür, dass wir möglicherweise in der Endzeit leben, können Sie beinahe täglich in den Abendnachrichten sehen, wenn Israels fünf Millionen Juden wieder unsere Aufmerksamkeit auf sich ziehen. Es ist durchaus möglich, dass die Rückkehr der Juden in ihr Heimatland nach 1700 Jahren des Exils das wichtigste Zeichen für die Endzeit, vielleicht sogar das »Super-Zeichen« ist. Es ist bedeutsam, dass das in unserer Generation passiert – ein weiterer schwerwiegender Hinweis darauf, dass wir vielleicht tatsächlich in der Endzeit leben.

Das sollte uns nicht nur daran erinnern, dass Gott alle seine Zusagen hält, sondern auch daran, dass die Zeit auf Gottes Uhr langsam läuft. Ein Ereignis gewaltigen Ausmaßes bahnt sich an, so wie Jesus und die Propheten es vorhergesagt haben.

Bedenken Sie: Obwohl Israel ein so kleines Land ist, besitzt es eine der besten und bestausgerüsteten Armeen der Welt. Offen gesagt, glauben wir, dass das der einzige menschliche Grund ist, warum die arabischen Länder Israel nicht angreifen. Sie wissen, dass sie Israel unterlegen sind.

Die Juden stehen mit dem Rücken zur Wand und werden alle notwendigen Mittel einsetzen, um ihre Heimat gegen jeden feindlichen Angriff zu verteidigen. Auf der anderen Seite des Zauns schlägt ihnen der fanatische Hass der Araber entgegen. Die verschiedenen islamischen Nachbarländer werden von reichen Ölländern, die sowohl ihren Glauben als auch ihren Hass auf Israel mit ihnen teilen, finanziell unterstützt und mit Waffen beliefert. Die Araber werden nicht ruhen, bis sie die Israeliten wieder aus dem Land vertrieben haben – aber Israel wird sich nicht vertreiben lassen.

Die USA sitzen zwischen den Stühlen. 65 % des Ölbedarfs unserer Nation kommen aus den Ländern des Nahen Ostens, die Israel feindlich gesinnt sind. Zweifelsohne haben Sie den Stimmungsumschwung in der politischen Haltung mancher Nationen beobachtet, die Israel im Rahmen von »Verhandlungen« zum Aufgeben des Landes bewegen wollen. Das wäre purer Unsinn – denn der Krieg wird früher oder später sowieso ausbrechen.

Die Wahrheit ist, dass Israel und seine arabischen Nachbarn, die nur ein Tausendstel der Weltbevölkerung ausmachen, bereits mitten auf der Bühne des Weltgeschehens stehen – gerade so, wie es in der Bibel für das Ende der Zeit prophezeit ist.

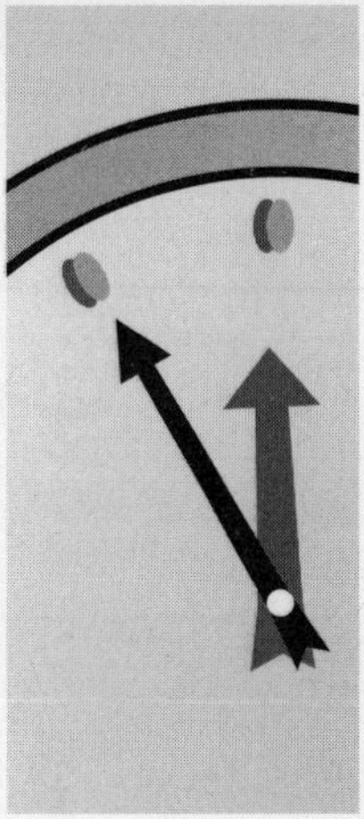

Teil 2

Ereignisse

6. Der große Abfall vom Glauben

Glaubensabfall
2 Tim 4,1–4

Die willkürliche Behauptung‹, schrieb Pontifex Maximus Peter in einer offiziellen Erklärung der Enigma Babylon, ›dass die jüdische und protestantische Bibel, in der nur das Alte und das Neue Testament enthalten sind, die höchste Autorität für den Glauben ist, ist ein Gipfel an Intoleranz und Uneinigkeit. Diese Behauptung schlägt allem ins Gesicht, was wir bis jetzt erreicht haben, und Anhänger dieser falschen Lehre sollen von nun an als Häretiker betrachtet werden.‹«
(»Die Heimsuchung«, S. 300)

Die Leser unserer »Finale«-Reihe haben bereits die Bekanntschaft mit einer Figur gemacht, die wir Peter Mathews nannten. Nach der Entrückung wird er zum Oberhaupt einer vom Glauben abgefallenen Welteinheitskirche. Mathews glaubt nicht daran, dass Jesus Christus wirklich von den Toten auferstanden ist, dass er von einer Jungfrau geboren wurde, dass die Bibel vom Heiligen Geist inspiriert oder Christus der einzige Weg zu Gott ist. Natürlich wurde Mathews von uns nur erfunden.

Oder etwa doch nicht?

Was würden Sie von einem Bischof halten, der lautstark folgende Ansichten von sich gibt:

1. Die Auferstehung Christi hat nicht wirklich stattgefunden, sondern ist nur eine Legende.
2. Es hat kein leeres Grab, keine Engel und keine Erscheinungen gegeben.
3. Kein vernünftiger Mensch kann die Bibel wörtlich nehmen.
4. Die Jungfrau einer allzu wörtlich verstandenen Bibel, die Verkündigung durch den Engel, Bethlehem und die Krippe müssen »abgeschafft« werden.
5. Die Kirche sollte zu homosexuellem Verhalten ermutigen und solche Verbindungen segnen, ebenso wie heterosexuelle Paare, die nicht miteinander verheiratet sind.

John Shelby Spong, Bischof der Episkopalkirche von Newark, New Jersey, hat all diese Ansichten in seinen zahlreichen kontroversen Büchern verkündet. In seinem Werk *Why Christianity Must Change or Die* (»Warum sich das Christentum ändern muss oder sterben wird«) – nach seinen eigenen Aussagen eine Zusammenfassung seines Lebenswerkes – betont er nachdrücklich, dass die hoffnungslos altmodischen Gedanken, die das Neue Testament im ersten Jahrhundert geprägt haben, ausgemerzt werden müssen, wenn man will, dass das Christentum in einer modernen Welt überleben solle.

Ein Rezensent dieses Buches schrieb dazu: »Doch seltsamerweise scheinen Spongs Ansichten nicht allzu neu zu sein. Sie sind tatsächlich nichts als eine weitere religiöse Spielart des humanistischen Aktualismus. Es sind gar nicht die Ansichten, die bemerkenswert sind, sondern die Tatsache, dass sie von einem Bischof der Episkopalkirche vertreten werden.«[1]

Bemerkenswert, ja – aber sicher nicht überraschend.

Der große Abfall vom Glauben

Der Apostel Paulus hat eine Zeit vorhergesagt, in der sich Menschen vom Glauben, der »dem heiligen Volk Gottes ein für allemal anvertraut worden ist«, abwenden und stattdessen Irrlehren folgen werden (Jud 1,3). An die junge Gemeinde von Thessalonich schrieb er Folgendes:

> »Ihr wartet darauf, Brüder und Schwestern, dass Jesus Christus, unser Herr, kommt und wir mit ihm vereinigt werden. Wir bitten euch aber: Lasst euch nicht so rasch verwirren oder erschrecken durch die Behauptung, der Tag, an dem der Herr kommt, stehe unmittelbar bevor. Glaubt es nicht, auch wenn sich jemand auf eine Eingebung des Heiligen Geistes beruft oder auf irgendeinen Ausspruch oder auf einen Brief von mir. Lasst euch durch nichts und niemand täuschen: Erst muss es dahin kommen, *dass viele ihrem Glauben untreu werden«* (2 Thess 2,1–3; Gute Nachricht, Hervorhebung durch den Autor).

Paulus will hier sagen, dass es zuerst zu einem »Abfall« vom Glauben oder zu einer »Rebellion« kommen muss, bevor Christus wiederkommt und der Feind Gottes in Erscheinung tritt. Das griechische Wort, das im Englischen mit Rebellion übersetzt wird, heißt *apostasia*, wovon auch »Apostasie« abgeleitet ist, was so viel bedeutet wie: von der Wahrheit abfallen; sich von dem, was zuerst gültig war, loslösen. Diese Prophezeiung bedeutet schlicht und einfach, dass sich viele Christen, obwohl sie die Wahrheit kennen, wieder von ihr abwenden werden, bevor Christus wiederkommt.

Robert L. Thomas schreibt in einem Artikel des *The Expositor's Bible Commentary*:

> *»Apostasie weist darauf hin, dass eine früher eingenommene Haltung freiwillig aufgegeben wird.* [...] *Wenn alle Christen plötzlich fort sind (1 Thess 4,17), wird es keine Christen im eigentlichen Sinn mehr geben. Damit ist die Zeit reif für Leute, die sich zwar Christen nennen, es aber nicht wirklich sind. Sie werden sich bei allem, was sie tun, nicht mehr um Gott kümmern; was in ihren Köpfen ohnehin schon lange der Fall war. Ihre Heuchelei wird dann offen zu Tage treten. Diese weltweit gegen Gott gerichtete Bewegung wird so umfassend*

sein, dass sie eine spezielle Bezeichnung hat, nämlich ›Apostasie‹. Das ist die immer größer werdende Tendenz, den Glauben wieder aufzugeben, etwas, das auch schon vor der Entrückung der Gemeinde beobachtet werden kann.«[2]

Die Passage aus dem zweiten Brief an die Thessalonicher ist nicht die einzige Bibelstelle, in der von »Glaubensabfall« die Rede ist. Im ersten Brief an Timotheus fügt Paulus noch hinzu:

»Der Geist Gottes sagt durch den Mund von Propheten klar und deutlich voraus, dass in den letzten Tagen dieser Welt manche den Glauben preisgeben werden. Sie werden sich Leuten anschließen, die sie mit ihren Eingebungen betrügen, und werden den Lehren dunkler Mächte folgen. Diese Leute sind scheinheilige Lügner, die ein schuldbeladenes Gewissen haben« (1 Tim 4,1–2; Gute Nachricht).

»Den Glauben preisgeben« ist gleichbedeutend mit »sich vom Glauben abwenden« oder »abtrünnig werden«. Ralph Earl schreibt dazu:

»Anstatt sich der Leitung des Heiligen Geistes anzuvertrauen, schenken diese Abgefallenen ihre Aufmerksamkeit Lügengeistern und Lehren von ›Dämonen‹. Da dieses Wort nur hier in den Pastoral-Briefen benutzt wird, sollten wir es genauer unter die Lupe nehmen. Die englische Übersetzung der King James-*Ausgabe spricht von ›Teufeln‹, einem Ausdruck, den englische Bibelübersetzer immer noch verwenden (vgl.* New English Bible*). Doch im Griechischen gibt es eine klare Unterscheidung zwischen* daimonion *(Dämonen, oft im Plural) und* diabolos *(Teufel, normalerweise im Singular). Die Mehrzahl von* diabolos *scheint in den Pastoral-Briefen verwendet zu werden, wo es im Sinne von ›Menschenverleumdern‹ gebraucht wird (1 Tim 3,11).«*[3]

Und im »Neuen Kommentar zur Bibel« wird schlicht festgestellt: »Dem Geheimnis des Geistes und der Gottesfurcht stehen irreführende Geister und falsche Lehren gegenüber.«[4]

In dieser Zeit des Abfalls, sagt Paulus, werden menschliche »Teufel« das Wort führen, die Gott und sein Werk in ein falsches

Licht stellen. Auch wenn ihre Lehre vielleicht vor Honig trieft, ist sie dennoch von Dämonen der Hölle eingeflüstert, die sie gefällig verpacken und unters Volk streuen.

So viel zu den Lehrern des Abfalls. Aber die Apostasie kann nur dann wirklich in Gang kommen, wenn es den hinter ihr stehenden falschen Lehrern gelingt, eine Schar treuer Anhänger zu gewinnen. Dazu Paulus:

> »Denn es wird eine Zeit kommen, da werden sie die gesunde Lehre unerträglich finden und sich Lehrer nach ihrem Geschmack aussuchen, die sagen, was ihnen die Ohren kitzelt. Sie werden nicht mehr auf die Wahrheit hören, sondern sich fruchtlosen Spekulationen zuwenden« (2 Tim 4,3–4; Gute Nachricht).

Falsche Lehrer können nicht in einem spirituellen Vakuum existieren. Sie treten in Erscheinung, weil es Leute gibt, die sie hören *wollen*, damit sie ihr Leben nach eigenem Belieben führen können. Spiritualität ist in gewisser Hinsicht ebenso Ware wie Elektronik oder Rindfleisch und unterliegt auf ähnliche Weise dem Gesetz von Angebot und Nachfrage. Paulus sagt, dass sich diese fleischlich gesinnten Leute eine große Anzahl von Lehrern suchen werden, die genau das sagen, was sie hören wollen. Oder mit anderen Worten: Die Leute wollen gottlose Geschichten hören, und bald darauf tauchen auch schon falsche Lehrer auf, um dieses Bedürfnis zu befriedigen – so wie es Fliegen zum Abfall zieht.

Paulus unterwies seinen jungen Schützling Timotheus, dass er als Pastor von Ephesus die große Verantwortung habe, die richtige Lehre zu verkünden und sie zu verteidigen. Warum? Weil eine Zeit kommen wird, in der Menschen nicht mehr auf die Wahrheit hören wollen, sondern scharenweise Lehrern nachlaufen, die den Ohren ihrer Zuhörer schmeicheln. Diese Ohren, sagte einmal ein Bibelausleger, »sind immer nervös gespitzt, in der Begierde, das aufzuschnappen, was dem fleischlich gesinnten Willen eines Herzens in Eigenregie gelegen kommt«.[5]

Wir erhalten ein weiteres aufrüttelndes Bild dieser endzeitlichen Apostasie, wenn wir die Worte Christi lesen, die er an die Gemeinde von Laodizea richtet (Offb 3). Wie ich bereits in meinem Kommentar in *Revelation Illustrated and Made Plain* (»Erklärungen zu einer leicht verständlichen Offenbarung«) ausgeführt habe, liefern uns nach meiner Ansicht die sieben Gemeinden aus den Kapiteln 2 und 3 der Offenbarung ein Bild der Kirche im Laufe der Geschichte. Jede dieser sieben Gemeinden repräsentiert eine bestimmte Ära der Kirchengeschichte. Laodizea, an letzter Stelle platziert, zeigt uns anschaulich, wie die Kirche kurz vor der Entrückung aussehen wird. Hören Sie, was Christus zu dieser vom Glauben abgefallenen Kirche zu sagen hat:

> »Ich kenne euer Tun und sehe, dass ihr weder warm noch kalt seid. Wenn ihr wenigstens eins von beiden wärt! Aber ihr seid weder warm noch kalt; ihr seid lauwarm. Darum werde ich euch aus meinem Mund ausspucken. Ihr sagt: ›Wir sind reich und gut versorgt; uns fehlt nichts.‹ Aber ihr wisst nicht, wie unglücklich und bejammernswert ihr seid. Ihr seid arm, nackt und blind.
> Ich rate euch, von mir Gold zu kaufen, das im Feuer gereinigt wurde; dann werdet ihr reich. Ihr sollt euch auch weiße Kleider kaufen, damit ihr nicht nackt dasteht und euch schämen müsst. Kauft euch Salbe und streicht sie auf eure Augen, damit ihr sehen könnt!« (Offb 3,15–18; Gute Nachricht).

Laodizea war eine reiche Stadt im Landesinneren, ungefähr 60 Kilometer von Ephesus entfernt. Durch und durch griechisch, was Kultur und Bildung betraf, war sie auf Grund ihrer Industrie zu einem blühenden Handelszentrum geworden. Wir wissen, dass die dortige Kirche wohlhabend gewesen sein muss, denn unter den Ruinen der Stadt hat man drei Kirchen entdeckt, die auf die frühesten Tage der Christenheit zurückdatiert werden können. Ungleich der Gemeinde in Ephesus, die für die Ausbreitung des Evangeliums bekannt war, wird uns von Laodizea nichts dergleichen berichtet. Laodizea ist unter allen in der Offenbarung skizzierten Gemeinden die einzige, über die Gott nichts Positives zu sagen hat.

Diese Kirche der letzten Tage bemüht sich weder um gute Werke noch ist sie lahm und schwunglos. Sie ist stattdessen einfach gleichgültig. Sie erhebt zwar den Anspruch, Jesus Christus zu repräsentieren, erlebt jedoch nie, dass irgendjemand durch sie aus der Dunkelheit zum Licht kommt.

Sagen Sie mir: Hat unsere heutige Kirche nicht Ähnlichkeiten mit Laodizea? Die heutige Kirche ist sicherlich reich. Sie hat prächtige Bauten mit einer wunderbaren Architektur, Gebäude im Wert von vielen Millionen und eine große Schar nicht wiedergeborener Kirchenmitglieder.

Ich glaube, dass sich unsere Kirche in der gleichen fatalen Lage wie jene religiösen Leute befindet, die Jesus mit den folgenden Worten beschrieb: »Am Tag des Gerichts werden viele zu mir sagen: ›Herr, Herr! In deinem Namen haben wir prophetische Weisungen verkündet, in deinem Namen haben wir böse Geister ausgetrieben und viele Wunder getan.‹ Und trotzdem werde ich das Urteil sprechen: ›Ich habe euch nie gekannt. Ihr habt versäumt, nach Gottes Willen zu leben; geht mir aus den Augen!‹« (Mt 7,22–23; Gute Nachricht).

Die Neigung zur Apostasie

Natürlich war die Kirche Jesu Christi immer schon von Apostasie bedroht – aber nie so stark wie in unserer Zeit. Der Widersacher hat eine geradezu teuflisch schlaue Art, Unkraut unter den Weizen (nämlich die Kirche) zu säen, so wie es Jesus in den Gleichnissen über das Himmelreich (vgl. Mt 13) vorausgesagt hat. Die Bibel berichtet deutlich davon, dass die Verwirrung der Lehrmeinungen in den letzten Tagen zu einem Crescendo anschwellen wird. Als Folge davon werden viele vom Glauben abfallen, weil sie die Lehren von Dämonen begierig aufsaugen und sich bereitwillig von Lügengeistern in die Irre führen lassen.

Es ist hinreichend bekannt, dass sich viele falsche Religionen und Kulte im Laufe der Geschichte aus fehlgeleiteten oder »abgefallenen« Seitenlinien des Christentums entwickelt haben. Wann immer die Kirche im Laufe ihrer Geschichte theologische Irrlehren zuließ, hat Gott immer auch Reformer auf den Plan gerufen, die das Volk wieder zur ursprünglichen Lehre der Bibel zurückriefen. Oder er berief Menschen dazu, Bewegungen anzuführen und sich von den anderen abzusondern. Auf diese Weise sind viele unserer heutigen Konfessionen entstanden.

Zu Beginn des 20. Jahrhunderts haben Geistliche, die in Europa erzogen wurden und unter den Einfluss des deutschen Rationalismus geraten waren, damit begonnen, an konfessionellen Seminaren zu unterrichten. Der Widersacher weiß genau, dass er die Kirche am wirkungsvollsten mit falscher Lehre durchsetzen kann, wenn er die Ausbildung der geistlichen Leiter unterwandert, angehende Pfarrer damit impft und sie danach in die Gemeinden sendet, um seine Lehre so im ganzen Land zu verbreiten. Das Maß der Treue gegenüber dem Wort Gottes, das heute in Kirchen anzutreffen ist, spiegelt in direkter Weise wider, wie erfolgreich die Leiter dieser Kirchen zwei Generationen vorher damit waren, ihre Seminare von Häretikern freizuhalten. Es ist ein ständiger Kampf! Manche von denen, die diesen Kampf in der ersten Hälfte des Jahrhunderts gewonnen haben, scheinen ihn heute wieder zu verlieren.

In manchen großen Kirchen haben die Ortsgemeinden nur wenig Mitspracherecht bei der Einstellung ihrer Pfarrer und die gesamte Macht liegt in den Händen einiger weniger. Unter diesen Umständen konnten angriffslustige Apostaten viel Einfluss gewinnen. Millionen von Mitgliedern standen vor der Entscheidung, zu bleiben oder die Gemeinde zu verlassen, um eine neue zu gründen. Die meisten von denen, die »auf dem Schiff« zurückgeblieben sind, konnten den kontinuierlichen Trend zur Apostasie jedoch nicht stoppen.

Die tödlichen Folgen des Glaubensabfalls

Heute setzen sich die meisten liberalen Kirchen mit liberalen sozialen Fragen auseinander, während die Konservativeren unter den Theologen dazu neigen, sich der konservativen Regierungspolitik anzugleichen. Der heftige Angriff auf die absoluten moralischen Maßstäbe, den wir heute erleben, wird nicht nur von säkularen Humanisten befürwortet, sondern auch von den Leitern der Volkssynode und vielen liberalen Pfarrern aus den Hauptkirchen. Einige geistliche Leiter, die sich besonders vehement für Homosexualität einsetzen, glauben auch nicht an die jungfräuliche Geburt, die Gottheit Christi oder die Unfehlbarkeit der Bibel. Ein ungläubiger Theologe wird kaum ein Anhänger der moralischen Maßstäbe der Bibel sein!

Apostasie macht ganze Konfessionen kaputt. Als Beispiel könnte man die Methodisten anführen. Als ich meinen Dienst als

Pfarrer begann, waren die Methodisten allen anderen protestantischen Konfessionen zahlenmäßig überlegen, eine Nachwirkung der Heiligungsbewegung im 19. Jahrhundert. Dann übernahmen die Apostaten Ausbildungsstätten wie das *Union Theological Seminary* und begannen damit, eine Generation von ungläubigen Geistlichen zu produzieren. Diese »infiltrierten« dann ihrerseits die Kirchen und Seminare der Methodisten und Presbyterianer, um in vielen Gemeinden einen Glaubensabfall zu bewirken. In der Folge erlitten beide Konfessionen einen drastischen Rückgang der Kirchenbesucher und Mitgliederzahlen. Ganze Gruppen spalteten sich ab und fanden sich auf der Grundlage der Bibel zu neuen Gruppierungen zusammen. Andere Mitglieder waren von dieser liberalen Irrlehre so desillusioniert, dass sie gar nicht mehr zur Kirche gingen.

Apostasie vernichtet aber nicht nur christliche Lehre und Praxis, sondern Gott überlässt die Abgefallenen ihrem eigenen verderbtem Sinn, sodass auch sie zu sterben beginnen. Heute haben diese Kirchen kaum noch einen Berührungspunkt mit der eigentlichen christlichen Lehre. Sie werden zwar immer noch von den liberalen Nachrichtenmedien kontaktiert, wenn diese einen Kommentar aus dem christlichen Lager wollen – aber nicht so sehr, weil sie Christus vertreten, sondern weil sie die gleichen moralischen Maßstäbe wie die Medien haben. Wie dem auch sei, diese Kirchen haben viel von ihrem Einfluss auf die Menschen in den Kirchenbänken verloren.

Wie nahe sind wir schon?

Die Geschichte, wie Gott in diesem Jahrhundert des Glaubensabfalls trotz allem die Oberhand behalten hat, ist zu lange, um sie hier detailliert zu erzählen, doch es ist eine spannende Geschichte. Gegen Ende des 19. Jahrhunderts und während des ganzen 20. Jahrhunderts hat er D. L. Moody und andere damit beauftragt, Bibelschulen, christliche Ausbildungsstätten und Lehranstalten ins Leben zu rufen, um ein ganzes Heer von Geistlichen zuzurüsten, die unbeirrbar an seinem Wort festhalten. Diese und andere Anstöße des Heiligen Geistes haben in den konservativen Kirchen ein phänomenales Wachstum bewirkt. Aus einer vor kurzem durchgeführten Umfrage des Gallup-Instituts geht hervor, dass sich 41 % der amerikanischen Bevölkerung als wiedergeborene Christen bezeichnet, etwas, das in den vom Glauben abgefallenen Konfessionen kaum je Erwähnung findet.

Ohne diese Anstöße des Heiligen Geistes und ohne den Gehorsam von Millionen von Christen gegenüber der Lehre der Bibel wäre Amerika heute eine vollkommen säkularisierte Nation. Stattdessen ist der Heilige Geist in den Herzen von unzähligen Gläubigen am Werk. Es ist faszinierend zu sehen, dass sich die Gemeinden, die an der Bibel festhalten, vom Heiligen Geist leiten lassen und Menschen zum Glauben führen, wachsende dynamische Kirchen sind. Zur gleichen Zeit sterben die vom Glauben abgefallenen Kirchen zu Tausenden – ein weiteres Zeichen für die Endzeit.

7. Die Wüste wird blühen

Der bescheidene Mann nannte sich selbst einen Botaniker, doch in Wirklichkeit war er ein Chemiker, dem es gelungen war, einen synthetischen Dünger herzustellen, der den Wüstensand Israels fruchtbar machte.

›Bewässerung ist schon seit Jahrzehnten kein Problem mehr gewesen‹, sagte der alte Mann. ›Doch das hat den Sand nur feucht gemacht. Meine Formel, dem Wasser hinzugefügt, macht den Sand hingegen fruchtbar.‹

Buck war kein Wissenschaftler, doch er verstand genug, um den sensationellen Inhalt dieser schlichten Bemerkung begreifen zu können. Rosenzweigs Formel würde Israel schnell zur reichsten Nation der Erde machen, viel reicher als alle Nachbarländer mit ihrem Öl. Auf jedem kleinsten Fleckchen wuchsen Blumen und Getreide, einschließlich Erzeugnisse, an die in Israel vorher nicht einmal zu denken war. Das Heilige Land wurde bald zum Mittelpunkt des Exports und zog den Neid der ganzen Welt auf sich. Die Arbeitslosenrate lag bei null Prozent. Alle wurden reich.«
(»Finale«, S. 12)

Auch wenn die meisten größeren Ereignisse, die in unserer »Finale«-Reihe geschildert werden, auf konkreten Prophezeiungen der Bibel über die Trübsalzeit oder Endzeit beruhen, so lassen sich einige wichtige Handlungselemente weniger auf eine sorgfältige Interpretation der Prophetie zurückführen, sondern sind frei erfunden. Zu diesen Produkten der Fantasie gehört auch Chaim Rosenzweigs Erfindung im ersten Band der Roman-Reihe. Der israelische Wissenschaftler entwickelt eine streng geheim gehaltene chemische Verbindung, mit der die Wüste zum Blühen gebracht wird. Israel wird dadurch reich – und seine Nachbarn in der Folge neidisch und wütend.

Obwohl es in der Bibel selbst keine entsprechende Prophetie gibt, hat es uns dieser literarische Einfall ermöglicht, zwei Handlungsstränge zu entfalten, denen eindeutig Prophezeiungen zu Grunde liegen:

1. der außergewöhnliche Segen, mit dem Gott das Land Israel überschütten wird,
2. eine plausible Erklärung für den Überraschungsangriff, mit dem Russland und seine Verbündeten Israel überfallen werden (vgl. Kapitel 8).

Die Absicht Gottes, Israel in der Zukunft mit ganz besonderem Segen zu überschütten, lässt sich aus mehreren Stellen des Buches Jesaja erkennen:

> »Die Steppe soll sich freuen, das dürre Land glücklich sein, die Wüste jubeln und blühen! Mit Blumen soll sie sich bedecken, jauchzen und vor Freude schreien! [...] In der Wüste brechen Quellen auf, und Bäche ergießen sich durch die Steppe. Der glühende Sand verwandelt sich zum Teich, und im dürren Land sprudeln Wasserquellen. Wo jetzt Schakale ihr Lager haben, werden dann Schilf und Riedgras wachsen« (Jes 35,1–2; 6–7; Gute Nachricht).

> »Auf den steinigen Höhen lasse ich Wasser hervorbrechen und im Wüstensand Quellen entspringen. In der Steppe sollen sich Teiche bilden, aus dem ausgedörrten Boden soll Wasser hervorsprudeln. Mitten in der Wüste lasse ich Schatten spendende Bäume aufwachsen: Zedern, Akazien, Myrten und Ölbäume, Wacholder, Pinien und Zypressen. Wenn sie das sehen, werden sie begreifen, dass ich, der Herr, eingegriffen habe, und sie werden erkennen: Der heilige Gott Israels hat dies alles geschaffen« (Jes 41,18–20; Gute Nachricht).

> »Ich schaffe jetzt etwas Neues! Es kündigt sich schon an, merkt ihr das nicht? Ich werde eine Straße durch die Wüste legen und lasse dort Ströme fließen« (Jes 43,19; Gute Nachricht).

Gott ist entschlossen, der Welt zu zeigen, dass er Israel nicht vergessen hat. Er hat das Land der Verheißung nie aus seinen Augen verloren. Wir haben selbst erlebt, dass an mehreren Orten der Welt gutes Grasland und fruchtbarer Ackerboden zu einer ausgedörrten, öden Wildnis geworden ist. Die Sahara im nördlichen Afrika breitet sich z. B. Jahr für Jahr weiter aus. Doch wann war je zu sehen, dass die Wüste zu einem üppigen Garten geworden wäre? Doch genau das hat Gott versprochen, für Israel zu tun!

Auch wenn wir glauben, dass Gott diese große Tat erst während seiner Herrschaft im tausendjährigen Königreich vollbringen wird, bekommen wir schon jetzt Hinweise darauf, was er im Sinn hat. Seit der israelischen Staatsgründung hat die Regenmenge in Palästina auffällig zugenommen. Das hatte erstaunlich hohe Ernteerträge zur Folge. Als wir das letzte Mal in Israel waren, haben wir Obst und Gemüse gesehen, die die berühmten Produkte des *Imperial Valley* in Kalifornien noch an Größe übertrafen!

Eines ist jedenfalls sicher: Die Wüste Israels scheint nur darauf zu warten, »sich freuen«, »jubeln«, »blühen« und mit plötzlicher Blütenpracht überziehen zu können. Wie könnte es auch anders sein? Wenn Gottes Hand ein gesegnetes Stück Erde zärtlich berührt, dann kann es gar nicht anders, als sich in atemberaubender Lebensfülle zu entfalten.

8. Ein verheerender Überraschungsangriff

Das Radio brachte Berichte von israelischen Piloten. Sie waren nicht in der Lage gewesen, rechtzeitig aufzusteigen, und konnten nur vom Boden aus zusehen, wie sich das gesamte russische Geschwader scheinbar selbst zerstörte.

Wie durch ein Wunder hatte es in ganz Israel nicht einen einzigen Verwundeten gegeben. Sonst hätte Buck angenommen, eine geheimnisvolle Fehlfunktion sei der Grund dafür gewesen, dass sich die Raketen und Flugzeuge gegenseitig zerstörten. Doch Zeugen berichteten, es sei ein Feuersturm gewesen, zusammen mit Regen und Hagel und einem Erdbeben, der die Offensive vereitelt hätte.

War es vielleicht ein von Gott geschickter Meteoritenhagel gewesen? Vielleicht. Doch wie war die Tatsache zu erklären, dass Hunderttausende von Trümmerteilen brennenden, geschmolzenen Metalls, die sich in Haifa, Jerusalem, Tel Aviv, Jericho, ja sogar Bethlehem mauerhoch türmten, auch nicht ein einziges Lebewesen verletzt hatten? Als der Tag anbrach, wurde das ganze Ausmaß sichtbar, und man erkannte, dass sich Russland insgeheim mit Ländern des Nahen Ostens, allen voran Äthiopien und Libyen, verbündet hatte.

Unter den Trümmern fanden die Israelis brennbares Material, das sie als Brennstoff verwenden konnten. Sie würden ihre eigenen natürlichen Rohstoffe mehr als sechs Jahre lang sparen können. Besondere Einheiten versuchten, den Bussarden und Geiern zuvorzukommen. Sie beeilten sich, möglichst viele ihrer Feinde zu begraben, bevor deren Knochen abgenagt waren und Seuchen über das Volk hereinbrachen.«
(»Finale«, S. 16–17)

Der jüdische Prophet Ezechiel hatte vor 25 Jahrhunderten eine Vision, in der er detailliert sah, dass Russland in den letzten Tagen eine entscheidende Rolle auf der Weltbühne spielen wird (vgl. Ez

38–39). Er sagte sogar voraus, dass es sich mit anderen Nationen gegen Israel verbünden wird. Dieser Angriff wird die totale Vernichtung der Juden zum Ziel haben, etwas, das schon Adolf Hitler angestrebt, aber nicht erreicht hat.

Doch diese Angreifer werden sogar noch weniger Erfolg haben als die Nazis, denn Ezechiel sagt voraus, dass Gott durch ein übernatürliches Eingreifen das feindliche russische Heer vernichten wird. Auf diese Weise wird er vor den Augen der ganzen Welt seine Allmacht demonstrieren und zeigen, dass seine Pläne mit Israel noch nicht zu Ende sind.

Wann und wer?

Diese beiden Prophezeiungen Ezechiels gehören zu denen, die besonders präzise und daher als Prophetie am leichtesten zu verstehen sind. Sie legen nicht nur die Zeit für ihre Erfüllung durch das unmittelbar darauf folgende Kapitel genau fest – in dem die allmähliche Sammlung Israels geschildert wird –, sondern der Prophet sagt auch ausdrücklich, dass diese Dinge erst »nach langer Zeit ... nach vielen Jahren« (Ez 38,8) eintreten werden. Kaum jemand, der sich mit Prophetie auskennt, stellt in Frage, dass dieser Text wahrscheinlich in der Endzeit in Erfüllung gehen wird und dass sich Russland und seine Verbündeten aufmachen werden, um im kleinen Volk Israel »Beute zu machen« (Ez 38,13).

> »Das Wort des Herrn erging an mich, er sagte: ›Du Menschensohn, wende dich an Gog aus dem Lande Magog, den Großfürsten der Völker Meschech und Tubal, und kündige ihm mein Strafgericht an. Sag zu ihm: So spricht der Herr, der mächtige Gott: Du bekommst es mit mir zu tun, Gog, du Großfürst von Meschech und Tubal! Ich lenke dich, ich ziehe dir Haken durch deine Kinnlade und hole dich herbei, und mit dir dein ganzes großes Heer, lauter gut gerüstete Reiter mit Langschilden, Rundschilden und Schwertern. Die Kriegsleute vieler Völker folgen dir, Männer aus Gomer und Bet-Togarma im äußersten Norden, Männer aus Persien, Äthiopien und Lybien, gerüstet mit Helm und Schild. Halte dich bereit mit der ganzen Heeresmacht, die sich bei dir versammelt hat, und halte die fest im Griff!

Es werden zwar noch viele Jahre vergehen, aber dann werde ich dich holen und in das Land Israel rufen. Der Krieg hatte es entvölkert und lange Zeit lag es verwüstet und menschenleer; doch inzwischen habe ich seine Bewohner aus fremden Völkern wieder dorthin zurückgebracht. Während sie sorglos und in Frieden in ihrem Land leben, wirst du wie ein Gewittersturm über sie hereinbrechen; dein Reiterheer mit den Hilfstruppen aus vielen Völkern wird das ganze Land überschwemmen. [...]
Einst, wenn mein Volk Israel sorglos und in Frieden lebt, wirst du dich aufmachen und aus dem Land im äußersten Norden herbeikommen, gefolgt von deinen Reiterheeren aus vielen Völkern, einer riesigen Heeresmacht. Du wirst mit ihr gegen mein Volk Israel heranziehen und das ganze Land überschwemmen. In der letzten Zeit wird das geschehen; dann lasse ich dich gegen mein Land heranziehen. Und alle Völker werden mich erkennen, wenn ich mich vor ihren Augen an dir, Gog, als der heilige Gott erweise.‹ [...]
Und an dem Tag, an dem Gog in das Land Israel einfällt, wird mein Zorn mächtig auflodern. Schon jetzt bin ich von Zorn erfüllt und schwöre: An diesem Tag soll das Land von einem schweren Erdbeben heimgesucht werden. [...] Ich rufe gegen Gog alle Schrecken herbei, in seinem Heer wird jeder gegen jeden das Schwert ziehen. Das sage ich, der Herr, der mächtige Gott. Ich richte unter seinen Truppen ein Blutbad an, ich schicke die Pest unter sie, ich kämpfe gegen sie mit Hagel und sintflutartigem Regen, ich lasse Feuer und Schwefel auf sie fallen. Vor den Augen vieler Völker will ich mich an ihm als mächtig und heilig erweisen. Die Völker sollen mich kennen lernen, alle Welt soll erkennen, dass ich der Herr bin« (Ezechiel 38,1–9, 15–16, 18–19, 21–23; Gute Nachricht).

Etymologisch gesehen kann mit Gog und Magog aus den Kapiteln 38 und 39 des Buches Ezechiel eigentlich nur das heutige moderne Russland gemeint sein. »Nach Josephus, dem großen Historiker, war Magog der zweite Sohn Japhets, der sich nördlich des Schwarzen Meeres niederließ. Die Nachkommen Tubals und Meschechs, des fünften und sechsten Sohn Japhets, haben sich dagegen südlich des Schwarzen Meeres angesiedelt.«[1] Diese Stämme heirateten untereinander und wurden als Magog bezeichnet. Verschiedene Historiker (Plinius, Josephus, Herodot u. a.) weisen darauf hin, dass sie auch als Skyter bekannt waren, und bezeichnen sie als ein Volk von »Barbaren«.[2]

Wir sind nicht nur auf das Studium der Etymologie angewiesen, um die Identität Gogs zu lüften. Ezechiel schildert ebenfalls, dass Gott zu Gog sagt: »Ich lenke dich, ich schreibe dir deinen Weg vor, ich führe dich aus dem äußersten Norden auf die Berge Israels« (Ez 39,2). Alle Richtungsangaben, die in der Bibel gemacht werden, stehen in Bezug zu Israel. »Im Norden« bedeutet also immer nördlich von Israel, und »im Süden« bezieht sich auf Orte südlich von Israel usw. Ein Blick auf die Landkarte bestätigt, dass Russland nördlich von Israel liegt. Der Text bestärkt die Richtungsangabe noch einmal, indem er extra darauf hinweist, dass die Angreifer aus dem »äußersten Norden« kommen (Ez 38,15).

Beide Quellen bestätigen also unsere Vermutung, dass Russland tatsächlich das Volk ist, durch das sich Ezechiels Warnung für die letzten Tage erfüllen wird.

Noch bemerkenswerter ist vielleicht, dass die Verbündeten Gogs – Iran, Libyen, Äthiopien und Armenien – heute islamische Länder und »rein zufällig« Russland nahe stehen. Ein fanatischer, leidenschaftlicher und offener Hass gegen Israel verbindet diese Verbündeten miteinander. Schon seit Jahrhunderten sind Kenner der Prophetie davon überzeugt, dass der Angriff der arabischen Welt auf die Berge Israels von Russland angeführt werden wird, wo aber auch Gott vor der ganzen Welt seine Macht erweisen und ihre Heere vernichten wird.

Leichen, überall Leichen!

»Du Mensch aber sollst Gog mein Strafgericht ankündigen und zu ihm sagen: ›So spricht der Herr, der mächtige Gott: Du bekommst es mit mir zu tun, Gog, du Großfürst von Meschech und Tubal! Ich lenke dich, ich schreibe dir den Weg vor, ich führe dich aus dem äußersten Norden auf die Berge Israels. Dort schlage ich dir den Bogen aus der linken Hand und lasse dir die Pfeile aus der rechten Hand fallen. Auf den Bergen Israels wirst du den Tod finden, du und dein ganzes Heer aus vielen Völkern. Den Raubvögeln und wilden Tieren werfe ich dich zum Fraß hin!‹ […]

›Wenn das geschieht‹, sagt der Herr, ›werden die Leute in den Städten Israels hinausgehen und die Waffen der Feinde auflesen, um damit Feuer zu machen. Rund- und Langschilde, Bogen und Pfeile, Speere und Lanzen werden sie sammeln und einen Vorrat an Holz zusammenbringen, der für sieben Jahre ausreicht.‹ [...]

›An jenem Tag‹, sagt der Herr, ›bestimme ich für Gog im Lande Israel einen Begräbnisplatz: das Karawanental östlich vom Toten Meer. Dort wird man ihn und sein ganzes Heer begraben. Der Grabhügel wird so groß sein, dass er das ganze Tal versperrt und niemand mehr durchziehen kann. Das Tal wird man ‚Tal der Heeresmacht Gogs' nennen. Die Leute von Israel werden alle Gefallenen dort begraben, damit das Land wieder rein wird. Alle Männer in Israel werden sieben Monate lang damit zu tun haben‹« (Ez 39,1–4, 9, 11–12; Gute Nachricht).

Das Gericht Gottes über diese einfallenden Horden ist diesen sicher und es wird schnell vorüber sein. Obwohl Israels Freunde den Angriff offensichtlich kommen sehen, unternehmen sie nichts, außer eine Abordnung zu entsenden, um die Absichten Russlands zu hinterfragen: »Die Händler aus Saba und Dedan und aus der fernen Stadt Tarschisch werden zu dir sagen: Aha, du hast es auf Beute abgesehen! Du hast dein Riesenheer aufgeboten, um Silber und Vieh und alles, was Wert hat, wegzuschleppen! Du wirst einen großen Fang machen!« (Ez 38,13). Das wird ihre einzige Reaktion sein. Sie werden Israel weder Beistand leisten noch Hilfe anbieten – und dann greift Gott ein.

Der allmächtige Gott schickt ein gewaltiges Erdbeben, das so heftig ist, dass Berge auseinander brechen und Felsen ins Tal stürzen (vgl. Ez 38,20). Er lässt große Hagelkörner, Feuer und Schwefel auf Gog regnen und Wolkenbrüche und Pest auf das Land kommen. Und wenn alles vorüber ist, gibt es die Feinde Gottes nicht mehr. Nur ihre Leichen bedecken den Boden – ein Festmahl für Raubvögel und wilde Tiere.

Das Blutbad wird so groß sein, dass das Volk Israel sieben Monate lang damit beschäftigt sein wird, die toten Truppen zu bergen und zu begraben. In einem Tal, das man »Tal der Horden Gogs« nennen wird, wird man ein riesiges Massengrab ausheben. Das Kriegsgerät des vernichteten Heeres wird eingesammelt, aber nicht, um es zu benutzen, sondern um es zu verbrennen. Man wird so viele Waffen erbeuten, dass es sieben Jahre dauert, bis alle verbrannt sind.

Dieser Zeitraum von sieben Jahren, der für das Verbrennen der russischen Waffen vorausgesagt ist, ist auch der Grund, warum wir im ersten Band der »Finale«-Reihe den Angriff Russlands auf Israel etwa dreieinhalb Jahre vor dem Beginn der Trübsalzeit angesetzt haben. Die Bibel lehrt uns, dass Israel in der zweiten Hälfte der Trübsalzeit noch einmal aus seinem Heimatland vertrieben wird. Wenn das Verbrennen der Waffen also sieben Jahre dauert, dann muss der Zeitpunkt für die Invasion Russland mindestens dreieinhalb Jahre vor dieser Zeit liegen.

Schon so mancher Leser ist über diesen Hinweis auf die brennenden Waffen gestolpert. *Das mag ja in den Tagen von hölzernen Speeren, Bögen und Streitwagen einen Sinn ergeben haben,* überlegen sie, *aber sicher nicht in einer Zeit der Panzer, Flugzeuge und Gewehre aus Stahl. Wie sollte man Stahl verbrennen?*

Antwort: Vielleicht ist das gar nicht nötig. Die Russen verwenden schon seit einiger Zeit bei der Herstellung ihrer Flugzeuge den Werkstoff Lignostone. Dieser wurde von einem Holländer aus Ter Apel entdeckt und ist eine spezielle Verbindung von Phenolharz und sehr hartem Pressholz. Er ist härter als Stahl, sehr elastisch ... und brennt besser als Kohle.[3]

Aus dem Papierkorb der Geschichte

Die Geschichte Russlands reicht bis zum 10. Kapitel des Buches Genesis zurück, etwa 2 000 v. Chr. oder noch früher. Während der meisten Zeit hatte es so gut wie keine Bedeutung. Von Historikern wurde es höchstens als »barbarisches Volk« beschrieben. Bevor Peter der Große im 18. Jahrhundert erfolglos versuchte, das Volk zu vereinigen und einen Machtzusammenhalt zu bewirken, haben die Russen in der Geschichte kaum Beachtung gefunden. Im Vergleich zu europäischen Maßstäben waren sie immer ein rückständiges Volk. Noch 1905 war Russland so schwach, dass es im Russisch-Japanischen Krieg diesem aufstrebenden asiatischen Volk nichts entgegenzusetzen hatte.

Drei Jahre nach Beginn des Ersten Weltkriegs wurde der Zar durch die Bolschewiken gestürzt. Sie exekutierten die ganze Familie und setzten damit der russischen Monarchie für immer ein Ende. Von diesem Zeitpunkt an musste das sowjetische Volk mehr als 70 Jahre lang unter den unmenschlichsten Unterdrückungen leiden, die die Menschheit kennt. Es wird geschätzt, dass in der darauf folgenden kommunistischen Diktatur etwa 65 Millionen Menschen umgebracht wurden. In diesen Jahren des Leidens und des Mangels hat die kommunistische Elite bei ihrem Versuch, das Volk zu einer Supermacht ähnlich den USA zu machen, das Land praktisch an den Rand des Bankrotts getrieben.

Es ist interessant, dass Russlands Geschichte nur sehr wenig christliche Evangelisation kennt. Erst seit dem kürzlichen Zusammenbruch des sowjetischen Imperiums werden evangelistische Radiosendungen auf Kurzwelle ausgestrahlt. Seither haben Millionen von Menschen zum Glauben an Christus gefunden.

Der mögliche Zusammenbruch Russlands

Das Auftauchen Russlands
Ezechiel 38–39

Die Tatsache, dass Russland heute durchaus in der Lage ist, das zu tun, was der Prophet Ezechiel vorhergesagt hat, macht diese Nation zu einem bedeutenden »Anzeichen« dafür, dass Christus bald wiederkommt bzw. zu einer weiteren »Geburtswehe«, bevor unsere Zeit zu Ende geht.

Das eigentliche Problem liegt darin, dass Russland in den letzten zehn Jahren seit dem Fall der Berliner Mauer und dem Zusammenbruch der Sowjetunion auf sehr wackeligem Boden steht.

Die Wirtschaft des Landes liegt praktisch in Trümmern, weil die freie Marktwirtschaft im Grunde nur auf dem Papier funktioniert; Russland hält noch an genügend sozialistischen Überzeugungen fest, um seine Wirtschaft damit zunichte zu machen. Das Land befindet sich heute in einem schlechteren Zustand als zum Zeitpunkt, als es nach 70 Jahren zum ersten Mal wieder Freiheit erlebt hat. Die instabile Regierung läuft Gefahr, wieder von Kommunisten übernommen zu werden, die nur auf eine passende Gelegenheit warten. Auch der Friede der Welt steht auf dem Spiel, weil Russland und seine Satellitenstaaten immer noch mehr als 30 000 atomare Raketen haben, die nach Westen gerichtet sind.

Wir glauben, dass sich Russland in einer prekären Notlage befindet. Das Land könnte eine Revolution erleben, wieder in die Diktatur zurückfallen oder einfach unter dem Gewicht seiner eigenen Bürokratie zusammenbrechen und zu einer fünftklassigen Macht werden. Sein Heer ist nicht mehr das furchtbare Monster, für das es lange Zeit gehalten wurde. Denken Sie nur daran, was in Afghanistan und in dem kleinen unabhängigen Tschetschenien passiert ist.

Es sieht nicht so aus, als ob die Zeit auf Seiten Russlands stünde. Wenn das wirklich die Großmacht ist, die Ezechiel in seiner Vision gesehen hat, dann müsste es seinen Schachzug bald machen oder es wird dazu nicht mehr in der Lage sein. Wenn Russland plant, Israel anzugreifen, dann sollte das besser bald geschehen!

Die Zeitschrift *Intelligence Digest* ist seit vielen Jahren eine der verlässlichsten Informationsquellen aus weltpolitischer Sicht, insbesondere über Europa und den Nahen Osten. In der Ausgabe vom 19. September 1997 haben die Herausgeber unter der Überschrift »Der nächste und letzte Arabisch-Israelische Krieg« den folgenden unglaublichen Bericht veröffentlicht:

»Es gibt ernste Hinweise darauf, dass für den Nahen Osten bereits 1998 in der zweiten Jahreshälfte die Stunde der Wahrheit schlagen könnte – der Grund dafür ist ebenso dramatisch wie die Nachricht selbst. Es spricht alles dafür, dass sich Moskau, aus welchen Gründen auch immer, dazu entschlossen hat, innerhalb dieses Zeitraums einen Arabisch-Israelischen Krieg zu initiieren. Der Krieg zwischen Arabern und Israelis ist durch die jüngsten russischen Aktionen in greif-

bare Nähe gerückt. Die nächsten 18 Monate werden im Nahen Osten voll von Gefahren sein, und den Vereinigten Staaten wird höchstes diplomatisches Geschick abverlangt werden, um einen katastrophalen Krieg im Nahen Osten abzuwenden, bei dem chemische, biologische und atomare Waffen zum Einsatz kommen könnten.
Es hat bestimmte Gründe gegeben, warum wir früher davon ausgegangen sind, dass der nächste Arabisch-Israelische Krieg wahrscheinlich nicht vor dem Jahr 2000 stattfinden wird. Der erste liegt darin, dass es unlogisch wäre, den Krieg zu beginnen, bevor Israel nicht jedes mögliche Zugeständnis mit friedlichen Mitteln abgerungen worden ist. Denn trotz aller öffentlichen Opposition gegenüber dem Friedensprozess ist es der palästinensischen Kriegspartei immer klar gewesen, dass es mehr Sinn macht, über eine mögliche Rückgabe des Gazastreifens, der West Bank und eventuell auch der Golanhöhen zu verhandeln, als dafür zu kämpfen. Wir haben daher argumentiert, dass wir einen Krieg vor Ende 2000 für äußerst unwahrscheinlich halten. Nun aber ist im Kriegslager der Eindruck entstanden, dass die meisten der Zugeständnisse inzwischen erreicht sind. Keiner glaubt mehr daran, dass die israelische Armee ihre Grenze in der West Bank oder im Jordantal aufgeben und sich von den Golanhöhen wieder zurückziehen wird –Dinge, auf die zu warten es sich lohnen würde.
In der West Bank und im Gazastreifen gibt es heute 40 000 bewaffnete Palästinenser. Neueren Meldungen zufolge soll Syrien im Besitz von weit mehr ferngelenkten Raketen sein, die mit modernsten chemischen Sprengköpfen ausgestattet sind, als ursprünglich angenommen. Es ist sehr wichtig, dass nach den jüngsten Informationen Syrien eine ungewöhnlich hohe Anzahl an Raketenabschussvorrichtungen haben soll. [...] *Das versetzt Syrien in die Lage, in einem Schlag ein überwältigendes Raketenfeuer auf Israel abzuschießen. Mit diesem Potenzial kann Syrien berechtigterweise annehmen, dass Israel es nicht wagen wird, seine Atomwaffen einzusetzen.«*[4]

1998 ist natürlich gekommen und gegangen, ohne dass dieser Angriff stattgefunden hätte. Doch Russland steckt immer noch in einer schlimmen Zwickmühle. Entweder wird der Schlag gegen Israel in nächster Zukunft ausgeführt oder es wird wieder in den Papierkorb der Wirtschaftsgeschichte zurückfallen. In diesem Fall wird es dann aber weder die Möglichkeit noch die Verbündeten haben, um das zu tun, was der Prophet Ezechiel prophezeit hat.

Wie viel Zeit bleibt Russland also noch, bevor es auf Grund der erbärmlichen Wirtschaftslage einfach in sich zusammenstürzt? Experten, deren Einschätzung sich auf den zunehmenden Verfall beruft, seit die Sowjetunion als Weltmacht zerbrochen ist, gehen von fünf, zehn, vielleicht noch 20 Jahren aus. Sprengköpfe haben bekanntlich eine Lagerfähigkeit von nur sieben Jahren. Sie werden in ihren unterirdischen Raketensilos also nutzlos sein, ehe das nächste Jahrzehnt vorbei ist. Und danach wird Russland nicht mehr in der Lage sein, diese Prophetie zu erfüllen.

Ein weiterer Grund, um anzunehmen, dass Christus noch in unserer Generation kommen kann.

9. Einfach weg!

Fernsehstationen aus der ganzen Welt berichteten von seltsamen Vorkommnissen, vor allem in Zeitzonen, in denen das Ereignis während des Tages oder am frühen Abend eingetreten war. CNN strahlte via Satellit die Videoaufzeichnung einer Hochzeit aus, bei der der Bräutigam verschwand, als er der Braut gerade den Ring an den Finger stecken wollte. Ein Beerdigungsinstitut in Australien berichtete, dass bei einer Beerdigung fast alle Trauergäste einschließlich der Leiche verschwunden seien, während bei einer anderen, die zur selben Zeit stattfand, nur einige Trauergäste verschwanden und auch die Leiche dageblieben sei. Auch aus Leichenschauhäusern wurde das Verschwinden von Leichen gemeldet. Bei einer Beerdigung stolperten drei von sechs Sargträgern und fielen hin, als die anderen drei verschwanden. Als sie den Sarg wieder aufnahmen, war auch er leer.«
(»Finale«, S. 41)

Die »Entrückung« der Gemeinde gehört zu den großartigsten Ereignissen, die in der Bibel prophezeit werden. Sie wird von Paulus klar im ersten Brief an die Thessalonicher gelehrt, wo er uns mit den meisten Details versorgt, die darüber bekannt sind:

> »Wir wollen euch nicht im Unklaren lassen, liebe Brüder und Schwestern, wie es mit denen aus eurer Gemeinde steht, die schon gestorben sind. Dann braucht ihr nicht traurig zu sein wie die übrigen Menschen, die keine Hoffnung haben. Wir glauben doch, dass Jesus gestorben und auferstanden ist. Ebenso gewiss wird Gott auch die Verstorbenen durch Jesus und mit ihm zusammen zum ewigen Leben führen.
> Mit einem Wort des Herrn sage ich euch: Die Brüder und Schwestern, die schon gestorben sind, werden gegenüber uns,

> die beim Kommen des Herrn noch am Leben sind, nicht benachteiligt sein. Wenn Gottes Befehl ergeht, der oberste Engel ruft und die himmlische Posaune ertönt, wird Christus, der Herr, selbst vom Himmel kommen. Zuerst werden alle, die im Vertrauen auf ihn gestorben sind, aus dem Grab auferstehen. Danach werden wir, die noch am Leben sind, mit ihnen zusammen auf den Wolken in die Luft gehoben und dem Herrn entgegengeführt werden, um ihn zu empfangen. Dann werden wir für immer mit ihm zusammen sein. Macht euch also damit gegenseitig Mut!« (1 Thess 4, 13-18; Gute Nachricht).

Niemand kann bestreiten, dass die Entrückung der Gemeinde, so wie sie in dieser Bibelstelle gelehrt wird, aus folgenden fünf Ereignissen besteht:

1. Wenn Gott den Befehl dazu gibt, der Erzengel ruft und Gottes Posaune erschallt, wird Christus selbst vom Himmel herabkommen.
2. Alle, die im Vertrauen auf Christus gestorben sind, werden zuerst auferstehen.
3. Danach werden wir, die wir noch am Leben sind, zugleich mit ihnen auf den Wolken in die Luft gehoben.
4. Dort werden wir Christus begegnen.
5. Wir werden für immer bei ihm sein.

Ein großes Geheimnis

Das Wort »Entrückung« geht auf die lateinische Bibelübersetzung »Vulgata« aus dem vierten Jahrhundert zurück. Es ist eine Übersetzung des griechischen Wortes *harpadzo*, das im ersten Brief an die Thessalonicher verwendet wird. Es wird von vielen benutzt, weil sie der Meinung sind, dass es der beste Ausdruck ist, um dieses Ereignis zu beschreiben. Manche Übersetzer haben das Wort sinngemäß mit »aufgehoben« wiedergegeben, was nicht schlecht ist – doch Entrückung ist ungleich reizvoller. Einer meiner Freunde übersetzt es in seinen Predigten mit »weggerissen«, weil Christen an jenem Tag tatsächlich von einem Augenblick zum anderen von einem vergänglichen in einen »unsterblichen Körper« verwandelt und einfach »verschwunden« sein werden, um bei Christus zu sein. Die beiden Ausdrücke »weggerissen« und »aufgehoben« sind aber lange nicht so ansprechend wie »entrückt«.[1]

Im ersten Brief an die Korinther schreibt Paulus, dass er uns ein »Geheimnis« verrät – nämlich dass alle Christen »verwandelt werden. Das geschieht in einem Augenblick, so schnell, wie jemand mit der Wimper zuckt« (1 Kor 15, 51–52; Gute Nachricht). Von diesem Geheimnis ist nur bei Paulus die Rede; es wird weder im Alten Testament noch in den Endzeitreden Jesu erwähnt. Manche sind der Ansicht, dass Johannes in Offenbarung 4, Verse 1 bis 2 darauf anspielt.

Henoch liefert uns im Alten Testament ein anschauliches Beispiel für eine solche Verwandlungserfahrung. In der Bibel wird berichtet: »Henoch hatte in enger Verbindung mit Gott gelebt. Dann war er plötzlich nicht mehr da; denn Gott hatte ihn von der Erde weggenommen« (Gen 5,24; Gute Nachricht). Es wird der Tag kommen, an dem alle Gläubigen plötzlich verwandelt werden, so wie der gottesfürchtige Henoch, dessen irdischer Körper in der Lage war, mit Gott im Himmel zu sein. In der Sprache von Paulus wird der Vorgang folgendermaßen beschrieben: »Wenn das Vergängliche mit Unvergänglichkeit überkleidet wird und das Sterbliche mit Unsterblichkeit« (1 Kor 15,54; Gute Nachricht).

Die Entrückung betrifft aber nicht nur Menschen, die noch am Leben sind, wenn Christus wiederkommt, sondern sie schließt alle gläubigen Christen ein, vom ersten Pfingstfest (dem Anfang der Kirche) bis zu dem Tag, an dem er zu seiner Gemeinde zurückkommt. Dieser Text lehrt ganz klar, dass es einen Augenblick geben wird, in dem sowohl lebende als auch verstorbene Gläubige auf den lauten Befehl Christi hin entrückt werden. Unterwegs zu ihm werden sie einander alle in den Wolken begegnen.

Entrückung – die selige Hoffnung

Wir nennen dieses wunderbare Ereignis gerne die »selige Hoffnung«; ein Ausdruck, den auch Paulus benutzt hat: »[...] als Menschen, die auf die beseligende Erfüllung ihrer Hoffnung warten, und darauf, dass unser großer Gott und Retter Jesus Christus in seiner Herrlichkeit erscheint« (Tit 2,13; Gute Nachricht). Genau das ist mit Entrückung gemeint.

Wenn die Bibel hier das Wort »Hoffnung« verwendet, dann nicht, weil von einer vagen Erwartung von etwas Gutem die Rede ist, das *vielleicht* passieren kann, sondern sie garantiert uns ein zukünftiges Ereignis, das Gott in seinem unfehlbaren Wort versprochen hat. »Hoffnung« bedeutet in diesem Fall, dass wir ein zukünftiges Ereignis, das gewiss eintreten wird, schon jetzt voll Vertrauen erwarten dürfen. Es ist diese Hoffnung, die für alle Christen der vergangenen 2 000 Jahre charakteristisch ist. Wenn einer unser Lieben stirbt, dann erwartet ihn diese Auferstehung, wenn die Toten zur gleichen Zeit wie die lebenden Gläubigen verwandelt werden, um gemeinsam zu Gott entrückt zu werden. Und das wird nicht nur ein kurzer Besuch bei ihm sein, kein vorübergehender Urlaub von unseren irdischen Schwierigkeiten! Paulus macht deutlich: »Dann werden wir für immer mit ihm zusammen sein« (1 Thess 4,17; Gute Nachricht). Ja, das ist Hoffnung pur!

Christus wird in zwei Phasen wiederkommen

Wenn man die mehr als 300 Bibelstellen sorgfältig untersucht, die sich auf die Wiederkunft Christi beziehen, so wird deutlich, dass er in zwei Phasen wiederkommen wird. Mit seiner Wiederkunft sind einfach zu viele Aktivitäten verbunden, die miteinander kollidieren, als dass sie zu einem einzigen Kommen verschmelzen könnten. Wir sind Dr. Thomas Ice, dem leitenden Direktor des *Pre-Trib Research Center* (Institut zur Erforschung von Ereignissen, die vor der Trübsalzeit liegen), zu Dank verpflichtet, dass er zwei Schaubilder für uns erstellt hat. Das eine erfasst alle unterschiedlichen Ereignisse, das andere gibt die dazugehörigen Bibelstellen an.

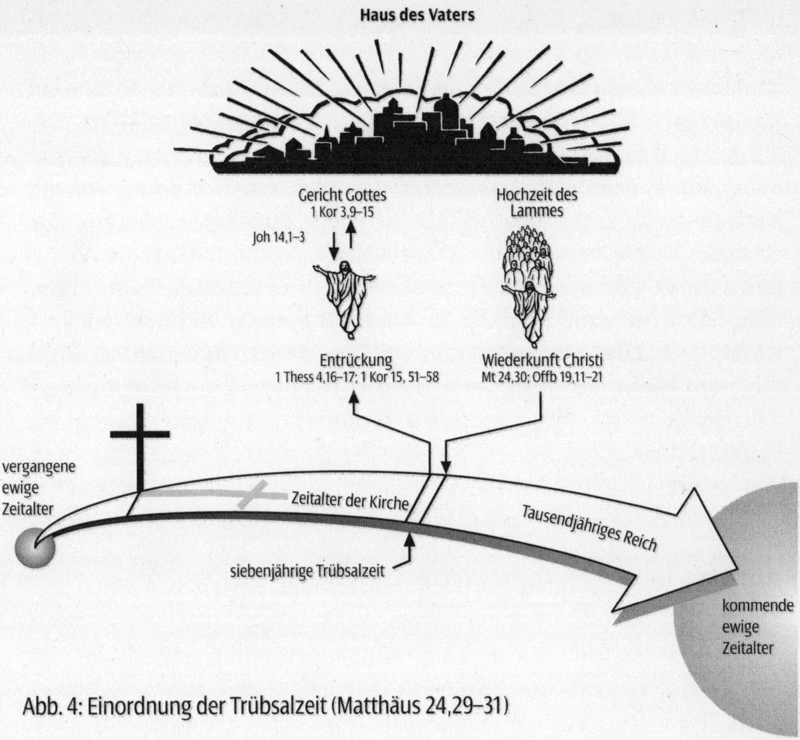

Abb. 4: Einordnung der Trübsalzeit (Matthäus 24,29–31)

Bibelstellen zur Entrückung

Joh 14,1–3	Phil 4,5	2 Thess 2,1	1 Petr 1,7. 13
Röm 8,19	Kol 3,4	1 Tim 6,14	1 Petr 5,4
1 Kor 1,7–8	1 Thess 1,10	2 Tim 4,1; 8	1 Joh 2,28–3,2
1 Kor 15,51–53	1 Thess 2,19	Tit 2,13	Jud 1,21
1 Kor 16,22	1 Thess 4,13–18	Hebr 9,28	Offb 2,25
Phil 3,20–21	1 Thess 5,9; 23	Jak 5,7–9	Offb 3,10

Bibelstellen zur Wiederkunft Christi

Dan 2,44–45	Mt 26,64	1 Thess 3,13	Offb 1,7
Dan 7,9–14	Mk 13,14–27	2 Thess 1,6–10	Offb 19,11–20,6
Dan 12,1–3	Mk 14,62	2 Thess 2,8	Offb 22,7.12.20
Sach 12,10	Lk 21,25–28	1 Petr 4,12–13	
Mt 13,41	Apg 1,9–11	2 Petr 3,1–14	
Mt 24,15–31	Apg 3,19–21	Jud 1,14–15	

Da wir wissen, dass sich Gott in seinem Wort niemals selbst widerspricht, gehen wir davon aus, dass er uns hier auf etwas aufmerksam machen will. Die meisten Experten, die die Bibel – wo immer möglich – wörtlich nehmen, vertreten die Meinung, dass er über ein Kommen spricht, das sich in zwei Schritten vollziehen wird. Als Erstes wird er plötzlich in der Luft erscheinen, um die Gemeinde zu entrücken und alle Gläubigen in das Haus seines Vaters zu führen, so wie er es versprochen hat (vgl. Joh 14,1–3). Dort werden sie vor dem Richterstuhl Christi erscheinen (vgl. 2 Kor 5,8–10) und am Hochzeitsmahl des Lammes teilnehmen (vgl. Offb 19,1–10). Diese Wiederkunft wird sich in einem zweiten Schritt vollenden, indem er vor aller Augen in großer Macht und Herrlichkeit auf diese Erde wiederkommt, um sein Königreich aufzurichten.

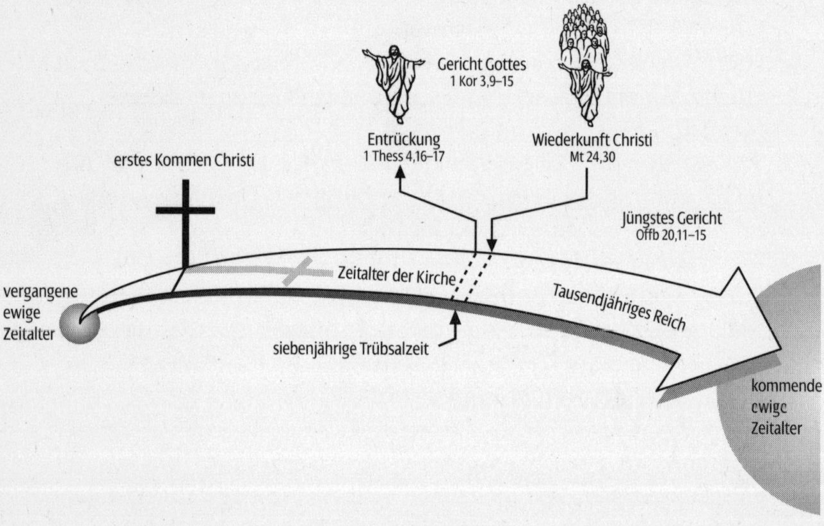

Abb. 5: Wiederkunft Christi

Obwohl viele dieser Bibelstellen sowohl die Entrückung als auch die Wiederkunft in Herrlichkeit beschreiben, gibt es fünf zentrale Stellen, die anschaulich beschreiben, wie stark sich diese Ereignisse voneinander unterscheiden. Die Entrückung wird am eindrücklichsten beschrieben in: Joh 14,1–3; 1 Thess 4,16–17; 1 Kor

15,50–58. Die wichtigsten Einzelheiten über die Wiederkunft Christi erfahren wir aus dem Matthäus-Evangelium, Kapitel 24, Verse 27–31 (Jesus spricht selbst über sein Kommen) und aus der Offenbarung, Kapitel 19,11 – Kapitel 20,6. Achten Sie bitte genau auf die Details!

Ereignisse, die mit der Entrückung verbunden sind

1. Christus selbst wird vom Haus seines Vaters, wo er uns eine Wohnung bereitet, zu uns herunterkommen (Joh 14,1–3; 1 Thess 4,16).
2. Er wird wiederkommen, um uns zu sich zu nehmen (Joh 14,1–3).
3. Er wird diejenigen wieder zum Leben erwecken, die an ihn geglaubt haben, aber bereits gestorben sind (1 Thess 4,14–15).
4. Christus wird einen lauten Befehl rufen, wenn er wiederkommt (ein Kommando; 1 Thess 4,16). Das alles geschieht in einem Augenblick, der so kurz wie ein Wimpernschlag ist (1 Kor 15,52).
5. Wir werden die Stimme eines Erzengels hören (vielleicht um Israel durch die siebenjährige Trübsalzeit zu begleiten so wie im Alten Testament; 1 Thess 4,16).
6. Wir werden auch Gottes Posaune hören (1 Thess 4,16), und das ist sein letzter Posaunenruf für die Kirche. (Verwechseln Sie das bitte nicht mit den sieben Posaunen des Gerichts, die in Offenbarung 11, Vers 15 beschrieben sind und in der Trübsalzeit über die Welt kommen werden.)
7. Die Verstorbenen, die zu Christus gehören, werden zuerst auferstehen. (Ihre sterblichen Überreste werden in einen unvergänglichen Körper verwandelt und wieder mit ihrem Geist vereinigt, den Jesus mit sich führt; 1 Thess 4,16–17.)
8. Danach werden die Gläubigen, die noch am Leben sind, verwandelt werden (d. h. unvergänglich gemacht, indem sie einen unsterblichen Körper erhalten; 1 Kor 15,51, 53).
9. Danach werden sie alle miteinander aufgehoben [entrückt] (1 Thess 4,17),
10. und zwar in die Wolken, wo verstorbene und lebende Gläubige auf großartige Weise wieder miteinander vereinigt werden (1 Thess 4,17).

11. Dort werden sie Christus in der Luft begegnen (1 Thess 4,17).
12. Jesus wird alle zu sich holen und in das Haus seines Vaters bringen, »damit auch ihr dort seid, wo ich bin« (Joh 14,3).
13. »Dann werden wir immer beim Herrn sein« (1 Thess 4,17).
14. Der Richterstuhl Christi (2 Kor 5,10). Wenn Christus alle, die an ihn glauben, zu sich ruft, wird er über alles Geschehene richten. Christen werden vor seinem Richterstuhl stehen (Röm 14,10; 1 Kor 3,11–15; 2 Kor 5,10;). Dieses Gericht ist die Vorbereitung auf ...
15. ... die Hochzeit des Lammes. Bevor Jesus in großer Macht und Herrlichkeit auf diese Erde wiederkommt, wird er mit seiner Braut, der Gemeinde, zusammentreffen, und es wird ein großes Hochzeitsmahl stattfinden. Während dieser Zeit und nachdem die Gemeinde entrückt ist, wird Gottes Zorn in noch nie da gewesener Weise über diese Welt kommen (Mt 24,21). (Beachten Sie: Für den Richterstuhl Christi und die Hochzeit des Lammes gibt es nur dann genügend Zeit, wenn man davon ausgeht, dass die Trübsalzeit vor der Wiederkunft in Herrlichkeit anzusetzen ist.)

Ereignisse, die mit Jesu Wiederkunft in Herrlichkeit verbunden sind

1. Sofort nach der Trübsalzeit (Mt 24,29) werden sich ...
2. ... bei Sonne, Mond und Sternen kosmische Phänomene ereignen (Mt 24,29).
3. Der Himmel öffnet sich und Christus erscheint auf einem weißen Pferd (Offb 19,11),
4. gefolgt von einem Heer himmlischer Reiter (Offb 19,14).
5. Dann wird das Zeichen des Menschensohns für alle sichtbar am Himmel erscheinen (Mt 24,30)
6. und Jesus wird mit großer Macht und Herrlichkeit wiederkommen (Mt 24,30).
7. Die Ungläubigen werden weinen und klagen, weil sie noch nicht bereit sind (Mt 24,30).
8. Das Tier (der Antichrist) und seine Heere werden gegen Christus kämpfen (Offb 19,19).
9. Christus wird das Tier und den falschen Propheten in den Feuersee werfen (Offb 19,20).

10. Alle, die Christus ablehnen, werden umkommen (Offb 19,21).
11. Satan wird für 1 000 Jahre gefesselt und in den Abgrund geworfen (Offb 20,1–3).
12. Die Heiligen des Alten Testaments und der Trübsalzeit werden auferweckt (Mt 24,31; Offb 20,4).
13. Christus wird alle Völker richten und sein Königreich aufrichten (Mt 25).

Schon beim flüchtigen Lesen kann man erkennen, dass diese beiden Listen zwei völlig verschiedene Ereignisse beschreiben. Das eine betrifft nur die Gemeinde und ist für alle Betroffenen eine Quelle großen Trostes; das andere ist ein Ereignis, das vor den Augen der ganzen Welt geschieht, und es wird bei allen, die dann der Stunde ihres Gerichts entgegengehen, Weinen und Wehklagen auslösen. Studieren Sie das nächste Schaubild und prüfen Sie, ob es denkbar ist, dass alle diese Ereignisse zu ein und demselben Zeitpunkt stattfinden. Wir glauben, dass eine gewisse Zeitspanne dazwischen liegen muss. Sieben Jahre würden nach unserer Ansicht genügen, damit all diese Dinge und auch die Trübsalzeit stattfinden könnten.

Die Wiederkunft Christi muss auch deshalb in zwei Schritten erfolgen, weil sie Auswirkungen auf zwei unterschiedliche Menschengruppen hat und unterschiedliche Ziele mit ihnen verfolgt. Im ersten Schritt werden alle lebenden und toten Christen entrückt und in das Haus des Vaters geholt. Der zweite Schritt bringt für alle Menschen dieser Welt, die Christus abgelehnt haben, das Gericht. Der erste Teil ist ein Kommen im Verborgenen, für eine ganz spezielle Gruppe; der zweite ist ein Kommen vor den Augen aller und für alle, die noch auf dieser Erde sind. Es sind zwei vollkommen verschiedene Ereignisse!

Dr. David L. Cooper hat die Wiederkehr Christi oft mit einem Schauspiel in zwei Akten verglichen, die durch eine siebenjährige Pause (die Trübsalzeit) voneinander getrennt sind. Der Apostel Paulus unterscheidet zwischen diesen beiden Ereignissen, indem er sagt: »[...] als Menschen, die auf die beseligende Erfüllung ihrer Hoffnung warten und darauf, dass unser großer Gott und Retter Jesus Christus in seiner Herrlichkeit erscheint« (Tit 2,13; Gute Nachricht).

Es ist durchaus möglich, dass sich die »selige Hoffnung« nur auf die Entrückung der Gläubigen bezieht, kurz bevor die Trübsalzeit beginnt. Andererseits könnte sie aber auch ein Hinweis auf die Auferstehung aller Gläubigen sein, die zum ewigen Leben mit Gott auferweckt werden, wo sie wieder mit ihren Lieben, die auch an Gott glauben, zusammen sein werden. Oder es könnte beides sein, denn für Christen ist beides eine »selige Hoffnung«, mit der Gott seine Kinder tröstet (1 Thess 4,18). Diese Lehre tröstet uns und lässt uns nicht ohne Hoffnung zurück, wenn ein geliebter Mensch stirbt, aber auch dann, wenn wir die Zeichen der Zeit erforschen und zu dem Schluss kommen, dass sich die Trübsalzeit rasch nähert.

Der Zeitpunkt der Entrückung

Seit etwa zwei Jahrhunderten wird erbittert darüber gestritten, wann die Entrückung stattfinden wird. Dieser Streit hat manchmal schlimme Formen angenommen – was sehr bedauerlich ist, denn alle diese Wissenschaftler sehnen sich danach, dass Christus wiederkommt, ungeachtet ihrer Interpretation. Wir haben Freunde, mit denen wir über alles in der Bibel übereinstimmen, nur an diesem einen Punkt gehen unsere Ansichten auseinander.

Aus Fairness muss ich unseren Freunden zugestehen, dass sie alle anderen wichtigen Bibelstellen meist wörtlich nehmen; nur bei den prophetischen Texten ziehen sie ein symbolisches Verständnis vor. Aus diesem Grund neigen sie auch dazu zu glauben, dass die Trübsalzeit nicht so schlimm sein wird, wie es das wörtliche Verständnis vieler Bibelstellen nahe legt.

Ich nehme diese Freunde gern ein wenig auf den Arm und sage: »Macht euch nichts daraus, wir werden ohnehin alle zur selben Zeit weg sein, und zwar nicht nach meinem oder eurem Fahrplan, sondern nach seinem.« Ich habe den Verdacht, dass sie im Stillen doch die Hoffnung hegen, dass wir Recht haben, denn kein vernünftiger Mensch könnte sich wirklich wünschen, die Schrecken der Trübsalzeit überstehen zu müssen.

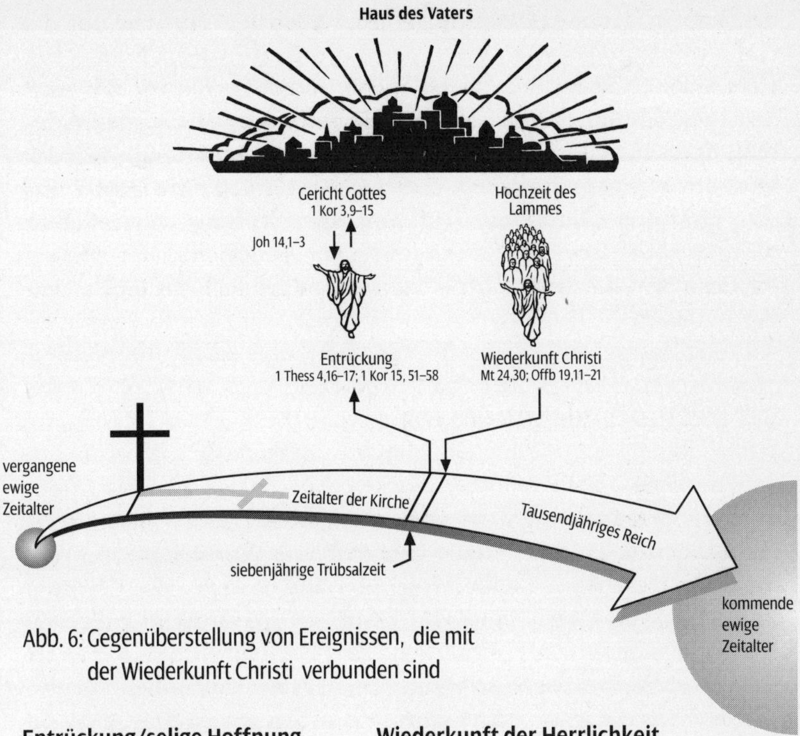

Abb. 6: Gegenüberstellung von Ereignissen, die mit der Wiederkunft Christi verbunden sind

Entrückung/selige Hoffnung

1. Christus kommt den Seinen in der Luft entgegen.
2. Entrückung aller Christen.
3. Christen werden ins Vaterhaus geholt.
4. Gericht bei der Entrückung.
5. Die Gemeinde wird bei der Entrückung in den Himmel geholt.
6. Entrückung ist unmittelbar bevorstehend – sie könnte jeden Augenblick passieren.
7. Keine Vorzeichen für die Entrückung.
8. Betrifft nur Gläubige.
9. Eine Zeit der Freude.
10. Vor dem »Tag des Zorns« (der Trübsalzeit).
11. Satan wird nicht erwähnt.
12. Richterstuhl Christi.
13. Hochzeit des Lammes.
14. Jesus wird nur von den Seinen zu sehen sein.
15. Beginn der Trübsalzeit.

Wiederkunft der Herrlichkeit

1. Christus kommt mit den Seinen auf die Erde zurück.
2. Niemand wird entrückt.
3. Auferstandene Heilige kommen nicht ins Vaterhaus.
4. Christus richtet die Bewohner dieser Erde.
5. Christus errichtet sein Königreich auf dieser Erde.
6. Die Wiederkunft in Herrlichkeit kann frühestens in sieben Jahren eintreten.
7. Viele Anzeichen für die Wiederkunft Christi.
8. Betrifft die ganze Menschheit.
9. Eine Zeit der Trauer.
10. Sofort nach der Trübsalzeit (Mt 24).
11. Satan wird für 1 000 Jahre im Abgrund gebunden.
12. Weder Zeit noch Ort für den Richterstuhl Christi.
13. Seine Braut kommt mit ihm vom Himmel herab.
14. Alle werden ihn sehen.
15. Beginn der tausendjährigen Herrschaft Christi.

Drei alternative Standpunkte

Die meisten (oder sogar alle) Wissenschaftler, die an eine Entrückung vor der tausendjährigen Herrschaft glauben, unterscheiden sich in ihren Ansichten nur bezüglich des exakten Zeitpunkts: Einige von ihnen erwarten, dass sie *mitten in der Trübsalzeit* entrückt werden; andere glauben, dass sie *drei Viertel der Trübsalzeit* überstehen müssen, bevor sie entrückt werden; und eine weitere Gruppe glaubt an eine Entrückung, die an ein Jo-Jo erinnert – dass sie *am Ende der Trübsalzeit* entrückt werden, um gleich wieder mit Christus zurückzukommen. Wir glauben, dass eine Interpretation, die alle Bibelstellen über die »selige Hoffnung« und die Wiederkunft in Herrlichkeit berücksichtigt, nur zu der Ansicht gelangen kann, dass Christus seine Gemeinde *vor Beginn der Trübsalzeit* entrücken wird.

Die oben genannten Standpunkte unterscheiden sich also in ihrer Ansicht darüber, ob die Gemeinde die Schrecken der Trübsalzeit ganz, teilweise oder gar nicht erleiden muss. Das folgende Schaubild veranschaulicht, wo die meisten Experten für Prophetie die Entrückung und Wiederkehr in Herrlichkeit auf der Zeitschiene festlegen. Es ist zu bedenken, dass zwischen diesen beiden Ereignissen nur etwa sieben Jahre liegen. Sie sind also aus mensch-

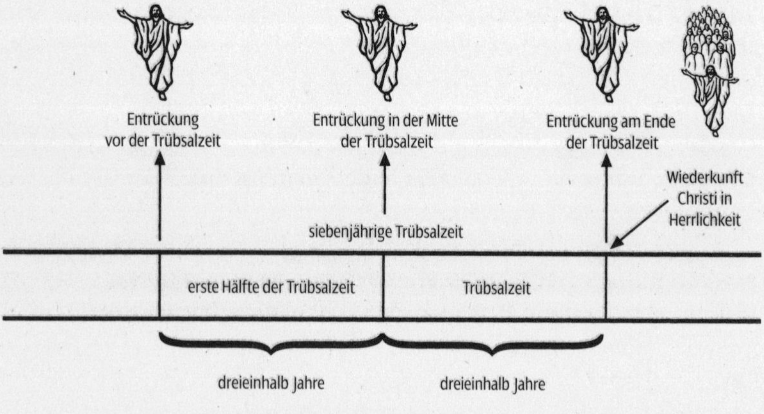

Abb. 7: Drei Ansichten über den Zeitpunkt der Entrückung

licher Sicht nicht so sehr weit voneinander entfernt. Weil die Trübsalzeit aber eine so traumatische Zeit sein wird, wie es sie noch nie gegeben hat noch je wieder geben wird, ist es äußerst wichtig, dass die nach der Entrückung Zurückgebliebenen diesen Zeitpunkt genau lokalisieren können. Ob die Gemeinde aus der Trübsalzeit herausgenommen ist oder einen Teil davon erleiden muss, davon werden Millionen von Menschen, die in jener Zeit leben, hautnah betroffen sein.

Warum die Entrückung vor Beginn der Trübsalzeit eintreten wird

Wann wird Christus also zurückkommen, um seine Gemeinde zu sich zu holen – bevor die Trübsalzeit beginnt, währenddessen oder erst, wenn sie zu Ende ist? Die Bibel äußert sich unserer Ansicht nach ganz klar dazu. Ich glaube, sie lehrt uns, dass wir mit der Entrückung rechnen können, *bevor* die Trübsalzeit anfängt. Es gibt vier Gründe, die dafür sprechen:

1. Christus selbst hat versprochen, uns zu retten.

Eines der schönsten Versprechen, das uns garantiert, dass die Gemeinde noch vor Beginn der Trübsalzeit entrückt werden wird, steht in der Offenbarung: »Ihr habt mein Wort beherzigt, mit dem ich euch zum Durchhalten aufrief. *Darum werde ich euch in der Zeit der Versuchung bewahren,* die demnächst über die ganze Erde kommen *und alle Menschen auf die Probe stellen wird*« (Offb 3,10; Gute Nachricht, Hervorhebung durch den Autor). An dieser Stelle gab Christus selbst der Gemeinde von Philadelphia, einer der sieben Gemeinden, das Versprechen einer Rettung.

Diese sieben Gemeinden aus Kleinasien wurden aus Hunderten von jungen Gemeinden, die es damals gab, ausgewählt, weil sie sieben verschiedene Perioden der Kirchengeschichte repräsentieren, die es vom ersten Jahrhundert bis in unsere Zeit geben sollte. Die Sendschreiben in den Kapiteln 2 und 3 der Offenbarung sind an die Kirche im Allgemeinen gerichtet und nicht nur an die sieben Gemeinden Kleinasiens; sonst wäre die große Mehrheit von uns ausgeschlossen. Die Botschaft Christi ist nicht nur an die kleine Gemeinde in Philadelphia gerichtet, sondern auch an die Kirche der »offenen Türen« – eine evangelistische, missionarisch ausgerichtete Kirche, die es seit 1750 gibt und die immer noch existieren wird, wenn Christus wiederkommt, um sie bei der Entrückung zu sich zu holen.

In den vergangenen 50 Jahren ist diese Interpretation aber auf einigen Widerstand gestoßen. Eine Leserin unserer »Finale«-Reihe schrieb uns einen Brief, in dem sie bezweifelt, dass das Versprechen, das Christus der Gemeinde in Philadelphia gegeben hat, auch für unsere heutige Kirche gelten könnte, die treu an der Bibel festhält. Sie beharrte darauf, dass dieses Versprechen ausschließlich der kleinen Gemeinde in Philadelphia gegeben worden sei und sonst niemandem. Wir gaben ihr zu bedenken, dass es sich wirklich nicht nur auf diese kleine Gemeinde bezogen haben kann, die 1382 von den Türken vollständig zerstört wurde. Und das war lange vor der Zeit der Versuchung, die über die ganze Erde kommen sollte! Diese Zeit ist immer noch nicht da! Es ist die Zeit, die Christus eine Zeit nennt, die »furchtbarer sein [wird] als alles, was jemals seit Beginn der Welt geschehen ist noch geschehen wird« (Mt 24,21; Gute Nachricht). Er sagte voraus, dass sie so schrecklich sein wird, dass kein Mensch gerettet würde, wenn Gott diese Schreckenszeit nicht verkürzte (Mt 24,22). Offensichtlich hat die Gemeinde von Philadelphia Endzeitbedeutung, denn es wird so von ihr gesprochen, als existierte sie in den letzten Tagen noch.

Wer die Auffassung vertritt, dass die Entrückung erst während oder nach der Trübsalzeit stattfindet, bringt damit zum Ausdruck, dass Gott möchte, dass wir während dieser Zeit auf der Erde sind. Es ist aber schwierig, diese Auffassung mit anderen Bibelstellen in Einklang zu bringen, die lehren, dass es nur einige wenige oder gar keine Christen auf der Erde geben wird, wenn Jesus am Ende der Trübsalzeit »mit Macht und Herrlichkeit« wiederkommt. Stattdessen werden die Heiligen, die vom Zorn Gottes bewahrt wurden, mit ihm auf diese Erde herunterkommen.

Das griechische Wort *ek*, das in Offenbarung 3, Vers 10 benutzt wird, bedeutet wörtlich »heraus aus«. Gott will vermutlich sagen: »Ich will dich aus dem kommenden Zorn *heraushalten*.« Der Herausgeber der Zeitschrift *Our Hope* (»Unsere Hoffnung«) schrieb im August 1959:

»Ek *wurde Hunderte Male mit ›aus‹ übersetzt, z. B.: ›Aus Ägypten habe ich meinen Sohn gerufen‹ (Mt 2,15); ›Zieh zuerst den Balken aus deinem Auge‹ (Mt 7,5); ›Denn aus dem Herzen kommen böse Gedanken‹ (Mt 15,19); ›Ich will dich ausspeien aus meinem Mund‹ (Offb 3,16) usw.*«[2]

Dieser Vers lehrt, dass diese treue Gemeinde der offenen Tür, die seinen Namen nicht verleugnet, sondern gute Werke tut, Menschen die Gute Nachricht bringt, aus der Stunde der Versuchung, die über die ganze Erde kommt (nämlich die Trübsalzeit), herausgenommen wird. Es könnte kaum eine bessere Erklärung dafür geben, dass die Entrückung vor der Trübsalzeit stattfinden wird! Kein Wunder, dass diese Bibelstelle von manchen als eine der wichtigsten zu diesem Thema bezeichnet wird.[3]

Wenn Christen diese Wahrheit nicht erkennen, dann glauben sie, dass auch sie die Trübsalzeit erleben werden. Doch das steht im Widerspruch zu dem, was Christus uns versprochen hat.

2. Die Gemeinde wird vor dem kommenden Zorn Gottes bewahrt.

Dieses Versprechen (»Jesus, der uns vor dem bevorstehenden Gericht rettet«, 1 Thess 1,10; Gute Nachricht) gab der Heilige Geist der jungen Gemeinde in Thessalonich, die Paulus auf seiner zweiten Missionsreise gründete. Er hatte nur drei Wochen Zeit, um diese Gemeinde im Wort Gottes festzumachen, bevor er aus der Stadt vertrieben wurde. Der Großteil der Lehre, die Paulus den Menschen in dieser kurzen Zeit vermittelte, bezog sich ganz offensichtlich auf biblische Prophetie und Endzeitereignisse, denn seine Briefe – die zu den ältesten im Neuen Testament gehören – betonen nachdrücklich, dass Jesus noch einmal komme und dass man jederzeit mit seiner Rückkehr rechnen solle. Sie behandeln Entrückung, Trübsalzeit und andere endzeitliche Themen. Daran ist auch zu erkennen, welche Themen in Paulus‘ Augen für Neubekehrte wesentlich waren.

Paulus schrieb diesen Brief nach dem Tod eines Gemeindemitglieds. Da der Apostel davon gesprochen hatte, dass die Gläubigen entrückt würden, fragten sich die Thessalonicher vermutlich, was nun mit ihren Toten geschehen würde. Vermutlich fragten sie Paulus danach. Und in der Antwort, die er ihnen zukommen ließ, behandelte er dieses Thema ausführlicher und erläuterte den Heiligen *aller Zeiten* Fragen zur Prophetie.

Da Paulus in jedem Kapitel davon spricht, dass Jesus wiederkommen wird, besteht kein Zweifel, was das eigentliche Thema dieses Briefes ist. Er lobt seine Leser wegen ihres Glaubens und ihres Vorbilds und sagt: »Überall erzählen sie, wie ihr euch von den Götzen abgewandt habt und dem wahren und lebendigen Gott dient – und wie ihr nun vom Himmel her seinen Sohn erwartet, den er vom Tod auferweckt hat: *Jesus, der uns vor dem bevorstehenden Gericht rettet*« (1 Thess 1,9–10; Gute Nachricht, Hervorhebung durch den Autor).

Wenn man den Kontext betrachtet, erkennt man, dass sich diese Stelle auf die Entrückung bezieht, denn Christen warten nicht auf die Wiederkunft in Herrlichkeit (vgl. Kapitel 15). Paulus sagt ihnen in einem zweiten Brief, dass diese nicht eintreten werde, bevor der Antichrist (oder der Feind Gottes) in Erscheinung getreten sei (2 Thess 2,1–12). Nein, die Christen von Thessalonich erwarteten, dass Christus zu seiner Gemeinde kommen würde – d. h. sie warteten darauf, entrückt zu werden. Sie wussten bereits, dass die Entrückung der Trübsalzeit (oder »das kommende Gericht«) vorausgehen würde, denn Gott hat versprochen, Christen davor zu bewahren[4].

3. Der Zorn Gottes richtet sich nicht gegen Christen.

»Denn Gott hat uns nicht dazu bestimmt, dass wir seinem Gericht verfallen, sondern dass wir durch Jesus Christus, unseren Herrn, gerettet werden« (1 Thess 5,9; Gute Nachricht). Auch diese Stelle, die unmittelbar auf den wichtigsten Text der Bibel über die Entrückung folgt, darf nicht aus dem Zusammenhang gerissen werden.

Paulus lehrt über Entrückung und spricht dann zu seinen Lesern über den Zeitpunkt und den »Tag des Herrn«. Manche glauben, dass sich dieser Hinweis nur auf den einen Tag beziehe, an dem Jesus auf die Erde kommen wird, um sein Königreich zu errichten. Doch das stimmt nicht mit anderen Hinweisen der Bibel über den »Tag des Herrn« überein. Es trifft zu, dass sich diese Redewendung manchmal auf die Wiederkunft in Herrlichkeit bezieht, an anderen Stellen aber schließt sie auch Entrückung und Trübsalzeit mit ein (vgl. Kapitel 2).

Für uns ist es hier wichtig zu wissen, dass wir nach Aussage von Paulus aus dem ersten Brief an die Thessalonicher nicht für den Zorn Gottes bestimmt sind, sondern dass Jesus uns davor retten wird (vgl. 1 Thess 5,9). Da so viele Heilige während der Trübsalzeit den Märtyrertod erleiden, werden nur wenige oder gar keine mehr von ihnen am Leben sein, wenn Christus in großer Macht und Herrlichkeit wiederkommt. Diese Zusage kann also nicht bedeuten, dass die Gläubigen während der Trübsalzeit vor dem Zorn gerettet werden, denn die Heiligen der Trübsalzeit, die hier erwähnt werden, werden nicht gerettet; im Gegenteil, die meisten von ihnen werden den Märtyrertod sterben. Um vor dem Zorn Gottes gerettet zu werden, der sich in der Trübsalzeit über die Menschheit ergießt, muss die Gemeinde entrückt werden, *bevor* er über die Erde kommt.[5] Mit anderen Worten: Die Entrückung ist vor der Trübsalzeit anzusetzen, während die Wiederkunft in Herrlichkeit erst danach stattfinden wird.

4. Die Gemeinde wird in Offenbarung 4–18 nicht erwähnt.

In den ersten drei Kapiteln der Offenbarung wird die Gemeinde Jesu 17-mal erwähnt. Aber nachdem Johannes (ein Glied dieser Gemeinde) im 4. Kapitel der Offenbarung in den Himmel gerufen wird, sieht er von dort auf die Ereignisse der Trübsalzeit hinunter. Und von der Gemeinde ist bis zum 19. Kapitel, wenn sie mit dem Bräutigam wieder auf die Erde zurückkommt, nichts mehr zu sehen und zu hören. Warum? Die Antwort liegt auf der Hand: *Weil sie in der Trübsalzeit nicht da ist.* Sie wird entrückt, um bei Gott zu sein, bevor sie beginnt!

Neben diesen vier Gründen gibt es noch eine Reihe anderer, die uns darin bestärken, dass die Entrückung vor der Trübsalzeit eintreten muss. Ich habe sie bereits in einem meiner früheren Bücher, *Rapture Under Attack*, angeführt.

Wird damit eine neue Theorie aufgestellt?

Gegner der Annahme, dass die Entrückung vor Beginn der Trübsalzeit stattfinden muss, haben jahrelang behauptet, dass diese Theorie erst Mitte des 19. Jahrhunderts von John Darby aufgebracht worden und vorher nie ein Thema gewesen sei. Dieses Argument ist jedoch schlichtweg falsch – eine Tatsache, die einen Schriftsteller, der die Entrückung am Ende der Trübsalzeit propagiert hatte, ein dickes Bündel Banknoten kostete. Dieser Autor hatte jedem 500 Dollar versprochen, der nachweisen konnte, dass diese Lehre schon bekannt war, ehe sie durch John Darby um 1840 populär gemacht wurde. Als man entdeckte, dass Reverend Morgan Edwards schon 1742 diesen Gedanken hatte, wurde der Autor zur Kasse gebeten. Es blieb ihm nichts anderes übrig, als seinen Irrtum einzugestehen und das Angebot wieder zurückzuziehen.

Reverend Morgan Edwards war Pfarrer einer Baptistengemeinde in Philadelphia, der in seinem 1788 erschienenen Buch *Millennium, Last Days Novelties* (»Millennium. Das Neueste über die letzten Tage«) die Ansicht vertrat, dass Christus die Gemeinde vor Beginn der Trübsalzeit entrücken wird. Obwohl er die Dauer der Trübsalzeit nur auf dreieinhalb Jahre schätzte, erkannte er, wann die Entrückung stattfinden wird. Aber was noch interessanter ist: Er behauptete sogar, schon 1742 über dieses Thema gepredigt und geschrieben zu haben. Vielleicht war er damals von Männern wie John Gill oder anderen beeinflusst worden, deren Schriften damals verbreitet waren, uns aber nicht erhalten geblieben sind.

Bekanntermaßen wurde die Bibel infolge der protestantischen Reformation in verstärktem Maße übersetzt und gedruckt und somit dem einfachen Volk zum ersten Mal in 1700 Jahren zugänglich gemacht. Als die Gläubigen in der Bibel zu lesen begannen, waren sie tief beeindruckt, wie viel Prophetie darin enthalten ist. Ich besitze die Kopie eines Kommentars zur Offenbarung, die von Sir Isaac Newton im 18. Jahrhundert verfasst wurde. Er war nicht nur ein großer Wissenschaftler, sondern auch ein eifriger Bibelleser und offensichtlich von anderen vor ihm beeinflusst. Es ist also verständlich, dass sich das Verständnis der Prophetie im Laufe der Geschichte nur allmählich entwickeln konnte – es machte in dem Maße Fortschritte, in dem Bibeln für alle erhältlich waren und studiert werden konnten.

Bis zum 19. Jahrhundert wurde die Bibel in der englischsprachigen Welt von Millionen von Menschen gelesen. Man sagt, dass »Prophetie in der Luft lag«, besonders in Irland, wo John Darby zwischen 1800 und 1830 am *Trinity College* von Dublin lehrte. Darbys Denken war sicherlich von einigen anderen Bibellehrern an der Fakultät stark beeinflusst, so z. B. von S. R. Maitland, der den Futurismus entwickelte (die Überzeugung, dass ein großer Teil der Bibel von zukünftigen Dingen spricht). Maitland hatte bereits im Jahr 1826 sein erstes Buch über dieses Thema geschrieben.

Darby sagt, ihm sei 1828 der Gedanke gekommen, dass die Entrückung vor der Trübsalzeit stattfinden müsse. Er hatte zu diesem Zeitpunkt den Brief an die Epheser studiert und begriffen, dass dort klar und deutlich zwischen Israel und der Kirche unterschieden wird. Es gibt nur wenige Fachleute, die diesen Unterschied nicht erkennen und dennoch zu demselben Schluss kommen. Eine der wichtigsten Voraussetzungen, um biblische Prophetie richtig zu verstehen, liegt in der Tat darin, zwischen Aussagen über Israel und Aussagen über die Kirche allgemein zu trennen. Eine zweite bezieht sich darauf, die prophetischen Stellen der Bibel wörtlich zu nehmen, wann immer es möglich ist.

Grant Jeffrey, ein zeitgenössischer Gelehrter, der auch Vorträge über Prophetie hält, hat sich eingehend mit den Schriften vieler Fachleute beschäftigt, die vor dem 18. Jahrhundert gelebt haben. In seinem Buch *Apocalypse* beruft er sich auf eine Reihe von Experten, die sich schon damals intensiv mit den beiden Phasen der Wiederkunft Christi beschäftigt hatten, insbesondere damit, dass er noch vor der Trübsalzeit zu den Seinen kommen wird und dass »ein Mann der Sünde« (der Antichrist) in Erscheinung treten wird.

Jeffreys wichtigster Beitrag besteht darin, dass er in einer Predigt über die Apokalypse aus dem 4. Jahrhundert eine Aufsehen erregende Entdeckung machte. Diese Predigt wurde unter dem Titel »Pseudo-Ephraim« bekannt, weil man Zweifel daran hat, ob sie wirklich von Ephraim von Nisibi, einem schriftstellerisch sehr produktiven syrischen Kirchenvater stammt, der zwischen 306 und 373 lebte.

Manche nehmen an, dass diese »Predigt über das Ende der Welt« vermutlich später verfasst wurde, nämlich zwischen 562 und 627 n. Chr. Für unsere Zwecke ist das genaue Datum unerheblich, denn selbst wenn man seine Abfassung erst für das 7. Jahrhundert ansetzt, ist es ein Beweis dafür, dass einige Christen schon zu diesem frühen Zeitpunkt (1100 Jahre vor John Darby) erkannten, dass die Entrückung *vor* der Trübsalzeit stattfinden wird. Dieser antike Autor fordert die Christen zu einem geheiligten Leben auf (was immer untrennbar mit der Lehre von der Entrückung verbunden war) und schreibt:

> »*Warum lehnen wir es also nicht ab, uns weiter mit irdischen Dingen zu beschäftigen, und bereiten uns darauf vor, unserem Herrn zu begegnen, damit er uns aus dem ganzen Chaos, von dem wir umgeben sind, herausholt?* [...] Alle Heiligen und Erwählten Gottes werden vor der kommenden Trübsalzeit gesammelt und zum Herrn geholt werden, *damit sie das Unheil, das um unserer Sünden willen über die Welt kommt, nicht erleben müssen.*«[6]

Es kann keinen Zweifel daran geben, dass dieser Exeget des 4. (oder spätestens 7.) Jahrhunderts erkannt hatte, dass die Heiligen *vor* Beginn der Trübsalzeit gesammelt werden. Seine Schriften zählen alle Kennzeichen einer Entrückung vor Beginn der Trübsalzeit auf und grenzen sie von der Wiederkunft in Herrlichkeit ab. Obwohl Ephraim (oder ein anderer Verfasser) nur von einer dreieinhalb Jahre dauernden Trübsalzeit sprach, bleibt die Tatsache bestehen, dass er die Entrückung der Gemeinde vor der Trübsalzeit ansetzte, lange bevor diese Sicht im 19. Jahrhundert populär wurde. Wenn man bedenkt, dass uns weniger als 10 % der antiken christlichen Schriften erhalten geblieben sind, besteht kein Zweifel, dass es noch mehr Leute gegeben haben muss, die die Lehre von der seligen Hoffnung entdeckten.

Wie lange vor der Trübsalzeit?

Wenn uns die Bibel lehrt, dass die Entrückung vor der Trübsalzeit stattfinden wird, stellt sich die Frage: wie lange davor? Die Antwort lautet: Das weiß niemand! Eines der größten Missverständnisse über die Entrückung vor der Trübsalzeit liegt darin, dass man meint, sie wäre der Beginn der Trübsalzeit. Das ist unserer Ansicht nach nicht richtig. Im Buch Daniel, Kapitel 9, Vers 27 wird deutlich gesagt, dass die siebenjährige Trübsalzeit mit der Unterzeichnung eines Abkommens zwischen dem Antichristen und Israel beginnt, und nicht mit der Entrückung. Diese kann einen Tag, eine Woche oder mehrere Jahre vor der Unterzeichnung dieses Abkommens stattfinden.

Im ersten Band der »Finale«-Reihe haben wir die Entrückung zwei Wochen vor dieser Unterzeichnung angesetzt. Und zwar aus dem einfachen Grund, weil wir annahmen, das würde Nicolai Carpathia (ein Name, den wir dem Antichristen gegeben haben) ausreichend Zeit geben, um die Übernahme der Welteinheitsregierung zu organisieren. In der Realität kann der Vorgang aber durchaus Monate oder Jahre dauern.

Die Entrückung steht kurz bevor

Zu den Hauptmerkmalen für die Entrückung der Gemeinde gehört, dass sie plötzlich und unerwartet sein wird. Sie wird Menschen überraschen. Einige Bibelkenner werden die Zeit erahnen, aber keiner weiß die genaue Stunde. Darum sollten wir so leben, dass wir jederzeit bereit sind. »Denn der Menschensohn wird zu einer Stunde kommen, wenn ihr es nicht erwartet« (Mt 24,44; Gute Nachricht). Nur wenn die Entrückung vor der Trübsalzeit stattfindet, hält dies die Erwartung aufrecht, dass er praktisch jeden Moment kommen kann.

Gott hat in seiner weisen Voraussicht biblische Prophetie so gestaltet, dass die Entrückung Christen jeder Generation als nahe bevorstehend erschienen ist. Nichts motiviert mehr als der Gedanke, dass Jesus jeden Augenblick kommen kann! Eine Entrückung, die zum Greifen nahe ist, motiviert uns zu mehr Hingabe, zu einem heiligen Leben in einer unheiligen Zeit, zu verstärkter Evangelisation und Mission (sowohl im Geben als im Hingehen). Das ist auch der Grund, warum 250 Bibellehrer, Autoren und an Prophetie interessierte Menschen vor sieben Jahren mit mir das *Pre-Trib Research Center* (»Zentrum für die Erforschung einer vor der Trübsalzeit liegenden Entrückung«) gegründet haben. Wir wollen damit die biblische Lehre verbreiten, dass Jesus Christus jeden Augenblick wiederkommen kann, da wir nicht glauben, dass eine der anderen Theorien über die Entrückung ähnliche Auswirkungen auf den Leib Christi hätte.

Auch wenn wir nicht behaupten, dass Experten, die andere Auffassungen vertreten, vom Widersacher getäuscht werden, so glauben wir doch, dass ihre Haltung in keiner Weise dazu beiträgt, den Leib Christi zu motivieren, aktiv zu werden: »Macht etwas daraus, bis ich komme« (Lk 19,13; Gute Nachricht).

Die große Lüge

Die Bibel lehrt uns, dass nach der Entrückung eine große Lüge in Umlauf gesetzt werden wird, die die Massen der Zurückgebliebenen glauben werden. Der Apostel Paulus beschreibt dies folgendermaßen:

> »Der Feind Gottes wird bei seinem Auftreten vom Satan unterstützt, sodass er Aufsehen erregende Wunder vollbringen und die Menschen damit blenden kann. Alle, die verloren gehen, wird er durch seine bösen Künste täuschen. Sie erliegen ihnen, weil sie ihr Herz nicht der Wahrheit geöffnet haben, die sie retten könnte. Deshalb liefert Gott sie dem Irrtum aus, sodass sie der Lüge Glauben schenken« (2 Thess 2,9–12; Gute Nachricht).

Diese Bibelstelle macht deutlich, dass die Menschen, die nach der Erntrückung auf der Erde zurückbleiben, einer Lüge zum Opfer fallen werden. Und zwar einer ungeheuer frechen Unwahrheit, die alle täuschen wird. Menschen werden auf sie hereinfallen, weil sie ihr Herz nicht der Wahrheit öffnen, sondern lieber der Lüge Glauben schenken.

Niemand weiß sicher, worin diese Lüge bestehen wird. Aber im zweiten Band der »Finale«-Reihe haben wir uns vorgestellt, dass es ein sorgfältig ausgeklügelter Erklärungsansatz für die Entrückung sein wird. Wir haben uns vorgestellt, dass man den mehr religiös Eingestellten eine Erklärung wie die folgende anbieten wird:

> *»Alle, die den orthodoxen Lehren unserer Mutter Kirche widersprochen haben, sind von uns genommen worden. Die Bibel sagt, dass es in den letzten Tagen so sein wird wie in den Tagen Noahs. Und Sie wissen sicher, dass in den Tagen Noahs die guten Menschen zurückgeblieben und die bösen in der Flut umgekommen sind.«*
> (»Die Heimsuchung«, S. 49)

Für die mehr säkularen und unreligiösen Massen haben wir uns eine andere Erklärung ausgedacht: Das Zusammentreffen elektromagnetischer Ströme in der Atmosphäre mit einem atomaren Prozess unbekannten Ursprungs, der durch die Atomkraftwerke und Waffendepots dieser Welt verursacht und wahrscheinlich durch eine natürliche Ursache (möglicherweise einen Blitz) ausgelöst wurde, hatte zur Folge, dass in diesem Moment auf der Erde Millionen von Menschen verschwanden.

Wir wissen nicht, welche Lüge wirklich verbreitet werden wird, aber wir kennen den Zweck, den die Herrschenden damit verfolgen wollen: Gottes Wirken in dieser Welt herabzusetzen und schlecht zu machen, damit Männer und Frauen einen Grund haben, ihren eigenen Begierden zu folgen. Welche Lüge auch immer sie sich ausdenken, das ist ihr Ziel.

Sind Sie bereit?

Die »selige Hoffnung«, die wir haben dürfen, steht in krassem Gegensatz zur Hoffnungslosigkeit der Nichtgläubigen, auf die in 1. Thessalonicher 4, Vers 13 hingewiesen wird. Was für ein Abgrund liegt zwischen der Hoffnung eines Christen und der Hoffnungslosigkeit eines Nichtchristen! Dieser Abgrund kann nur dadurch überbrückt werden, dass Menschen wirklich zu Christus umkehren.

Niemand, der dieses Buch liest, braucht weiter in dieser Hoffnungslosigkeit zu versinken, denn der Apostel sagt: »Wir glauben doch, dass Jesus gestorben und auferstanden ist. Ebenso gewiss wird Gott auch die Verstorbenen durch Jesus und mit ihm zusammen zum ewigen Leben führen« (1 Thess 4,14; Gute Nachricht). Und was muss man tun, um diese Hoffnung zu bekommen? Glauben Sie, dass Jesus für Ihre Sünden gestorben und auferstanden ist! Bekennen Sie ihm Ihre Sünden und laden Sie ihn in Ihr Leben ein, damit er Ihr Herr und Retter ist. Wenn Sie Jesus Christus im Glauben annehmen möchten, aber nicht sicher sind, wie man das macht, dann schlagen wir Ihnen vor, etwa Folgendes zu beten:

> *»Lieber himmlischer Vater, ich glaube, dass du deinen Sohn Jesus geschickt hast, um am Kreuz für meine Sünden und für die Sünden der Welt zu sterben. Ich glaube auch, dass du ihn von den Toten auferweckt hast und dass er bald wiederkommen wird, um sein Reich aufzurichten. Darum bekenne ich dir heute meine ganze Auflehnung gegen dich. Ich lade Jesus ein, in mein Herz zu kommen und mein Herr und Retter zu sein. Ich schenke ihm jetzt mein Leben, so gut ich das kann, und erkläre, dass ich ihm dienen möchte, solange ich lebe. Amen.«*

Weil diese Sache so wichtig ist, bitten wir Sie zu erforschen, ob Sie wirklich bereit sind, ihm Ihr Leben anzuvertrauen. Wenn Sie den geringsten Zweifel daran haben, ob Sie das bereits getan haben, dann löschen Sie diesen Zweifel aus, indem Sie heute den Namen des Herrn anrufen und seine Erlösung annehmen. Wenn Sie sich von ihm retten lassen, wird Ihnen das helfen, all den schrecklichen Dingen zu entgehen, die in der Trübsalzeit über die Erde kommen, und Ihnen darüber hinaus noch gestatten, die Ewigkeit mit Jesus Christus zu verbringen.

Wenn Sie bereits Christ sind, schlagen wir vor, dass Sie im Licht dessen, was Sie eben gelesen haben, ihm Ihr Leben neu unterstellen und ihm erlauben, dass er Ihr Leben heiligt. Der Apostel Petrus gibt allen Christen im Hinblick auf das Kommen des Herrn folgenden Rat:

> »Wenn ihr bedenkt, dass alles auf diese Weise vergehen wird, was für ein Ansporn muss das für euch sein, ein heiliges Leben zu führen, das Gott gefällt! Lebt in der Erwartung des großen Tages, den Gott heraufführen wird! Tut das Eure dazu, dass er bald kommen kann. Der Himmel wird dann in Flammen ver-

gehen, und die Himmelskörper werden zerschmelzen. Aber Gott hat uns einen neuen Himmel und eine neue Erde versprochen. Dort wird es kein Unrecht mehr geben, weil Gottes Wille regiert. Auf diese neue Welt warten wir.
Meine Lieben, weil ihr darauf wartet, darum setzt alles daran, dass eure Gemeinschaft mit dem Herrn durch nichts beeinträchtigt wird. Bemüht euch, rein und fehlerlos vor ihm zu stehen, wenn er kommt ... Lebt immer mehr aus der Gnade unseres Herrn und Retters Jesus Christus und lernt ihn immer tiefer erkennen. Ihm gehört die Ehre, jetzt und in Ewigkeit! Amen« (2 Petr 3,11–14, 18; Gute Nachricht).

10. Wiederaufbau des Tempels

Wer außer dem Messias könnte gläubige Moslems überzeugen, ihr Heiligtum, das in seiner Bedeutung nur hinter Mekka, dem Geburtsort Mohammeds, zurücksteht, zu verlegen? Sie müssen wissen, dass der Felsendom auf dem Tempelberg an der Stelle errichtet ist, an der Abraham auf dem Berg Moria Gott die Bereitschaft zeigte, seinen Sohn Isaak zu opfern. Natürlich glauben wir nicht, dass Mohammed von Gott gesandt worden ist, aber solange eine islamische Moschee auf dem Tempelberg steht, ist dieser heilige Ort entweiht.‹

›Dann ist heute also ein großer Tag für Israel?‹

›Ein großer Tag?! Seit der Geburt unserer Nation haben wir auf der ganzen Welt Millionen von Dollar gesammelt, um den Tempel wieder aufzubauen. Die Arbeit daran hat schon angefangen. Viele vorgefertigte Mauern sind bereits fertig und müssen nur noch hierher transportiert werden. Ich werde den neuen Tempel noch erleben und er wird noch spektakulärer sein als in den Tagen Salomos!‹«

(»Die Heimsuchung«, S. 224)

Alle Experten, die die Bibel wörtlich nehmen und sich mit dem Thema Prophetie beschäftigen, stimmen darin überein, dass der Tempel in Israel wieder aufgebaut werden wird.

Der erste Tempel wurde von Salomo erbaut und 586 v. Chr. von den Babyloniern zerstört. Der zweite Tempel – erbaut von 535 bis 515 v. Chr. und von Herodes dem Großen ab 19 v. Chr. renoviert und mit großer Pracht ausgestattet – wurde 70 n. Chr. von den Römern zerstört. Dass es einen dritten Tempel geben wird, wurde von Daniel, Paulus und Johannes und keinem Geringeren als Jesus selbst vorausgesagt. Sie alle lehrten, dass Israels dritter Tempel entweder vor Beginn der Trübsalzeit oder kurz danach errichtet werden wird, denn während der Trübsalzeit, wenn er entweiht werden wird, ist der Opferbetrieb bereits in vollem Gange. Da Israel heute keinen Tempel hat, ist es offensichtlich, dass der dritte Tempel erst wieder erbaut sein muss, ehe ein solches Ereignis eintreten kann.

Die Bibel spricht

In seinen Endzeitreden auf dem Ölberg spielt Jesus auf eine Stelle aus dem Buch des Propheten Daniel an und sagt: »Wenn ihr ›das entsetzliche Scheusal‹ im Heiligtum stehen seht [...]« (Mt 24,15; Gute Nachricht).

Grundlage ist eine Stelle aus dem Buch Daniel, in der es heißt: »Der fremde Herrscher [der Antichrist] wird eine Jahrwoche lang [das bedeutet in diesem Zusammenhang eine siebenjährige Periode] vielen die Treue zum Bund mit Gott schwer machen. In der Mitte dieser Woche wird er den Opferdienst im Tempel unterbinden und den Altar eines fremden Götzen dort aufstellen, bis ihn selbst die Vernichtung trifft, die in Gottes Plan für ihn vorgesehen ist« (Dan 9,27; Gute Nachricht). Und ein wenig später: »Er verbündet sich mit denen im Volk, die ihrem Gott untreu geworden sind, und schickt seine Truppen. Diese werden das Heiligtum entweihen, die täglichen Opfer abschaffen und das entsetzliche Scheusal dort aufstellen« (Dan 11,30–31; Gute Nachricht).

Entsprechend schreibt der Apostel Paulus: »Lasst euch durch nichts und niemand täuschen: Erst muss es dahin kommen, dass viele ihrem Glauben untreu werden. Der Feind Gottes muss auftreten, der alles Böse in sich vereint und der zum Untergang bestimmt ist. Er wird sich gegen alles auflehnen und sich über alles erheben, was als göttlich und verehrungswürdig gilt. Ja, er wird seinen Thron im Tempel Gottes aufstellen und wird behaupten, er sei Gott!« (2 Thess 2,3–4; Gute Nachricht).

Und Johannes schreibt in der Offenbarung: »Dann erhielt ich ein Rohr, das wie ein Messstab war, und jemand sagte: ›Steh auf und miss den Tempel Gottes aus und den Altar darin. Zähle, wie viele Menschen dort beten! Aber den äußeren Vorhof des Tempels lass weg! Dort brauchst du nicht zu messen, weil er den Fremden preisgegeben wird. Zweiundvierzig Monate lang werden sie die heilige Stadt verwüsten‹« (Offb 11,1–2; Gute Nachricht).

Sowohl Daniel als auch Johannes setzen dieses schreckliche Ereignis in die Mitte der Trübsalzeit an, wenn die »Drangsalzeit« beginnt. Es ist klar, dass der Tempel schon früher erbaut werden muss, wenn er zu diesem Zeitpunkt entweiht wird. Wenn der Antichrist die äußerste Gotteslästerung wagt und im Tempel erscheint, um zu erklären, dass er Gott sei, dann wird Gott, der wahre Herr des Himmels, darauf antworten, indem er über die Welt des Antichristen die schlimmsten Gerichte kommen lässt, die es je geben wird – die Drangsalzeit.

Wann wird der Tempel wieder aufgebaut werden?

Jeder, der sich für Endzeitereignisse interessiert, blickt gespannt auf das Tempelprojekt. Seit die Juden im Sechstagekrieg den Tempelplatz vorübergehend einnahmen, gibt es Gerüchte, dass verschiedene Gruppen insgeheim daran arbeiten, alle Dinge herzustellen, die für den Tempel gebraucht werden – angefangen von der Kleidung der Priester bis hin zu den Wandteppichen. Ich habe sogar gehört, dass alle kunstvollen Kultgegenstände bereits fertig gestellt sind und nur darauf warten, dass endlich mit dem Bau des dritten Tempels begonnen wird. Es gab Berichte darüber, dass ein maßstabgetreues Modell des Tempels in den Vereinigten Staaten von einem Ort zum anderen gereist ist, um die Menschen zu Spenden zu motivieren. Das macht Sinn, denn die Hälfte des Weltjudentums lebt in Amerika, darunter zweifelsohne die reichsten Juden. Für die amerikanischen Juden ist es schon lange Tradition, mit großzügigen Schenkungen für die Bedürfnisse und Anliegen anderer Juden zu sorgen, insbesondere der in Israel lebenden.

Einer der aktivsten Einzelkämpfer für den Bau des Tempels ist Gershom Salomon von *Temple Mount Faithful.* Er setzt sich voll dafür ein, seine Landsleute zu motivieren, dass sie den Tempel wieder aufbauen. Über Salomons Gruppe wurde in der amerikanischen Presse oft berichtet, besonders als er durch die Vereinigten Staaten reiste, um das Projekt voranzutreiben. Während dieser Reise war Salomon Gast in Pat Robertsons *Club 700* und wurde überall im Land auch von christlichen Sendeanstalten interviewt.

Salomon wurde jedoch in der Presse scharf kritisiert – sowohl in Israel als auch in der übrigen Welt –, weil er auf dem Platz, an dem die beiden ersten Tempel standen, Gebetstreffen organisieren wollte. Einmal versuchte er sogar einen mehrere Tonnen schweren Grundstein auf dem Tempelberg zu deponieren, was aber von der israelischen Regierung verhindert wurde, da man weiß, dass der Nahe Osten ein Pulverfass ist und nur ein winziger Funke nötig ist, um das Volk in den nächsten Krieg zu stürzen. Und nichts würde ihn schneller entfachen bzw. länger hinziehen als die Entweihung eines islamischen Heiligtums.

In ihrer Taschenbuch-Reihe *The Truth About the Last Days Temple* (»Die Wahrheit über den Tempel der Endzeit«) schreiben Thomas Ice und Timothy Demy: »Es werden viele Pläne geschmiedet, um den Tempel wieder aufzubauen, und viele unterschiedliche Gruppen bereiten sich in Israel darauf vor.«[1] Eine der erwähnten Gruppen ist Salomons *Temple Mount Faithful.* Salomon wird dort mit folgenden Worten zitiert:

> *»Zur rechten Zeit – und ich glaube, das wird sehr bald sein – wird dieser Stein auf den Tempelberg gebracht und bearbeitet und geschliffen werden.* [...] *Es wird der erste Stein des dritten Tempels sein. Heute befindet sich dieser Stein nicht weit vom Tempelberg entfernt, ganz nahe an der alten Stadtmauer Jerusalems, in der Nähe des Shechem-Tores* [...] *und dieser Stein wacht über den Tempelberg. Aber der Tag ist nicht mehr fern, an dem er auf seinen richtigen Platz gebracht werden wird. Das kann heute sein ... oder morgen. Wir sind der rechten Zeit jedenfalls schon sehr nahe.«*[2]

Eine andere Gruppe ist das Tempelinstitut, das von Israel Ariel geleitet wird. Diese Organisation hat fast alle 102 Utensilien hergestellt, die nach biblischen und rabbinischen Vorschriften für einen Tempelbetrieb notwendig sind. In der Altstadt Jerusalems können sie im Touristenzentrum des Tempelinstituts besichtigt werden. Das *Ateret Cohanim* hat religiöse Schulen (*yeshivas*) ins Leben gerufen, die für Erziehung und Ausbildung der Tempelpriester zuständig sind. Ihre Aufgabe ist es, Vorschriften zu erforschen, qualifizierte Leviten ausfindig zu machen und sie auf das zukünftige Priesteramt vorzubereiten. In ganz Jerusalem sind *yeshivas* aus dem Boden geschossen und bereiten sich auf einen voll funktionierenden Tempelbetrieb in einem wieder aufgebauten Tempel vor. Man stellt Kleidung her, und es gibt Rabbis, die darüber entscheiden, welche modernen Änderungen im neuen Tempel eingeführt werden sollten. Es werden auch alle erdenklichen Anstrengungen unternommen, um koschere Tiere für den Opferbetrieb zu züchten, einschließlich junger roter Stiere. Und wieder andere beten täglich auf dem Tempelberg dafür, dass man den Bau endlich in Angriff nehmen kann.[3]

Eines der Dinge, die nötig sind, um den Tempelbetrieb nach dem Vorbild des Alten Testaments wieder zu aktivieren, ist die Asche der bereits erwähnten jungen roten Stiere. Anfang 1997 konnte man in der westlichen Presse Bilder dieser in Israel seltenen Tiere sehen, die man gerade wieder zu züchten versucht. Es würde uns nicht überraschen, wenn sich herausstellt, dass zur Zeit Experimente mit dem Klonen solcher Tiere gemacht werden, denn ein voll funktionierender Tempel würde eine große Anzahl von ihnen benötigen.

Thomas Ice und Timothy Demy kommen ebenfalls in ihrem Buch zu folgendem Schluss: »Zur Zeit werden in Israel viele Vorbereitungen getroffen, um den Tempelbetrieb wieder aufnehmen zu können.«[4] Es gibt wenige Zweifel, dass fromme Juden auf der ganzen Welt alles Nötige vorbereiten, um bei der ersten Gelegenheit mit dem Wiederaufbau des Tempels beginnen zu können. Es ist fraglich, ob die gelben Kalksteinblöcke für den Tempel schon geschnitten sind, denn es wäre unmöglich, eine so große Anzahl von Steinblöcken in Israel verborgen zu halten. Doch wer kann sagen, ob es nicht Beauftragte gibt, die solche Steine in den verschiedensten Teilen der Welt bereits vorbereitet haben und nur darauf warten, diese auf Schiffe zu verladen?

Zweifelsohne kann der Tempel bei all diesen Vorbereitungen und unter Zuhilfenahme von Schiffen und modernem Baugerät in neun bis zwölf Monaten wieder aufgebaut sein und in Betrieb genommen werden – bis er vom Antichrist in der Mitte der Trübsalzeit entweiht wird.

Mögliche Pläne für den Wiederaufbau des Tempels

Für manche Beobachter scheint der Wiederaufbau des Tempels unmöglich zu sein, solange der Felsendom der Muslime immer noch auf dem einzig möglichen Standort des Tempels steht. Aber aufmerksame Leser der prophetischen Schriften werden verschiedene Möglichkeiten erkennen, wie dieses Problem gelöst werden könnte. Dazu drei Vorschläge:

1. Der Tempel könnte zwischen dem Angriff Russlands auf Israel (Ez 38–39) und dem Beginn der Trübsalzeit wieder aufgebaut werden.

Aus den biblischen Angaben geht nicht hervor, wann Russland mit seinen islamischen Verbündeten Israel angreifen wird. Das kann kurz vor oder auch nach der Entrückung sein, bevor die Trübsalzeit beginnt. Beachten Sie, dass zwischen Entrückung und Beginn der Trübsalzeit ein Zeitraum von wenigen Tagen bis zu einigen Jahren liegen kann. Da die Juden – wie in Ezechiel 38–39 beschrieben – sieben Winter lang mit den Überresten des Krieges heizen werden (Ez 39,9) und während der letzten dreieinhalb Jahre der Trübsalzeit vom Antichrist aus dem Heiligen Land vertrieben werden (Offb 12,6.14), scheint es logisch zu sein, dass die Vernichtung Russlands und seiner Verbündeten mindestens dreieinhalb Jahre vor Beginn der Trübsalzeit stattfinden wird. Wenn dieser Schluss richtig ist, dann werden die Juden genügend Zeit haben, ihren Tempel wieder aufzubauen. Gott wird die Macht der islamischen Truppen, deren wütender Hass Israel entgegenschlägt, von einer Sekunde zur anderen zerbrechen und Israel damit die Möglichkeit geben, den Tempel wieder aufzubauen. Das wäre für die Juden auf der ganzen Welt ein großer Anreiz, um wieder ins Heilige Land zurückzukehren und Gott in diesem dritten Tempel ihre Opfer zu bringen.

2. Der Antichrist könnte zwischen Israel und der restlichen arabischen Welt einen Vergleich aushandeln und diese in andere Länder umsiedeln.

Da der Antichrist erst auf der Weltbühne auftauchen wird, nachdem die Macht der russisch-arabischen Verbündeten gebrochen ist, könnte er versuchen, die noch lebenden Muslime zu überreden, ihre Moschee an einem anderen Ort aufzustellen.

3. Das Abkommen zwischen Israel und dem Antichrist könnte die Klausel beinhalten, dass die Juden die Erlaubnis bekommen, ihren Tempel wieder aufzubauen.

Die Trübsalzeit wird offiziell damit beginnen, dass der Antichrist einen siebenjährigen Bund mit Israel eingeht (vgl. Dan 9,27). Er wird diesen Bund aber nicht halten, sondern nach dreieinhalb Jahren brechen, den neuen Tempel entweihen und anschließend mit der größten Judenverfolgung aller Zeiten beginnen.

Kein Mensch weiß, worin dieser Bund bestehen wird. In unserer »Finale«-Reihe haben wir uns vorgestellt, dass der Abbau des Felsendoms und sein Wiederaufbau in Babylon ein Teil des Abkommens ist. Dort soll die Moschee als Heiligtum der Muslime wieder aufgestellt werden. Das würde die Spannungen, die wegen des Tempelbergs zwischen Juden und Arabern bestehen, aus der Welt schaffen und es den Juden ermöglichen, ihren Tempel wieder aufzubauen.

Welche dieser Möglichkeiten tatsächlich eintreten wird (wenn überhaupt), weiß niemand. Auch Ice und Demy bestätigen dies:

> *»Aus christlicher Sicht spricht nichts dagegen, dass der Tempel noch vor der Entrückung oder schon in unserer Zeit wieder aufgebaut werden könnte, auch wenn alle Hinweise der Bibel auf einen Tempel der Trübsalzeit verweisen. Der Tempel könnte schon vor Entrückung und Trübsalzeit aufgebaut werden – ähnlich wie Israel in unseren Tagen in sein Land zurückkehrt, noch ehe die Ereignisse der Trübsalzeit ihren Lauf nehmen.*
>
> *Die Tatsache, dass es heute in Israel viele Maßnahmen und Organisationen gibt, die den Aufbau des dritten Tempels planen und vorbe-*

reiten, steigert unsere Erwartung, dass die Probleme bald gelöst sein werden und der Bau beginnen kann. Die einzige biblische Voraussetzung besteht darin, dass der Tempel in der Mitte der siebenjährigen Trübsalzeit aufgebaut und in Betrieb sein muss.«[5]

Wie lange wird es noch dauern?

Israels Tempel spielt eine wichtige Rolle in verschiedenen endzeitlichen Prophetien über die Trübsalzeit: Der Antichrist wird diesen Tempel mitten in der Trübsalzeit entweihen – doch dazu muss er erst wieder aufgebaut sein.

Vor 50 Jahren hat noch kein Mensch über die Möglichkeit diskutiert, *wie* der Tempel der Juden wieder aufgebaut werden könnte. Es war einfach nicht möglich. Heute trifft dies nicht mehr zu. Zum ersten Mal seit der Zerstörung des zweiten Tempels im Jahre 70 n. Chr. stehen wir kurz davor zu sehen, wie die Prophetie über den dritten Tempel in Erfüllung geht.

11. Aufstieg und Fall Babylons

»*Allein die Logistik ist unglaublich, die Kosten, die ... einfach alles ...*‹

›*Was will er?*‹

›*Er will den Sitz der Vereinten Nationen verlegen.*‹

›*Verlegen?*‹

Steve nickte.

›*Wohin?*‹

›*Das klingt verrückt.*‹

›Heutzutage klingt alles verrückt‹, meinte Bailey.

›*Er will ihn nach Babylon verlegen.*‹

›*Das ist nicht Ihr Ernst!*‹

›Ihm *ist es ernst damit.*‹

›*Wie ich höre, wird diese Stadt schon seit Jahren wieder aufgebaut. Es wurden bereits Millionen von Dollars investiert, um sie, nun, zu einem Neu-Babylon zu machen.*‹

›*Wahrscheinlich sogar Milliarden.*‹«

(»Finale«, S. 269–270)

Lange bevor der Name Saddam Hussein in aller Munde war, war dieser schon eifrig damit beschäftigt, biblische Prophetie zu erfüllen. Auch wenn er dies nicht ahnte. Bereits 1971 hatte ihm ein irakischer Öl-Magnat 30 Millionen Dollar zur Verfügung gestellt, um mit dem Wiederaufbau des antiken Babylons zu beginnen. Der Spender war wahrscheinlich ein Anhänger des Sonnengottes, da das erste Gebäude, das errichtet wurde, der Tempel dieses Gottes war. Seither hat Hussein ungezählte Millionen ausgegeben, um die 35 Quadratkilometer große antike Stadt wieder aufzubauen, die eine der ältesten und sicherlich eine der wichtigsten Städte in der Geschichte war.

Die Bedeutung Babylons

Babylon wird in der Bibel 280-mal erwähnt – öfter als jede andere Stadt, mit Ausnahme Jerusalems. Sie war sicher die bedeutendste heidnische Stadt, denn es gibt kaum eine Stadt auf der Welt, die sie zur Zeit des Alten Testamentes nicht auf irgendeine Weise beeinflusst hätte – sei es bezüglich ihrer Religion, Politik oder Wirtschaft. Die meisten später auftretenden Nationen haben viele ihrer Richtlinien übernommen – vor allem eine gut organisierte Lebensweise, in der Gott überflüssig geworden ist.

Babylon, das ist der Ort, an dem der Widersacher sein Lager aufgeschlagen hat, um den uralten Kampf um die menschlichen Seelen aufzunehmen. Hier wurde der Same für alle großen Religionen der Welt gelegt. Die Staatsführung hat hier ihre frühesten Anfänge und schließlich einen Mann wie Nebukadnezar hervorgebracht, der von einigen für den selbstherrlichsten Diktator der Geschichte gehalten wird. Sowohl nach Aussage des Propheten Daniel als auch nach der säkularen Geschichtsschreibung haben alle Weltreiche, die danach gekommen sind, immer im Schatten Babylons gestanden.

Seit dem Untergang Roms vor 1500 Jahren hat es kein weiteres Weltreich mehr gegeben – genauso wie Daniel prophezeit hat (Dan 2,37–45). Nicht, dass manche es nicht versucht hätten! Aber sie scheiterten alle, denn Gott hat festgelegt, dass es nur vier Weltreiche geben wird. Dann, am »Ende der Zeit«, wird sich die Welt noch einmal unter zehn Königen zusammenschließen, die ihre Autorität einem einzigen Mann übertragen werden, der sich über alles erheben und alles Bestehende beliebig ändern wird ... doch nur für eine sehr kurze Zeit.

> »Zur Zeit dieser beiden Königreiche aber wird der Gott des Himmels sein Reich errichten, das niemals untergehen wird; kein anderes Volk wird danach noch zur Herrschaft kommen und dieses Reich ablösen. Das Königreich Gottes beseitigt alle anderen Reiche, aber es selbst bleibt für alle Zeiten bestehen« (Dan 2,44; Gute Nachricht).

Diese Ereignisse werden dann eintreten, wenn Gott den Kampf beendet, der seit Tausenden von Jahren zwischen ihm und dem Widersacher um die Herzen der Menschen tobt. Gott wirbt durch sein Wort und durch den Heiligen Geist um uns, damit wir an ihn glauben. Der Widersacher umwirbt uns durch Politik, Wirtschaft und religiösen Götzendienst, damit wir nur das glauben, was wir sehen.

Wenn Christus wiederkommt, um sein Reich aufzurichten, wird er Babylon stürzen, ebenso wie die babylonische Religion, Wirtschaft und Politik. Danach wird er die Welt für ewig regieren (Offb 17–18). Doch zuerst ...

Babylon muss wieder aufgebaut werden!

Als Rom der religiöse, wirtschaftliche und staatliche Mittelpunkt der Welt war (im ersten Jahrhundert v. Chr.), begann der endgültige Untergang Babylons. Die Stadt wurde viele Jahre später verlassen und nach und nach vom Wind und Sand der Zeit überdeckt.

Um die Jahrhundertwende begannen einige Bibelforscher, den Gedanken zu verbreiten, dass mit den verlassenen Ruinen dieser Stadt eine Prophetie verbunden sei. Um ihre Position zu stärken, zitierten sie einige Prophetien, die von einer Zerstörung der Stadt berichteten, insbesondere jene, die voraussagten, dass sie nie mehr aufgebaut werden würde. Doch Babylon ist, wie wir sehen werden, niemals so zerstört worden, wie es in der Bibel vorhergesagt wurde – nämlich so wie Gott Sodom und Gomorra an einem einzigen Tag vernichtete.

Weil diese Männer es versäumt hatten, die Prophetien über Babylon wörtlich zu nehmen, wurden sie bei dem Versuch, die Stadt Babylon aus Offenbarung 17 und 18 zu identifizieren, von ihrer Fantasie in die Irre geführt. Ich erinnere mich noch gut daran, wie ein bekannter Lehrer für Prophetie diesen Text erläuterte und dabei die Theorie entwickelte, dass New York bald zerstört werden müsse, weil es das Babylon des 20. Jahrhunderts sei. Auch das sorgte für Aufsehen erregende Predigten ... doch es war falsch. Die Stadt wurde zwar von zwei Terroranschlägen erschüttert, jedoch nicht annährend zerstört.

Viele von uns, die biblische Prophetie wörtlich nehmen, haben schon seit Jahren den Eindruck, dass die Stadt Babylon erst wieder erbaut sein muss, ehe Christus wiederkommt. Als ich vor 30 Jahren meinen Kommentar zur Offenbarung schrieb, sagte ich schon damals voraus, dass Babylon wieder aufgebaut werden würde. Ich hatte allerdings keine Ahnung, dass Saddam Hussein mit diesem Unternehmen bereits beschäftigt war, um sich selbst ein Denkmal zu setzen.

Warum muss Babylon wieder aufgebaut werden?

Der Grund für die Annahme, dass Babylon wieder aufgebaut wird, beruht hauptsächlich darauf, dass es Prophetien bezüglich seiner Zerstörung gibt, die noch nicht in Erfüllung gegangen sind. Lassen Sie uns einen kurzen Blick auf fünf dieser Prophetien werfen:

1. Die Beschreibungen der Zerstörung Babylons am »Tag des Herrn« (Jes 13–14; Jer 50–51).

Wenn man die oben genannten vier Kapitel sorgfältig liest, wird man entdecken, dass die Prophezeiungen auf einen zweimaligen Untergang Babylons hinweisen. Der erste ist im 70. Jahr der Gefangenschaft Israels eingetreten. Der zweite wird am Tag Jahwes geschehen, womit die siebenjährige Trübsalzeit gemeint ist. Zu dieser Zeit wird Babylon Sitz einer Weltregierung und ihr wirtschaftlicher und religiöser Mittelpunkt sein – und sich gegen Gott auflehnen. In jener Zeit wird es so gründlich zerstört werden, dass es nie wieder aufgebaut werden wird.

2. Die Ruinen Babylons wurden benutzt, um andere Städte aufzubauen, was in Widerspruch zu den Aussagen Jeremias steht (Jer 51,26).

Jeremia hat über Babylon prophezeit: »Man soll keinen Stein mehr in dir finden, der noch einmal für eine Grundmauer oder als Eckstein zu verwenden wäre; für alle Zeiten wirst du ein Schutthaufen sein!« (Jer 51,26; Gute Nachricht). Es existieren jedoch zuverlässige Berichte, dass im Mauerwerk von mindestens sechs Städten die Kennzeichen des antiken Babylon zu finden sind: in Seleukia, das von den Griechen erbaut wurde; in Ktesiphon, das von den Partern erbaut wurde; in Allmaiden, das von den Persern erbaut wurde; in Kufa, das von den Kalifen erbaut wurde; in Hilla, nur einen Fußweg von 20 Minuten vom alten Babylon entfernt, das fast vollständig aus den Trümmern Babylons erbaut wurde; und auch in Bagdad, 75 Kilometer nördlich von Babylon, wo ebenfalls Baumaterial aus dieser antiken Stadt verwendet wurde.

Schon allein diese Tatsache verlangt, dass Babylon wieder aufgebaut werden muss, denn wenn es von Gott zerstört werden wird (vgl. Offb 18), wird nie mehr einer der Steine für den Bau einer anderen Stadt benutzt werden.

3. Die Prophezeiungen Jeremias und Jesajas weisen darauf hin, dass Babylon plötzlich und vollständig vernichtet wird.

»Plötzlich fällt der Becher zu Boden und zerbricht«, schreibt der Prophet Jeremia von Babylon (Jer 51,8; Gute Nachricht). Und Jesaja bestätigt diese Aussage mit den Worten: »Babylon, das Schmuckstück der stolzen Chaldäer, wird dasselbe Schicksal erleiden wie die Städte Sodom und Gomorra, die Gott vernichtet hat« (Jes 13,19; Gute Nachricht).

Ein Blick in die Geschichte zeigt, dass die Stadt nie auf eine Weise zerstört wurde, wie es von den beiden jüdischen Propheten vorhergesagt wurde, was dafür spricht, dass sie wieder erbaut werden muss. Babylon ist zwar über Hunderte von Jahren allmählich verfallen, wurde aber nie durch eine plötzliche Feuersbrunst oder etwas Ähnliches verwüstet, so wie es bei Sodom und Gomorra der Fall war. Im Laufe der Jahrhunderte hat Babylon lediglich nach und nach seinen Einfluss eingebüßt und wurde verlassen.

Ein interessanter Gesichtspunkt von Jesajas Prophezeiung liegt darin, dass Babylon ebenso wie die Stadt Sodom über einem riesigen pechhaltigen Naturasphaltlager erbaut ist. Als mein Freund Dr. Charles Pak 1957 als Reiseleiter nach Babylon kam, erfuhr er, dass sich der Naturasphalt im ganzen Stadtbereich nur drei Meter unterhalb der Erdoberfläche befindet. Das weist einerseits auf Ölvorkommen hin, ist aber andererseits die ideale Vorbedingung dafür, dass es durch Feuer und Schwefel endgültig vernichtet wird. Ein Vulkanausbruch könnte die Stadt leicht zerstören und damit zur Erfüllung dessen beitragen, was im 18. Kapitel der Offenbarung prophezeit ist.

4. Jesaja behauptet, dass die Ruinen von Babylon nie wieder bewohnt sein werden.

Der Prophet sagt über das zerstörte Babylon: »Nie wieder wird sich dort jemand ansiedeln, es bleibt unbewohnt für alle Zeiten. Kein Nomade schlägt dort seine Zelte auf, kein Hirte lässt seine Herde rasten« (Jes 13,20; Gute Nachricht).

Doch wir haben eben gesehen, dass Babylon in der Antike die längste Zeit über *bewohnt war*, auch nachdem das Babylonische Reich von den Medern und Persern überrannt worden war. Ein Schriftsteller berichtet sogar, dass Babylon im Jahr 1100 n. Chr. unter dem Namen Hillah vergrößert und befestigt wurde. Noch 1898 zählte Hillah stolze 10 000 Einwohner.

Es war also sicher nie der Fall, dass *kein* Nomade dort seine Zelte aufschlagen oder kein Hirte mit seinen Herden dort lagern würde. Beides geschieht bis auf den heutigen Tag. Und es sieht auch nicht so aus, als sei Babylon zur Wüste geworden, »zu einer dürren Steppe, zu einem Land, das niemand mehr bewohnt und niemand durchwandert« (Jer 51,43; Gute Nachricht). Während der ganzen Geschichte lag dieser Ort inmitten fruchtbarer Felder und an den Ufern des Euphrat erstreckten sich ausgedehnte Dattelhaine. Und auch heute noch kommen Reisende in der Regel durch dieses Gebiet.

Nein, damit diese Prophetie in Erfüllung gehen kann, muss Babylon erst wieder erbaut sein und zerstört werden, indem Gott seine Gerechtigkeit und Macht auf beeindruckende Weise zeigen kann.

5. **Eine alte rabbinische Regel der Auslegung besagt, dass die zweimalige Erwähnung eines Ereignisses in der Bibel bedeutet, dass dieses Ereignis zweimal eintreten wird.**

Wenn diese rabbinische Richtlinie stimmt, dann können wir sicher davon ausgehen, dass Babylon wieder erbaut werden wird. Denn sowohl Jesaja als auch Johannes verwenden dasselbe Wort zweimal hintereinander, um damit die Zerstörung Babylons zu beschreiben:

> »Gefallen! Babylon ist gefallen! Alle seine Götzenbilder liegen zertrümmert am Boden!« (Jes 21,9; Gute Nachricht).

> »Gefallen! Gefallen ist das mächtige Babylon, das alle Völker gezwungen hat, den todbringenden Wein seiner Unzucht zu trinken!« (Offb 14,8; Gute Nachricht).

> »Gefallen! Gefallen ist Babylon, die große Stadt! Jetzt wird sie von Dämonen und unreinen Geistern bewohnt. Alle Arten von unreinen und abscheulichen Vögeln hausen in ihren Mauern« (Offenbarung 18,2; Gute Nachricht).

Weil das Wort »gefallen« in jeder dieser Bibelstellen zweimal benutzt wird, ist nach dieser rabbinischen Regel davon auszugehen, dass die Stadt zweimal fallen wird. Aber um noch einmal fallen zu können, muss sie zuerst wieder aufgebaut sein.

Babylon wird bereits erbaut!

Anfang der 80er Jahre hörte ich Gerüchte, dass Babylon wieder aufgebaut wird. Ich habe mehrere Male nach Möglichkeiten gesucht, in dieses Land zu reisen, weil ich dies mit eigenen Augen sehen wollte. Mein Freund Dr. Joe Chambers wurde 1989 von der irakischen Regierung offiziell dazu eingeladen, die wieder aufgebaute Stadt zu besuchen. Als er zurückkam, schrieb er ein Buch mit dem Titel *A Place for the Antichrist* (»Eine Stätte für den Antichristen«), ausgestattet mit Bildern der Mauern, des prächtigen Ischtar-Tores, dem Palast Nebukadnezars und drei weiteren heidnischen Tempeln.

Am 28. Juni 1990 ließen Diane Sawyer und Sam Donaldson in ihrer Sendung *Prime Time Live* die amerikanische Nation einen Blick auf diese unglaubliche Stadt werfen. Sie wiesen darauf hin, dass Saddam Hussein über eine Milliarde Dollar aus dem nationalen Ölreichtum dafür ausgegeben habe, die Stadt wieder aufzubauen, um sich selbst ein Denkmal zu setzen. Die Tatsache, dass Saddam Hussein sogar Ziegelsteine mit seinem Namen in die Grundmauern der wieder erbauten Stadt einbauen ließ, legt die Annahme nahe, dass er vielleicht sogar die Vision hat, ein moderner König Nebukadnezar zu werden. Wie absurd auch immer das in unseren westlichen Augen erscheinen mag.

Saddam, ein Mann mit antichristlichen Zügen

Noch bevor er seinem Nachbarland Iran den Krieg erklärte – der beiden Ländern innerhalb von acht Jahren mehr als eine Million Menschenleben kostete und unzählige andere zu Krüppeln machte –, wurde Saddam Hussein bereits »Schlächter von Bagdad« genannt, weil er seine eigenen Leute umbringen ließ. Er würde auch heute nicht zögern, die in seinem Land lebenden Kurden auszulöschen, stünden diese nicht unter dem Schutz der Vereinten Nationen und der Amerikaner.

Viele westliche Beobachter gehen davon aus, dass Saddam Hussein es 1990 nicht nur auf das kleine Kuwait abgesehen hatte, sondern auch auf die Vereinigten Arabischen Emirate, Saudi-Arabien, Syrien und Jordanien – Nationen, die 70 % des Ölvorkommens der Welt besitzen. Die meisten Länder, die keine eigenen Ölvorkommen besitzen, würden ins Chaos stürzen, wenn das Öl des Nahen Ostens 30 Jahre lang zurückgehalten würde. Saddam Hussein hatte geplant, die Ölvorkommen des Nahen Ostens zu kontrollieren, was ihn in die Lage versetzt hätte, die Welt zu beherrschen und Babylon zu seiner Hauptstadt zu machen.

Saddam kann sicherlich nicht als »normal« bezeichnet werden. Welcher normale Mensch würde zum Revolver greifen und einen seiner Generäle erschießen, nur weil dieser sich von einer (von Hussein endlos in die Länge gezogenen) Besprechung entschuldigt, weil seine Frau angerufen hat, dass sie zur Geburt ihres Kindes ins Krankenhaus muss? Oder welcher normale Mensch würde seinen Schwiegersöhnen (die im Ausland um Asyl gebeten haben) Straffreiheit zusichern, wenn sie mit seinen Töchtern wieder zurückkommen, nur um sie bei ihrer Rückkehr zu ermorden?

Dr. Charles Dyer, ein weiterer Autor, der Babylon besucht hat, schreibt in seinem Buch *The Rise of Babylon* (»Der Aufstieg Babylons«), dass Husseins Rücksichtslosigkeit und Gleichgültigkeit seinen eigenen Leuten gegenüber nicht neu ist. Beides war schon 1978, als er mit Hilfe seiner Freunde und Anhänger aus der Baath-Partei Präsident des Landes wurde, durchaus an der Tagesordnung. Darum war auch das Folgende keine Überraschung:

> *»Einige Wochen, nachdem Saddam Hussein 1979 irakischer Staatschef geworden war, ließ er einige seiner engsten Freunde und Anhänger der regierenden Baath-Partei hinrichten. Videoaufnahmen dieser Sitzung zeigen Hussein, wie er die Namen der ›Verräter‹ von einer Liste abliest und dazwischen Pausen einlegt, um an seiner Zigarre zu ziehen, während sich seine Zuhörer in den Sitzen krümmen. Sobald der Name eines mutmaßlichen Verräters vorgelesen war, wurde dieser abgeführt und hingerichtet. Die Gewaltherrschaft Saddam Husseins hatte begonnen.«*[1]

Saddam Husseins Hass gegen Juden, Jesus Christus, dessen Nachfolger und jeden, der sich ihm in den Weg stellt und seine Ziele behindert, ist am ehesten noch als (dämonische) Besessenheit zu verstehen.

Es besteht wenig Zweifel daran, dass sich Saddam Hussein als ein Mann betrachtet, dem es in die Wiege gelegt ist, die Welt zu beherrschen. Es könnte sein, dass er ein Vorläufer dessen ist, der bald auf der Weltbühne erscheinen wird, um, wie wir glauben, die Leitung der Vereinten Nationen (oder ihrer Nachfolgeorganisation) zu übernehmen. Babylon wird dann Handelszentrum und Sitz seiner Weltregierung sein und »Neu-Babylon« genannt werden, wie wir es in unserer »Finale«-Reihe geschildert haben. Diese Stadt wird nicht nur die Kopie eines antiken Weltwunders und Hauptstadt des letzten teuflischen Weltreichs sein; sie wird die technologisch fortschrittlichste und erdbebensicherste Stadt der ganzen modernen Welt sein.

So sicher wie Gott sein Wort hält

So sicher wie es einen Gott im Himmel gibt, der sein Wort hält, wird Babylon als »Sitz Satans« wiedererstehen. Man kann davon ausgehen, dass die Erwähnung der Stadt Babylon in Offenbarung 17 und 18 nicht im übertragenen Sinne zu verstehen ist und dass sie eine ausgesprochen einflussreiche Stadt sein wird, vielleicht sogar Hauptsitz der Regierung, der Wirtschaft und der Religion.

Babylon wird für kurze Zeit wieder zum Hauptquartier des Widersachers werden und während der ersten Hälfte der Trübsalzeit als Hauptstadt der Weltregierung und als Welthandelszentrum dienen. Wenn dann die Könige der Erde das religiöse Babylon etwa in der Mitte der Trübsalzeit abschaffen, wird Satan als neuer »Gott« seinen Sitz von Rom nach Babylon verlegen und die Bühne frei machen für eine dreieinhalb Jahre dauernde Periode, die als »Drangsalzeit« bekannt werden wird.

Schon jetzt, zu unseren Lebzeiten, bereitet sich Babylon darauf vor, ein letztes Mal auf die Bühne der Menschheitsgeschichte zu treten. Uralte Prophezeiungen über Babylon gehen vor unseren Augen in Erfüllung – wie so viele andere Prophetien über die Endzeit.

12. Die Trübsalzeit: ein Überblick

Bruce zog das erste Blatt hervor und heftete es an eine Tafel. Es zeigte eine Zeittabelle, die er gezeichnet hatte. ›Ich werde mir die Zeit nehmen, das mit euch in den kommenden Wochen eingehender zu studieren, doch für mich, wie auch für viele Experten auf diesem Gebiet, sieht es so aus, als würde diese Periode, in der wir uns im Augenblick befinden, sieben Jahre dauern. In den ersten einundzwanzig Monaten werden die, wie die Bibel sie nennt, sieben Siegelgerichte oder die ›Gerichte des Buches mit den sieben Siegeln‹ stattfinden. Dann beginnt eine zweite, einundzwanzig Monate umfassende Periode, in der wir die sieben ›Posaunengerichte‹ erleben. In den letzten zweiundvierzig Monaten dieser sieben Jahre der Bedrängnis werden wir, wenn wir überlebt haben, die härtesten Prüfungen erdulden müssen, die ›Gerichte der sieben Zornesschalen‹. Die letzte Hälfte dieser sieben Jahre wird ›Große Trübsal‹ genannt.‹«
(»Finale«, S. 238)

Jesus warnt seine Jünger, dass in den letzten Tagen vor seiner Wiederkunft eine Zeit kommen wird, die »furchtbarer sein [wird] als alles, was jemals seit Beginn der Welt geschehen ist oder in Zukunft noch geschehen wird« (Mt 24,21; Gute Nachricht). Er weist damit auf eine kurze, aber äußerst traumatische Zeit hin.

Ein Stein des Anstoßes

Den Jüngern war diese Prophezeiung über eine Zeit des Zorns nicht fremd, denn viele Propheten Israels hatten davor gewarnt, dass große Leiden über das Volk kommen würden, wenn sie den Geboten Gottes nicht gehorchten. Der Prophet Jeremia nannte es eine »Zeit der Not für die Nachkommen Jakobs« (Jer 30,7; Gute Nachricht). Diese wird sicherlich weit schlimmer sein als die spanische Inquisition im 16. Jahrhundert oder Adolf Hitlers Holocaust im 20. Jahrhundert. Andere Propheten sprechen vom »Tag seines Zorns« oder vom »Tag des Zornes Jahwes«. Jesaja hat in diesem Zusammenhang einmal von einem Tag gesprochen, »an dem unser Gott mit unseren Feinden abrechnen wird« (Jes 61,2; Gute Nachricht). Als Jesus diese Jesaja-Stelle in Nazareth zitierte, hörte er interessanterweise auf zu lesen, als er an diese Stelle kam. Hören Sie, was Lukas darüber berichtet:

> »So kam Jesus auch nach Nazareth, wo er aufgewachsen war. Am Sabbat ging er wie immer in die Synagoge. Er stand auf, um aus den Heiligen Schriften vorzulesen, und der Synagogendiener reichte ihm die Buchrolle mit den Worten des Propheten Jesaja. Jesus rollte sie auf und wählte die Stelle aus, an der es heißt:
> ›Der Geist des Herrn hat von mir Besitz ergriffen, weil der Herr mich gesalbt und bevollmächtigt hat. Er hat mich gesandt, den Armen gute Nachricht zu bringen, den Gefangenen zu verkünden, dass sie frei sein sollen, und den Blinden, dass sie sehen werden. Den Misshandelten soll ich Freiheit bringen und das Jahr ausrufen, in dem der Herr sich seinem Volk gnädig zuwendet.‹
> Jesus rollte das Buch wieder zusammen, gab es dem Synagogendiener zurück und setzte sich« (Lk 4,16–20; Gute Nachricht).

An dieser Stelle heißt es bei Jesaja eigentlich: »Er hat mich gesandt, um das Jahr auszurufen, in dem der Herr sich seinem Volk gnädig zuwendet, *um den Tag anzusagen, an dem unser Gott mit unseren Feinden abrechnen wird*« (Jes 61,2; Gute Nachricht, Hervorhebung durch den Autor). Warum hat Jesus beim »Gnadenjahr des Herrn«

aufgehört zu lesen? Warum hat er den »Tag der Vergeltung« nicht angesprochen? Weil der Tag der Gnade mit ihm gekommen ist, der Tag der Vergeltung jedoch erst kommen muss.

Dr. Arnold Fruchtenbaum, ein jüdischer Gelehrter, sagt über die Trübsalzeit Folgendes:

> *»Bei jeder Bibelstelle, an der man den Begriff ›Tag Jahwes‹ oder ›Tag des Herrn‹ findet, handelt es sich ausnahmslos immer um einen Hinweis auf die Trübsalzeit. Das ist im Alten Testament der gebräuchlichste Name für diese Periode und er findet sich auch an einigen Stellen des Neuen Testaments.«*[1]

Doch im Alten Testament gibt es noch viele andere Namen, die sich auf diese Periode beziehen. In der Übersetzung der »Guten Nachricht« finden sich folgende Bezeichnungen:

Zeit der Not für die Nachkommen Jakobs (Jer 30,7)
Daniels siebzigste Jahrwoche (Dan 9,27)
Gottes unverständliches Eingreifen (Jes 28,21)
Gottes seltsames Eingreifen (Jes 28,21)
Zeit des Untergangs (Dtn 32,35)
Tag des Untergangs und der Verzweiflung (Obd 1,13)
Strafgericht Gottes (Jes 26,20)
Zorn Gottes (Dan 11,26)
Katastrophe (Jes 28,15.18)
Vergeltungstag des Herrn (Jes 34,8; 35,4; 61,2)
Zeit der Not und Bedrängnis (Dan 12,1)
Tag des Gerichts (Zef 1,15)
Tag der Angst (Zef 1,15)
Tag der Not (Zef 1,15)
Tag des Sturms (Zef 1,15)
Tag der Verwüstung (Zef 1,15)
Tag drohender schwarzer Wolken (Zef 1,15; Joel 2,2)
Tag der Finsternis (Amos 5,18)
Tag, an dem zum Sturm geblasen wird (Zef 1,16)
Tag des Kampfgeschreis (Zef 1,16)

Das Neue Testament führt folgende Namen und Bezeichnungen an:

Tag, an dem der Herr kommt (1 Thess 5,2)
Zorn Gottes (Offb 15,1; 14,10.19; 16,1)
Zeit der Versuchung (Offb 3,10)
Zorn des Lammes (Offb 6,16–17)
bevorstehendes Gericht (1 Thess 1,10)
Gericht Gottes (1 Thess 5,9; Offb 11,18)
Zeit furchtbarer und schlimmer Verfolgungen (Mt 24,21; Offb 2,22; 7,14)
Schreckenszeit (Mt 24,29)
Zeit des Gerichts (Offb 14,7)

Ebenso wie Johannes in der Offenbarung legt auch der Prophet Daniel einen zeitlichen Rahmen für diesen »Tag der Vergeltung« fest. Daniel spricht von einer »Jahrwoche« (Dan 9,24–27). Da in diesem Zusammenhang von »Jahren« die Rede ist, bedeutet das, dass die Trübsalzeit sieben Jahre dauern wird. In Vers 27 ist davon die Rede, dass ein kommender böser Fürst (der Antichrist) zu Beginn dieser siebenjährigen Periode einen »Bund« mit Israel schließen wird. Diesen Bund wird er aber in der Mitte der sieben Jahre brechen, indem er den wieder aufgebauten Tempel in Jerusalem schändet. Johannes teilt diese sieben Jahre in zwei dreieinhalb Jahre dauernde Abschnitte. Damit stellt er die entsprechende Parallele zu der Unterscheidung her, die Jesus in seinen Abschiedsreden zwischen »Trübsalzeit« und »Drangsalzeit« getroffen hat (Mt 24,15–21).

Niemand denkt gerne an eine Zukunft – auch wenn es sich dabei nur um sieben Jahre handelt –, die eine Zeit größter Leiden und Schrecken sein wird, wie es sie in der Geschichte der Menschheit noch nie gegeben hat. Doch die Bibel verschleiert die Schrecken dieser Zeit nicht. Christen, die daran glauben, dass die Entrückung erst in der Mitte oder am Ende der Trübsalzeit stattfinden wird, erkennen nicht, wie viel Leid sich in diesen sieben Jahren ereignen wird. Man fehlinterpretiert die Wirklichkeit, wenn man versucht, den Sturm, den Gott in der Trübsalzeit über dieser Erde entfesseln wird, symbolisch zu deuten. Auch wenn diese Zeitspanne nicht sehr lang ist, wird sie dennoch allen, die davon betroffen sind, endlos lang erscheinen. Nehmen Sie Ihre Bibel zur Hand und lesen Sie bitte die folgenden Stellen, an denen Gott die Gerichte beschreibt, die er in jener Zeit über die Erde kommen lassen wird:

- Das Gericht der sieben Siegel: Offenbarung 6
- Das Gericht der sieben Posaunen: Offenbarung 8–9
- Das Gericht der Schalen mit dem Zorn Gottes: Offenbarung 16

Das folgende Schaubild stammt aus Tims Buch *Rapture Under Attack: Why Christians Will Escape All the Tribulation*. Es basiert auf den drei Gerichten, die in den Kapiteln 6 bis 16 der Offenbarung beschrieben werden. Da diese Gerichte unmittelbar aufeinander folgen, so wie im Schaubild dargestellt, ist es offensichtlich, dass diese sieben Jahre wirklich eine Zeit der »Trübsal« sein werden, wobei die zweite Hälfte noch schlimmer sein wird als die erste. Selbst ein flüchtiger Blick auf diese Grafik und das Lesen dieser Bibelstellen sollte Sie von den Worten Jesu überzeugen: »Denn alles, was dann geschieht, wird furchtbarer sein als alles, was jemals seit Beginn der Welt geschehen ist oder in Zukunft geschehen wird« (Mt 24,21; Gute Nachricht).

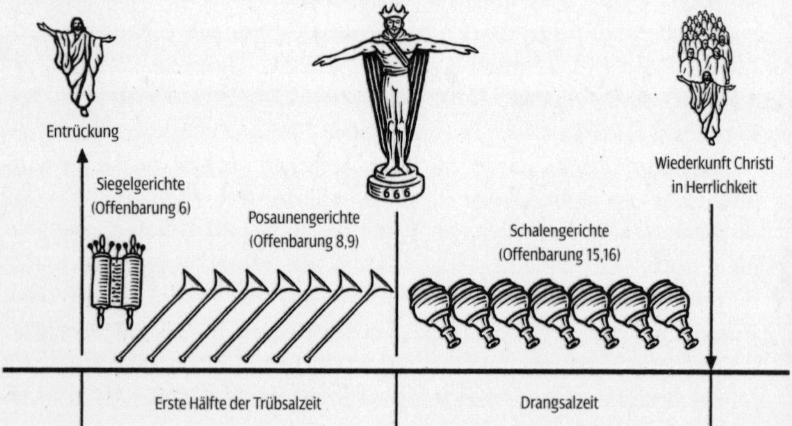

Abb. 8: Die Trübsalzeit

Ein erstaunliches Ereignis nach dem anderen

Kein anderes Ereignis, außer vielleicht die Wiederkunft Christi selbst, wird in der Bibel häufiger erwähnt als die Trübsalzeit. Es ist so einschneidend, dass wir es auch in den zwölf Bänden der »Finale-Reihe« nicht vollständig abdecken können. Die erstaunlichen Ereignisse dieser schrecklichen Periode werden scheinbar kein Ende nehmen. Betrachten Sie die folgenden Ereignisse, die in der Bibel mit großer Klarheit beschrieben werden:

1. die vier apokalyptischen Reiter (samt einem Weltkrieg, der ein Viertel der Weltbevölkerung auslöschen wird);
2. zwei Zeugen, die mit der Macht ausgestattet sind, den Regen zu stoppen und Feuer vom Himmel fallen zu lassen;
3. 144 000 Diener Gottes, die das Evangelium verkünden;
4. eine Erweckung, bei der Unzählige zum Glauben kommen;
5. ein noch nie da gewesenes Martyrium;
6. ein weiterer Weltkrieg, bei dem ein Drittel der restlichen Weltbevölkerung umkommen wird;
7. ungezählte Attentate und Ermordungen;
8. übernatürliche Aktivitäten, die unbeschreibbar sind.

Kein Wunder, dass Jesus sagt, die Trübsalzeit sei mit nichts zu vergleichen, was je war oder je wieder sein wird!

Warum wird es eine siebenjährige Trübsalzeit geben?

Wenn man sich die entsetzlichen Ereignisse durchliest, führt dies unweigerlich zu der Frage nach dem Sinn dieser Trübsalzeit. Der Prophet Daniel lässt uns darüber nicht im Unklaren:

> »Nicht siebzig *Jahre*, sondern siebzig *Jahrwochen* müssen nach Gottes Plan vergehen, bis er das Schicksal deines Volkes und der heiligen Stadt wendet. Dann erst ist die Auflehnung gebüßt und die Schuld vergeben. Dann bringt Gott alles für immer in Ordnung. Dann lässt er das Prophetenwort in Erfüllung gehen, und der Tempel wird von neuem geweiht« (Dan 9,24; Gute Nachricht).

Dem Propheten Daniel wurde gesagt, dass »siebzig Jahrwochen« [oder 7 x 70 = 490 Jahre] vergehen müssen, bis er das Schicksal seines Volkes [Israels] und der heiligen Stadt wendet. Diese Periode sollte nach Gottes Plan dazu dienen ...

1. ... die Auflehnung zu beenden und der Sünde ein Ende zu setzen.
2. ... die Schuld zu sühnen (das Sterben Christi wird in seiner Wiederkunft ihren Höhepunkt erreichen).
3. ... immerwährende Gerechtigkeit zu bringen (und das Reich Christi aufzurichten).
4. ... versiegelte Weissagungen zu erfüllen (und alle Prophetie zum Abschluss zu bringen).
5. ... den Tempel zu weihen – wenn der Messias ein zweites Mal kommt (und Milliarden von Menschen gezwungen sein werden, zwischen Christus oder dem Antichrist zu wählen – eine Entscheidung, die ewige Folgen haben wird).

Und wie sind die prophezeiten 490 Jahre zu verstehen, die bis zur Erfüllung dieser Dinge vergehen werden? Gleason Archer schreibt:

> *»Vers 25 ist entscheidend: ›Von dem Zeitpunkt an, als der Prophet die Botschaft erhielt, dass die Verschleppten heimkehren dürfen und Jerusalem wieder aufgebaut wird, vergehen sieben Jahrwochen bis zu dem Zeitpunkt, an dem in Jerusalem von neuem ein Oberhaupt durch Salbung eingesetzt wird* [der Messias]. *Dann wird Jerusalem 62 Jahrwochen lang als wieder aufgebaute und befestigte Stadt bestehen bleiben, auch wenn es schwere Zeiten erleben muss‹ (Dan 9,25; Gute Nachricht). Man beachte, dass hier nur 69 Jahrwochen genannt werden, die in zwei Abschnitte zerfallen. Der erste Abschnitt von sieben Jahrwochen beläuft sich auf 49 Jahre, in denen die Stadt Jerusalem wieder aufgebaut und befestigt werden wird, ›auch wenn es schwere Zeiten erleben muss‹.* [Das ist wahrscheinlich 457 v. Chr. geschehen, als Artaxerxes I. Esra gestattete, nach Jerusalem zurückzukehren, um den Tempeldienst wieder aufzubauen.]
> *Vers 26 bestimmt das Ende der 69 Jahrwochen: wenn der Messias gestürzt wird. Das bedeutet, dass ein Fürst – der Messias – 483 Jahre nachdem die 69 Jahrwochen vorbei sind, umgebracht werden wird.«*[2]

Mit anderen Worten: Von den 490 Jahren, die nach Gottes Plan für Daniels Volk »vergehen« müssen, sind 483 Jahre bereits vergangen; doch als Jesus starb, ist Gottes Uhr stehen geblieben, wie es scheint. Daher fehlen noch sieben Jahre. Diese verbleibenden sieben Jahre sind das, was wir »Trübsalzeit« nennen.

Aus verschiedenen anderen prophetischen Stellen der Bibel wissen wir, was uns die Trübsalzeit bringen wird:

1. Sie wird eine Zeit des Gerichts für Menschen sein, die Christus ablehnen und die Erlösung ausschlagen.
2. Sie wird der tausendjährigen Auflehnung der Menschen ein Ende setzen, wenn Christus ein Reich errichtet, in dem Gerechtigkeit herrscht.
3. Sie wird die Menschen vor die Entscheidung stellen, ob sie Christus oder dem Antichrist folgen wollen. Wer den Antichrist wählt, wird umkommen; wer sich für Gott entscheidet, wird zum Märtyrer, mit Ausnahme einiger weniger, die bis zum Ende »durchhalten« und ins Tausendjährige Reich kommen.
4. In der ganzen Welt werden chaotische Bedingungen herrschen, die die falsche Sicherheit des Menschen erschüttern sollen. Sie werden viele veranlassen, bei Gott Hilfe und Rettung zu suchen. Mit anderen Worten: Zur Zeit einer enorm großen Weltbevölkerung wird ein siebenjähriger Kampf zwischen Gott und dem Widersacher um die Seelen dieser Menschen stattfinden.
5. Sie wird zu einer weltweiten Erweckung unerhörten Ausmaßes führen, was dazu beiträgt, dass Menschen aus allen Nationen, Stämmen, Völkern und Sprachen, »so viele, dass niemand sie zählen konnte«, zu Gott umkehren (Offb 7,9; Gute Nachricht). Dies wird als die größte Erweckungsbewegung aller Zeiten in die Geschichte eingehen.

Standortbestimmung der Trübsalzeit

Die große Frage ist: Zu welchem Zeitpunkt ist die Trübsalzeit anzusetzen? Zum Glück können wir durch die Worte Jesu, die er uns in seinen Abschiedsreden hinterlassen hat, diesen Zeitpunkt näher ermitteln: »Doch sofort nach dieser Schreckenszeit [...] wird der Menschensohn für alle sichtbar am Himmel erscheinen. [...] sie [werden] den Menschensohn auf den Wolken des Himmels mit göttlicher Macht und Herrlichkeit kommen sehen« (Mt 24,29–31; Gute Nachricht).

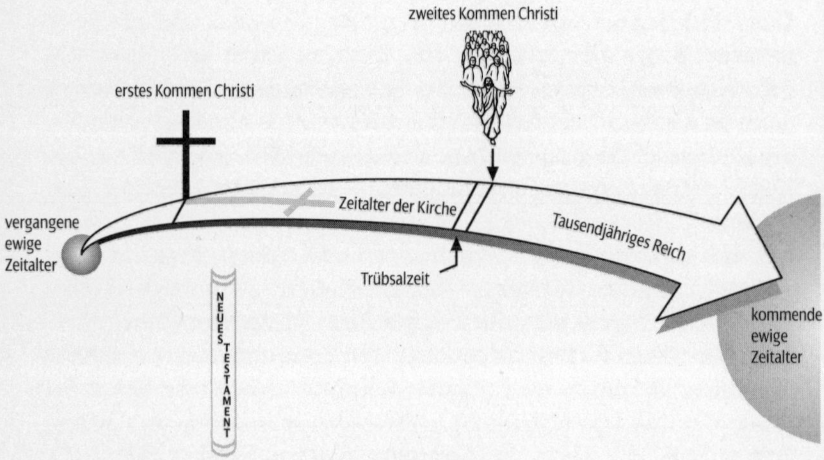

Abb. 9: Standortbestimmung der Trübsalzeit (Mt 24, 29–31)

Es ist offensichtlich, dass die Trübsalzeit unmittelbar vor der Wiederkehr Christi stattfindet. Dieser Zeitpunkt wird auch durch den Apostel Paulus bestätigt, der prophezeit, dass Christus nicht auf die Erde zurückkommen wird, bevor »der Feind Gottes, der alles Böse in sich vereint«, aufgetreten ist. »Aber Jesus, der Herr, wird ihn mit dem bloßen Hauch seines Mundes töten, wenn er in seiner Herrlichkeit kommt« (2 Thess 2,1–10; Gute Nachricht).

Gericht ... und Gnade

Die Trübsalzeit ist eine furchtbare Periode von sieben Jahren, in der Gott seinen gesamten Zorn über die rebellische und ungläubige Menschheit ausschüttet. Es ist auch eine Zeit besonderer Not für die »Nachkommen Jakobs«, in der sich Gott ganz besonders um Israel kümmern wird. Das Volk der Juden wird dadurch zum Glauben an Jesus Christus kommen und ihn als Messias anerkennen, nachdem es ihn dann seit bereits 2 000 Jahren abgelehnt hat.

Doch obwohl diese Periode hauptsächlich eine Zeit des Zorns und des Gerichts ist, zeichnet sich in ihr auch sehr stark Gottes Gnade und Barmherzigkeit ab – etwas, das oft übersehen wird. Wenn sich jemand ausschließlich auf die Gerichte und die kommenden Schrecken konzentriert, entsteht leicht der Eindruck, dass Gott einmal so richtig auf den Tisch hauen wird. Wir fangen dann an, Gott als eine Art zorniges Monster zu sehen, das eine Katastrophe auf die nächste folgen lässt und seinen Zorn über die Köpfe von wehrlosen, unschuldigen Männern und Frauen ausschüttet.

Doch das ist grundfalsch! Erstens sind alle, die während der Trübsalzeit Gottes Gericht erfahren, *keine* unschuldigen Männer und Frauen. Menschen, die in jener Zeit auf der Erde leben, werden, wie wir in Kapitel 26 noch sehen, nicht nur Gott ablehnen und seine Erlösung ausschlagen, sondern sie werden ganz bewusst alle möglichen Sünden praktizieren, einschließlich Gotteslästerungen, die jeder Beschreibung spotten. Und zweitens hat Gott trotz der Schwere ihrer Vergehen immer noch die Absicht, durch die Gerichte der Trübsalzeit *selbst verstockte Sünder dazu zu bringen, dass sie zum Glauben an seinen Sohn Jesus Christus kommen.*

Das ist der Grund, warum wir eine unserer Romanfiguren zu Beginn der Trübsalzeit zu einer Versammlung von Männern und Frauen sagen ließen:

> *»Diese Gerichte, denke ich, dienen dazu, die Menschen wachzurütteln, ihnen jeglichen Halt zu nehmen. Wenn die Entrückung dies noch nicht vermocht hat, werden die Gerichte es ganz bestimmt erreichen. Und wenn es die Gerichte nicht schaffen, dann werden die Menschen fern von Gott sterben. So schrecklich diese Gerichte auch sind, ich*

bitte euch, seht sie als die letzte Warnung eines liebenden Gottes, der nicht will, dass auch nur ein Mensch verloren geht.«
(»Die Heimsuchung«, S. 57)

Wir sind zutiefst davon überzeugt, dass Gottes Gerichte in der Trübsalzeit einem doppelten Zweck dienen: Einerseits sollen sie verstockte Sünder strafen und andererseits sollen sie diese dazu bewegen, ihre Sünden zu bereuen und umzukehren. In der Trübsalzeit wird Gott allen zeigen, dass er gleichzeitig gütig *und* streng ist, eine Wahrheit, der wir auch im Brief an die Römer, Kapitel 11, Vers 22 begegnen. Es trifft zu, dass die Trübsalzeit Gottes Strenge beweist, doch es stimmt ebenso, dass sie auch seine Güte unter Beweis stellt.

Der alttestamentliche Prophet Joel hat diese beiden Wesenszüge Gottes in der Trübsalzeit deutlich Seite an Seite am Werk gesehen:

> »Es kommt die Zeit, da werde ich meinen Geist ausgießen über alle Menschen. Eure Männer und Frauen werden dann zu Propheten; Alte und Junge haben Träume und Visionen. Sogar über die Knechte und Mägde werde ich zu jener Zeit meinen Geist ausgießen.
> Dann ist der große und schreckliche Tag nahe, an dem ich Gericht halte. Am Himmel und auf der Erde werden seine Vorzeichen zu sehen sein: Menschen liegen erschlagen in ihrem Blut, Flammen und Rauchwolken steigen auf; die Sonne verfinstert sich, und der Mond wird blutrot. Aber alle, die sich zu mir bekennen und meinen Namen anrufen, werden gerettet« (Joel 3,1–5; Gute Nachricht).

Wir glauben, dass diese Verse eine große »Seelenernte« bzw. eine Erweckung ankündigen, die während der Trübsalzeit stattfindet. Millionen von Menschen, Männer und Frauen, Jungen und Mädchen, werden erkennen, dass Gott immer noch nach ihnen ruft und sie umwirbt, obwohl sie die Entrückung versäumt haben und die Schrecken der Trübsalzeit erleiden müssen. Und der Heilige Geist wird bewirken, dass sie umkehren und zum Glauben kommen, dass sie aufhören, sich gegen Gott aufzulehnen und stattdessen ihr Leben und ihre Zukunft ganz Jesus, dem Herrn, unterstellen. Darum konnte Johannes auch schreiben:

»Danach sah ich eine große Menge Menschen, so viele, dass niemand sie zählen konnte. Es waren Menschen aus allen Nationen, Stämmen, Völkern und Sprachen. Sie standen in weißen Kleidern vor dem Thron und dem Lamm und hielten Palmzweige in den Händen« (Offb 7,9; Gute Nachricht).

Über die Anzahl dieser Heiligen der Trübsalzeit ist nichts bekannt; es könnten durchaus Milliarden von Menschen sein. Doch übersehen Sie eines nicht: Jeder Einzelne dieser Neubekehrten ist nicht entrückt worden, weil er oder sie bis zu jenem Zeitpunkt Gottes Rettungsangebot ausgeschlagen hatte. Dennoch gibt Gott sie auch dann nicht auf! Selbst dann wird er noch jedes erdenkliche Mittel nutzen – Feuer, Blut, Erdbeben, Seuchen, Kriege, Hungersnöte und Verfolgung –, um sie wachzurütteln und aus ihrem geistlichen Schlaf zu wecken.

Weit davon entfernt, eine üble Zurschaustellung göttlicher Bösartigkeit zu sein, demonstriert die Trübsalzeit zweifelsfrei, dass der Gott, der uns mehr liebt, als wir uns je vorstellen können, aber auch ein heiliger Gott ist. Kein Wunder, dass Petrus schreiben konnte: »Er [Gott] hat Geduld mit euch, weil er nicht will, dass einige zu Grunde gehen. Er möchte, dass alle Gelegenheit finden, von ihrem falschen Weg umzukehren« (2 Petr 3,9; Gute Nachricht)! Kein Wunder, dass Paulus schreiben konnte: »Unser großer Gott und Retter Jesus Christus [...] hat sein Leben für uns gegeben, um uns von aller Schuld zu befreien und sich so ein reines Volk zu schaffen, das nur ihm gehört, und alles daransetzt, das Gute zu tun« (Tit 2,13–14; Gute Nachricht). Kein Wunder, dass Jesus selbst gesagt hat: »Auch der Menschensohn ist nicht gekommen, um sich bedienen zu lassen, sondern um zu dienen und sein Leben als Lösegeld für alle Menschen hinzugeben« (Mk 10,45; Gute Nachricht)!

Die Bibel lehrt uns, dass es unvorstellbar viele gläubige Menschen geben wird, die wir »Heilige der Trübsalzeit« nennen. Ja, die Trübsalzeit ist eine Zeit heftigen Zorns und schrecklicher Gerichte, aber sie ist auch eine Zeit langmütiger Gnade und Barmherzigkeit.

13. Die erste Hälfte der Trübsalzeit

Die Unterzeichnung des Abkommens wurde mit Händeschütteln, Umarmungen und Küssen auf beide Wangen gefeiert.

Doch die Unterzeichner des Vertrags wussten – mit einer Ausnahme – nichts von den Konsequenzen, die aus ihrer Entscheidung resultieren würden – wussten nicht, dass sie an einer unheiligen Allianz mitgewirkt hatten.

Ein Abkommen war geschlossen worden. Gottes auserwähltes Volk, das bis zur Ankunft seines Messias den Tempel wieder aufbauen und das Opfersystem wieder einführen wollte, hatte einen Bund mit dem Teufel geschlossen.

Nur zwei Männer auf dem Podium wussten, dass dieser Pakt den Beginn der Endzeit einleitete. Der eine steckte voller fanatischer – dämonischer – Pläne; der andere zitterte vor dem, was noch kommen würde.

An der Klagemauer schrien die beiden Zeugen die Wahrheit hinaus. So laut sie konnten, riefen sie: ›Nun beginnt die letzte schreckliche Woche des Herrn!‹ Und der Klang ihrer Stimmen trug diese Nachricht bis weit über den Tempelberg hinaus.

Die ›Jahrwoche‹ hatte begonnen.

Die Trübsalzeit.«

(»Die Heimsuchung«, S. 280)

Satan, der »Meisterkonspirator«, hat schon vor vielen Jahrhunderten geschworen, eine neue Weltregierung einzusetzen. Und Gott enthüllte diesen teuflischen Plan seinem Propheten Daniel schon fünf Jahrhunderte, bevor Christus geboren wurde – und unsere Geschichte hat sich genauso entwickelt, wie es durch ihn prophezeit wurde.

Daniels Endzeitprophetie

Daniel war der erste Prophet, der über die Weltregierung des Antichristen berichtete. Und es ist interessant, dass diese Prophetie im Traum einem Mann gegeben wurde, dem der Ruf anhaftete, der selbstherrlichste Diktator der ganzen Geschichte zu sein.

In seinem Traum sah König Nebukadnezar eine Statue, die aus vier Teilen bestand, wobei jeder dieser Teile etwas weniger wertvoll war als der über ihm. Bei Androhung der Todesstrafe verlangte der König von seinen Wahrsagern und Astrologen, ihm den Traum und seine Deutung zu nennen – wozu sie aber nicht in der Lage waren. Dem jüdische Prophet Daniel gelang es jedoch mit Gottes Hilfe, sowohl den Traum als auch seine Deutung zu enthüllen. Daniel stellte seinem Gespräch mit dem König die Worte voran: »Aber es gibt einen Gott des Himmels, der das Verborgene enthüllt« (Dan 2,28; Gute Nachricht). Im Folgenden erklärt er den Traum. Er macht deutlich, dass es vier aufeinander folgende Weltreiche geben wird und dass sich in den letzten Tagen, unmittelbar bevor der Messias sein Reich aufrichten wird, zehn Könige zusammenschließen werden, um ein letztes Weltreich zu bilden. Diese Prophetie ist von so grundlegender Bedeutung, dass wir im Folgenden sowohl den Traum als auch die Deutung betrachten wollen:

> »Du sahst im Traum ein riesiges Standbild vor dir stehen. Sein Anblick war zum Erschrecken, und blendender Glanz ging von ihm aus. Der Kopf war aus reinem Gold, Brust und Arme waren aus Silber, der Leib bis zu den Hüften war aus Bronze, die Beine waren aus Eisen und die Füße zum Teil aus Eisen und zum Teil aus Ton. Du blicktest noch auf das Standbild, da löste sich von einem Felsen ein Stein ohne Zutun eines Menschen, der traf die Füße aus Eisen und Ton und zerschmetterte sie. Auf einen Schlag zerfielen Ton, Eisen, Bronze, Silber und Gold zu Staub und wurden wie Spreu vom Wind davongeweht. Keine Spur blieb davon übrig. Der Stein aber, der das Bild zermalmt hatte, wurde zu einem großen Felsmassiv, das die ganze Erde ausfüllte.
>
> Das war der Traum, und nun will ich dem König die Deutung geben: Du, mein König, bist der größte aller Könige: Der Gott des Himmels hat dir Herrschaft, Macht und Ehre verliehen und

alles in deine Hand gegeben, was auf der Erde lebt, die Menschen, die Tiere des Feldes und die Vögel am Himmel. Über sie alle hat er dich als Herrscher eingesetzt – du bist das Haupt aus Gold.

Auf dein Reich wird ein anderes folgen, das nicht ganz so mächtig sein wird, und danach ein drittes Reich, das bronzene, das über die ganze Erde reicht. Dann kommt ein viertes, das hart wie Eisen ist und alles zerschmettert, was sich ihm in den Weg stellt. Aber es wird ein geteiltes Reich sein; deshalb sind die Füße und Zehen teils aus Eisen, teils aus Ton. Die eine Hälfte wird fest sein wie Eisen, die andere zerbrechlich wie Ton. Das Nebeneinander von Eisen und Ton bedeutet: Die beiden Teilreiche werden sich durch gegenseitige Heirat zu verbinden suchen; aber ihre Verbindung hat keinen Bestand, so wie Eisen und Ton sich nicht miteinander verbinden lassen.

Zur Zeit dieser beiden Königreiche aber wird der Gott des Himmels sein Reich errichten, das niemals untergehen wird; kein anderes Volk wird danach noch zur Herrschaft kommen und dieses Reich ablösen. Das Königreich Gottes beseitigt alle anderen Reiche, aber es selbst bleibt für alle Zeiten bestehen. Dies hast du geschaut im Bild des Steines, der sich ohne menschliches Zutun aus dem Felsen löste und das Standbild aus Ton, Eisen, Bronze, Silber und Gold zermalmte. Ein mächtiger Gott hat den König wissen lassen, was künftig geschehen wird. Der Traum sagt die Wahrheit, und seine Deutung ist zuverlässig» (Dan 2,31–45; Gute Nachricht).

Die historische Genauigkeit Daniels

Daniel schrieb dieses Buch, lange bevor diese Prophetie in Erfüllung gegangen ist; doch jetzt, 2500 Jahre später, sehen wir, dass sie sich exakt so erfüllt hat, wie es von ihm prophezeit wurde. Diese Prophetie war tatsächlich so präzise, dass es viele Jahre lang Mode war anzunehmen, dass sie erst lange, nachdem es die vier Weltreiche bereits gab, von einem unbekannten Autor geschrieben worden sei. Skeptiker behaupteten, der Grund für die Präzision dieser Prophetie liege darin, dass der Autor (wer immer das gewesen war) Historiker, aber niemals Prophet gewesen sei.

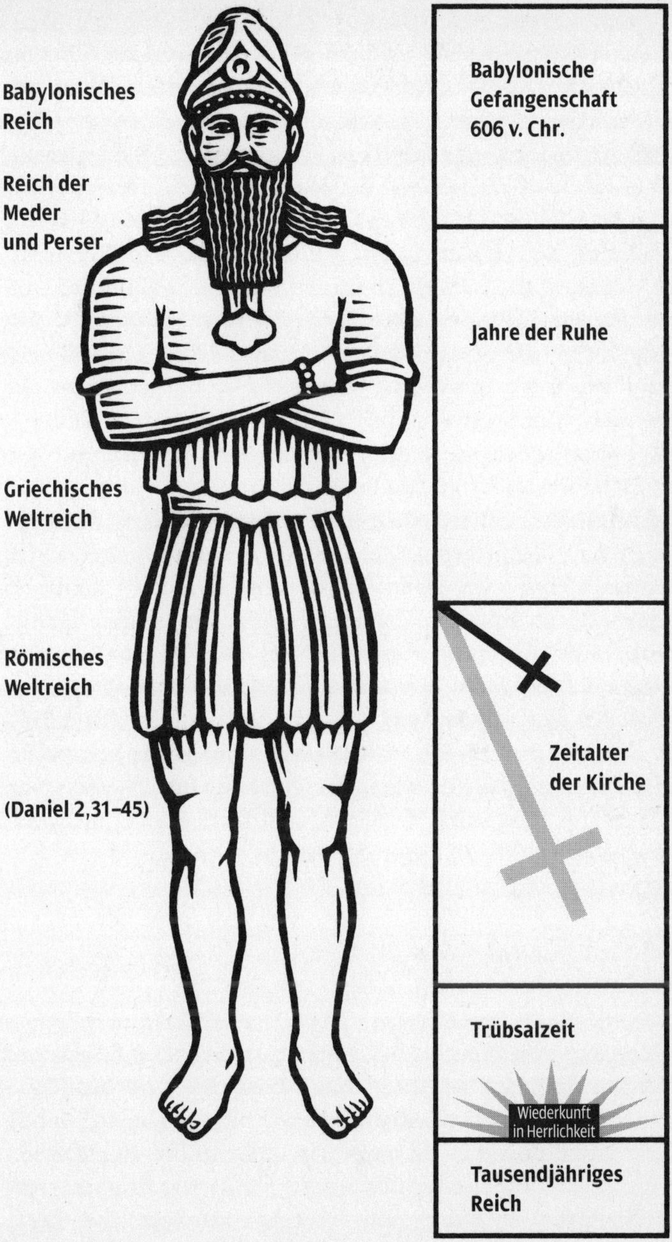
Babylonisches Reich
Reich der Meder und Perser
Griechisches Weltreich
Römisches Weltreich
(Daniel 2,31–45)
Babylonische Gefangenschaft 606 v. Chr.
Jahre der Ruhe
Zeitalter der Kirche
Trübsalzeit
Wiederkunft in Herrlichkeit
Tausendjähriges Reich

Abb. 10

Diese Skeptiker wurden dadurch widerlegt, dass Archäologen Abschriften von Daniels Prophetie fanden, die sich bis weit ins zweite Reich (der Meder und Perser) zurückdatieren ließen. Es steht heute außer Zweifel, dass Daniels Prophetie exakte Geschichtsschreibung ist, und zwar bevor die Geschichte überhaupt stattfand. Und das ist natürlich nur durch göttliche Offenbarung möglich.

Es ist wichtig zu erwähnen, dass von vielen der Versuch unternommen wurde, sich die Welt zu unterwerfen und Weltherrscher zu werden. Dschingis Khan, Napoleon, Adolf Hitler, Josef Stalin und viele andere – sie alle haben es versucht, jedoch ohne Erfolg. In der Bibel heißt es, dass es vier Weltreiche geben wird, und die Geschichte bestätigt uns, dass es bislang tatsächlich nur vier gegeben hat.

Babylon, das erste Reich, das in dieser Prophetie genannt wird und dessen Vertreter Daniel auch in die Gefangenschaft führten, sollte ein unvergleichlich despotisches Reich sein, und so war es auch. Dann sollten die Meder und Perser folgen, danach die Griechen unter Alexander dem Großen. Als Alexander der Große starb, wurde sein Reich von seinen Generälen in vier Teile aufgeteilt, die dann allmählich von Rom verschluckt wurden. Das sollte das vierte Reich »aus Eisen« sein, das allen Völkern und aller Politik ihren Stempel aufdrückte. Auch wenn Rom heute kein Weltreich mehr ist, so geht die Staatsführung der westlichen Völker im Grunde doch auf Rom zurück. Das Recht, die Gesetze, der Senat und andere gesetzgebende Gremien haben im so genannten »Imperialismus Cäsars« überlebt.

Die Demokratie der letzten Tage

Die meisten Experten für Prophetie sehen in den zehn Zehen von Daniels Vision eine Prophezeiung, die sich auf die Demokratie der Endzeit bezieht. Eisen und Ton lassen sich nicht gut verbinden und liefern uns damit das Bild einer »geschwächten Regierung«. Was könnte damit gemeint sein? Wenn man z. B. das kommunistische China nimmt, so kann man erkennen, dass die dort herrschende Diktatur in vielen Bereichen stärker ist als die Regierung der Vereinigten Staaten. Chinas Führer machen, was sie wollen, und niemand wagt Einspruch zu erheben. Die Regierung der USA wechselt jedoch von den Liberalen zu den Demokraten und ist von der Stimmung der Wähler abhängig. Politiker, die Wert darauf legen, wieder gewählt zu werden, können sich nicht nur auf das konzentrieren, was zum Besten ihres Landes ist, sondern sie müssen auch die Gunst der Wähler im Auge behalten. Diese Vorgehensweise macht einen Staat sicherlich nicht stark und stabil.

Im 13. Kapitel der Offenbarung beschreibt Johannes die zehn Könige Daniels als »Hörner« auf den sieben Köpfen des »Tieres«. Lassen Sie sich von diesen Bildern nicht verwirren. Auch wenn Nebukadnezar die zukünftigen Reiche der Menschheit in Form eines schönen Standbildes gesehen hat, so sieht Gott sie doch als Tiere (was auch in Parallelstellen in Daniel 7 und 8 zum Ausdruck gebracht wird). Das ist der Unterschied zwischen menschlicher und göttlicher Sicht vom Staat. Die Menschen lassen sich vom Staat beeindrucken und bewundern vieles an ihm, während all diese Dinge in Gottes Augen einen ungleich niedrigeren Rang einnehmen.

Die sieben Köpfe, die Johannes in der Offenbarung beschreibt (Offb 12,3; 13,1; 17,3.7.12–14.16) sind wahrscheinlich ein Hinweis auf die sieben Stadien des Römischen Reiches, das die Verkörperung eines bösen Staates darstellt. Obgleich in Offenbarung 17, Vers 9 gesagt wird, dass diese Köpfe »sieben Hügel« bedeuten (vielleicht ein Hinweis auf die sieben Hügel Roms), wird sofort im nächsten Satz gesagt, dass sie außerdem auch für sieben Könige stehen: »Davon sind fünf gefallen, einer herrscht noch, und der letzte ist noch nicht erschienen« (Offb 17,10; Gute Nachricht). Ich denke, dass die fünf »gefallenen« Könige ein Hinweis auf die fünf römischen Herrscher vor der Zeit des Johannes sind; der sechste, der zur Zeit des Johannes gerade herrschte, war Domitian; und der siebte (der noch nicht da war) wird der Antichrist selbst sein – das böse Genie, das durch die Unterzeichnung eines Siebenjahresabkommens mit Israel (Dan 9,27) die Trübsalzeit feierlich eröffnen wird. Er wird seine Zusagen nach dreieinhalb Jahren allerdings brechen, wenn er den wieder erbauten Tempel entweiht und verkündet, dass er selbst Gott sei.

Drei besiegte Könige

Daniel zeigt, dass sich die zehn Könige aus Nebukadnezars Traum nicht sofort jeder Laune des Antichristen fügen werden. Drei von ihnen werden sich tatsächlich gegen ihn auflehnen – und schnell beseitigt werden. Daniel beschreibt ihre Auflehnung und Niederwerfung folgendermaßen:

> »Während ich die Hörner beobachtete, brach ein weiteres Horn zwischen ihnen hervor. Drei von den vorigen Hörnern wurden seinetwegen ausgerissen. Das Horn hatte Menschenaugen und ein Maul, das großmächtig prahlte« (Dan 7,8; Gute Nachricht).

> »Ich wollte Genaueres erfahren über das vierte Tier, das ganz anders war als die anderen, diese schreckliche Bestie mit Zähnen aus Eisen und Krallen aus Bronze, die alles zermalmte und verschlang und den Rest mit den Füßen zertrat. Vor allem wollte ich wissen, was die zehn Hörner auf seinem Kopf bedeuten sollten und das elfte Horn, das zuletzt emporbrach und vor dem drei andere weichen mussten – Menschenaugen hatte es und ein Maul, das großmächtig prahlte, und es sah größer aus als die übrigen Hörner« (Dan 7,19–20; Gute Nachricht).

> »Die Hörner bedeuten, dass zehn Könige in diesem Reich regieren werden, dann aber kommt ein elfter König an die Macht, der sich von allen seinen Vorgängern unterscheidet. Drei Könige wird er vom Thron stoßen« (Dan 7,24; Gute Nachricht).

Daniel spricht in aller Klarheit davon, dass in jenem Reich zehn Könige regieren werden, bevor der Antichrist selbst an die Macht kommt. Drei verbünden sich gegen ihn, werden jedoch selbst besiegt. Daniel sagt, dass sie vom Antichristen »ausgerissen«, »überwältigt« und zu Fall gebracht werden, von jenem »Horn« mit Menschenaugen und prahlerischem Gehabe, das größer als die anderen zu sein scheint.

Im 2. Band der »Finale«-Reihe haben wir uns vorgestellt, dass der Präsident der Vereinigten Staaten einer dieser Könige ist, dem sich die Führer Englands und Ägyptens angeschlossen haben. Alle drei werden jedoch rasch besiegt. *»Das alles gehörte zu den Vorher-*

sagen für die Zukunft. Der Aufstand gegen den Antichristen würde niedergeschlagen werden und den Dritten Weltkrieg auslösen. Die Folgen davon würden eine weltweite Hungersnot, Seuchen und der Tod eines Viertels der Weltbevölkerung sein« (»Die Heimsuchung«, S. 317).

Eine Sehnsucht des 20. Jahrhunderts

Wir gehen mit großen Schritten auf die Zeit zu, in der die zehn Könige, von denen Daniel und die Offenbarung gesprochen haben, in Erscheinung treten werden. Wie sind wir an diesen Punkt gekommen? Wären Sie überrascht zu erfahren, dass sich der Vorhang zum letzten Akt schon am Ende des Ersten Weltkrieges gehoben hat?

Der Erste Weltkrieg hat in Millionen von Menschen auf der ganzen Welt die Sehnsucht nach Frieden geweckt. Präsident Woodrow Wilson, der den Amerikanern versprochen hatte, das Land nicht in den Krieg zu führen, brach dieses Versprechen jedoch nach kurzer Zeit. Aber das war nicht alles. Er hatte darüber hinaus versprochen, dass es ein Krieg sein würde, durch den alle Kriege beendet werden würden – sicher ein großartiger Gedanke, aber offensichtlich einer, der nicht in die Tat umzusetzen ist.

Nach Beendigung des Krieges flogen Wilson und sein Berater Colonel Mandell House, ein überzeugter Sozialist, zur Friedenskonferenz nach Genua und versuchten die Liga der Nationen ins Leben zu rufen – der erste groß angelegte Schritt zur Weltregierung. Aber als sie in die Vereinigten Staaten zurückkehrten, wurden ihre Hoffnungen durch die konservativen Mitglieder des Senats zerschlagen, die 1919 den Beitritt Amerikas zur Liga verhinderten. House und seine Mitstreiter gaben jedoch nicht auf. 1921 gründete House zusammen mit anderen den Völkerbund, der es sich zum Ziel gesetzt hatte, den Frieden zu erhalten und zu sichern.

Die Nachfolgeorganisation UNO versprach ebenfalls, dem alten Gespenst der Menschheit, nämlich dem Krieg, Einhalt zu gebieten. Leider gelang es auch ihr nicht, den Frieden dieser Welt zu sichern. In den vergangenen 60 Jahren haben wir mehr Kriege gesehen und mehr Menschen durch Kriege verloren als in jeder anderen vergleichbaren Zeit der Geschichte.

Seit damals verkündet der *Club of Rome*, in dem die Führungselite unserer Welt vertreten ist, dass die einzige Hoffnung für unseren Planeten in einer Weltregierung liege. Seine Mitglieder sind davon überzeugt, dass unsere Welt durch Überbevölkerung zu Grunde gehen wird. Deshalb fordern sie, dass die Menschheit ihre Einstellung zu Kindern ändert und darauf achtet, dass unsere Umwelt erhalten bleibt. Natürlich treten sie dafür ein, den Bevölkerungszuwachs durch Abtreibung, Verhütungsmittel und andere staatlich gesteuerte Programme unter Kontrolle zu halten. Außerdem fordern sie, dass wohlhabende Staaten die Dritte Welt durch Beihilfen unterstützen, damit alle Länder auf gleicher Ebene stehen und Habgier somit als Kriegsmotiv ausscheidet.

Seit den 90er Jahren ist in der Haltung der Befürworter einer Weltregierung eine merkliche Veränderung zu erkennen: Sie haben angefangen, ihre Absichten offener und unverhohlener zu zeigen. Wir sind der Auffassung, dass die Vereinten Nationen immer mehr an Ansehen und Macht gewinnen und es vermutlich nur mehr eine Frage der Zeit ist, bis sie in der Lage sind, die Herrschaft über unsere Welt an sich zu reißen.

Zehn Könige – nur in der Fantasie?

Weltregierung
Daniel 2

Einer der Vorschläge des Club of Rome, der ein wichtiger Schritt zur Weltregierung sein könnte, besteht darin, unsere Welt in zehn Regionen aufzuteilen, jeweils mit einem »Führer« an ihrer Spitze, der auch einen Sitz in den Vereinten Nationen haben sollte. Der

Weltsicherheitsrat könnte ebenfalls auf zehn Mitglieder ausgeweitet werden. Unsere Welt würde folglich von »zehn weisen Männern« regiert werden – wie es eine amerikanische Zeitung ausdrückte!

Insider dieser Elite haben sich angeblich bereits darauf geeinigt, dass die Völker dieser Welt zu Gunsten eines Mannes im Rang eines internationalen Weltführers auf ihre Souveränität verzichten sollen. Auch das wird an mehreren Stellen der Bibel klar vorhergesagt (vgl. u. a. Offb 13; Daniel 2; 2 Thess 2). Viele Geheimgesellschaften und Organisationen arbeiten bereits unermüdlich daran, diese Idee in die Tat umzusetzen. In den letzten Jahren haben schockierende Enthüllungen bestätigt, dass viele einflussreiche Köpfe aus den mächtigsten Ländern der Welt schon seit 200 Jahren auf das Ziel hinarbeiten, auf die eine oder andere Weise eine Weltregierung herbeizuführen.

Es besteht also kein Zweifel daran, dass der Widersacher die Welt darauf vorbereitet, sich unter einem Mann zu vereinigen. Wenn dieser versucht, die Herrschaft über Wirtschaft, Religion und Medien dieser Welt zu erlangen, wird er auf ein Netz ineinander verzahnter Geheimorganisationen zurückgreifen können. Und mit dieser Macht im Rücken wird er in der Lage sein, allen anderen seinen Willen aufzuzwingen.

Mitte der 90er Jahre haben die Planer unserer zukünftigen Weltordnung damit begonnen, über »Weltsteuer«, »Welthaushalt«, »Weltpolizei«, »Weltrichtlinien«, »Weltwirtschaft« und sogar über »Weltreligion« zu reden. Einer von ihnen ließ kürzlich verlauten, dass wir den Punkt erreicht hätten, an dem wir eine »Weltreligion« benötigten, »die Menschen miteinander verbindet«, da sich die Religionen bisher als so entzweiend erwiesen hätten. Wir gehen ganz stark davon aus, dass das unverzüglich eintreten wird, nachdem Christus seine Gemeinde entrückt hat.

Wir gehen rasch auf eine Zeit zu, ja, wir stehen bereits kurz davor, in der unsere Welt in zehn Regionen aufgeteilt werden wird, deren Führer eine gemeinsame Weltregierung bilden werden. Und zwar im Namen des Weltfriedens. Wer hätte dagegen schon etwas einzuwenden? Nur Christen, die ihre Bibel gut genug kennen, um zu wissen, dass diese Verhältnisse für die Zeit prophezeit wurden, bevor der Antichrist an die Macht kommt.

Wann werden sich diese Ereignisse zuspitzen? Das weiß niemand genau. Einige der optimistischeren Vertreter der Globalisierung sprachen vom Jahr 2000, doch dieser Termin war zu früh angesetzt. Andere, die etwas realistischer sind, vertreten die Meinung, dass es im Jahr 2010 soweit sein wird; wieder andere schlagen das Jahr 2025 vor. Wir sind jedoch überzeugt, dass diese Leute nicht davon ablassen werden, die Vereinten Nationen spätestens 2025 – oder noch früher – zum Sitz der Weltregierung zu machen, es sei denn, dass Gott selbst eingreift.

Weltreligion

Bevor wir einen kurzen Blick auf die Gerichte und Heimsuchungen der Trübsalzeit werfen, wäre es gut, den Grund zu verstehen, warum sich Gott in den Gerichten dieser Zeit so überaus zornig gebärdet. Einer der Hauptgründe für den heftigen Zorn Gottes ist die korrumpierte Weltreligion jener Zeit.

Johannes malt uns ein anschauliches Bild dieser »globalen Kirche« (Offb 17) und gibt ihr den geheimnisvollen Namen »Babylon, die Große, die Mutter aller Hurerei und aller Gräuel auf der Erde« (Offb 17,5; Gute Nachricht). Er schildert, dass sich die Könige dieser Erde mit ihr eingelassen haben und dass sie ein purpur- und scharlachrotes Gewand trägt, das mit Gold und kostbaren Edelsteinen und Perlen geschmückt ist. In ihrer Hand hält sie einen goldenen Becher, der mit »unanständigen und schmutzigen Dingen, den Zeichen ihrer Zuchtlosigkeit«, gefüllt ist (Offb 17,4; Gute Nachricht). Diese Beschreibungen symbolisieren ihren großen Reichtum und ihren negativen Einfluss. In Vers 3 spricht Johannes davon, dass sie auf einem scharlachroten Tier sitzt – auf dem gleichen Tier, das in Offenbarung 13 als Antichrist identifiziert wird. In Vers 16 fügt er noch hinzu:

> »Die zehn Hörner, die du gesehen hast, und das Tier werden die Hure verabscheuen. Sie werden ihr alles fortnehmen, sodass sie nackt ist. Sie werden ihr Fleisch fressen und sie verbrennen« (Offb 17,16; Gute Nachricht).

Diese Verse beschreiben eine Weltreligion, die in der ersten Hälfte der Trübsalzeit erhebliche Macht über die zehn Könige haben wird, die unter dem Antichristen die Welt regieren werden. Der Umstand, dass die »Hure« auf einem Tier sitzt, lässt darauf schließen, dass auch der Antichrist nicht ganz frei von ihrem beherrschenden Einfluss sein wird – zumindest nicht in den ersten dreieinhalb Jahre der Trübsalzeit. Johannes sagt an dieser Stelle auch, dass die Hure schließlich gewaltsam gestürzt werden wird. Man wird ihr alles nehmen, sodass sie nackt ist, und die Könige, die dem Antichrist dienen, werden ihr Fleisch fressen und sie verbrennen (Offb 17,16).

Die lange Geschichte der geheimnisvollen Hure Babylon

Alle falschen Religionen der Welt gehen auf Babylon zurück. Schon lange bevor seine Bewohner versucht haben, den riesigen Turm zu erbauen, hat sich der Widersacher diese Stadt zu seinem Hauptquartier erwählt und den Götzendienst, die ersten Geheimgesellschaften und viele religiösen Praktiken eingeführt, die es heute immer noch gibt. Diese wurden mit der Zeit zur Grundlage der Lehren des Hinduismus, des Buddhismus, des Taoismus, der Verehrung Gaias (der »Mutter Erde«) und einer Reihe anderer Kulte, die in der Bibel unter dem Namen »Hure Babylon« zusammengefasst sind. Diese falschen Religionen übertreten fortwährend die ersten vier Gebote, in denen das Verhältnis des Menschen zu Gott beschrieben wird:

> »Du sollst keine anderen Götter neben mir haben!
> Du sollst dir kein Gottesbild anfertigen. Wirf dich nicht vor fremden Göttern nieder und diene ihnen nicht!
> Du sollst den Namen des Herrn nicht missbrauchen!
> Halte den Ruhetag in Ehren, den siebten Tag der Woche! Er ist ein heiliger Tag, der dem Herrn gehört«
> (Ex 20; Gute Nachricht).

Kurz: Alle heidnischen Religionen kommen ohne Bilderverehrung nicht aus und stützen sich auf »Hilfsmittel zur Gottesverehrung«, wie es von manchen genannt wird.

Wenn es stimmt, dass Babylon die Mutter aller falschen Religionen und Jerusalem der Ursprung des wahren Glaubens ist (weil Jesus dort gekreuzigt, begraben und auferstanden ist), dann ist Rom die Mutter einer unheiligen Verbindung dieser beiden. Touristen sind immer wieder davon beeindruckt, wie unglaublich religiös die Geschichte dieser Stadt ist. Sie existierte schon lange, bevor die Römer an die Macht kamen, und auch heute noch kann man dort die Ruinen vieler heidnischer Tempel sehen. Als Paulus und die ersten Christen nach Rom kamen, war diese Stadt nicht nur Hauptstadt des Römischen Weltreichs – und damit wichtigste Stadt der Welt und Mittelpunkt der Zivilisation –, sondern auch Zentrum für alle heidnischen Religionen der »Hure Babylon«. Satan hatte sein spirituelles Hauptquartier bereits vor Christi Geburt von Babylon nach Rom verlegt.

Als sich Kaiser Konstantin im 4. Jahrhundert »zum christlichen Glauben bekannte« (oder was immer es war, was er da machte), übergab er auch die heidnischen Tempel den christlichen Leitern. Nach Aussage von Reiseführern schloss das folgende Tempel ein:

> *»Die griechischen Gottheiten Athene, Ares und Aphrodite waren zu Minerva, Mars und Venus geworden. Apollo hatte seinen griechischen Namen beibehalten und die griechischen Gottheiten der Mythologie wurden im römischen Götterhimmel angesiedelt. Es gab den Tempel der Isis (direkt aus Babylon), neben den vielen ägyptischen und orientalischen Gottheiten, einschließlich des Mitras, des persischen Sonnengottes.«*[1]

Die Stadt Rom war 320 n. Chr. voll von Tempeln, Götzenbildern und Altären beinahe jedes heidnischen Gottes, der im Pantheon zu finden ist. Der Umstand, dass Konstantin diese Tempel den Christen übergab, sollte sich als das Schlimmste herausstellen, das der jungen Kirche passieren konnte. Es wird berichtet, dass viele Statuen aus heidnischen Tempeln von der Kirche einfach übernommen wurden. Man weihte sie neu, meißelte die alten Namen weg und ersetzte sie durch Apostelnamen oder den Namen Jesus und Maria. Heidnische Lehren und Praktiken Babylons konnten sich so nach und nach mit der christlichen Lehre vermischen. Das bezieht sich u. a. auf Gebete für Verstorbene, das Kreuzzeichen, die Verehrung von Heiligen und Engeln, die Institution der Messe und die Marienverehrung. In der Römischen Kirche gibt es liturgische Gebete, die direkt an Maria gerichtet werden. 1950 wurde das Dogma von der Himmelfahrt Marias verkündet und 1965 die Lehre, dass Maria »die Mutter der Kirche« sei.[2]

In dem Maße, in dem die heidnische Lehre an Macht gewann, schwand die Autorität der Bibel. Gerade 100 Jahre nach Konstantin trat ein brillanter Augustinus auf den Plan, der, geprägt vom griechischen Humanismus, neben der »Weisheit Gottes« auch »menschliche Weisheit« hoffähig machte und damit den Weg für weitere heidnische Gedanken und Praktiken ebnete. Auch wenn das nicht in seiner Absicht lag, so hat seine symbolische Auslegung der Bibel im Laufe der Zeit doch dazu geführt, dass die Bibel nicht mehr als einzige Autorität für die richtige Lehre anerkannt wurde. Gleichzeitig wurde die Bibel in Klöstern und Museen weggeschlossen, was Christen der Invasion heidnischer und humanistischer Gedanken und Praktiken hilflos auslieferte. Das finstere Mittelalter gewann infolgedessen die Oberhand und die römische Kirche wurde mit der Zeit mehr heidnisch als christlich.

Hätte es nicht Männer wie Wycliff, Tyndale und andere Glaubenshelden der vorprotestantischen Zeit gegeben, wäre das Christentum völlig untergegangen. Satans babylonischer Mystizismus hätte sich weiter ausgebreitet und das wahre Christentum zerstört. Stattdessen haben die mutigen Bemühungen einiger weniger christlicher Gelehrter im 16. Jahrhundert die protestantische Reformation hervorgebracht. Neben Splittergruppen wie z. B. den Waldensern, die treu an der Lehre der Bibel festhielten, kamen einige Reformatoren auch aus der katholischen Kirche selbst, einschließlich vieler Pfarrer und Bischöfe, die sich u. a. nicht damit anfreunden konnten, dass heidnische Lehren und Praktiken aufgenommen wurden. Unter intellektuellen und geistlichen Größen wie Luther, Calvin und anderen haben diese Reformatoren die Christenheit wieder zur Bibel zurückgerufen. Gleichzeitig verurteilten sie auch viele heidnische Praktiken Roms, z. B. den Verkauf von Ablässen, die Lehre des Fegefeuers und das Gebet zu Maria.

Im Mittelalter und im Altertum erlitten sehr viele Gläubige den Märtyrertod. Man schätzt, dass in der Zeit, als die Kirche vom Mystizismus Babylons beherrscht war, etwa 40 Millionen Menschen zu Tode kamen.

Am Beispiel Frankreichs, einem der fortschrittlichsten Länder des 17. Jahrhunderts, ist zu sehen, welche Auswirkungen Babylon auf die Stadt auf den sieben Hügeln hatte. Bedenken Sie, wie der Papst und die katholische Obrigkeit mit den katholischen Königen Frankreichs gemeinsame Sache machten, um in der Bartholomäusnacht 1572 an einem einzigen Tag 40 000 Hugenotten zu töten. Darauf folgten weitere Massaker, die die Leben von bis zu vier Millionen Hugenotten auslöschten, die man heute schlicht als evangelische Christen bezeichnen würde, wenn sie noch am Leben wären. Dieses Vorgehen erzürnte Skeptiker wie Voltaire und Rousseau so sehr, dass sie dem Christentum den Rücken kehrten. Sie fingen an, den atheistischen Sozialismus zu propagieren, der auf dem französischen Skeptizismus fußt und schließlich mit dem deutschen Rationalismus verschmolzen ist. Ihre intellektuellen Nachfahren vertreten heute eine Philosophie, die als »säkularer Humanismus« bekannt ist.

Die katholische Kirche hat bis zum heutigen Tag keine Anzeichen von Reue über jenes Blutbad gezeigt, das sie »im Namen Christi und seiner Kirche« beging. Diese tragischen Ereignisse erschweren es vielen Christen, den gegenwärtigen Bemühungen um eine Einheit zwischen Protestanten und Katholiken Vertrauen zu schenken.

Jesus Christus, unser Herr und Erlöser, ist die *einzige* Quelle der Erlösung. Wir können nur durch den persönlichen Glauben an ihn erlöst werden und nie durch unsere guten Werke. Sein Werk der Erlösung wurde für alle Zeiten am Kreuz besiegelt. Wahre Christen werden sich nie um der religiösen Einheit willen mit anderen »vereinigen«, die Jesus nicht als Herrn anerkennen. Wir nehmen die Worte des Apostels Petrus sehr ernst: »Jesus Christus und sonst niemand kann die Rettung bringen. Auf der ganzen Welt hat Gott keinen anderen Namen bekannt gemacht, durch den wir gerettet werden könnten« (Apg 4,12; Gute Nachricht).

Die Religionen der Welt vereinigen sich

Auch wenn wir mit Papst Paul II. bezüglich Abtreibung, Homosexualität und bestimmten Fragen der Moral übereinstimmen, müssen wir doch gegenüber seinen Einigungsbestrebungen mit anderen Weltreligionen, die Christus nicht anerkennen, Einspruch erheben. 1986 wurde von ihm in Iccese, Italien, eine Konferenz von 130 religiösen Oberhäuptern der Welt einberufen, um miteinander »für den Frieden der Welt zu beten«. Unter den Anwesenden waren Muslime, Buddhisten, Hinduisten, Pantheisten, der

Dalai Lama und eine ganze Reihe anderer, die Jesus Christus ablehnen. Zu wem können sie nur alle gebetet haben? Sie stimmen weder darüber überein, wer (oder was) Gott ist, noch, in wessen Namen sie beten sollen. Eines ist jedenfalls sicher: Man kann nicht Gottes Sohn ablehnen und gleichzeitig erwarten, dass er unsere Gebete erhört.

Der Gedanke, dass es bei allen Religionen im Prinzip um denselben Gott geht, ist Gotteslästerung. Und das gilt auch für den Gedanken, dass es viele Wege zu Gott gibt. Buddha, Maria, Gaia, Mohammed und Jesus Christus stehen *nicht* auf gleicher Ebene. Sie haben nicht die gleiche Bedeutung wie der dreieinige Gott der Bibel. Nur einer von ihnen ist Gottes »eingeborener« Sohn, und nur durch ihn bekommen wir Zugang zu Gott, wenn wir beten.

Vom gegenwärtigen Papst wird berichtet, dass er an die Dreieinigkeit glaubt, und es kann ja sein, dass er wirklich im Namen Jesu betet. Seine Verblendung hinsichtlich der Vision von Fatima und seine Marienverehrung – er glaubt, dass Maria ihm bei einem Attentat das Leben gerettet habe – beunruhigt jedoch viele. Sie fürchten, dass er seine Kirche und die anderen Weltreligionen so weit bringen könnte, dass die Schilderungen des 17. Kapitels der Offenbarung in Erfüllung geht. Dort wird gesagt, dass »Babylon, die Mutter aller Hurerei«, in der ersten Hälfte der Trübsalzeit die Religionen dieser Welt zu einer einzigen Religion vereinigen wird.

Wie kurz stehen wir davor?

Einheitsreligion
Offenbarung 17

Alles, was noch nötig ist, damit sich die Weltreligionen unter der Führung Roms zusammenschließen können, ist die Entrückung der wahren Christen. Damit wären die katholische Kirche, die orthodoxe Kirche, der liberale Protestantismus und die evangelische Kirche mit einem Schlag alle wiedergeborenen Gläubigen los. Die religiöse Einheit wäre dann trotz unterschiedlicher Lehrmeinungen sofort möglich. Genau das hat uns im zweiten Band der »Finale«-Reihe dazu bewogen, dem kommenden Oberhaupt dieser Weltkirche folgende Worte in den Mund zu legen:

> *»Wir alle sind uns einig. Unsere Religionen haben genauso viel Spaltungen und Blutvergießen auf der Welt verursacht wie alle Regierungen, Armeen und Waffen zusammengenommen. Von diesem Tage an werden wir unter dem Banner eines globalen Glaubens vereint sein. Unser Emblem wird heilige Symbole aller Religionen enthalten und von nun an wird es nur noch eine Religion geben. Ob wir nun der Meinung sind, Gott sei real oder einfach nur eine Vorstellung – Gott ist in, über und um uns alle. Gott ist in uns. Gott ist uns. Wir sind Gott.«* (»Die Heimsuchung«, S. 210)

Haben Sie all die Stimmen gehört, die in jüngster Zeit nach religiöser Einheit auf der Grundlage der »Toleranz« gerufen haben? Sie sind nur Vorboten dessen, was für die erste Hälfte der Trübsalzeit prophezeit ist. Bei dem religiösen Klima, das heute bereits herrscht, könnte diese Einheit innerhalb von wenigen Tagen oder Wochen Wirklichkeit werden, wenn etwa schätzungsweise eine halbe Milliarde wiedergeborener Christen nach der Entrückung einfach nicht mehr da sind.

Es ist interessant, dass die einzige religiöse Gruppe, die heute *nicht* toleriert wird, Christen sind, die sich treu an die Bibel halten. Sie werden als intolerant bezeichnet, weil sie darauf bestehen, dass »Jesus der einzige Weg ist«. Wenn wir durch die Entrückung von dieser Erde weggenommen sind, wird es nichts mehr geben, das die Götzenanbeter dieser Welt daran hindert, sich zusammenzuschließen, um zur babylonischen Hure zu werden, die schon seit Jahrhunderten »das Blut aller getrunken hatte, die als Zeugen für Jesus getötet worden waren« (Offb 17,6; Gute Nachricht). Aus der Offenbarung geht klar hervor, dass diese religiösen Schwärmer auch in der Trübsalzeit nicht aufhören werden, Jesus und seine

Nachfolger mit ihrem Hass zu verfolgen. Eine Riesenwelle der Verfolgung und des Martyriums wird dann auf die Heiligen der Trübsalzeit zurollen (vgl. Kapitel 25). Ja, sie wird in der Tat erst durch das religiöse System, das Johannes mit dem geheimnisvollen Namen »Hure Babylon« bezeichnet, ausgelöst werden.

Die Siegelgerichte: Wenn alles beginnt

Zu den schlimmsten Schrecken der Trübsalzeit gehören die zahlreichen Heimsuchungen, die über die Menschen dieser Welt kommen werden, insbesondere über jene, die den Erlöser ablehnen und nicht im Buch des Lebens des Lammes stehen. Das griechische Wort, das mit »Heimsuchung« übersetzt wird, wird im Buch der Offenbarung achtmal verwendet. Sie sind ein Teil der »Geburtswehen«, von denen Jesus in seinen Abschiedsreden spricht. Viele dieser Heimsuchungen sind Folgen der Unmenschlichkeit anderen gegenüber, vergleichbar den Plagen, die oft auf einen Krieg folgen.

Die zahllosen Plagen der Trübsalzeit werden solche Ausmaße annehmen, dass nur noch ein kleiner Prozentsatz der Weltbevölkerung am Leben sein wird, wenn Christus am Ende wiederkommt. Wenn man bedenkt, wie viele Menschen entrückt werden, wie viele durch die vier apokalyptischen Reiter und die Gerichte Gottes umkommen und wie viele Heilige der Trübsalzeit den Märtyrertod erleiden werden, dann ist es unwahrscheinlich, dass es auf diesem Planeten noch eine halbe Milliarde Menschen geben wird, wenn Jesus wiederkommt. Wahrscheinlich werden Milliarden von Menschen infolge dieser Heimsuchungen sterben. Andere werden durch Krieg, Erdbeben, Veränderungen in der Natur und andere Gerichte Gottes ums Leben kommen. In dieser Zeit werden auf der Erde auch überall unhygienische Lebensbedingungen herrschen, was Infektionskrankheiten sicher so sehr Vorschub leisten wird, dass vieles außer Kontrolle gerät.

Lassen Sie uns jetzt einen kurzen Blick auf die einzelnen Gerichte Gottes werfen, die in der ersten Hälfte der Trübsalzeit über die Erde und ihre Bewohner hereinbrechen werden.

Das erste Siegel: ein weißer Reiter (Offb 6,1–2)

Das erste Siegel macht uns mit dem ersten der »vier apokalyptischen Reiter« bekannt. Der Reiter trägt einen Bogen, aber es wird nichts von Pfeilen gesagt. Das weist darauf hin, dass er seine Siege anfänglich durch Diplomatie erringen wird, obwohl er militärische Stärke besitzt. Da er eine Krone trägt, können wir davon ausgehen, dass er damit auch Erfolg haben wird. Und wer ist der Reiter auf diesem weißen Pferd? Es kann keinen Zweifel daran geben, dass es der Antichrist ist, der durch Betrug und clevere Intrigen der Welt einen falschen Frieden zu bringen verspricht. Doch dieser Friede wird nicht von Dauer sein.

Das zweite Siegel: ein roter Reiter (Offb 6,3–4)

Johannes schreibt über den zweiten Reiter: »Da kam wieder ein Pferd hervor, ein rotes. Sein Reiter wurde ermächtigt, den Frieden von der Erde zu nehmen, damit sich die Menschen gegenseitig töteten. Dazu wurde ihm ein großes Schwert gegeben.« Wir glauben, dass das zweite Siegel für einen großen Flächenbrand steht, den man als Dritten Weltkrieg bezeichnen könnte. Wenn sich drei der Könige gegen den Antichristen auflehnen, wie Daniel berichtet, wird seine Antwort tödlich sein. Er wird seine Feinde kurzerhand vernichten und über die Erde Tod in noch nie da gewesenem Ausmaß bringen.

Auch wenn bekannt ist, dass unsere heutigen Armeen ihren Feinden äußerst hohe Verluste zufügen können, so übersteigt das Ausmaß der prophezeiten Vernichtung doch unser Vorstellungsvermögen. Erst seit Beginn des Atomzeitalters ist es möglich geworden, diese Art von unvorstellbar rascher Vernichtung zu bewirken, deren Folgen noch in den entlegensten Winkeln der Erde zu spüren sein werden.

Wussten Sie, dass die Sowjetunion zur Zeit ihres Zusammenbruchs etwa 30 000 atomare Sprengköpfe bzw. Neutronenbomben hatte, von denen viele auf Ballungszentren gerichtet waren? Seit dieses Reich in sich zusammengestürzt ist, weiß kein Mensch, was mit all diesen Waffen geschehen ist. Russland behauptet, dass es zu arm sei, um diese Waffen, die sich noch in Jugoslawien und anderen kriegsführenden Republiken befinden, zu entschärfen, und die Wirtsländer können es sich ebenfalls nicht leisten, sie zu vernichten oder vor Terroristen zu schützen. Was wurde also gemacht? Diese finanzschwachen Länder haben angefangen, ihre Waffen an Länder wie Iran, Irak, China, Indien und Gott weiß, wen sonst, zu verkaufen. Es gibt Gerüchte, dass mehr als 10 000 russische Atomwissenschaftler mit diesen Sprengköpfen in andere Länder ausgewandert sind. Es könnte sein, dass sich unsere Welt heute in einer gefährlicheren Situation befindet als zur Zeit, als die Kommunisten noch die Kontrolle über ihre Waffen hatten!

Der ehemalige Präsident Ronald Reagan soll gesagt haben: »Wir sehen heute rund um uns die Anzeichen eines schrecklichen Dilemmas, das an das Jüngste Gericht erinnert. Die Prophezeiungen der Bibel wiegen deshalb so schwer, weil wir heute Atomwaffen besitzen und ständig von einem Weltkrieg bedroht sind, und zwar so sehr, dass kein Präsident, kein Kongress und kein Parlament je einen Tag erlebt, an dem er frei von dieser Angst wäre.« Unsere Politiker fürchten nicht nur skrupellose Länder, sondern sie fürchten auch einen zweiten Josef Stalin, der die Weltherrschaft an sich reißen könnte. Außerdem besteht immer die Gefahr, dass diese Atomwaffen einer terroristischen Gruppe in die Hände fallen und sie damit in die Lage versetzen, Städte oder ganze Länder zu erpressen. Und diese Möglichkeit ist nicht so weit hergeholt, wie manche denken.

General Alexander Lebed, der Sicherheitsberater des ehemaligen russischen Präsidenten Boris Jelzin, schockierte die Weltöffentlichkeit vor einiger Zeit mit der Nachricht, dass 100 Atombomben, von denen jede nur so groß ist, dass sie bequem in einem Koffer untergebracht werden kann, einfach *verschwunden* seien! Die fraglichen Bomben waren Waffen, die vom KGB während des Kalten Krieges für besondere Zwecke entwickelt worden waren und eine Sprengkraft von 1000 Tonnen TNT besitzen. Jede wiegt zwischen 30 und 50 Kilogramm und kann leicht von einem einzelnen Mann transportiert, in Stellung gebracht und in weniger als einer halben Stunde gezündet werden. Wenn sie in einer Stadt explodiert, dann wäre eine einzige Bombe in der Lage, bis zu 100 000 Menschen zu töten. Niemand weiß, wo diese Bomben geblieben sind; niemand weiß, ob sie zerstört, gelagert, verkauft oder gestohlen worden sind.[3]

Berichte, die uns aus der ehemaligen Sowjetunion erreichen, deuten darauf hin, dass die dortigen Sicherheitsmaßnahmen seit ihrem Zusammenbruch so nachlässig geworden sind, dass inzwischen bis zu 250 solcher Bomben verschwunden sind. Es ist im Grunde nur eine Frage der Zeit, bis diese im Auftrag des KGB hergestellten Bomben den falschen Leuten in die Hände fallen.

Natürlich sind Atombomben nicht die einzige technologische Gefahr, die unsere Menschheit bedroht. Dr. George Wald, ein erst vor wenigen Jahren verstorbener Wissenschaftler, Nobelpreisgewinner und Dekan des Fachbereichs Biologie in Harvard, soll gesagt haben: »Ich denke, dass das menschliche Leben bedroht ist wie nie zuvor in der Geschichte dieses Planeten. Nicht durch eine Gefahr allein, sondern durch viele. Diese wirken alle zusammen und spitzen sich gleichzeitig zu. Wir stehen jetzt kurz vor dem Jahr 2000. Ich bin einer jener Wissenschaftler, denen es schwer fällt, sich vorzustellen, dass die Menschheit das Jahr 2000 noch lange überleben wird.« Der französische Biologe Dr. Jacques Monod ist nicht viel optimistischer: »Ich kann mir nicht vorstellen, dass wir länger als bis 2050 überleben werden.«

Wir wollen damit nicht sagen, dass diese düsteren Prophezeiungen noch zu unseren Lebzeiten in Erfüllung gehen, vielleicht sogar noch bevor Christus wiederkommt. Das wird sicher nicht der Fall sein. Doch da ich glaube, dass Christus auf eine *bevölkerte* Erde zurückkommen wird, muss er bald kommen, noch ehe jemand auf die Idee kommt, die Menschheit zu vernichten. Ein solcher Holocaust wäre heute zum ersten Mal in der Geschichte denkbar. Das kann nur auf ein baldiges Kommen Christi hinweisen!

Das dritte Siegel: ein schwarzes Pferd (Offb 6,5–6)

Zunehmende Inflation – oft eine Nachwirkung des Kriegs – wird in den Worten Johannes' angedeutet: »Eine Ration Weizen oder drei Rationen Gerste für den Lohn eines ganzen Tages. Nur Öl und Wein zum alten Preis!« Da Weizen und Gerste zu biblischen Zeiten Grundnahrungsmittel waren, will Johannes hier sagen, dass jemand den ganzen Tag lang arbeiten muss, um selbst genug zu essen zu haben, wobei nichts für die Familie oder für die Alten übrig bleiben wird. Andererseits wird man aber Öl und Wein – Symbole des Reichtums – zum alten Preis kaufen können, was bedeutet, dass es den Reichen weiterhin glänzend geht.

Der dritte Reiter der Apokalypse, der schon frühzeitig in der Trübsalzeit erscheinen wird, wird viele Krankheiten mit sich bringen und viele Todesopfer fordern. Das schwarze Pferd, auf dem er reitet, ist offensichtlich ein Symbol für Hunger und Krankheiten, die dem Krieg oft auf den Fuß folgen.

Auch wenn wir keine medizinische Beschreibungen dieser Plagen der Trübsalzeit haben, so sind heute doch schon einige dieser Krankheiten feststellbar, z. B. das Ebola-Virus, Aids und andere sexuell übertragbare Krankheiten, die ähnliche Auswirkungen haben. Noch vor vier Jahrzehnten war man in der Medizin der Ansicht, dass es keine Geschlechtskrankheiten mehr gäbe. Doch heute ist diese Geißel der Menschheit wieder mit voller Macht zurück. Nachdem Penizillin und Antibiotika eine Zeit lang geholfen haben, haben diese Krankheiten jedoch Stämme mit einer stärkeren Resistenz entwickelt, denen Arzneimittel bislang nichts anhaben können, weshalb sie heute schlimmer sind als je zuvor.

Aids gehört zu den gefürchtetsten Krankheiten unserer Zeit, besonders bei Menschen, die häufig wechselnde Geschlechtspartner haben. Es hat bislang immer einen tödlichen Ausgang, wenn man sich diese Krankheit zugezogen hat. Sie greift um sich wie ein Lauffeuer und keine Hilfe scheint in Sicht zu sein. Die Vereinigten Staaten haben 1982 ihren ersten Fall gemeldet; seither gehen die Fälle in die Millionen. Experten sagen voraus, dass demnächst zehn Millionen Menschen betroffen sind und diese Zahl ist vermutlich noch zu niedrig angesetzt. Wenn kein Heilmittel gefunden wird, werden in Afrika, dem Kontinent, der am schlimmsten von dieser Krankheit betroffen ist, bald 50 % der Bevölkerung an Aids erkrankt sein.

Wir haben Aids nicht deswegen angeführt, weil wir damit sagen wollen, dass diese Krankheit irgendeine Prophezeiung der Offenbarung erfüllt, sondern weil sie an Plagen erinnert, die dort beschrieben werden. Wir müssen bereits mit Heimsuchungen kämpfen, die an die Offenbarung erinnern, und unsere fortschrittlichsten wissenschaftlichen Labors konnten bisher wenig oder nichts dazu beitragen, um sie zu stoppen.

Es gibt jedoch auch viele andere Krankheiten, bei denen eine Zunahme zu verzeichnen ist. »In den vergangenen 15 Jahren«, schreibt Dr. George Alleyne, Direktor des panamerikanischen Gesundheitsbüros der WHO, »haben Krankheiten, die es kaum mehr zu geben schien, wie z. B. Dengue-Fieber, Tuberkulose oder Krankheiten wie Cholera, die bereits völlig verschwunden waren, wieder Todesopfer unter der Bevölkerung gefordert.« Dengue-Fieber ist eine weltweit verbreitete Virusinfektion, die durch Bisse bestimmter Mückenarten übertragen und von heftigen Gelenkschmerzen begleitet wird. »Infektionskrankheiten stehen weltweit an erster Stelle der Todesursachen, da jährlich mindestens 17 Millionen Menschen – meist kleine Kinder – daran sterben. Krankheiten, die besiegt zu sein schienen, wie z. B. Tuberkulose oder Malaria, schlagen mit neuer Heftigkeit zurück. [...] Unsere Welt hat diese Epidemien noch lange nicht besiegt, denn die Bazillen sind anscheinend klüger als wir.«[4]

Dieser offizielle Bericht, der auf Studien der WHO (Weltgesundheitsorganisation) beruht, macht darüber hinaus deutlich, dass Cholera, Ruhr und Malaria wieder verstärkt auftauchen und dass die neuen Stämme gegenüber der gegenwärtigen medikamentösen Behandlung resistent geworden sind.

Alles, was noch fehlt, damit die Plagen der Trübsalzeit, so wie in der Bibel beschrieben, über diese Erde hinwegfegen können, ist die Entrückung der Gemeinde, die Unterzeichnung eines Abkommens zwischen Israel und dem Antichristen und die vier Reiter der Apokalypse. Viele der Plagen, die an die Ereignisse der Trübsalzeit erinnern, sind bereits hier!

Das vierte Siegel: ein leichenfarbenes Pferd (Offb 6,7–8)

Warum ist das vierte Pferd so fahl und bleich? Weil seine farblose Erscheinung ein Symbol für den Tod ist. Johannes sagt: »Sein Reiter hieß Tod und die Totenwelt folgte ihm auf den Fersen. Ein Viertel der Erde wurde in ihre Macht gegeben. Durch das Schwert, durch Hunger, Seuchen und wilde Tiere sollten sie die Menschen töten.« Ein Viertel der Weltbevölkerung – etwa 1,3 Milliarden Menschen – wird infolge des Dritten Weltkriegs den Tod finden. Der Hinweis, dass die Totenwelt dem Tod folgen wird, zeigt, dass diese Getöteten keine gläubigen Menschen sind, denn diese kommen nach dem Tod nicht in den Hades, sondern sie gehen direkt zu Gott.

Ein Mann, den es tief beeindruckte, dass Christus vielleicht schon bald wiederkommen wird, sagte, als er von diesen ersten vier Siegeln hörte: »Manchmal habe ich den Eindruck, dass das Klappern der Hufe dieser vier apokalyptischen Reiter schon zu hören ist.« Ich antwortete ihm: »Achten Sie nicht auf das Klappern der Hufe, denn bevor sie uns erreichen, werden wir den Ruf unseres Erlösers vom Himmel her hören, wenn er seine Gemeinde zu sich ruft!« Es kann nicht mehr lange dauern!

Das fünfte Siegel: die Märtyrer (Offb 6,9–11)

Als das fünfte Siegel aufgebrochen wird, sieht Johannes »unterhalb des Altars die Seelen der Menschen, die man umgebracht hatte, weil sie an Gottes Wort festgehalten hatten und als seine Zeugen treu geblieben waren«. Bald nach Beginn der Trübsalzeit wird es eine große Bekehrungswelle geben, in der Millionen von Menschen zum Glauben an Jesus Christus finden, größtenteils infolge der Predigten der 144 000 Zeugen, die in Offenbarung 7 beschrieben werden (vgl. Kapitel 24). Die meisten dieser Heiligen der Trübsalzeit werden von den Truppen des Antichristen getötet werden. Diese Märtyrer schreien zu Gott, damit er ihren Tod rächt, aber es wird ihnen gesagt: »Gebt noch für eine kurze Zeit Ruhe, denn eure Zahl ist noch nicht voll. Von euren Brüdern, die Gott dienen genau wie ihr, müssen noch so viele getötet werden, wie Gott bestimmt hat.« Man stelle sich vor: Trotz der Bosheit des Antichristen, trotz aller Schrecken des Krieges, trotz Hungersnöten, Seuchen und Tod ist Gott immer noch so sehr Herr über die Ereignisse auf dieser Erde, dass er sogar bestimmt hat, wie viele Gläubige sterben werden.

Das sechste Siegel: ein gewaltiges Erdbeben (Offb 6,12–17)

Die ersten vier Siegel beschreiben Gerichte, die vorwiegend von Menschen verursacht werden; das sechste Siegel hingegen bezieht sich auf ein Gericht, das eindeutig übernatürlichen Ursprungs ist. Johannes berichtet von einem Erdbeben, das so gewaltig ist, dass weder Berge noch Inseln an ihren Plätzen bleiben. Wahrscheinlich hat er dabei auch einen riesigen Vulkanausbruch im Blick, denn er sagt: »Die Sonne wurde so dunkel wie ein Trauerkleid und der Mond wurde blutrot.« Ascheteilchen, die sich nach einem Vulkanausbruch in der Atmosphäre verbreiten, haben schon oft dazu geführt, dass der Himmel schwarz und der Mond rot erschien. Denken Sie an den Ausbruch des Mount St. Helens 1980 im Staat Washington oder an die gewaltige Eruption des Krakatau am 27. August 1883. Johannes sah auch, dass Meteoriten auf die Erde stürzen werden (Vers 13) und etwas, das er nicht deuten konnte, das aber wie eine riesige Wolke in Form eines Pilzes aussah: »Der Himmel verschwand wie eine Buchrolle, die zusammengerollt wird« (Vers 14). Die Menschen werden erkennen, dass diese Phänomene von Gott gesandt sind, denn sie verstecken sich in den Höhlen der Berge und rufen den Felsen zu: »Fallt auf uns und verbergt uns vor dem Blick dessen, der auf dem Thron sitzt, und vor dem Zorn des Lammes! Der große Tag, an dem sie Gericht halten, ist gekommen. Wer kann da bestehen?« (Vers 16–17).

Das siebte Siegel: Ankündigung der sieben Posaunen (Offb 8,1–2)

Das siebte Siegel unterscheidet sich von den vorhergehenden insofern, als es die nächste Serie göttlicher Gerichte einleitet, die Gerichte der sieben Posaunen. Während fünf der sieben Siegelgerichte eine Verwüstung über die Erde bringen, die durch Menschen bewirkt wird, kommen alle Posaunengerichte direkt vom Himmel herab. Sie werden so schrecklich sein, dass die Bewohner des Himmels schweigen werden: »Als das Lamm das siebte Siegel aufbrach, wurde es im Himmel ganz still, etwa eine halbe

Stunde lang« (Vers 1). Der Himmel wird in der ganzen übrigen Offenbarung als ein Ort beschrieben, an dem Freude und Anbetung herrschen, an dem gesungen wird, Posaunen erschallen und himmlische Wesen rufen – doch plötzlich tritt eine entsetzliche Stille ein. So schrecklich diese Siegelgerichte gewesen sein mögen, mit den Posaunengerichten wird es noch viel schlimmer kommen.

Die Posaunengerichte: vom Regen in die Traufe

Während die Gerichte der sieben Siegel etwa in den ersten 21 Monaten der Trübsalzeit eintreten, werden sich die Gerichte der sieben Posaunen in den darauf folgenden 21 Monaten ereignen. Im ersten Abschnitt der Trübsalzeit hat die Erde den Zorn des Antichristen kennen gelernt; nun wird sie den Zorn des allmächtigen Gottes zu spüren bekommen.

Die erste Posaune: Hagel, Feuer und Blut (Offb 8,7)

Wie in einer Eröffnungssalve fallen Hagel und Feuer vom Himmel und verbrennen ein Drittel aller Bäume dieser Erde, ebenso ein Drittel des Grases. Dies wird eine ökologische Katastrophe sein, wie es sie bislang in der Menschheitsgeschichte noch nie gegeben hat; ihre Folgen sind unabsehbar. Und das ist nicht alles. Johannes fügt hinzu, dass Hagel und Feuer mit »Blut« gemischt sind. Dies wurde auch von Joel prophezeit: »Am Himmel und auf der Erde werden seine Vorzeichen zu sehen sein: Menschen liegen erschlagen in ihrem Blut, Flammen und Rauchwolken steigen auf« (Joel 3,3). Und das ist erst die erste Posaune!

Die zweite Posaune: ein brennender Berg (Offb 8,8–9)

Wenn die zweite Posaune geblasen wird, sieht Johannes, dass »etwas, das wie ein großer brennender Berg aussah« – vielleicht ein riesiger Meteorit, der durch die Atmosphäre gestürzt kommt –, ins Meer geworfen wird. »Und ein Drittel des Meeres wurde zu Blut.« Als Folge davon sterben ein Drittel aller Meerestiere und ein Drittel der Schiffe werden vernichtet.

Im oben zitierten Bericht der Weltgesundheitsorganisation wird auch gesagt, dass »fast die Hälfte der Weltbevölkerung an Krankheiten leidet, die auf zu wenig oder verseuchtes Wasser zurückzuführen sind«, was auch der Grund ist, warum die WHO versucht, die Wasserreserven dieser Welt zu verbessern. Es schaudert uns bei dem Gedanken, welche Seuchen sich verbreiten werden, wenn das Wasser an »diesem großen und schrecklichen Tag des Herrn« erst zu Blut und dann bitter geworden ist.

Die dritte Posaune: ein Stern, der Wermut heißt (Offb 8,10–11)

Wenn der dritte Engel seine Posaune bläst, fällt ein weiterer Meteorit auf die Erde, der wie eine Fackel brennt. Er fällt nicht ins Meer, sondern auf ein Drittel der Flüsse und Quellen, womit er sie »bitter« macht und vergiftet. Als Folge davon werden viele Menschen ums Leben kommen.

Die vierte Posaune: Finsternis kommt über die Erde (Offb 8,12)

Alles Leben auf dieser Erde hängt von der Sonne ab. Wenn sie explodiert, dann wird auch die Erde verbrennen; wenn sie erkaltet, dann wird auch die Erde zu Eis erstarren. Mit der vierten Posaune ereignet sich zwar keines dieser beiden Extreme, aber Gott wird auf irgendeine Weise die Strahlungsenergie, die die Erde von der Sonne und anderen Himmelsköper bezieht, um ein Drittel reduzieren. Johannes schreibt: »Ein Drittel der Sonne, des Mondes und der Sterne wurden durch Schläge getroffen. Ihr Licht verlor ein Drittel seiner Helligkeit, und ein Drittel des Tages und der Nacht wurde finster.«

Diese Dinge erinnern an die Plagen, die dem Pharao auferlegt wurden: »Darauf sagte der Herr zu Mose: ›Strecke deine Hand zum Himmel aus, und es wird eine Finsternis über Ägypten kommen, so dicht, dass sie mit Händen zu greifen ist‹« (Ex 10,21; Gute Nachricht). Und Jesus fügte in seiner Prophetie weitere Details hinzu: »Unheil verkündende Zeichen werden zu sehen sein an der Sonne, am Mond und an den Sternen, und auf der Erde werden die Völker zittern und nicht mehr ein und aus wissen vor dem tobenden Meer und seinen Wellen. Die Menschen werden halbtot vor Angst darauf warten, was für Katastrophen die Erde noch heimsuchen werden. Denn die ganze Ordnung des Himmels wird zusammenbrechen« (Lk 21,25–26; Gute Nachricht).

Die fünfte Posaune: die Heuschrecken aus dem Abgrund (Offb 9,1–11)

Das fünfte Posaunengericht ist gleichzeitig der erste von drei Weherufen, die ein Engel über der Erde ausruft (Offb 8,13) – ein deutlicher Hinweis darauf, wie furchtbar diese Gerichte sein werden. Wenn die fünfte Posaune erschallt, wird ein Engel den »Abgrund« öffnen. Aus diesem werden Rauch und »Heuschrecken« hervorquellen, die wie Skorpione stechen können und alle Nichtgläubigen fünf Monate lang quälen werden. Ihr Stich ist zwar nicht tödlich – ja, Johannes sagt in der Tat: »Während dieser fünf Monate werden die Menschen den Tod suchen, ihn aber nicht finden. Sie möchten dann gerne sterben, aber der Tod wird vor ihnen fliehen« –, aber ihre Schmerzen werden unerträglich sein. Menschen, die von einem Skorpion gestochen wurden, sagen, dass das Gift dieses Tieres im Nervensystem und in den Adern wie Feuer brennt, aber dieser Schmerz hört nach einigen Tagen wieder auf; nicht so bei diesen Heuschrecken. Sie werden die Macht haben, »Menschen, die nicht mit dem Siegel Gottes auf der Stirn gekennzeichnet sind«, fünf Monate lang zu quälen. Ungleich den normalen Heuschecken werden diese Tiere aber Pflanzen verschonen und nur Menschen angreifen, die nicht zu Gott gehören.

Diese Heuschrecken sehen Furcht erregend und abstoßend aus (Verse 7–10) und gehen nicht ohne Plan vor. Johannes sagt: »Der Engel, der für den Abgrund zuständig ist, herrscht als König über sie. Auf Hebräisch heißt sein Name Abaddon, auf Griechisch Apollyon; das bedeutet: der Zerstörer.«

Das scheint eine der Plagen zu sein, die Gott über die Anhänger des Antichristen kommen lässt, um sie daran zu hindern, noch mehr Anhänger zu gewinnen. Vielleicht will er den Heiligen der Trübsalzeit damit auch Zeit geben, um sich auf die Schrecken der Drangsalzeit vorzubereiten, die bald auf sie zukommen wird. In unserem Roman »Apollyon« haben wir den Angriff der Heuschrecken auf diese Weise interpretiert. Eine Romanfigur namens Mac schreibt an einen anderen Heiligen der Trübsalzeit:

»Ein paar von uns Christen haben vorgeben können, sie würden sich einfach schneller erholen. Wir liegen also nicht einfach 24 Stunden in der Krankenstation herum und hören uns die Schmerzensschreie der anderen an. Carpathia hat ein paar von uns losgeschickt, um einigen der Herrscher, die besonders schlimm dran sind, zu helfen. Allerdings weiß er nicht, dass David angefangen hat, heimlich Literatur zu verschicken. Kopien von Tsions Lehren in verschiedenen Sprachen. Er hat den Laderaum der Condor 216 damit vollgepackt. Christen in den unterschiedlichsten Ländern, in die ich komme, entladen und verteilen sie.«
(»Apollyon«, S. 235)

Die sechste Posaune: die vier freigelassenen Engel (Offb 9,13–19)

Wenn die sechste Posaune erschallt, folgt ein weiterer Weheruf, und die vier Engel, »die am Eufrat, dem großen Strom, in Fesseln liegen«, werden freigelassen (Vers 14). Diese Engel führen offensichtlich ein Heer von 200 Millionen »Reitern« an und werden ein Drittel der Menschheit durch Feuer, Rauch und Schwefel töten. Wenn dieses Drittel zu dem Viertel addiert wird, das bereits zur Zeit der Siegelgerichte umgekommen ist, dann weiß man, dass an diesem Punkt der Trübsalzeit schon die Hälfte der Weltbevölkerung, die nach der Entrückung zurückblieb, ums Leben gekommen ist.

Wer sind diese 200 Millionen Reiter? Am 21. Mai 1965 erschien in der *Time* ein Artikel über China, der bei allen, die sich mit Prophetie beschäftigen, wie eine Bombe einschlug. Der Autor dieses Artikels schrieb, dass die Chinesen das Potenzial haben, ein Heer mit einer Truppenstärke von »200 Millionen« auf die Beine zu stellen.[6]

Diese Truppenstärke, die mit der wörtlich verstandenen Zahl übereinstimmt, die in Offenbarung 9, Vers 16 genannt wird, hat eine wahre Flut von Spekulationen ausgelöst. Manche Ausleger haben vermutet, dass es diese 200 Millionen sind, die am Ende dieses Zeitalters zusammen mit den Königen des Ostens kommen werden, um gegen Christus in der Schlacht zu kämpfen, die als die Schlacht von Harmagedon bekannt ist. Es steht zwar außer Frage, dass die Heere des Ostens, die am Ende der Trübsalzeit zu dieser Schlacht kommen werden, unermesslich groß sein werden, was schon auf die unglaubliche Bevölkerungsdichte dieser Länder zurückzuführen ist. Doch es ist absolut sicher, dass sie *nicht* das Heer sind, von dem in Offenbarung 9, Vers 16 die Rede ist. Dafür sprechen folgende Gründe:

- Das Heer, das in Offenbarung 9, Vers 16 erwähnt wird, erscheint beim Schall der sechsten Posaune, etwa zur Mitte der Trübsalzeit; das Heer aus Offenbarung 16, Vers 12 taucht erst am Ende der Trübsalzeit auf.
- In Offenbarung 9, Vers 16 ist nicht von Menschen, sondern von Millionen und Abermillionen Dämonen die Rede, und sie tun Dinge, die Menschen nicht tun können. Diese »Reiter« bewirken auf der Erde übernatürliche Dinge.
- Der Artikel in der *Time* schließt alle bewaffneten Männer und Frauen ein, auch die örtlichen Milizen und Reservisten. Chinas kommunistische Regierung kann unter keinen Umständen das Risiko eingehen, sein gesamtes Militär samt Waffenpotenzial für den Nahen Osten aufzubieten, denn es weiß, dass seine freiheitshungrigen Bürger den Aufstand proben würden, bevor es wieder zurück ist. Außerdem scheint die Logistik, ein Heer in der Größe von 200 Millionen über den Eufrat und die Wüste ins kleine Israel zu bewegen, unlösbar zu sein. Ein solches Heer würde viermal so viele Truppen haben als im Zweiten Weltkrieg zum Einsatz kamen – und dieser hat sich vom südlichen Pazifik über Europa bis in den Fernen Osten erstreckt und sechs Jahre lang gedauert. Jene Schlacht aber wird eine Angelegenheit von nur wenigen Tagen sein.

Aus diesen und anderen nicht erwähnten Gründen wäre es unrealistisch (und auch biblisch unnötig) anzunehmen, dass das Heer aus Offenbarung 16, Vers 12 mit dem aus Offenbarung 9, Vers 16 identisch ist.

Die 200 Millionen Reiter, die in diesem Text erwähnt werden, sind offensichtlich übernatürliche Wesen, die so entsetzlich anzusehen sind, dass sie Menschen mitunter zu Tode erschrecken, wie wir in unserem Band »Die Verschwörung« dargestellt haben. Und die tödliche Wirkung ihres Stachels, mit dem sie ein Drittel aller Menschen umbringen, die Christus ablehnen und dem Antichristen folgen, geht von »ihren Mäulern und von ihren Schwänzen aus« (Offb 9,19).

Die siebte Posaune: laute Stimmen im Himmel (Offb 11,15–19)

Beim dritten Weheruf, wenn die siebte Posaune erschallt, wird das siebte Siegel geöffnet und die nächste Serie göttlicher Gerichte eingeleitet. Bei der siebten Posaune handelt es sich im Grunde nicht um ein Gericht, sondern sie zeigt, wie sich der ganze Himmel darüber freut, dass Christus bald über den Antichrist siegen wird. Johannes berichtet von »lauten Stimmen«, die im Himmel rufen: »Wir danken dir, Herr, unser Gott, du Herrscher der ganzen Welt, der du bist und der du warst! Du hast deine große Macht gebraucht und die Herrschaft angetreten!« (Vers 15). Der Himmel ist von großem Jubel und lautem Lobpreis erfüllt, und auf der Erde kündigen Blitze, Donner, Hagel und ein Erdbeben das nahende Ende an.

Doch davor kommt noch die Drangsalzeit.

14. Die Drangsalzeit

Rayford wurde übel. ›Und nun sind Sie also eine Art Gott?‹

›Es steht mir nicht zu, so etwas zu sagen, obwohl die Auferweckung eines Toten ganz klar ein göttlicher Akt ist. Mr. Fortunato ist der Meinung, ich könnte der Messias sein.‹

Rayford zog die Augenbrauen in die Höhe. ›Wenn ich Sie wäre, würde ich das ganz schnell dementieren, es sei denn, ich wüsste, dass es stimmt.‹

›Mir scheint noch nicht der richtige Zeitpunkt gekommen‹, meinte Carpathia, ›einen solchen Anspruch zu erheben, aber ich bin gar nicht sicher, andererseits bin ich auch nicht sicher, dass es nicht stimmt.‹«
(»Die Ernte«, S. 69)

In der ersten Hälfte der Trübsalzeit werden die Erde schreckliche Plagen treffen: Brennende Meteoriten vergiften ein Drittel des Wassers, Millionen von Menschen sterben im Krieg, dämonische Wesen quälen Menschen, die nicht an Gott glauben, Finsternis bedeckt einen Teil der Sonne, und die Hälfte aller, die nach der Entrückung zurückgeblieben sind, kommt auf schreckliche Weise um.

Und danach kommt es noch schlimmer.

Es ist der Antichrist, der die Schrecken der Trübsalzeit auslöst, indem er mit Israel ein siebenjähriges Bündnis eingeht; und er ist es auch, der die Drangsalzeit heraufbeschwört, indem er den wieder aufgebauten Tempel in Jerusalem als Bühne nutzt, um seine eigene Göttlichkeit zu proklamieren. Damit bricht er nach dreieinhalb Jahren den vereinbarten Bund und zieht Gottes Zorn auf sich und sein Reich. Die Periode, die er damit auslöst, wird so unvorstellbar schrecklich sein, dass Jesus von ihr sagt: »Denn was dann geschieht, wird furchtbarer sein als alles, was jemals seit Beginn der Welt geschehen ist oder in Zukunft noch geschehen wird. Wenn Gott diese Zeit nicht abkürzen würde, dann würde kein Mensch gerettet werden. Er wird sie aber denen zuliebe abkürzen, die er erwählt hat« (Mt 24,21–22; Gute Nachricht).

Der Zorn Gottes

Kapitel 15 der Offenbarung gibt uns eine gewisse Vorstellung von der Drangsalzeit, den 42 Monaten Hölle auf Erden. Dieses Kapitel beginnt und endet mit dem Zorn Gottes, einem heiligen Zorn, der so intensiv und heftig ist, dass uns gesagt wird: »Eine der vier mächtigen Gestalten gab den sieben Engeln sieben goldene Schalen. Sie waren bis an den Rand gefüllt mit dem Zorn des Gottes, der in alle Ewigkeit lebt. Der Tempel war voller Rauch, der von der Herrlichkeit und Macht Gottes ausging. Keiner konnte den Tempel betreten, solange nicht die sieben Katastrophen zu Ende waren, die von den sieben Engeln gebracht wurden« (Offb 15,7–8; Gute Nachricht).

Man stelle sich vor: Die Rebellion und Arroganz des Antichristen und seiner Anhänger werden solche Ausmaße annehmen, dass niemand den Tempel im Himmel betreten kann, bis der Zorn Gottes verraucht ist, selbst die Engel nicht.

Obwohl die Drangsalzeit durch die Entweihung des Tempels ausgelöst wird, ist es nicht allein diese Tat, die Gottes kommende Gerichte heraufbeschwört. Seit der Antichrist vor wenigen Jahren auf der Weltbühne aufgetaucht ist, haben sich seine Sünden immer höher und höher aufgetürmt.

Der Aufstieg der Handelsmacht Babylon

Alle Sünden des Antichristen gehen auf eine einzige unüberbietbare Bosheit zurück: auf seinen Wunsch, nicht von Gott abhängig zu sein, sondern dessen Stelle einzunehmen. Diese äußerste Bosheit wird sich auch in dem Wirtschaftssystem widerspiegeln, das der Antichrist einführt. Babylon als Wirtschaftsmacht wird Gott im täglichen Leben ebenso ablehnend gegenüberstehen wie das religiöse Babylon auf geistlichem Gebiet, und es wird ebenso streng dafür bestraft werden.

Während der Trübsalzeit werden nicht mehr New York, London oder Brüssel der kommerzielle Nabel der Welt sein. Stattdessen werden die Elite der Welt, die Superreichen und alles, was Rang und Namen hat, ihre Villen und Büros nach Babylon verlegen, von wo aus sie ihr weltweites Handelsimperium dirigieren. Der Antichrist wird das wirtschaftliche Zentrum der Welt in die Hauptstadt seines neuen weltweiten Imperiums verlegen, nämlich nach Neu-Babylon. Dies wird irgendwann in der Übergangsperiode zwischen Entrückung und Trübsalzeit geschehen.

Wenn man die Passagen in Offenbarung 13, Verse 17 und 18 studiert, geht daraus hervor, dass der Antichrist in den letzten drei Jahren der Trübsalzeit die Wirtschaft der gesamten Welt kontrollieren wird. Das wird vor allem durch die totale Kontrolle der Finanzen geschehen. Und wie wird ihm dieses große Kunststück gelingen? Durch einen berühmten Trick, der als »Zeichen des Tieres« bekannt ist.

Das Zeichen des Tieres

Zu den bekanntesten Prophetien der Trübsalzeit gehört die Zahl 666, die das »Tier« bzw. der Antichrist auf Stirn oder Hand der Menschen anbringen lassen wird. In der zweiten Hälfte der Trübsalzeit wird der Antichrist die Welt damit vollständig in der Hand haben. »Nur wer dieses Zeichen hatte, konnte kaufen oder verkaufen. Das Zeichen bestand aus dem Namen des ersten Tieres oder der Zahl für diesen Namen« (Offb 13,17; Gute Nachricht). Wer die absolute Kontrolle über die Finanzen der Menschheit hat, kontrolliert die Menschheit im Grunde in allen Bereichen. Wer die Macht hat, darüber zu bestimmen, wer arbeiten, kaufen oder verkaufen kann – der besitzt absolute Macht.

Offenbarung 13, Verse 13 bis 18 schildert, dass alle Menschen, wenn die Trübsalzeit zur Hälfte vorüber ist, aufgefordert werden, sich vor dem Bild des Tieres niederzuwerfen, um es anzubeten. Alle, die dies tun, werden ein Zeichen auf ihrer Stirn erhalten, nämlich »den Namen des Tieres oder die Zahl seines Namens«, was an anderer Stelle mit 666 angegeben wird. Das wird sie als

Menschen ausweisen, die das Tier verehren. Alle, die dieses Zeichen nicht vorweisen können, werden getötet.

Die Bibel macht deutlich, dass niemand behaupten kann, er hätte dieses Zeichen in der Trübsalzeit versehentlich bekommen. Denn es wird die Folge einer bewussten Entscheidung sein. Wer sich dafür entscheidet, lehnt damit auch die Lehre der beiden Zeugen, die 144 000 jüdischen Zeugen, das Reden des Heiligen Geistes (Joel 3,1–2) und die Botschaft des Engels ab (Offb 14,6–7). Kapitel 14 schildert, dass die Menschen zweimal durch einen Engel gewarnt werden: »Wer das Tier und sein Standbild verehrt und das Zeichen des Tieres auf seiner Stirn oder seiner Hand anbringen lässt, wird den Wein Gottes trinken müssen.« Alle, die dieses Zeichen akzeptieren, werden in die Hölle geworfen und »mit Feuer und Schwefel gequält. Der Rauch von diesem quälendem Feuer steigt für alle Zeiten zum Himmel. Alle, die das Tier und sein Standbild verehren und das Kennzeichen seines Namens tragen, werden Tag und Nacht keine Ruhe finden« (Offb 14,9–1; Gute Nachricht).

Besorgte Gläubige haben manchmal Angst, dass sie dieses Zeichen des Teufels versehentlich erhalten könnten. Aber das ist nicht möglich. Wir sollten erstens nicht vergessen, dass wir einen liebenden und barmherzigen Gott haben. Das hat er für immer damit bewiesen, als er seinen Sohn für uns geopfert hat. Wir sollten ihn darüber hinaus als einen himmlischen Vater verstehen, der am Eingang des Himmels steht, um uns Menschen in sein Paradies zu holen, und nicht, um uns den Zutritt zu verwehren. Es würde seinem Wesen nicht entsprechen, dass er jemanden nur deshalb zur Hölle schickt, weil er sich aus Versehen in der falschen Reihe angestellt hat und so das Zeichen des Tieres aufgedrückt bekam, obwohl er sich nichts mehr wünscht, als das Zeichen des Vaters zu haben. Zweitens zeigen die zuvor erwähnten Verse, dass nur jene Menschen dieses Zeichen erhalten, die ihre Seele an das Tier verkaufen und damit auch an den Teufel, der ihm seine Macht verleiht. Das schließt ein, dass Gott sehr bewusst abgelehnt wird – etwas, das ein wahrer Christ nie tun könnte.

Vor einigen Jahren wurde ich von einem Reporter der *Los Angeles Times* angerufen, weil sich ein Pilot der amerikanischen Luftwaffe, die auf Hawaii stationiert war, geweigert hatte, eine von der Regierung vorgeschriebene Identitätskarte anzunehmen, aus

Angst, er könne damit das in Offenbarung 13 beschriebene »Zeichen des Tieres« bekommen. Doch seine Sorge war unbegründet, denn die Bibel spricht ganz klar davon, dass kein Mensch das Zeichen des Tieres versehentlich bekommen wird. Im Gegenteil, es wird für alle sichtbar machen, dass sich ein Mensch bewusst für den Widersacher entschieden hat. Da das Zeichen des Tieres aber nicht vor Mitte der Trübsalzeit aktuell sein wird – d. h. frühestens dreieinhalb Jahre nach der Entrückung, möglicherweise auch erst zehn oder mehr Jahre nach diesem weltbewegenden Ereignis –, braucht kein Christ zur Zeit einen Gedanken daran zu verschwenden, dass er versehentlich etwas bekommt, das ihn als Anhänger des Tieres bzw. des Widersachers ausweisen könnte. Denn wir werden, wenn es soweit ist, ja nicht mehr hier sein.

Die Einzigen, die sich wirklich Gedanken machen müssen, sind all jene, die nicht entrückt werden und die Trübsalzeit überstehen müssen. Denn wer dann noch am Leben ist, sollte darauf vorbereitet sein, dass er eine Entscheidung treffen muss. Doch er muss wissen: Wenn diese Entscheidung einmal getroffen ist, dann gilt sie für immer!

Dieses Zeichen ist irreversibel

Ich möchte alle Leser warnen, die noch keine Entscheidung für Christus getroffen haben. Es scheint wirklich klar zu sein, dass die Entscheidung, den Antichristen zu verehren und sein Zeichen oder seinen Namen anzunehmen, etwas ist, das nicht mehr rückgängig gemacht werden kann. Es hat den Anschein, dass dies eine Sünde ist, die Gott *nicht* vergibt – darum sollten wir alle Menschen, die Christus noch nicht kennen, davor warnen, je in Erwägung zu ziehen, das Zeichen anzunehmen. In der Trübsalzeit wird der Heilige Geist Menschen Dinge deutlich machen und vor Sünde warnen. Er wird ihnen vor Augen führen, dass sie Gott brauchen. Wir können sicher sein, dass er bestimmt da sein wird, um jeden vor versehentlichen Fehlern zu schützen!

Ebenso gilt, dass niemand, der diese Worte jetzt gerade liest, zwangsläufig in die Situation kommen muss, eine solche Entscheidung treffen zu müssen. Wer Jesus Christus im Glauben als seinen Herrn und Retter annimmt, den bewahrt er davor, jemals in diese schreckliche Situation zu kommen. Darauf weist auch die Bibel mit den Worten hin: »Gebt Acht: *Jetzt* ist die Zeit der Gnade! *Jetzt* ist der Tag der Rettung« (2 Kor 6,2; Gute Nachricht).

Die bargeldlose Gesellschaft

Viele Menschen, die Offenbarung 13 lesen, machen sich schon seit langem darüber Gedanken, wie es dem Antichristen gelingen könnte, Milliarden von Menschen vollkommen zu kontrollieren. Wie kann es möglich sein, dass niemand etwas kaufen oder verkaufen kann, der dieses Zeichen nicht besitzt?

Heute besteht zum ersten Mal seit 2000 Jahren die technologische Möglichkeit, das zu tun. Man hat inzwischen Mikrochips entwickelt, die in das Fettgewebe hinter dem Ohr oder an anderen Körperstellen eingepflanzt werden können, um damit Menschen ausfindig zu machen. (Ein Verfahren, das bei Haustieren bereits angewandt wird.) Wir alle sind mit dem Scanner vertraut, der an den Kassen der meisten Kaufhäuser eingesetzt wird. Im Grunde fehlt nur noch ein Computerprogramm, das die Zahl 666 auf dem Konto der Menschen (bzw. auf ihrer Hand oder ihrer Stirn) voraussetzt, damit jemand »kaufen oder verkaufen« kann. Die entsprechende Technologie für das »Zeichen des Tieres« gibt es also bereits!

Dennoch kann Technologie selbst nichts bewirken. Sie wird erst dann prophetische Bedeutung bekommen, wenn wir uns weltweit auf die bargeldlose Gesellschaft zubewegen.

Schon seit Jahren wird davon gesprochen, dass wir auf eine einheitliche Weltwährung zugehen. Vor einiger Zeit wurden Pläne vorgelegt, um die Welt in drei Währungsregionen aufzuteilen: der japanische Yen für den Osten, die D-Mark für Europa und der amerikanische Dollar für Amerika. Diese Pläne sind aber inzwischen überholt. Denn die Planer der zukünftigen Welteinheit steuern zügig auf eine bargeldlose Gesellschaft zu!

Durch natürliche und auch von Menschen verursachte Katastrophen ist der Ruf nach einer bargeldlosen Gesellschaft immer lauter geworden. Das würde uns sicherlich erleichtern, das Problem der steigenden Kriminalität zu lösen. Vor kurzem hörte ich in den Abendnachrichten, dass ein einzelner Mann gleich fünf Kaufhäuser überfallen und insgesamt 9000 Dollar erbeutet hatte. Das wäre in einer bargeldlosen Gesellschaft nicht möglich! Stellen Sie sich vor, Sie hätten eine »Smart Card«, eine Kreditkarte mit eingebautem Speicher, um alles kaufen zu können, angefangen von Brot bis Benzin. Diese Karte könnten nur Sie benutzen, denn Mikrochips, die nicht dicker als ein Haar sind, würden mit Ihren Fingerabdrücken und einer Geheimzahl chiffriert sein. Eine solche Karte könnte auch die alarmierende Zahl von Verbrechen senken, denn es würde weder Banken noch Geschäfte geben, in denen es Bargeld zu holen gibt. Auch Geldfälschern, Erpressern und der Geldwäsche könnte man damit ein Ende machen.

Als meine Frau eine Scheckkarte für mich besorgte, mit der ich am Bankautomaten abheben konnte, löste sie mein altes Scheckbuch auf, weil es »überholt« war. Mit dieser Scheckkarte kann man auch in anderen Ländern problemlos an Bargeld kommen. Aber auch diese Karte ist inzwischen überholt. Heute reden wir von Kreditkarten, bargeldlosen Überweisungen, Strichcodes, Mikrochips und einer intelligenten »Smart Card«, die uns ein ganzes Leben lang begleiten soll. Sie soll zur Feststellung unserer Identität dienen und Auskünfte über unsere Geschichte, Gesundheit, finanzielle Stellung und weit mehr Dinge geben, als wir uns vor zehn Jahren noch vorstellen konnten.

Grant Cheffrey, ein bekannter Autor und Redner, arbeitete als Finanzberater in Kanada, bevor er sich dazu entschloss, sich nur noch mit Prophetie zu beschäftigen. Er glaubt, dass internationale Bankiers Scheckkarten und Kreditkarten nicht nur deswegen eingeführt haben, weil man damit Transaktionen beschleunigen kann, sondern auch, weil damit die Voraussetzungen für eine bargeldlose Gesellschaft geschaffen werden, in der nur mehr mit Hilfe einer »Smart Card« gekauft und verkauft werden kann. Auch Einzahlungen und Abhebungen werden mit dieser Karte an einem Automaten möglich sein.

Terry Cook, ein ernsthafter Forscher und Experte auf dem Gebiet moderner Technologie, geht sogar noch weiter:

»Die Wirtschaftsfachleute der neuen Weltordnung sind sich durchaus bewusst, welche Bedeutung Bargeld hat. Es kann sie daran hindern, die völlige Kontrolle über die Welt zu erlangen. Sie wissen, dass sie zunächst den Bargeld-Zahlungsverkehr abschaffen müssen, um die Bevölkerung der ganzen Welt vollständig kontrollieren, aufspüren und überwachen zu können. Solange es Bargeld gibt, kann man nie genau wissen, wie die Leute ihr Geld verwenden, ob im Sinne des Staates oder nicht. Aber weil die Kontrolle über unsere Finanzen im Grunde die Kontrolle über unser ganzes Leben bedeutet, machen sich die Befürworter der Weltregierung schon seit Jahrzehnten für den bargeldlosen Zahlungsverkehr stark. Das soll über eine Unzahl von Banken, Kreditkarten, Bankautomaten und Datenbanken möglich gemacht werden, die alle durch ein riesiges Computerprogramm geschleust werden. Das Ziel, das die Vertreter der neuen Weltordnung letzten Endes ansteuern, besteht darin, alle diese Computer unter ihre Kontrolle zu bringen.«[1]

Wäre es im Sinne des Staates, die Verwendung einer solchen Technologie obligatorisch zu machen? Durchaus! Allein in Amerika wickeln Millionen von Menschen illegal ihre Geschäfte ausschließlich auf Bargeldbasis ab, um damit die Steuer zu umgehen. Ließe sich das verhindern, dann hätte die amerikanische Staatskasse eine jährliche Mehreinnahme von schätzungsweise mindestens 200 Milliarden Dollar zu verzeichnen. Denken Sie nur daran, wie rasch Staatsschulden mit einer solchen Summe an nicht gezahlten Steuern getilgt werden könnten! Oder denken Sie an die Bürokratie, die auf die Beine gestellt werden müsste, um eine solche Kontrolle über das Volk ausüben zu können. Wir sind fest davon überzeugt, es ist gar nicht so unwahrscheinlich, dass der amerikanische Staat schon in nicht allzu ferner Zukunft über ein Gesetz zur Abschaffung des Bargeldes nachdenken wird. In den Präsidentschaftswahlen 2004 könnte das durchaus ein wichtiger Faktor sein.

Der eigentliche Haken an der Sache wird dabei natürlich nicht erwähnt. Der schlimmste Verlust, den wir erleiden werden, ist das Ende unserer Freiheit. Sobald der Staat die bargeldlose Gesellschaft eingeführt hat, wird er die absolute Kontrolle über die Wirtschaft, die Arbeit, die Löhne und vieles mehr haben. Wer die Finanzen eines Volkes kontrolliert, kontrolliert das Volk. Außerdem wird »Big Brother« alles über uns wissen. Und der »nationale große Bruder« ist nur einen kleinen Schritt vom »internationalen großen Bruder« entfernt, dessen Name mit der Zahl 666 angegeben wird!

Die notwendige Technologie ist bereits vorhanden

Das Erschreckende dabei ist, dass wir auf die Entwicklung neuer Technologien, die ein solches Weltwirtschaftssystem ermöglichen, nicht erst warten müssen. Sie ist tatsächlich schon vorhanden. Was sich noch ändern muss, ist nicht die Technologie, sondern die öffentliche Meinung und die entsprechenden Gesetze. Und dafür gibt es aus Sicht der Prophetie noch genügend Zeit! Aus der Bibel geht hervor, dass sich kurz nach der Entrückung Parteien und Interessengruppen zusammenschließen und eine neue Führungsspitze für Wirtschaft, Regierung und Religion wählen werden. Diese Vorgänge werden etwa drei bis fünf Jahre nach den Ereignissen Wirklichkeit sein.

Da die Welt bereits im Besitz der notwendigen Technologie ist, um diese Dinge Wirklichkeit werden zu lassen, fehlt im Grunde nur der Zusammenbruch unserer Wirtschaft, um diese Entwicklung voranzutreiben, und die Nachwirkungen der Entrückung könnten der Welt durchaus eine Krise dieser Art bescheren.

Die Bühne ist schon aufgebaut

Der Konflikt zwischen Arm und Reich
Jakobus 5,1–6

Im November 1997 fielen die Börsenkurse in den Vereinigten Staaten an einem einzigen Tag um mehr als 500 Punkte. An der Wall Street kam es beinahe zur Panik, weil man befürchtete, dass sich das Drama von 1929 wiederholen könnte – der »Schwarze Freitag«, der den Auftakt zur Weltwirtschaftskrise von 1930 bildete. Zum Glück trat dies nicht ein und die Börsenkurse stiegen am nächsten Tag wieder um 300 Punkte. Doch auch in Hongkong fielen einen Tag später die Kurse drastisch und stiegen danach auf ähnliche Weise wieder an.

Dieser Vorfall zeigt, dass unsere globale Wirtschaft so sehr ineinander verzahnt ist, dass Japan, Hongkong, London, Frankfurt und andere Schlüsselmärkte ebenfalls »verschnupft« reagieren, sobald man sich an der Wall Street eine Erkältung zugezogen hat. Das sollte uns nicht weiter wundern, denn Bildeberg, die Trilaterale Kommission und andere geheime oder teilweise geheime Organisationen arbeiten schon seit Jahren daran, einer ineinander verflochtenen Weltwirtschaft den Weg zu bahnen. Sie werden von zwei Motiven angetrieben:

1. Es ist weitaus rentabler, Zugang zum Weltmarkt zu haben und nicht nur zur Wirtschaft eines Landes oder einer Region. Dieser Gedanke steht auch hinter den Investitionen westlicher Nationen in die schwache Wirtschaft Chinas, Russlands und anderer sozialistischer Länder.

2. dem inzwischen 100 Jahre alten (oder noch älteren) Gedanken, dass es aus einleuchtenden Gründen für wirtschaftlich voneinander abhängige Staaten unmöglich sei, miteinander Krieg zu führen.

Die Tatsache, dass die Vereinigten Staaten vor kurzem NAFTA (dem Nordamerikanischen Freihandelsabkommen) und WTO (ehemals GATT) beigetreten sind und dass verschiedene Handelsabkommen wie Pilze aus dem Boden schießen, beweist, dass wir einen Punkt erreicht haben, an dem eine Umkehr nicht mehr möglich ist. Heute ist der Handel global, und zwar weil es in unseren Medien, Banken, Regierungen und in der Wirtschaft einflussreiche Leute gibt, die diesen Plan zielstrebig verfolgen.

Es ist ihnen dabei vermutlich nicht bewusst, dass sie damit etwas in die Wege leiten, das uns den raffiniertesten Politiker aller Zeiten bringen wird. Der Antichrist wird die Weltherrschaft übernehmen und dafür sorgen, dass Wirtschaft und Handel florieren. Man braucht nur damit zu drohen, jemandem den Ölhahn abzudrehen oder einen Staat in den finanziellen Ruin zu stürzen, um auch den größten Rebellen politisch konform zu halten. Fachleute für Prophetie haben schon vor vielen Jahren erkannt, dass unsere Welt, auch wenn sie aus vielen unabhängigen Staaten besteht, auf eine wirtschaftliche Verflechtung zusteuert. Manche von ihnen sind überrascht, wie schnell dies mit Hilfe moderner Technologien möglich geworden ist, doch viele von uns haben es erwartet.

All das bedeutet, dass vom wirtschaftlichen und technologischen Standpunkt aus gesehen nichts dagegen spricht, dass die Entrückung jederzeit kommen kann. Für Christen, die darauf vorbereitet sind, ist es aufregend zu sehen, dass die Welt bereits im Besitz der nötigen Technologien ist. Anderen, die nicht darauf vorbereitet sind, jagt der Gedanke Angst ein, dass all das noch in unserer Generation passieren könnte!

Die Vernichtung der Handelsmacht Babylon

Manchmal scheint es uns, als ob Gott bei Sünde und Ungerechtigkeit ein Auge zudrücken würde, so als ob ihn menschliche Bosheit nichts anginge. Wie oft haben wir schon wie der Prophet Habakuk geklagt: »Schon so lange, Herr, rufe ich zu dir um Hilfe, und du hörst mich nicht! Ich schreie: ›Gewalt regiert!‹, und du greifst nicht ein! [...] Warum lässt du diese Räuber gewähren? Warum greifst du nicht ein, wenn diese Verbrecher andere verschlingen, die rechtschaffener sind als sie?« (Hab 1,2.13; Gute Nachricht).

Die Bibel macht deutlich, dass begrenzte Sichtweisen wie diese zwar menschlich, aber niemals richtig sind. Der Apostel Petrus ruft uns in Erinnerung: »Der Herr erfüllt seine Zusagen nicht zögernd, wie manche meinen. Im Gegenteil: Er hat Geduld mit euch, weil er nicht will, dass einige zu Grunde gehen. Er möchte, dass alle Gelegenheit finden, von ihrem falschen Weg umzukehren« (2 Petr 3,9; Gute Nachricht). Und dennoch wird es nicht ausbleiben, dass eines Tages die Zeit kommt und Gottes Geduld zu Ende ist und seiner Vergeltung Platz macht. So auch bei der Handelsmacht Babylon.

Im 18. Kapitel der Offenbarung wird die Vernichtung Babylons, das in der Trübsalzeit das Zentrum der Weltwirtschaft ist, anschaulich beschrieben. Wenn Sie die folgenden Voraussagen über die Vernichtung Babylons ganz am Ende der Trübsalzeit lesen, werden Sie sehen, wovon die Rede ist:

> »Wenn die Könige der Erde, die mit ihr Unzucht getrieben und im Luxus gelebt haben, den Rauch der brennenden Stadt sehen, werden sie ihretwegen jammern und klagen. Sie werden sich in weiter Entfernung halten, weil sie Angst vor den Qualen der Stadt haben. Sie werden klagen: ›Wie schrecklich! Wie furchtbar! Das große und mächtige Babylon! Innerhalb einer Stunde ist das Gericht über dich hereingebrochen!‹
> Auch die Kaufleute auf der Erde werden um sie weinen und trauern; denn niemand kauft mehr ihre Waren: Gold und Silber, kostbare Steine und Perlen, feinstes Leinen, Seide, purpur- und scharlachrote Stoffe; seltene Hölzer, Gegenstände aus Elfenbein, Edelholz, Bronze, Eisen und Marmor; Zimt, Salbe, Räu-

cherwerk, Myrrhe und Weihrauch; Wein, Öl, feines Mehl und Weizen, Rinder und Schafe, Pferde und Wagen, und sogar lebende Menschen.

›Das Obst, das du über alles liebtest, gibt es nicht mehr. Dein Reichtum und dein verführerischer Glanz sind vergangen, beides wird sich nie mehr wiederfinden!‹

Die Kaufleute, die durch ihre Geschäfte mit dieser Stadt reich geworden sind, werden sich in weiter Entfernung aufhalten, weil sie Angst haben vor den Qualen der Stadt. Sie werden trauern und klagen und sagen: ›Wie schrecklich! Wie furchtbar für diese mächtige Stadt! Sie war es gewohnt, sich in feinstes Leinen, in Purpur- und Scharlachstoffe zu kleiden. Sie schmückte sich mit Gold, kostbaren Steinen und Perlen. Und innerhalb einer einzigen Stunde hat sie den ganzen Reichtum verloren!‹« (Offb 18,9–17; Gute Nachricht).

Auf diese Weise wird die Handelsmacht Babylon am Ende der Drangsalzeit vernichtet werden. Doch bevor es endgültig mit ihr zu Ende geht, wird die Welt Schrecken zu sehen bekommen, die unvorstellbar sind. Im Folgenden möchten wir die letzten sieben göttlichen Gerichte betrachten.

Die Schalen mit dem Zorn Gottes

Im Buch des Propheten Daniel kann man die bekannte Geschichte von den drei Männern im Feuerofen nachlesen, die sich weigern, vor dem goldenen Bild König Nebukadnezars in der Ebene von Dura niederzufallen, um es anzubeten. Der König wird darüber so wütend, dass er sie in einen Ofen werfen lässt, der siebenmal heißer als gewöhnlich angeheizt ist. Bevor er die angedrohte Strafe in die Tat umsetzt, begeht er jedoch den Fehler, sie mit den Worten herauszufordern: »Welcher Gott sollte euch dann vor mir schützen?« (Dan 3,15; Gute Nachricht).

Der König sollte auf diese überhebliche Frage bald eine Antwort bekommen, denn der Gott des Himmels rettete nicht nur das Leben seiner drei treuen Diener, sondern er bewahrte auch ihre Kleidung davor, versengt zu werden. Und so musste Nebukadnezar, ein antikes Ebenbild des Antichristen, erkennen, dass seine schwachen menschlichen Hände den Händen eines allmächtigen Gottes nicht gewachsen waren.

Man könnte denken, dass die sieben letzten Plagen der Drangsalzeit Gottes endgültige Antwort auf den überheblichen Stolz Nebukadnezars sind – nur dass diesmal die Frage in die andere Richtung gestellt wird. Jetzt fragt Gott den Antichristen: »Welcher Gott sollte dich vor mir schützen?« Und die Antwort wird natürlich heißen: »Keiner.« Auch wenn der Antichrist verkünden lässt, dass er Gott ist, auch wenn er seine Macht vom Widersacher selbst bezieht, wird am Ende zu erkennen sein, dass er vor dem Gott des Universums ein Nichts ist. Aus diesem Grund wird er auch nicht in einen Ofen geworfen, der siebenmal heißer als gewöhnlich ist, sondern er wird in einen Feuersee geworfen, der nie aufhören wird zu brennen.

1. Die erste Schale des Zorns: schmerzhafte und schlimme Geschwüre (Offb 16,2)

Wenn Menschen es vorziehen, nicht Christus, sondern den Antichrist zu verehren, und ihre Verbindung mit ihm dadurch offen zeigen, dass sie das Zeichen des Tieres annehmen, dann wird Gott mit einer Plage darauf antworten – mit »schmerzhaften und schlimmen Geschwüren«. Das griechische Wort für diese Geschwüre ist der gleiche Ausdruck, mit dem das hebräische Wort für die »Beulen« der ägyptischen Plagen aus Exodus 9 übersetzt wird. Johannes macht klar, dass diese schrecklichen Geschwüre oder Eiterbeulen nur jene befallen, die den Antichrist verehren und sein Zeichen tragen; kein Heiliger der Trübsalzeit wird davon betroffen sein.

2. Die zweite Schale des Zorns: Das Meer wird zu Blut (Offb 16,3)

Gott hat schon früher in der Trübsalzeit ein Drittel des Meeres zu Blut werden lassen; nun befiehlt er, dass das ganze Meer »zu Blut wie von Toten« wird – das heißt faul, verwesend und ekelhaft stinkend. Kein Wunder, dass alle Lebewesen im Meer zu Grunde gehen! Ist eine Katastrophe dieses Ausmaßes überhaupt vorstellbar? Wenn Fische sterben, dann steigen sie an die Oberfläche und stinken entsetzlich. Man stelle sich ein ganzes Meer voller toter Fische vor, das seinen entsetzlichen Gestank in alle Himmelsrichtungen verbreitet! Das übersteigt jedes Vorstellungsvermögen. Doch es ist erst die zweite der sieben Zornesschalen Gottes!

3. Die dritte Schale des Zorns: Flüsse und Quellen werden zu Blut (Offb 16,4–7)

Bis zu diesem Zeitpunkt der Trübsalzeit haben der Antichrist und seine Truppen Millionen von Gläubigen zu Tode gequält. Aus diesem Grund scheint Gott zu sagen: »Ihr mögt Blut? Gut, dann sollt ihr es auch trinken!« Ist damit echtes Blut gemeint? Wer kann das mit Bestimmtheit sagen? Aber wenn Jesus bei der Hochzeit von Kana Wasser in Wein verwandeln konnte, dann ist es auch sicher kein Problem für ihn, Wasser in Blut zu verwandeln. Wie auch immer, die Welt wird eines Tages die Antwort auf ihr rebellisches Wesen und ihre mörderischen Taten erhalten und plötzlich feststellen müssen, dass sie ohne Trinkwasser dasteht. Auf diese Weise wird das Gebet der Märtyrer aus Offenbarung 6, Vers 10 mehr als reichlich beantwortet werden. Diese rufen mit lauter Stimme: »Herr, du bist heilig und hältst, was du versprichst. Wie lange willst du noch warten, bis du die Bewohner der Erde vor Gericht rufst und Vergeltung an ihnen übst, weil sie unser Blut vergossen haben?« Diese Plage ist Gottes Antwort darauf.

4. Die vierte Schale des Zorns: Menschen werden von glühender Hitze versengt (Offb 16,8–9)

Obwohl ihr Mund infolge Wassermangels bereits wie ausgedörrt ist, werden alle, die nicht bereuen, noch mehr Durst leiden, wenn Gott die Sonne mit glühender Hitze auf sie herabbrennen lässt. Doch auch das wird diese Menschen nicht zur Umkehr bewegen. »Sie verfluchten den Namen Gottes, der die Verfügungsgewalt hat über solche Katastrophen; aber sie änderten sich nicht und wollten Gott nicht die Ehre geben.« Wie Recht hat der Engel, wenn er zu Gott sagt, dass seine Gerichte wahr und gerecht sind (Offb 16,7).

5. Die fünfte Schale des Zorns: Finsternis kommt über das Reich des Tieres (Offb 16,10–11)

Ist es Gottes Barmherzigkeit, die ihn dazu veranlasst, auf die Plage der brennenden Hitze kühle Finsternis folgen zu lassen? Vielleicht, doch auch das führt nicht dazu, dass die rebellische Menschheit umkehrt und bereut, denn in Vers 11 heißt es: »Sie verfluchten den Gott des Himmels wegen ihrer Qualen und ihrer Geschwüre; aber sie hörten nicht auf mit ihren schändlichen Taten.« Dieser Vers lässt erkennen, dass die Menschen immer noch von den Geschwüren der ersten Schale gequält werden. Und Vers 10 scheint darauf hinzuweisen, dass die Finsternis ihre Schmerzen nur noch verschlimmert: »Die Menschen zerbissen sich vor Schmerzen die Zunge.« Dieses besondere Gericht betrifft nur den »Thron des Tieres« und sein »Reich«, womit vor aller Augen darauf hingewiesen wird, wo die Quelle allen Übels liegt. Wenn der Antichrist öffentlich ausrufen lässt, dass er Gott ist, dann macht er sich damit zur Zielscheibe von Gottes Zorn. Dann wird die Welt erkennen, wer wirklich Gott ist.

6. Die sechste Schale des Zorns: Der Euphrat trocknet aus (Offb 16,12)

Die sechste Schale des Zorns kommt in zwei Schritten über die Welt:

a) Der Euphrat wird austrocknen und so den Königen des Ostens und ihren Heeren den Weg frei machen (Vers 12).
b) Dämonische Geister werden aktiv und versammeln die Heere der Welt, um sie nach Harmagedon zu führen, wo sie vergeblich versuchen werden, Christus, den Herrn, zu besiegen (Verse 13–14).

Wenn der Euphrat, ein Strom, der über eine Länge von 2500 Kilometern die natürliche Grenze zwischen Ost und West bildet, ausgetrocknet ist, dann ist zu erwarten, dass ihn die »Könige des Ostens« mit einem riesigen Heer überqueren werden, um gegen den König der Könige zu kämpfen. Ihr Heer wird vermutlich eine Stärke von drei bis fünf Millionen Soldaten haben. Zu diesen

Truppen werden dann im Tal Harmagedon riesige Heere aus der ganzen Welt dazustoßen. Auch wenn dieses Tal riesig ist (nach Napoleon angeblich »das natürlichste und idealste Kampffeld der Welt«), so ist seine Größe doch nicht unbegrenzt.

Fachleute haben lange Zeit darüber gerätselt, wer mit den »Königen des Ostens« gemeint sein könnte, denn diese werden nur in einigen wenigen Bibelstellen erwähnt. Seit jedoch die Kommunisten nach dem Zweiten Weltkrieg in China die Macht übernahmen, gehen die Forscher davon aus, dass dieses menschenreichste Land der Welt in der Prophetie der Endzeit eine Rolle spielen wird, auch wenn diese nicht sehr groß ist. China hat sich Tausende von Jahren damit zufrieden gegeben, innerhalb seiner riesigen Grenzen weitgehend für sich zu bleiben, doch unter der Herrschaft der Kommunisten hat sich das grundlegend geändert. Chinas Kommunisten scheinen von der gleichen fixen Idee besessen zu sein wie alle übrigen Kommunisten auch – sie wollen die Welt erobern.

Napoleon hat schon vor fast 200 Jahren gesagt: »Wenn China erwacht, wird die Welt erzittern.« Man muss kein Prophet sein, um zu erkennen, dass dieses Zittern bereits über Asien gekommen ist und dass es wahrscheinlich bald über die ganze Welt kommen wird.

China ist nicht mehr der Papiertiger, der es fast 5 000 Jahre lang war. Mittlerweile hat China die Welt aufgeschreckt und viele Militärs mit seinem enormen wirtschaftlichen und militärischen Potential das Fürchten gelehrt. Viele Beobachter gehen davon aus, dass China innerhalb der nächsten zehn bis zwanzig Jahre durchaus zu einer Bedrohung für die ganze Welt werden könnte, mehr als das noch vor einem Jahrzehnt zur Zeit der Sowjetunion der Fall war. Es befindet sich inzwischen im Besitz der Atombombe und verfügt über Transportwege, die jedes Land im Orient in Alarmzustand versetzen. Auch der Waffenhandel mit dieser Nation ist ausgesprochen rege. China kauft alles auf, was es von Russland oder dessen verarmten Satellitenstaaten bekommen kann, nur um das, was es selbst nicht braucht, postwendend an reiche Ölländer wie Iran oder Irak weiterzuverkaufen.

Der Anspruch Rotchinas auf Taiwan und die Spratly Islands lässt vermuten, dass China langfristig plant, seine Herrschaft auf ganz Asien auszudehnen. Wer immer die Herrschaft über die

Spratly Islands hat, hat damit auch die Kontrolle über alle Länder des Ostens, die selbst keine Ölvorkommen besitzen, wie Japan, Taiwan und die Philippinen, aber auch über Australien, Indonesien und Singapur – ein Gebiet, in dem 50 % der heutigen Weltbevölkerung leben. Auch wenn China seinen Anspruch auf diese im Grunde unbewohnbaren Inseln mit jahrhundertealten Dokumenten begründet, ist es wahrscheinlich mehr an den reichen Ölvorkommen interessiert, die unterhalb der Inseln vermutet werden, als an den Inseln selbst. Die Chinesen wissen, dass heute kein Land mehr ohne Öl sein kann, und daran wird sich auch in absehbarerer Zukunft nichts ändern.

Aber es ist nicht nur der Osten Asiens, an dem die Chinesen Interesse haben. 1997 wäre beinahe ein Vertrag zu Stande gekommen, durch den sie den Amerikanern einen unglaublichen Streich hätten spielen können. Es wurde aufgedeckt, dass China einen wichtigen Hafen in Long Beach, Kalifornien, angemietet hatte, der von der amerikanischen Kriegsmarine gerade geräumt worden war. Chinas staatseigene Handelsgesellschaft COSCO wollte damit ihren enormen Import in die Vereinigten Staaten ankurbeln. (Die amerikanische Handelsbilanz mit China weist bereits ein Defizit von 50 Milliarden Dollar auf und wird vermutlich auf 70 bis 100 Milliarden Dollar ansteigen.)

Man darf nicht vergessen, dass China in der Hand von einigen wenigen Kommunisten ist, die zu den überzeugtesten der Welt gehören. Dabei handelt es sich keineswegs um die »progressiven Leute« oder »fortschrittlichen Agrarreformer«, als die sie noch vor wenigen Jahren in unseren Medien hingestellt wurden. An der Regierung befindet sich eine skrupellose Gruppe einflussreicher Politiker, die nie von ihrem Plan abgewichen sind, China als militärische Plattform zu benutzen, um die Welt zu erobern. Die Ereignisse der kommenden beiden Jahrzehnte – falls wir noch so lange haben – werden diese Annahme bestätigen.

Eines steht jedenfalls fest: Man sollte China nicht unterschätzen. Wir können uns der Erkenntnis nicht verschließen, dass die gegenwärtige Spitze Chinas eine reale Bedrohung für die Welt darstellt und dass man ein Volk von 1,2 Milliarden Menschen nicht einfach ignorieren kann. Und was noch wichtiger ist: Johannes hat im Buch der Offenbarung dieses Volk als Darsteller auf der Weltbühne der Endzeit gesehen.

Dennoch hat die Bibel nur sehr wenig über China zu sagen. In der Tat, was sie sagt, geht über China selbst hinaus, denn der Ausdruck »Könige des Ostens« bedeutet eigentlich »Könige der aufgehenden Sonne«, und das würde auch Japan und eventuell noch andere asiatische Länder einschließen. Dr. John Walvoord, der heute als größter Experte zum Thema Prophetie gilt, äußert sich dazu folgendermaßen:

»Manche neigen dazu, den Ausdruck ›Könige des Ostens‹ – wörtlich ›Könige der aufgehenden Sonne‹ – als konkreten Hinweis auf Japan zu verstehen, ein Land, in dem die aufgehende Sonne ein Sinnbild für politische Macht ist. Es ist jedoch weit natürlicher, den Ausdruck ›aufgehende Sonne‹ als Synonym für den Osten allgemein zu verstehen.«[2]

Der Euphrat, einer der ersten Ströme, die in der Bibel genannt werden, hat in geografischer Hinsicht viele Jahrhunderte lang als natürliche Grenze zwischen Ost und West gedient. Judentum und Christentum, die einen enormen Einfluss auf die Welt westlich des Euphrats ausübten, hatten nur sehr geringen Einfluss auf den Osten. Nach mehr als 100 Jahren Mission gibt es in China schätzungsweise 60 Millionen Christen. Das ist sicher ein Grund, um sich über all diese wiedergeborenen Menschen zu freuen, doch sie machen nur ein halbes Prozent der Gesamtbevölkerung aus. Es können sich auch heute noch nur sehr wenige Länder damit rühmen, kontinuierlich mehr Christen verfolgt zu haben als China. Im Orient findet heute zwischen den »geistigen Mächten der Luft« ein heftiger satanischer Kampf statt – der Widersacher contra den Geist Gottes.

Als wir in Peking waren, hatten wir Gelegenheit, uns heimlich mit einigen Christen zu unterhalten. Diese Menschen wissen, was es heißt, verfolgt und ständig von Verfolgung bedroht zu sein. Mehrere Christen, mit denen wir sprachen, haben uns bestätigt, dass sie das Evangelium zum ersten Mal im Radio über Kurzwelle hörten, wodurch der Geist Gottes zu ihren Herzen gesprochen habe. Manche von ihnen waren früher Buddhisten, einer ein überzeugter Kommunist. Alle sagten, dass sie in ihren Herzen eine seltsame Leere gespürt hatten, kurz bevor sie das Radio andrehten, um die Evangeliumssendungen aus Hongkong zu hören. Die

Feindseligkeit, der Christen dort ausgesetzt sind, hat etwas Teuflisches. Wir haben festgestellt, dass es in China zwei Arten von Kirchen gibt:

1. Die vom Staat anerkannte Kirche (oder Hauptkirche), die sich damit einverstanden erklärt, bestimmte Lehren nicht zu verbreiten. Dabei handelt es sich um zwei Lehren, gegen die der Widersacher schon immer Einspruch erhoben hat – die Lehre von der Unfehlbarkeit der Bibel und die Lehre von der Wiederkunft Jesu Christi.
2. Die Untergrundkirche (oder Hauskirchen), deren Leiter die ganze Bibel lehren, bis sie entdeckt und ins Gefängnis geworfen werden. Gerade in diesen Hauskirchen finden jede Woche Tausende zu Christus.

Joseph Lam macht deutlich:

> *»Im Westen hält man es für gefährlich, dass man sich aus dem Internet Anleitungen zur Herstellung einer Bombe holen kann. Der chinesische Drache hält etwas ganz anderes für gefährlich. Für ihn ist die gefährlichste Sache im Internet die Botschaft von der Wiederkehr Christi. Die baldige Wiederkunft Christi ist eine Botschaft, die von der Geheimpolizei am liebsten ausgeblendet würde. In vielen Gebieten wird tatsächlich jedes Modem und jedes Faxgerät von ihr registriert, um zu verhindern, dass die endzeitliche Botschaft von der Wiederkunft Christi unters Volk gebracht wird. Man muss wissen, dass chinesische Christen leidenschaftlich daran glauben, dass Christus wiederkommt, und zwar nicht irgendwann einmal – sondern ›in dieser Generation‹. Der Drache weiß, dass er diese apostolische Botschaft der Hoffnung aufhalten muss. Er weiß, wenn er dem Studium der Bibel im Sinne des Neuen Testaments Einhalt gebieten kann, dann wird er auch das Wachstum der Kirche in China unmöglich machen. Das Reich Gottes und die Wiederkunft Christi sind Themen, über die auf den von Chinas Regierung kontrollierten Kanzeln so gut wie nie gepredigt wird.* [...] *Der Drache verfolgt die Hauskirchen, weil er schreckliche Angst vor dem Evangelium der Endzeit hat, das sie verkünden. Eine Botschaft, die das Volk dem Einfluss des Staates entzieht, muss deshalb als ›antirevolutionärer Aberglaube‹ hingestellt werden.*

- *Christen wird das Recht abgesprochen, das Evangelium persönlich zu verkünden. Gebet im Privatbereich wird zwar widerstrebend gestattet, doch es ist ausdrücklich verboten, das Evangelium an andere weiterzugeben.*
- *In der vom Staat kontrollierten Kirche gibt es Vorschriften, die Pastoren davor warnen, über die Offenbarung zu predigen.*
- *Pastoren in Gemeinden der patriotischen ›Drei-Selbst-Bewegung‹ überspringen in ihrer Liturgie Bibelstellen wie Hebräer 9,28 und Offenbarung 19 und 22,20–21, die sich mit der Wiederkunft Christi beschäftigen.*
- *In der Sonntagsschule ist es nicht erlaubt, über den ›Tag des Herrn‹ zu sprechen, obwohl er im Alten und Neuen Testament prophezeit wird.*
- *Die Abschiedsreden Jesu, die in drei der vier Evangelien überliefert werden und zu den wichtigsten prophetischen Stellen der Bibel gehören, sind verboten.*
- *Viele chinesische Kirchenlieder über Advent, Mission, Gericht und das Tausendjährige Reich Christi werden in der registrierten chinesischen Kirche nicht mehr gesungen. Musik dieser Art ist politisch unerwünscht.*

Nichts bringt den Drachen mehr aus der Fassung als Gespräche über die Wiederkunft Christi; und nichts tröstet die Kirche Chinas und die dortige Mission mehr als diese.«[3]

Es fällt auf, dass Tausende von Kirchen in den USA noch nie die Botschaft von der Wiederkunft Christi gehört haben, obwohl Pastoren dort die Freiheit haben, alles zu predigen, was sie wollen. Predigten über dieses Thema sind zwar von staatlicher Seite nicht verboten, doch Pastoren sind von ihren Professoren zu dem Gedanken verleitet worden, dass diese Dinge »viel zu verwirrend« sind oder dass sie für unsere heutige Zeit »keine Relevanz« haben. Der Widersacher greift in verschiedenen Kulturen auf verschiedene Taktiken zurück – er benutzt alles, was dazu dient, die Hoffnung auf die baldige Wiederkehr Christi zum Schweigen zu bringen. Warum? Weil es in der Bibel (neben der Auferstehung) keine Lehre gibt, die Menschen in geistlicher Hinsicht mehr motivieren würde!

Der große Verführer hat stattdessen in den östlichen Völkern Milliarden von Seelen durch eine Reihe von falschen Religionen zu Grunde gerichtet. Der Drache, das offizielle Symbol Chinas, hat schon die ersten Siedler zu Vielgötterei und Pantheismus verführt, etwas, das dort heute immer noch an der Tagesordnung ist. Dr. Henry Morris schreibt über die Chinesen:

»Seit undenkbaren Zeiten werden sie von Religionen wie Buddhismus, Konfuzianismus, Hinduismus und anderen beherrscht, durchweg Religionen, die auf einer frühen Entwicklungsstufe stehen. Das heißt, sie haben zwar alle eine Vorstellung von einem ewigen Universum, doch keinerlei Vorstellung von einem allmächtigen, persönlichen Gott, der alles geschaffen hat und über dieser Schöpfung steht. Ihre Vorschriften beschränken sich ausschließlich auf das Verhalten des Menschen in der Gegenwart. Und die Geschichte besteht nach ihrem Verständnis in endlosen Kreisläufen, die ohne Anfang und ohne Ende sind.

Zu diesen pantheistischen Lehren gehörte immer auch die Verehrung von Geistern. Diese Geister werden zwar als Geister verstorbener Ahnen oder als Geister von Bäumen oder anderer natürlicher Objekte verstanden, doch in Wahrheit werden damit Dämonen oder gefallene Engel verehrt. Solche Religionen sind meist auch mit Götzendienst verbunden. Die östlichen Religionen – wie immer sie zu bestimmten Zeiten oder an bestimmten Orten auch aussehen mögen – sind im Grunde nichts anderes als derselbe alte Götzendienst, den Gottes Propheten unaufhörlich verurteilt haben. Obwohl sie aus einem monströsen Komplex aus evolutionärem, pantheistischem, astrologischem und animistischem Humanismus bestehen, in dem alle Götter und Götzen einen Platz finden, sind sie dennoch nichts als eine weitere Variante der primitiven Religion, die von Nimrod in Babylon eingeführt wurde. Durch die Verwirrung der Sprachen und die darauf folgende Zerstreuung konnte sie sich von Babylon aus überall in der Welt verbreiten.

Es versteht sich von selbst, dass Anhänger dieser Religionen unter den Einfluss von Dämonen geraten.« [4]

Ähnliches findet man bei Joseph Lam:

»Die Gipfel des Himalaja liefern Luzifer in Nepal und Tibet die Höhen, die er so sehr liebt (Jes 14,13–14). Er wohnt gern an so hohen Orten wie den heiligen Bergen von Taishan in der Provinz Shadong. Alle seine falschen Tempel sehen einander verblüffend ähnlich – sie greifen nach dem Himmel. Sei es der babylonische Turm, die ägyptischen Pyramiden, die antiken Ziggurats der Inkas in Mexiko oder die Stupas in Burma – sie erhöhen den Menschen, verehren Dämonen und streben alle nach oben. Es sollte uns nicht überraschen, dass Hinduismus und Buddhismus und viele Formen des Animismus und der Dämonenverehrung gerade im Bereich des Himalaja entstanden sind.«[5]

Es ist nicht schwer zu erkennen, dass es für den Meister der Täuschung am Ende der Trübsalzeit leicht sein wird, die »Könige des Ostens« und ihre Truppen dazu zu veranlassen, den langen Marsch nach Westen ins Tal Harmagedon auf sich zu nehmen, um gegen den König der Könige zu kämpfen. Der Umstand, dass sie schon Jahrhunderte lang in heidnische Religionen verstrickt sind und zur Zeit unter der Diktatur der Kommunisten stehen, die von dem Gedanken der Weltherrschaft besessen und von der Vision beflügelt sind, ihre Macht und Kultur über die ganze Erde auszudehnen, wird sie zu einer leichten Beute für sein letztes gigantisches Täuschungsmanöver machen – für Harmagedon.

Dass China im vergangenen Jahrzehnt zu einer wichtigen Weltmacht aufgestiegen ist, hat vom Standpunkt der Prophetie aus gesehen enorme Bedeutung. Viele Kenner der Prophetie sind der Meinung, dass sich damit eine wichtige Wende ankündigt. Sie gehen davon aus, dass sich die weltpolitischen Bedingungen damit auf den letzten großen Konflikt zuspitzen, den Johannes schon vor mehr als 1900 Jahren mit den Worten beschrieben hat: »Der sechste Engel goss seine Schale in den Euphrat, den großen Strom; da trocknete er aus. *So wurde den Königen, die von Osten her einbrechen, ein Weg gebahnt*« (Offb 16,12; Gute Nachricht, Hervorhebung durch den Autor).

Auch Dr. John Walvoord hat nicht übersehen, wie bedeutsam es ist, dass China zu einem ernst zu nehmenden Partner auf der Weltenbühne aufgerückt ist. Er hat die prophetische Bedeutung, die dem Aufstieg Chinas beizumessen ist, schon 1967 erkannt, als er schrieb:

»Die Tatsache, dass Asien in unserem 20. Jahrhundert erwacht, in dem es so viele schnelle und unerwartete Entwicklungen gibt, ist ein weiterer Hinweis darauf, dass unsere Welt auf einen letzten Höhepunkt und damit auf ihr Ende zusteuert. In Asien werden, so wie in anderen Teilen der Welt auch, Vorbereitungen für das letzte Drama getroffen, in dem die Könige des Ostens eine wichtige Rolle spielen werden.«[6]

Wenn er heute über dieses Thema schriebe, würde er vielleicht sagen, dass sich der Vorhang bald heben wird. Wir sind die erste Generation, die Zeuge davon wird, dass der schlafende Riese China in der Lage ist, diese Prophetie zu erfüllen. Niemand zweifelt daran, dass China die Herrschaft über die meisten Länder des Ostens erringen wird, mit denen es bereits durch viele religiöse und kulturelle Gemeinsamkeiten verbunden ist, wenn nicht etwas Drastisches und Unvorhergesehenes geschieht. Es ist durchaus vorstellbar, dass China von seinem Meister, dem Drachen, »der alten Schlange, dem Teufel«, dazu angestiftet werden könnte, sich so gegen Gott aufzulehnen, dass es sich mit den Heeren der ganzen Welt verbündet, um sich dem Kommen Jesu Christi entgegenzustellen.

Was muss noch geschehen, dass China an diesen Punkt kommt? Nur sehr wenig! Es fehlt nur noch der Geist der Täuschung, vor dem in der Offenbarung gewarnt wird. China hat diesen Punkt so gut wie erreicht und könnte in zehn bis zwanzig Jahren den gesamten Fernen Osten beherrschen. Und vergessen Sie nicht, dass die Ereignisse, die in Offenbarung 16, Vers 12 beschrieben werden, frühestens sieben Jahre nach dem Auftreten des Antichristen eintreten werden; und dieser wird erst kommen, nachdem die Gemeinde entrückt ist. Damit steht ausreichend Zeit zur Verfügung, um diese Dinge in Erfüllung gehen zu lassen – ein weiterer Grund zu glauben, dass Christus noch in unserer Generation wiederkommen kann.

7. Die siebte Schale des Zorns: das schwerste Erdbeben der Geschichte (Offb 16,17–21)

Wenn der Engel die letzte Zornesschale ausgießt, dann kann man aus dem Tempel im Himmel eine laute Stimme rufen hören: »Es ist ausgeführt!« Doch was für ein Ende wird das sein! Es wird das schwerste Beben sein, das unsere Erde je getroffen hat, »seit es Menschen auf der Erde gibt«, und es wird unseren Planeten bis in seine Grundfesten erschüttern. Babylon wird in drei Teile gespalten und alle Städte werden zerstört. Babylon wird besonders schwer betroffen sein, denn wenn Gott mit Babylon abrechnet, dann muss es »den Wein aus dem Becher trinken, der mit seinem glühenden Zorn gefüllt war« (Vers 19). Und das ist noch lange nicht alles! Zentnerschwere Hagelkörner werden überall auf der Erde vom Himmel fallen. Aber werden die Menschen deswegen umkehren? Keineswegs. Sie »verfluchten Gott wegen dieses Hagels, denn er war schrecklich« (Vers 21).

Und damit sind die Zornesschalen Gottes vorüber. Wenn diese Plage aufhört, steht nur noch ein bedeutendes Ereignis aus, bevor das Reich Christi errichtet wird. Die berühmteste Schlacht der Geschichte muss ausgetragen werden.

15. Wiederkunft in Herrlichkeit

Die zweite Hälfte dieser sieben Jahre wird die ›Große Trübsal‹ oder auch ›Drangsal‹genannt, und wenn wir am Ende dieser Zeit noch am Leben sind, dann werden wir durch die herrliche Wiederkunft Christi belohnt werden.‹

Loretta hob die Hand. ›Warum sagen Sie immer wieder: ‚falls wir überleben'? Was sind denn diese Gerichte?‹

›Sie werden von Mal zu Mal schlimmer, und wenn ich das richtig verstehe, wird es immer schwieriger sein zu überleben. Wenn wir sterben, werden wir bei Christus und unseren Lieben im Himmel sein. Aber es kann sein, dass wir einen schrecklichen Tod erleiden werden. Wenn wir diese schrecklichen sieben Jahre irgendwie überleben, vor allem die zweite Hälfte, wird die Wiederkunft Christi umso herrlicher sein.‹« (»Finale«, S. 238)

Manche Ereignisse sind so gewaltig, dass ihnen keine wie auch immer gearteten Überschriften und keine noch so dicken Lettern gerecht werden können. Für Katastrophen, die das vorstellbare Maß übersteigen, greifen Zeitungen schon seit Jahrzehnten auf einen Schriftsatz zurück, der unter dem Namen »Wiederkunftslettern« bekannt ist. Damit ist eine Schriftart und Schriftgröße gemeint, die direkt von den Seiten zu springen und den Leser bei der Kehle zu packen scheint, indem sie unweigerlich fordert und schreit: »LIES MICH!«

Dieser Schriftsatz wurde verwendet, um große Ereignisse wie den Sieg der Alliierten über Hitler oder das Ende des Zweiten Weltkriegs zu verkünden, aber auch Thomas Dewys Sieg über Harry S. Truman bei den Präsidentschaftswahlen 1948 – eine der größten Zeitungsenten in der Geschichte des amerikanischen Journalismus.

Doch warum wird für einen Druck, den man für so überdimensionale Ereignisse verwendet, der Ausdruck »Wiederkunftslettern« verwendet? Warum hat man ihr keinen Namen gegeben, der schlicht auf die Größe der Nachrichten oder Ereignisse hinweist, etwa »Unglaublichkeitslettern«?

Der Grund liegt natürlich darin, dass es tatsächlich kein größeres Ereignis als die Wiederkehr Christi geben könnte, und das weiß auch der ungläubigste Journalist, der für die liberalste Zeitung der gottlosesten Stadt der Welt schreibt. Ironischerweise werden diese Lettern aber gerade dann, wenn Christus tatsächlich wiederkommt, nicht benutzt werden. Warum? Weil die Zeit nicht reichen wird, um eine Blitzausgabe unter die Leute zu bringen, mit der seine Wiederkunft angekündigt wird!

Die Wiederkunft Christi: ein Eckpfeiler der Prophetie

Wiederkunft Christi – das bedeutet, dass Jesus Christus auf diese Erde zurückkommt, um über seine Feinde zu richten, um sein Reich aufzurichten und tausend Jahre lang diese Welt zu regieren.

Unter den 318 Prophezeiungen des Neuen Testaments, die sich auf die Wiederkunft Christi beziehen, gibt es viele verschiedene Ausdrücke, die der Heilige Geist benutzt, um dieses Kommen zu beschreiben: angefangen von »wenn Jesus, unser Herr, mit allen seinen Engeln kommt« (1 Thess 3,13) bis zum Kommen »mit göttlicher Macht und Herrlichkeit« (Mk 13,26) und unserem bevorzugten Ausdruck, das Warten darauf, dass »unser großer Gott und Retter Jesus Christus in seiner Herrlichkeit erscheint« (Tit 2,13). Der letzte Ausdruck scheint uns der beste zu sein, um dieses großartige Ereignis zu beschreiben.

Jesu Wiederkunft in Herrlichkeit wird den Täuschungsmanövern des Widersachers unter den Menschen ein Ende machen und eine Epoche des Friedens unter der Herrschaft Christi einleiten. Sie ist ein Grundpfeiler biblischer Prophetie und die Lehre, die am meisten geliebt und verehrt wird – und zwar von Vertretern aller Konfessionen. Sie ist so sehr zu einem Bestandteil des christlichen Glaubens geworden, dass nach einer Meinungsumfrage des Gallup-Instituts 66 % aller Amerikaner daran glauben, dass Jesus Christus auf diese Erde zurückkommen wird – und das sind mindestens 25 % mehr als die Anzahl der Menschen, die sich als »wiedergeboren« bezeichnen.

Der Glaube, dass Jesus wiederkommt, ist jedoch bei Christen, die sich treu an die Bibel halten, viel weiter verbreitet, denn er gehört zur Grundlage unseres Glaubens. Seit dem dritten Jahrhundert wird er von jedem Konzil als wichtiger Grundsatz verkündet. In der Bibel wird nur von der Erlösung öfter als von der Wiederkunft Christi gesprochen – aber sie ist der einzige Weg, der uns auf sein Kommen vorbereitet.

Die Sicht der Bibel

Die detaillierteste Beschreibung seiner Wiederkunft hat uns Christus selbst gegeben:

> »Denn der Menschensohn wird für alle sichtbar kommen, wie ein Blitz, der von Ost nach West über den Himmel zuckt« (Mt 24,27; Gute Nachricht).

> »Doch sofort nach dieser Schreckenszeit wird sich die Sonne verfinstern, und der Mond wird nicht mehr scheinen, die Sterne werden vom Himmel fallen, und die Ordnung des Himmels wird zusammenbrechen.
> Dann wird der Menschensohn für alle sichtbar am Himmel erscheinen. Dies ist das Zeichen, dass das Ende da ist. Die Völker der ganzen Welt werden jammern und klagen, wenn sie den Menschensohn auf den Wolken des Himmels mit göttlicher Macht und Herrlichkeit kommen sehen.
> Dann wird die Posaune ertönen, und der Menschensohn wird seine Engel in alle Himmelsrichtungen ausschicken, damit sie von überall her die Menschen zusammenbringen, die er erwählt hat« (Mt 24,29–31; Gute Nachricht).

Ausgehend von diesen biblischen Aussagen über die Wiederkunft können wir einige Dinge mit Sicherheit sagen: Die Wiederkunft wird erstens nicht auf eine kleine Gruppe beschränkt sein, sondern vor den Augen der ganzen Welt stattfinden. Christus sagt, dass sein Kommen wie das Aufleuchten eines Blitzes sein wird, der quer über den Himmel zuckt – von allen zu sehen und vor allem nicht zu *über*-sehen. Er sagt zweitens, dass sie sich »sofort nach« der Großen Trübsalzeit ereignen wird. Aus diesem Grund können wir uns vor dieser Zeit sicher sein, dass Gerüchte, Christus sei angeblich irgendwo in der Wüste wiedergekommen, falsch sind. Denn Christus hat selbst gesagt, dass er erst nach der Trübsalzeit kommen wird und nicht vor ihr. Drittens wird gesagt, dass die Völker dieser Erde klagen und jammern werden, wenn er wiederkommt. Die Juden werden darüber klagen, dass sie Christus so lange als Messias abgelehnt haben (vgl. Sach 12,10–12), und die Gottlosen werden ihrer Verzweiflung Ausdruck verleihen und werden Jesus auch dann noch als König ablehnen, wenn er sichtbar am Himmel erscheint.

Kurz bevor Jesus gekreuzigt wurde, hat er seine Wiederkunft auf sensationelle Weise beschrieben. Als er vom Hohenpriester Kaiphas verhört wurde, wurde ein falscher Zeuge nach dem anderen aufgerufen, doch Jesus erwiderte nichts auf ihre Beschuldigungen. Kaiphas war darüber frustriert und fragte Jesus: »Hast du nichts zu sagen zu dem, was diese beiden gegen dich vorbringen?« (Mt 26,62; Gute Nachricht). Doch Jesus blieb stumm. Schließlich sagte der Hohepriester: »Ich nehme von dir einen Eid und fordere dich auf, uns zu sagen: Bist du Christus, der versprochene Retter, der Sohn Gottes?« Jesus antwortete: »Ja! Aber ich sage euch, von jetzt an gilt: Ihr werdet den Menschensohn sehen, wie er an der rechten Seite des Allmächtigen sitzt und auf den Wolken des Himmels kommt« (Mt 26,63–64; Gute Nachricht). Daraufhin zerriss Kaiphas vor Entsetzen sein Gewand und rief aus: »Das ist eine Gotteslästerung!« (Mt 26,65).

Wieso konnte Kaiphas behaupten, dass Jesus mit diesen Worten Gott lästerte? Weil er wie jeder andere im Raum auch augenblicklich verstand, dass Jesus den Anspruch erhob, die göttliche Person zu sein, die schon Daniel in seiner Vision beschrieben hatte:

> »Danach sah ich in meiner Vision einen, der aussah wie ein Mensch. Er kam mit den Wolken heran und wurde vor den Thron des Uralten geführt. Der verlieh ihm Macht, Ehre und Herrschaft, und die Menschen aller Völker und Sprachen unterwarfen sich ihm. Seine Macht ist ewig und unvergänglich, seine Herrschaft wird niemals aufhören« (Dan 7,13–14; Gute Nachricht).

Bei diesem Wortwechsel mit dem Hohenpriester stellte Jesus die Behauptung auf, Daniels »Menschensohn« zu sein. Das heißt nichts anderes, als dass Gott in Menschengestalt »mit den Wolken des Himmels« auf die Erde wiederkommen wird, dass er Macht, Ehre und ein Reich erhalten wird, das niemals aufhören wird. Weder Daniel noch Jesus dachten dabei an ein rein »spirituelles« Kommen, und falls seine Jünger noch irgendeinen Zweifel daran hatten, so wurde dieser spätestens an dem Tag ausgelöscht, an dem Jesus in den Himmel auffuhr. Lukas berichtet über diesen außerordentlichen Tag, dass Jesus

> »vor ihren Augen emporgehoben [wurde]. Eine Wolke nahm ihn auf, sodass sie ihn nicht mehr sehen konnten. Als sie noch wie gebannt nach oben starrten und hinter ihm hersahen, standen plötzlich zwei weiß gekleidete Männer neben ihnen. ›Ihr Galiläer‹, sagten sie, ›warum steht ihr da und schaut nach oben? Dieser Jesus, der von euch weg in den Himmel aufgenommen wurde, wird auf dieselbe Weise wiederkommen, wie ihr ihn habt weggehen sehen!‹« (Apg 1,9–11; Gute Nachricht).

Die Engel machten ihnen deutlich, dass Christus auf dieselbe Weise »wiederkommen« wird, wie sie ihn »weggehen« sahen – in Menschengestalt, für alle sichtbar und auf den Wolken. Interessanterweise wird er auf demselben Berg wiederkommen, von dem aus er in den Himmel auffuhr, nämlich auf dem Ölberg. Sacharja sagt:

> »Dann aber, an jenem Tag, wird der Herr selbst gegen diese Völker in den Krieg ziehen, wie er in früheren Zeiten für sein Volk gekämpft hat. Er stellt sich auf den Ölberg, der östlich von Jerusalem liegt, und der Berg wird sich von Osten nach Westen in zwei Teile spalten. Die eine Hälfte weicht nach Norden aus, die andere Hälfte nach Süden, sodass ein breites Tal entsteht. In dieses Tal zwischen meinen beiden Bergen werdet ihr fliehen und das Tal wird sich bis nach Azal erstrecken; ihr werdet fliehen, wie eure Vorfahren zur Zeit des Königs Usija vor dem Erdbeben geflohen sind. Dann wird der Herr, unser Gott, in Jerusalem einziehen, begleitet von allen seinen heiligen Engeln« (Sach 14,3–5; Gute Nachricht).

Wenn Jesus wieder auf diesen Planeten zurückkommt, wird er mit seinen Füßen auf dem Ölberg stehen und ihn in zwei Teile spalten. Geologische Untersuchungen haben ergeben, dass sich unter diesem Berg eine Verwerfung befindet. Wenn die Füße Christi den Boden berühren, wird er damit bewirken, dass die geologische Verwerfung den Berg weit auseinander reißt, was eine weitere mächtige Ankündigung für sein Kommen ist.

Doch wie ist zu verstehen, dass Christus selbst gegen die Völker kämpfen wird? Johannes schildert im Buch der Offenbarung dramatische Einzelheiten dieses in seiner Art einzigartigen Ereignisses:

> »Dann sah ich den Himmel weit geöffnet. Da stand ein weißes Pferd. Auf ihm saß einer, der heißt der Treue und Wahrhaftige. Er urteilt und kämpft gerecht. Seine Augen waren wie Flammen und auf dem Kopf trug er viele Kronen. Ein Name stand auf ihm geschrieben, den nur er selbst kennt. Sein Mantel war voll Blut und sein Name ist ›Das Wort Gottes‹. Die Heere des Himmels folgten ihm. Alle ritten auf weißen Pferden und waren in reines weißes Leinen gekleidet.
>
> Aus seinem Mund kam ein scharfes Schwert, mit dem er die Völker besiegen wird. Er wird sie mit eisernem Zepter regieren und sie zertreten, wie man die Trauben in der Weinpresse zertritt. So vollstreckt er den heftigen Zorn Gottes, des Herrschers der ganzen Welt. Auf seinem Mantel und auf seinem Schenkel stand sein Name: ›König der Könige und Herr der Herren‹.
>
> Dann sah ich einen Engel, der stand in der Sonne. Er rief allen Vögeln, die hoch am Himmel flogen, mit lauter Stimme zu: ›Kommt, versammelt euch für Gottes großes Festmahl! Kommt und fresst das Fleisch von Königen, Heerführern und Kriegern! Fresst das Fleisch der Pferde und ihrer Reiter, das Fleisch von allen Menschen, von Sklaven und Freien, von Hohen und Niedrigen!‹
>
> Dann sah ich das Tier zusammen mit den Königen der Erde. Ihre Heere waren angetreten, um gegen den Reiter und sein Heer zu kämpfen. Das Tier wurde gefangen genommen und auch der falsche Prophet, der unter den Augen des Tieres die Wunder getan hatte. Durch diese Wunder hatte er alle verführt, die das Zeichen des Tieres angenommen und das Standbild des

> Tieres angebetet hatten. Das Tier und der falsche Prophet wurden bei lebendigem Leib in einen See von brennendem Schwefel geworfen. Alle Übrigen wurden durch das Schwert vernichtet, das aus dem Mund dessen kommt, der auf dem Pferd reitet. Alle Vögel wurden satt von ihrem Fleisch« (Offb 19,11–21; Gute Nachricht).

Johannes beschreibt Jesus hier als gerechten Richter, gerechten Kämpfer und gerechten König. Er wird von einem himmlischen Heer begleitet, das wie kein anderes Heer der Geschichte gekleidet ist. Soldaten tragen gewöhnlich Tarnanzüge, doch hier sind sie in weißes Leinen gekleidet – ein Sinnbild für ihre Reinheit, aber auch dafür, dass sich Jesus keinerlei Gedanken darüber macht, ob ihre »Uniformen« schmutzig werden könnten. Das ist auch nicht zu befürchten, denn sie werden bei diesem Kampf keinen Finger rühren. Jesus wird den Sieg ganz allein in der Kraft seines allmächtigen Wortes erringen.

Johannes hat in dieser Vision den berühmtesten Kampf der Geschichte, die Schlacht von Harmagedon, gesehen. Dort werden der Antichrist, der falsche Prophet und alle gottlosen Heere der Welt aufeinander treffen, um gegeneinander zu kämpfen, doch wenn sie Christus »auf den Wolken des Himmels« kommen sehen, werden sie ihre kläglichen Waffen gegen den König der Könige und Herrn aller Herren richten. Das Wort »Kampf« bedeutet in diesem Text eigentlich »Schlacht« oder »Krieg«. Und verschiedene andere Bibelstellen weisen darauf hin, dass der Kampf am »großen Tag Gottes, des Herrschers der ganzen Welt« (Offb 16,14), tatsächlich aus mindestens vier »Schlachten« besteht, die sich fast über ganz Palästina erstrecken werden:

1. Christus wird zuerst nach Edom gehen, um Israel aus der Hand des Antichristen zu erretten. Dort wird er seine Kleidung mit dem Blut seiner Feinde tränken (vgl. Jes 63,1–6).
2. Danach begibt er sich ins Tal Harmagedon, wo er die dort versammelten Heere dieser Welt endgültig schlagen wird (vgl. Offb 16,12–16).
3. Als Nächstes wird Christus den noch verbliebenen Rest dieser Truppen der Finsternis im Tal Joschafat vernichtend schlagen (vgl. Joel 4,1–2.9–17; Offb 14,14–20).

4. Zuletzt wird Christus nach Jerusalem kommen, um die Garde des Antichristen zu besiegen, wenn dieser versucht, die Heilige Stadt zu vernichten (vgl. Sach 12,1–9; Offb 19,17–21).

Am großen Tag seiner Wiederkunft wird Christus alle seine Feinde besiegen und Antichrist und falschen Prophet lebend in einen See aus brennendem Schwefel werfen, in dem sie für alle Zeiten Tag und Nacht gequält werden (Offb 20,1–3). Die Vögel des Himmels und die Tiere des Feldes werden sich an den Leichen der Erschlagenen satt fressen, und keiner, der sich Christus widersetzt, wird am Leben bleiben.

Wenn Sie diese Bibelstellen lesen, werden Sie verstehen, warum Paulus von einer »Wiederkunft in Herrlichkeit« spricht, wenn Jesus Christus auf diese Erde zurückkommt, und warum wir diese Bezeichnung allen anderen vorziehen! Doch auch dieser Ausdruck reicht nicht aus, um zu beschreiben, wie großartig diese Geschehnisse sein werden, die den Lauf dieser Welt für immer verändern werden.

Anders als beim ersten Mal

Als Jesus Christus zum ersten Mal auf diese Erde kam, wurde er verfolgt, verspottet, geschlagen und sogar gekreuzigt. Er hat sich bewusst erniedrigt und ist zum Diener der Menschen geworden, damit er für die ganze Menschheit den Tod auf sich nehmen konnte. Bei seinem ersten Kommen hat er sich »unter die Engel erniedrigt« (Hebr 2,7). Trotzdem war er mehr als nur ein Mensch; er war Gott in Menschengestalt. Obgleich er über übernatürliche Kräfte verfügte, hat er zugelassen, dass er verfolgt, abgelehnt, geschlagen und schließlich gekreuzigt wurde. Damit wurde er zum »Sündenbock« Gottes, der die Welt erlösen konnte.

Seine Wiederkunft in Herrlichkeit wird ganz anders sein; dann wird er mit »großer Macht und Herrlichkeit« erscheinen. Er wird nie wieder in Schwachheit kommen! Alle Menschen werden vor ihm niederfallen. Und er wird der »König der Könige« und »Herr aller Herren« sein und jeder Mund wird bekennen: »Jesus Christus ist der Herr!« (Phil 2,11). Alle Engel und auch der Widersacher selbst werden seiner Autorität unterworfen sein.

Die Bibel berichtet uns viele unglaubliche Details dieser Wiederkunft – und man muss alle 318 Prophezeiungen sorgfältig analysieren, um dieses Ehrfurcht gebietende Ereignis voll verstehen zu können. Und es kann durchaus sein, dass es vielleicht schon im frühen 21. Jahrhundert eintritt.

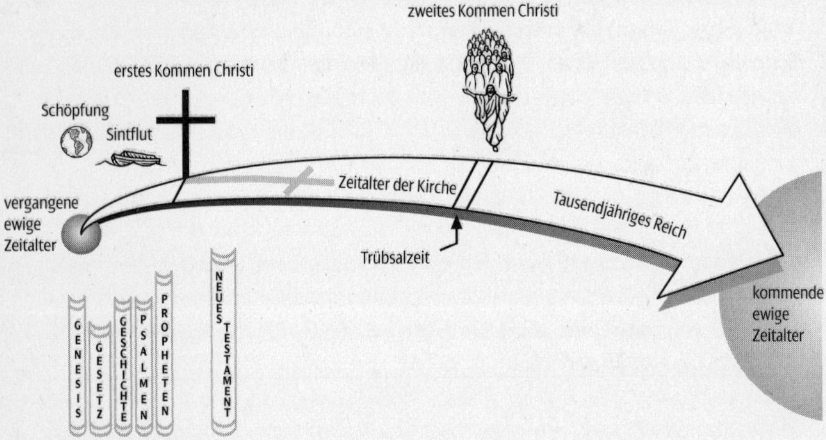

Abb. 11: Die Wiederkunft Christi

Die Welt wird nie wieder die alte sein, nachdem Jesus mit Macht und Herrlichkeit gekommen ist! Wenn er die Heere des Antichristen auf den Bergen Israels vernichtet hat, wird er den Widersacher in Ketten legen und für 1 000 Jahre in den Abgrund werfen. Er wird die Völker der Welt danach richten, wie sie mit seinem auserwählten Volk umgegangen sind (Mt 25). Und zuletzt wird eine Periode des Friedens beginnen, nach der sich viele Menschen schon seit Jahrhunderten gesehnt haben.

Die Hochzeit des Lammes

Jesu Gemeinde hat bereits einen Vorgeschmack davon bekommen, wie dieses Reich sein wird, das in Offenbarung 19, Verse 7 bis 10 als »Hochzeit des Lammes« beschrieben ist. Nach der Entrückung und dem Gericht, in dem die Mitglieder der Gemeinde für ihren treuen Dienst belohnt werden (vgl. 1 Kor 3,10–15; 2 Kor 5,10), wird eine Hochzeit stattfinden. Die Kirche (»die Braut Christi«) und unser Herr Jesus Christus werden im Himmel offiziell miteinander vermählt werden. Wenn die Erde mitten in den letzten Wehen der Trübsalzeit steckt, wird die Kirche im Himmel Hochzeit feiern. Und anschließend ein großes Festmahl!

In der Offenbarung heißt es dazu:

> »Dann sagte der Engel zu mir: ›Schreib auf: Freuen darf sich, wer zum Hochzeitsmahl des Lammes eingeladen ist.‹ Und er fügte hinzu: ›Dies alles sind zuverlässige Worte Gottes‹« (Offb 19,9; Gute Nachricht).

Wer sind die Gäste, die zum Hochzeitsmahl des Lammes geladen sind? Die Gemeinde kann es nicht sein, denn sie ist ja die Braut. Im Johannes-Evangelium, Kapitel 3, Vers 29 bekommen wir einen Fingerzeig, wenn sich Johannes der Täufer als »Freund des Bräutigams« bezeichnet. Wir glauben, dass diese Gäste Heilige sein werden, die entweder zur Zeit des Alten Testaments gelebt haben oder während der Trübsalzeit ums Leben gekommen sind. Sie alle werden darüber jubeln, was Gott durch Jesus Christus getan hat und dass er sich ein Volk geschaffen hat, das seinen Namen trägt.

> »Ja, komm bald!«
>
> Johannes beschließt das Buch der Offenbarung, indem er uns gezielt an Christi Wiederkunft erinnert:
>
> »Gebt Acht! Ich komme bald!« (Offb 22,7; Gute Nachricht).
>
> »Gebt Acht, ich komme bald, und euren Lohn bringe ich mit. Jeder empfängt das, was seinen Taten entspricht« (Offb 22,12; Gute Nachricht).
>
> »Ganz gewiss, ich komme bald« (Offb 22,20; Gute Nachricht).

Sind Sie bereit? Johannes war es, denn er konnte voller Freude schreiben: »Der Geist und die Braut antworten: ›Komm!‹ Wer dies hört, soll sagen: ›Komm!‹« (Offb 22,17; Gute Nachricht). Und er ließ es nicht dabei bewenden, denn er wusste, dass diese Worte von einigen gelesen werden, die auf das Kommen des Herrn nicht vorbereitet sind. An diese schrieb er: »Wer durstig ist, soll kommen, und wer von dem Wasser des Lebens trinken will, wird es geschenkt bekommen« (Offb 22,17).

Sind auch Sie durstig? Dann kommen Sie zu Christus, damit Sie bereit sind, wenn er kommt. Möchten Sie Ihren Durst an der großen Quelle Gottes stillen? Dann kommen Sie und nehmen Sie, was er Ihnen schenkt. Trinken Sie von seinem kühlen, frischen Wasser, bis Sie nicht mehr können. Vertrauen Sie allein auf seine Gnade und bitten Sie Jesus, Ihre Seele satt zu machen.

Dann werden auch Sie bereit sein, mit Johannes zu sagen: »Ja, komm doch, Herr Jesus!«

16. Das Tausendjährige Reich

Wenn wir diese schrecklichen sieben Jahre irgendwie überleben, vor allem die zweite Hälfte, wird die Wiederkunft Christi umso herrlicher sein. Christus wird wiederkommen, um seine tausendjährige Herrschaft auf der Erde aufzurichten.‹

›Das Tausendjährige Reich.‹

›Genau.‹«

(»Finale«, S. 238)

Die Idee war richtig, aber der Zeitpunkt war falsch gewählt.

Als am 24. Oktober 1945 die Vereinten Nationen offiziell gegründet wurden, hofften die Regierenden der einzelnen Mitgliedsstaaten, dass diese Organisation dazu beitragen würde, die Art von Krieg zu verhindern, die den Planeten nur kurze Zeit zuvor verwüstet hatte. Daran glaubten sie so stark, dass sie auf dem Gebäude der Vereinten Nationen in New York folgende Worte aus dem Alten Testament anbringen ließen:

> »Dann schmieden sie aus ihren Schwertern Pflugscharen und aus ihren Speerspitzen Winzermesser. Kein Volk wird mehr das andere angreifen, und niemand lernt mehr das Kriegshandwerk« (Jes 2,4; Mi 4,3; Gute Nachricht).

Wie gesagt – eine prima Idee, aber nicht zum richtigen Zeitpunkt. Die Vereinten Nationen haben es trotz aller Anstrengungen in den vergangenen 50 Jahren nicht geschafft, die Völker zu bewegen, ihre Schwerter in Pflugscharen oder ihre Speere in Winzermesser umzuschmieden. Ein Volk erhebt sich weiter gegen das andere und die Menschen haben nicht aufgehört, Krieg zu führen.

Haben sich die beiden Propheten geirrt? Haben sie vielleicht etwas falsch verstanden?

Nein, es lag nicht an der Botschaft. Das Problem liegt darin, dass weder die Vereinten Nationen noch irgendeine andere menschliche Organisation in der Lage sind, uns den Frieden zu bringen, von dem Jesaja und Micha gesprochen haben. Dieser Friede wird erst dann kommen, wenn Jesus Christus, der Friedefürst, auf diese Erde zurückkommt, um sein Reich aufzurichten. Dann und erst dann wird das Reich der Eintracht und des Friedens, das die Propheten gesehen haben, Gestalt annehmen.

Jesus Christus ist der Einzige, dem die Autorität gegeben ist, ein solches Reich ins Leben zu rufen. Und er ist auch der Einzige, der die Macht besitzt, diesen Frieden vom ersten Tag an bis in alle Ewigkeit aufrechtzuerhalten. Sein kommendes Reich ist der Idealstaat, der der Menschheit bei ihrem Sündenfall abhanden gekommen ist. Es wird eine Zeit des Friedens, der Gerechtigkeit, des Glücks und der Hinwendung zu Gott sein. Und alles, was die Propheten darüber gesagt haben, wird in Erfüllung gehen.

Der Widersacher wird im Abgrund angekettet

Bevor dieses Reich jedoch beginnen kann, muss derjenige, der so lange Zeit so viel Unheil angerichtet hat, erst außer Gefecht gesetzt werden. Und genau das wird als Erstes geschehen, unmittelbar nachdem Jesus in Herrlichkeit wiedergekommen ist. Johannes sagt, dass ein Engel vom Himmel herabsteigen wird, mit einem »Schlüssel zum Abgrund und einer schweren Kette« in seiner Hand. Dieser mächtige Engel wird Satan ergreifen, mit der Kette fesseln und in den Abgrund werfen. Er wird ihn dort einsperren und ein Siegel an seiner Zelle anbringen, sodass er »die Völker tausend Jahre lang nicht mehr verführen konnte« (Offb 20,1–3).

Können Sie sich vorstellen, wie es sein wird, wenn es diesen Betrüger nicht mehr gibt, der allen, die dafür empfänglich sind, seine Lügen ins Ohr flüstert? Wie würde unser Leben aussehen, wenn uns der Verführer nicht mehr ständig umkreiste, um uns zu dieser oder jener Auflehnung gegen Gott zu verleiten? Wie angenehm wäre unser Leben, wenn es keinen mehr gäbe, der nur darauf lauert, uns seine Anschuldigungen ins Gesicht zu schleudern? Es würde keine verfälschten Wahrheiten mehr geben, keine falschen Versprechungen, keine falschen Engel und Götter! Was für eine Welt würde das sein!

Es *wird* die Welt des Tausendjährigen Reiches sein.

Wie lange wird diese Zeit dauern?

Wir werden nicht im Unklaren gelassen, wie lange dieses Reich dauern wird, denn im 20. Kapitel der Offenbarung ist sechsmal davon die Rede, dass es »tausend Jahre« lang dauern wird – ein Millennium oder ein Jahrtausend. Eintausend Jahre Friede auf Erden!

Die Bibel beleuchtet in Hunderten von Versen verschiedene Aspekte dieses kommenden Reiches Christi – viel zu viele, als dass wir hier auf alle eingehen könnten. Lassen Sie uns dennoch einen kurzen Blick auf einige dieser Bibelstellen aus dem Alten und Neuen Testament werfen, um wenigstens ein grobes Verständnis davon zu bekommen, was uns im Tausendjährigen Reich erwartet. Der Prophet Daniel schreibt:

> »Zur Zeit dieser beiden Königreiche aber wird der Gott des Himmels sein Reich errichten, das niemals untergehen wird; kein anderes Volk wird danach noch zur Herrschaft kommen und dieses Reich ablösen. Das Königreich Gottes beseitigt alle anderen Reiche, aber es selbst bleibt für alle Zeiten bestehen« (Dan 2,44; Gute Nachricht).

Kurz zuvor hatte Daniel ein goldenes Standbild gesehen, ein Symbol der vier kommenden Weltreiche, das von einem Stein, der sich »ohne Zutun eines Menschen« (Dan 2,34) von einem Felsen löste und zerschmettert wurde, sodass es zu Staub zerfiel. Dieser Stein war nichts anderes als ein Symbol für ein Reich, das noch kommen wird. Und wer wird dieses Reich regieren? Die Antwort ist in Psalm 2 zu finden. Dieser Psalm wird schon lange als »messianischer Psalm« verstanden, das heißt, er ist eine Prophezeiung über den Messias. Gott sagt in diesem Psalm zu seinem Sohn:

> »Fordere von mir alle Völker, ich schenke sie dir; die ganze Erde gebe ich dir zum Besitz. Regiere sie mit eiserner Faust! Wenn du willst, zerschlag sie wie Töpfe aus Ton!« (Ps 2,8–9; Gute Nachricht).

Wir gehen davon aus, dass Johannes, als er das Buch der Offenbarung schrieb, diese Psalmstelle mindestens an drei Stellen im Hinterkopf hatte. Erstens, als er die Worte Jesu an die sieben Gemeinden wiedergab: »Sie werden die Völker mit eisernem Zepter regieren und zerschlagen wie Tontöpfe. Es ist dieselbe Macht, die ich von meinem Vater bekommen habe« (Offb 2,27; Gute Nachricht). Dann sprach er von einer Frau, die einen Sohn zur Welt bringen wird, »der alle Völker dieser Erde mit eisernem Zepter regieren wird« (Offb 12,5; Gute Nachricht). Dieses Kind wird sofort nach seiner Geburt entrückt und zum Thron Gottes gebracht – eine offensichtliche Anspielung auf Jesus. Und drittens malte er uns ein Bild von Christus vor Augen, der auf einem weißen Pferd geritten kommt und seine Feinde besiegen und die Völker mit eisernem Zepter regieren wird (Offb 19,15).

Das Erstaunlichste dabei ist, dass Jesus alle Menschen, die zu ihm gehören, einladen wird, mit ihm in diesem Reich zu herrschen. Das ist die Botschaft aus Offenbarung 2, Vers 27, die wir eben zitierten. Und das ist auch die Botschaft aus Daniel 7:

> »Aber dann kam der Uralte, um Gericht zu halten, und die Herrschaft wurde seinem Volk, den Heiligen des höchsten Gottes, übergeben. [...] Darauf wird der höchste Gott die Herrschaft über die Völker der ganzen Erde seinem heiligen Volk übertragen. Dessen Reich soll alle anderen Reiche ablösen und ihre Macht und Größe in sich vereinen. Gott aber behält die Herrschaft in alle Ewigkeit, alle Mächtigen der Erde werden ihm dienen und gehorchen müssen« (Dan 7,22–27; Gute Nachricht).

Entsprechend lautet es in der Offenbarung des Johannes:

> »Dann sah ich Thronsessel. Alle, die auf ihnen Platz nahmen, wurden ermächtigt, Gericht zu halten. Ich sah auch die Seelen der Menschen, die enthauptet worden sind, weil sie öffentlich für Jesus und das Wort Gottes eintraten. Sie hatten weder das Tier noch sein Standbild angebetet und trugen auch nicht das Kennzeichen des Tieres auf ihrer Stirn oder ihrer Hand. Sie wurden wieder lebendig und herrschten zusammen mit Christus tausend Jahre lang. [...] Das ist die erste Auferstehung.

Freuen dürfen sich die Auserwählten, die an der ersten Auferstehung teilhaben. Der zweite Tod, der endgültige, kann ihnen nichts anhaben. Sie werden Gott und Christus als Priester dienen und tausend Jahre lang mit Christus herrschen« (Offb 20,4,6; Gute Nachricht).

Kein Wunder, dass unser Erlöser »König der Könige und Herr aller Herren« genannt wird!

Drei miteinander konkurrierende Ansichten

Nicht alle Christen nehmen die Aussagen wörtlich, dass Christus irgendwann in der Zukunft auf diese Erde wiederkommen wird, um ein Reich des Friedens und der Sicherheit aufzurichten, das tausend Jahre lang bestehen wird. Im Laufe der Jahrhunderte haben sich weitere Ansichten zu diesem Thema entwickelt.

Als *»Amillennialismus«* wird die Auffassung bezeichnet, dass es auf dieser Erde kein Tausendjähriges Reich geben wird, sondern dass sich diese Prophetie erst in der Ewigkeit erfüllen wird. Diese Ansicht hat sich in die Kirche eingeschlichen, nachdem Augustinus die Praxis eingeführt hat, die Bibel im übertragenen Sinne zu deuten und sinnbildlich zu verstehen. Sie führte dazu, dass die westliche Welt für mehr als 1100 Jahre im finsteren Mittelalter versank. Die Zeiten waren deshalb so finster, weil die Menschen fast gar keinen Zugang zur Bibel hatten und nur sehr wenig von ihr wussten. In der Folge ist auch die Hoffnung auf die Wiederkunft Christi verloren gegangen.

Als *»Postmillennialismus«* bezeichnet man die Vorstellung, dass die Kirche das Evangelium in dieser Welt immer weiter verkünden wird und dass zu einem unbestimmten, zukünftigen Zeitpunkt die ganze Welt christianisiert sein wird und schließlich ein Stadium erreicht, das ins Reich Christi übergeht. Diese Ansicht wurde im 17. Jahrhundert von einem Anglikaner namens Daniel Whitby vertreten. Seither hat die Popularität dieser Auffassung je nach Zeit und Umständen zu- oder abgenommen. Nach den Unmenschlichkeiten des Ersten Weltkriegs hatte sie weniger Anhänger und die Katastrophen des Zweiten Weltkriegs haben sie so gut wie erledigt. Heute halten nur noch einige wenige Gruppen daran fest.

Die Grausamkeiten des 20. Jahrhunderts erschweren es heutzutage, an der Haltung des »Postmillennialismus« festzuhalten.

Vertreter des *»Prämillennialismus«* nehmen die Aussagen der Bibel wörtlich und legen diese auch wörtlich aus. Sie vertreten die Auffassung, dass Christus erst wiederkommen muss, bevor sich unter seiner Herrschaft das Tausendjährige Reich entfalten kann.

Die junge Kirche hat von der Zeit der Apostel an bis ins vierte Jahrhundert an dieser Sicht festgehalten. Bevor Johannes die Offenbarung schrieb, waren die Jünger davon überzeugt, dass Christus sein Reich auf dieser Erde errichten wird, wenn er wiederkommt. Im 24. Kapitel des Matthäus-Evangeliums wird berichtet, dass die Jünger eine Frage an Jesus richten, in der es um seine Wiederkunft *und* das Ende der Welt geht. Das weist darauf hin, dass die Juden zur Zeit Jesu davon ausgingen, dass ihr Messias bei seinem Kommen auch sein Reich aufrichten würde. Da die Kirche des ersten Jahrhunderts überwiegend aus Juden bestand, haben ihre Mitglieder schon früh die Wiederkunft Christi mit der Errichtung seines Reiches verbunden. Das wird auch im folgenden Schaubild veranschaulicht:

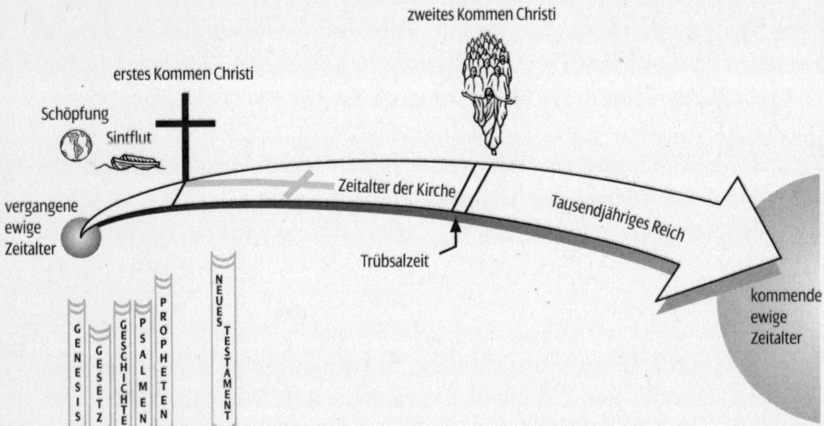

Abb. 12: Die Sicht des Tausendjährigen Reichs in der Urkirche

Es ist dieser König, der in seinem Königreich tausend Jahre lang über diese Erde regieren und ihr den Frieden bringen werden, den die Propheten Jesaja und Micha schon vor Tausenden von Jahren so ausdrucksstark beschrieben haben.

Eine überwältigende Bevölkerungszahl

Über das Tausendjährige Reich gibt es so viele Prophezeiungen, dass diese hier nur flüchtig gestreift und in groben Zügen skizziert werden können. Wie wird dieses Reich aussehen?

In Sacharja 14 wird uns gesagt, dass Jerusalem die Hauptstadt seines Reichs sein wird und dass die Völker der Erde regelmäßig dorthin pilgern werden, um Christus als König zu verehren. In den beiden letzten Kapiteln des Propheten Jesaja heißt es, dass es dann im Klima der Erde gewaltige Veränderungen geben wird, ebenso wie in ihrer geografischen Beschaffenheit, in Fauna und Flora. Jesaja schreibt: »Wolf und Lamm werden dann gemeinsam weiden, der Löwe frisst Häcksel wie das Rind, und die Schlange ernährt sich vom Staub der Erde. Auf dem Zion, meinem heiligen Berg, wird keiner mehr Böses tun und Unheil stiften. Ich, der Herr, sage es« (Jes 65,25; Gute Nachricht). Jesaja sagt auch voraus, dass Gott »einen neuen Himmel und eine neue Erde« schaffen wird – ein Thema, über das uns Petrus weitere Einzelheiten berichtet:

> »Doch der Tag des Herrn kommt unvorhergesehen wie ein Dieb. Dann wird der Himmel unter tosendem Lärm vergehen, die Himmelskörper verglühen im Feuer, und die Erde und alles, was auf ihr ist, wird zerschmelzen« (2 Petr 3,10; Gute Nachricht).

Sowohl nach Jesaja als auch nach Johannes wird die Bevölkerung der Erde während dieser tausendjährigen Friedensperiode sehr stark zunehmen. Jesaja sagt: »Es gibt keine Kinder mehr, die nur ein paar Tage leben, und niemand, der erwachsen ist, wird mitten aus dem Leben gerissen. Wenn jemand mit hundert Jahren stirbt, wird man sagen: ›Er war noch so jung!‹ Selbst der Schwächste und Gebrechlichste wird ein solch hohes Alter erreichen« (Jes 65,20; Gute Nachricht).

Wir glauben, das bedeutet, dass die Gläubigen während der ganzen Periode über am Leben bleiben werden, während nicht erlöste Menschen 100 Jahre Zeit haben werden, um umzukehren und Christus als ihren Herrn anzunehmen. Wenn sie das ablehnen, dann werden sie sterben. Das wird gegen Ende dieser 1000 Jahre zu einer enorm hohen Bevölkerungszahl führen und die große Mehrheit davon wird erlöst sein. Wir glauben, dass das Tausendjährige Reich in der Tat der Grund dafür ist, dass es im Himmel schließlich mehr Menschen geben wird als in der Hölle.

Und damit wird Gott seine unfassbare Gnade ein weiteres Mal auf atemberaubende Weise zum Ausdruck bringen!

Jesus ist Sieger!

Vielleicht kennen Sie die Geschichte von dem einfachen, aber gläubigen Hausmeister, der in einem liberalen Seminar einmal darauf wartete, dass die Studenten ihr Basketballspiel beendeten, damit er den Boden der Turnhalle putzen konnte. Er las also in seiner Bibel, und einer der zukünftigen Pfarrer, der das sah, fragte ihn, was er da lese.

»Die Offenbarung«, entgegnete er.

Der junge Mann, der offensichtlich nicht daran glaubte, dass man Prophetie verstehen könne – insbesondere jemand, der nicht einmal einen ordentlichen Schulabschluss hatte –, fragte: »Verstehen Sie denn, was Sie da lesen?«

»Aber ja«, erwiderte der Mann.

Überrascht fragte der angehende Pfarrer: »Und was steht da?«

Mit triumphierendem Lächeln erklärte der Hausmeister: »Jesus ist Sieger!«

Und das ist auch die Kern-Botschaft jeder Prophetie, insbesondere des Buches der Offenbarung: »Jesus siegt!« Und wir werden mit ihm siegen!

17. Die letzte Rebellion

Es gibt einen guten Grund, warum das Studium der Prophetie oft als Beschäftigung mit den »letzten Dingen« bezeichnet wird. Wenn wir durch die prophetische Brille Gottes in die Zukunft blicken, sehen wir, wie sich bestimmte Ereignisse und Dinge am Ende entwickeln werden. Wir richten unsere Aufmerksamkeit zwar gern auf den attraktiven Teil dieser »letzten Dinge«, doch nicht alles, was dazugehört, kann als gut bezeichnet werden.

Das trifft auch auf den letzten Aufstand zu.

Die Lösung eines langen Streits

Viele Jahre lang gab es heftige Debatten darüber, was den größeren Einfluss auf das Verhalten des Menschen ausübt – seine Erziehung oder seine Erbanlagen. Sind Menschen von Geburt an grundsätzlich gut und werden sie nur durch ihre Umwelt verdorben? Oder werden sie bereits mit einem so schwerwiegenden »spirituellen Defekt« geboren, dass keine noch so gute Erziehung daran etwas ändern kann?

Obwohl die Bibel oft genug davon spricht, wie verdorben die menschliche Natur seit dem Sündenfall ist, haben viele Wissenschaftler behauptet, dass der Mensch im Grunde gut sei. Das Problem liegt ihrer Meinung nach darin, dass die Umwelt des Menschen verdorben sei. Wenn Menschen in einem Milieu lebten, das frei von solchen schlechten Einflüssen wäre, würde das einzelne Individuum seine angeborenen guten Anlagen stets zur Entfaltung bringen.

Durch das Tausendjährige Reich wird schlüssig bewiesen, wie unhaltbar diese Auffassung ist.

Die Bibel lehrt, so erstaunlich das sein mag, dass nach Ablauf dieser 1000 Jahre alle nicht erlösten Menschen, die dann noch am Leben sind, gegen Gott rebellieren werden. Ja, sie werden sogar versuchen, seine Hauptstadt anzugreifen. Johannes beschreibt diese Szene folgendermaßen:

> »Wenn die tausend Jahre um sind, wird der Satan aus seinem Gefängnis freigelassen. Er wird ausziehen, um die Völker an allen vier Enden der Erde zu überreden – das sind Gog und Magog. Sie sind so zahlreich wie der Sand am Meer und der Satan wird sie alle zum Kampf sammeln. Sie ergossen sich alle über die ganze Erde und umstellten das Lager des heiligen Gottesvolkes und die von Gott geliebte Stadt« (Offb 20,7–9; Gute Nachricht).

Alles, was nötig ist, damit sich zeigt, wie die Herzen nicht erlöster Menschen wirklich sind, besteht darin, den Verführer aus seiner tausendjährigen Gefangenschaft freizulassen. Wahrscheinlich haben Millionen von Menschen bis dahin vor anderen verborgen gehalten, wie es tatsächlich in ihnen aussieht. Aber wenn der Teufel freigelassen wird, kommt auch die abgrundtiefe Verdorbenheit ihres Herzens plötzlich wieder zum Vorschein. Wir glauben, dass diese Rebellion gegen Gott im Wesentlichen eine Jugendbewegung sein wird, weil die Menschen im Tausendjährigen Reich etwa 100 Jahre Zeit haben werden, um sich für Gott zu entscheiden. Das bedeutet, dass jeder in diesem Heer unter 100 sein wird – und diese Truppen werden trotzdem so zahlreich »wie Sand am Meer« sein! Auch das weist auf die enorm hohe Bevölkerungszahl am Ende des Tausendjährigen Reichs hin.

Johannes sagt uns, dass diese jungen Rebellen vom Teufel angestiftet werden zu glauben, dass sie tatsächlich den König der Könige und Herrn aller Herren angreifen und besiegen könnten. Aber diese Täuschung wird nicht von langer Dauer sein. Sie werden ihre Truppen von überall her auf der Erde zusammenrufen und gegen Jerusalem marschieren, um das »Lager des heiligen Gottesvolkes und Gottes geliebte Stadt« zu umzingeln.

Doch es wird keinen Kampf geben. Keinen Ruf zu den Waffen. Keine Verteidigungsstrategie und auch keine Verhandlungen bis spät in die Nacht hinein. Es wird weder einen Propagandafeldzug geben noch werden Unmengen bereitliegender Atomwaffen zum Einsatz kommen.

Dennoch wird es eine massive Vernichtung geben: »Aber es regnete Feuer vom Himmel, das sie vernichtete« (Offb 20,9; Gute Nachricht).

Und das war es dann. Eine Art Feuerball wird vom Himmel fallen und den Aufstand beenden. Die Plagen der Trübsalzeit und die Gerichte der Drangsalzeit werden sich nicht wiederholen. Mit der Rebellion des Menschen wird es ein für alle Mal vorbei sein.

Und ein für alle Mal wird für alle Zuschauer im Universum sonnenklar sein, dass nur der Tod Jesu Christi und seine Auferstehung das sündige Herz eines Menschen so verändern kann, dass es empfänglich für Gottes Heiligkeit wird. Das Tausendjährige Reich wird den Beweis erbringen, dass selbst die günstigsten Bedingungen – 1000 Jahre Frieden, Wohlstand, Sicherheit, langes Leben, Gesundheit und Überfluss – die Verdorbenheit eines nicht erlösten menschlichen Herzens nicht verändern können. Das kann nur durch Jesus Christus allein bewirkt werden!

Wir glauben, Gott lässt zu, dass sich diese letzte Auflehnung so weit zuspitzt, damit er ein letztes Mal ein helles Licht darauf werfen kann, welch zentrale Bedeutung das Kreuz hat. Das Tausendjährige Reich wird allen Menschen Klarheit darüber bringen, dass es nur einen einzigen Weg für sie gibt, um ihre Beziehung zum wahren Gott wieder in Ordnung zu bringen: indem sie ihr Vertrauen auf Jesus Christus setzen, der sein Blut für ihre Sünden vergossen hat. Und damit wird der lange Streit »Anlage contra Erziehung« endgültig beantwortet sein – zur Ehre Gottes und zur Ehre seines Sohnes Jesus Christus!

Das Ende ... des Anfangs

Wenn Gott diese letzte Rebellion im Keim erstickt, wird er gleichzeitig auch den Widersacher ergreifen und in den See von brennendem Schwefel werfen, »in dem schon das Tier und der falsche Prophet waren. Dort werden sie für alle Zeiten Tag und Nacht gequält« (Offb 20,10; Gute Nachricht). Allein dieser Vers sollte allen zu denken geben, die meinen, dass letzten Endes doch alle gerettet werden. Das wird nicht der Fall sein! Auch Jesus hat davon gesprochen, dass es eine Sünde gibt, die nicht vergeben wird, »weder in dieser noch in der zukünftigen Welt« (Mt 12,32). Und diese unheilige Dreieinigkeit veranschaulicht beispielhaft das Schicksal all jener, die sich weigern, ihre Knie vor dem Erlöser beugen.

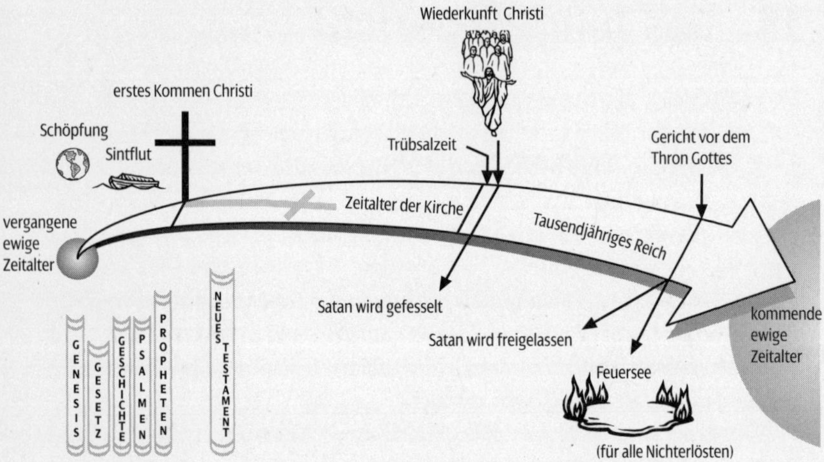

Abb. 13: Die Geschichte der Menschheit und Gottes Plan für die Zukunft

Die letzten Rebellen werden ebenso enden wie der erste Rebell, der sich gegen Gott aufgelehnt und sie zu ihrem Aufstand verführt hat.

Aber nun steht ein weiteres großes Ereignis auf Gottes Kalender: das letzte Gericht vor seinem großen weißen Thron.

18. Das Jüngste Gericht

Wenn Sie eine Stelle in der Bibel auswählen sollten, bei der Sie vor Ehrfurcht erschauern, welche wäre das? Bevor Sie antworten, sollten Sie bedenken, dass »Ehrfurcht« definiert wird als »überwältigendes Gefühl von Ehrerbietung, Bewunderung, Furcht usw., das durch große, erhabene und äußerst machtvolle Dinge oder Ähnliches hervorgerufen wird und Furcht und Schrecken bewirkt«. Welche Stelle würden Sie als die Ehrfurcht gebietendste der Bibel bezeichnen?

Ich weiß, welche Stelle meine Stimme bekommen würde. Eine Stelle der Offenbarung schafft es immer, mich erschauern und mein Herz schneller schlagen zu lassen:

> »Dann sah ich einen großen weißen Thron und den, der darauf sitzt. Die Erde und der Himmel flüchteten bei seinem Anblick und verschwanden für immer. Ich sah alle Toten, Hohe und Niedrige, vor dem Thron.
> Die Bücher wurden geöffnet, in denen alle Taten aufgeschrieben sind. Dann wurde noch ein Buch aufgeschlagen: das Buch des Lebens. Den Toten wurde das Urteil gesprochen; es richtete sich nach ihren Taten, die in den Büchern aufgeschrieben waren. Auch das Meer gab seine Toten heraus und der Tod und die Totenwelt gaben ihre Toten heraus. Alle empfingen das Urteil, das ihren Taten entsprach.
> Der Tod und die Totenwelt wurden in den See von Feuer geworfen. Dieser See von Feuer ist der zweite, der endgültige Tod. Alle, deren Namen nicht im Buch des Lebens standen, wurden in den See von Feuer geworfen» (Offb 20,11–15; Gute Nachricht).

Diese Ehrfurcht gebietende Stelle beschreibt das letzte Gericht über die Menschen, die nicht aufgehört haben, sich gegen Gott aufzulehnen. Während verstorbene Christen bei der Entrückung und die getöteten Heiligen der Trübsalzeit unmittelbar vor dem Tausendjährigen Reich auferweckt werden, heißt es in der Offenbarung: »Die übrigen Toten wurden erst wieder lebendig, als die tausend Jahre um waren« (Offb 20,5; Gute Nachricht). Nun ist ihre Zeit gekommen.

Johannes schließt an dieser Stelle alle ein, die nicht gerettet sind, denn er spricht von Großen und Kleinen, von den Toten im Meer, im Grab und im Hades (dem Ort der Qual) – das heißt jeden nicht erlösten Menschen, der je gelebt hat. Sie alle werden wieder zum Leben erweckt, um vor Gottes großem weißen Thron zu stehen und von ihm gerichtet zu werden.

Die Bücher werden aufgeschlagen

Johannes spricht von Büchern, die geöffnet werden, und von einem weiteren besonderen Buch, das aufgeschlagen wird, dem Buch des Lebens. Er sagt: »Den Toten wurde das Urteil gesprochen; es richtete sich nach ihren Taten, die in den Büchern aufgeschrieben waren. [...] Alle empfingen das Urteil, das ihren Taten entsprach« (Offb 20,12–13; Gute Nachricht).

Diese Stelle erinnert ebenfalls an die Worte Jesu: »Was ihr in der Dunkelheit gesagt habt, werden alle am hellen Tag zu hören bekommen. Was ihr jemand hinter verschlossener Tür ins Ohr geflüstert habt, wird laut in der Öffentlichkeit ausgerufen werden« (Lk 12,3; Gute Nachricht). Und: »So verhält es sich auch mit der Botschaft Gottes: Es gibt nichts Verborgenes an ihr, das nicht ans Licht kommen wird; nichts Geheimes, das nicht bekannt und öffentlich verkündet werden wird« (Lk 8,17; Gute Nachricht). Die Passage erinnert darüber hinaus an eine Stelle im Römer-Brief, in der Paulus vom Tag des Zorns spricht, von »dem Tag, an dem Gott sich als Richter offenbart und gerechtes Gericht hält. Dann wird Gott alle Menschen belohnen oder bestrafen, wie sie es mit ihren Taten verdient haben« (Röm 2,5–6; Gute Nachricht).

Aber auch im Alten Testament wird dieses Ereignis bereits erwähnt: »Über alles, was wir tun, wird Gott Gericht halten, über die guten und die schlechten Taten, auch wenn sie jetzt noch verborgen sind« (Koh 12,15; Gute Nachricht).

Es macht Angst, sich auch nur vorzustellen, dass jemand vor Gott stehen muss, bei dessen Anblick Himmel und Erde flüchten (vgl. Offb 20,11), und nichts vorzuweisen hat als seine bösen Taten, die er während seines Lebens hier auf dieser Erde begangen hat. Ich habe Nichtchristen oft damit prahlen hören, dass *sie* Gott am Tag des Gerichtes für all das Schlimme in der Welt zur Rechenschaft ziehen werden. Doch das ist nichts anderes als ein Produkt ihrer gottlosen Fantasie und wird nie eintreten. Wenn schon Daniel, jemand, der von Gott sehr geliebt wurde, wie betäubt vor Furcht zu Boden fiel, als er die himmlische Erscheinung sah, und alle, die mit ihm waren und die Erscheinung nicht einmal sahen, vor Schreck davonrannten und sich versteckten (Dan 10,4–8); wenn schon Johannes wie tot umfiel, als er eine Vision des auferstandenen Christus hatte (Offb 1,10–17); wenn schon Ijob, der mit Gott rechten wollte, danach sagt: »Ich kannte dich ja nur vom Hörensagen; jetzt aber hat mein Auge dich geschaut. Ich schäme mich für alles, was ich sagte; in Staub und Asche nehme ich es zurück« (Ijob 42,5–6; Gute Nachricht) – welche Vermessenheit wäre es dann anzunehmen, dass Sünder, die am Tag des Gerichts vor Gottes großem weißen Thron stehen, Rechenschaft von ihm fordern könnten!

Nein, an diesem Tag wird sich zeigen, wie wahr die Worte des Apostels Paulus sind: »Was das Gesetz sagt, gilt für die, denen das Gesetz gegeben ist. Niemand kann sich also herausreden. Die ganze Menschheit ist vor Gott schuldig« (Röm 3,19; Gute Nachricht). Gott wird das letzte Wort haben.

Nachdem diese nicht geretteten Männer und Frauen gemäß diesen Büchern nach ihren Taten gerichtet sind, wird ein weiteres Buch aufgeschlagen werden, das Buch des Lebens. Das Neue Testament verweist achtmal auf dieses Buch, und das Alte Testament spricht dreimal von einem Buch, in das Namen geschrieben werden. Johannes sagt: »Alle, deren Namen nicht im Buch des Lebens standen, wurden in den See von Feuer geworfen« (Offb 20,15; Gute Nachricht). Und damit endet ihre Geschichte.

Wenn das geschehen ist, steht nur noch eines bei diesem Gericht aus. Johannes schreibt: »Der Tod und die Totenwelt wurden in den See von Feuer geworfen. Dieser See von Feuer ist der zweite, der endgültige Tod« (Offb 20,14; Gute Nachricht). Auf diese Weise gehen auch die großen Worte des Apostels Paulus in Erfüllung: »Als letzten Feind vernichtet er den Tod« (1 Kor 15,26; Gute Nachricht).

Ja, es ist schrecklich!

Wahrscheinlich ist es für Menschen nicht möglich, längere Zeit über diese erschreckenden Wahrheiten nachzudenken. Wer würde es schon ertragen, lange über einen Feuersee nachzugrübeln, über einen Ort ewiger Qualen, in dem sich Millionen von unerlösten Seelen befinden, oder über eine göttliche Person, »vor deren Anblick Himmel und Erde flüchten«, oder über Furcht erregende Bücher, die das Schicksal aller nicht Erlösten besiegeln?

Und dennoch berichtet uns Christus auch diese erschreckenden Dinge. Warum? Um uns jede nur denkbare Möglichkeit zu geben, damit wir diesem kommenden schrecklichen Gericht entgehen. Vergessen Sie nicht, dass kein einziger Gläubiger vor diesem großen weißen Thron stehen wird. Dieser schreckliche Platz ist für all jene reserviert, die Christus als ihren Erlöser abgelehnt haben, die sich dafür entschieden haben, sich selbst zum König zu machen, und sich geweigert haben, Jesus Christus als Herrn über sich anzuerkennen.

Begehen Sie nicht jenen schrecklichen Fehler, sondern wagen Sie es, Jesus zu vertrauen, und bitten Sie ihn, Ihre Sünden zu vergeben. Dann können Sie zuversichtlich vor den Menschensohn und den Richterstuhl Christi treten (vgl. Lk 21,36).

Eines ist jedenfalls sicher: Sie werden entweder vor dem einen oder vor dem anderen Gericht erscheinen müssen. Sie haben die Wahl zwischen Himmel und Hölle. Gehen Sie auf Nummer sicher, dass es das Erstere ist!

19. Die Ewigkeit

Wie würden Sie die Ewigkeit beschreiben? Können Sie wenigstens ansatzweise versuchen, sich einen Zustand des Glücks, der Zufriedenheit und der Freude in der Gegenwart eines ewig lächelnden Gottes vorzustellen, der niemals zu Ende sein wird? Als wir unlängst einigen Kindern diese Frage stellten, gaben sie uns folgende Antworten[1]:

Das Beste am Himmel wird das Fest sein, zu dem wir von Jesus eingeladen werden. Es wird ganz viele Kinder im Himmel geben. Wenn wir im Himmel unsere Puppen haben möchten, wird Jesus sie auch dort haben.
Mica Leake, 3 Jahre alt

Dort wird es Straßen aus Gold und Tore aus Perlen geben, und wenn man durch diese Perlentore hindurchgegangen ist, wird man, glaube ich, einen riesengroßen Thron sehen. Ich stelle mir vor, dass dieser Thron aus goldenen Ziegelsteinen gemacht ist und mit vielen Perlen und Smaragden besetzt ist – ja, vielleicht sogar mit Rubinen! Ich weiß nicht, ob das wirklich stimmt, aber ich bin mir ganz sicher, dass man barfuß sein muss.
Emily Edwards, 7 Jahre alt

Ich glaube, dass es im Himmel hinter dem Zaun Erdbeeren gibt. David, der mit Goliath gekämpft hat, wird auch da sein. Ich glaube, dass es im Himmel Heidelbeeren und Gold geben wird. Alte Leute werden auch da sei und Gottes Engel. Und es wird ein großes, großes Fest geben, bei dem alle satt werden.
Andrew Edwards, 3 Jahre alt

Himmel, das heißt, dass wir mit Christus in den Wolken leben und auf goldenen Straßen Rollschuh laufen werden. Petrus wird uns beibringen, wie man fischt. Wir werden alle fliegen können. Und wir werden in den Wolken Fangen spielen. Die Bäume werden aus Gold und die Blätter aus Silber sein. Ich glaube, im Himmel wird es ganz toll sein!
Isaac Allen Jones, 11 Jahre alt

Ja, der Himmel wird toll sein (und wer weiß schon, wie das mit den Erdbeeren sein wird?). Einen Einblick darin, wie es im Himmel sein wird, bekommen wir durch die Kapitel 21 und 22 der Offenbarung, aber es finden sich auch überall sonst in der Bibel Hinweise und kurze Ausblicke darauf.

Für uns hier genügt es, einige der Höhepunkte zu betrachten. Wer sich gründlicher mit diesem Thema beschäftigen möchte, der sei auf mein Buch *Revelation: Illustrated and Made Plain* (»Offenbarung: Erläuterungen und Hilfen zum Verständnis«) oder auf eines der neueren Bücher über den Himmel (z. B. von Joni Eareckson Tada) verwiesen.

Die Herrlichkeit des Himmels

Johannes breitet im 21. Kapitel der Offenbarung eine Sicht des Himmels vor uns aus, die zum Nachdenken anregt:

> »Dann sah ich einen neuen Himmel und eine neue Erde. Der erste Himmel und die erste Erde waren verschwunden und das Meer war nicht mehr da. Ich sah, wie die Heilige Stadt, das neue Jerusalem, von Gott aus dem Himmel herabkam. Sie war festlich geschmückt wie eine Braut, die auf den Bräutigam wartet.
> Vom Thron her hörte ich eine starke Stimme: ›Jetzt wohnt Gott bei den Menschen! Er wird bei ihnen bleiben und sie werden seine Völker sein. Gott selbst wird als ihr Gott bei ihnen sein. Er wird alle ihre Tränen abwischen. Es wird keinen Tod mehr geben und keine Traurigkeit, keine Klage und keine Quälerei mehr. Was einmal war, ist für immer vorbei‹« (Offb 21,1–4; Gute Nachricht).

Was für einen großartigen Ort hat Gott schon vor Grundlegung der Welt für uns vorbereitet! Johannes lenkt unsere Aufmerksamkeit auf den schönsten Teil der Ewigkeit, wenn er schreibt, dass er eine starke Stimme vom Thron Gottes her rufen hört: »Jetzt wohnt Gott bei den Menschen! Er wird bei ihnen bleiben, und sie werden seine Völker sein. Gott selbst wird als ihr Gott bei ihnen sein.«

Wie wunderbar wird das sein – Gott immer zu sehen (Offb 22,4) und im Licht Gottes zu leben (Offb 21,23; 22,5)! Kein Wunder, dass Johannes schreibt, im Himmel werde es keinen Tempel geben (Offb 21,22). Denn wer braucht schon auf etwas zu hoffen, das er bereits vor Augen hat (Röm 8,24)? Wozu sollte man einen Tempel brauchen, wenn Gott ohnehin überall ist, wohin man sich wendet?

Aber der Tempel wird nicht das Einzige sein, das es im Himmel *nicht* geben wird. Was wird es sonst nicht geben? Denken Sie über die folgende Liste von Dingen nach, die es nicht geben wird:

- kein Meer (Offb 21,1),
- weder Tränen noch Tod, Trauer, Klage oder Schmerz (Offb 21,4),
- keine Sünder (Offb 21,8),
- keine Angst (Offb 21,12),
- weder Sonne noch Mond (Offb 21,23),
- keine Nacht (Offb 21,25),
- weder Sünde noch Böses (Offb 21,27),
- weder Krankheiten noch Verletzungen (Offb 22,2),
- keinen Fluch (Offb 22,3).

Schon die Liste aller fehlenden Dinge würde ausreichen, um einen solchen Ort als »Himmel« bezeichnen zu können. Aber das ist noch lange nicht alles! Betrachten Sie auch einige der Dinge, die es im Himmel geben wird:

- unaufhörliche Gemeinschaft mit Gott (Offb 21,3.7.22),
- unerschöpfliche Neuheit aller Dinge (Offb 21,5),
- Wasser des Lebens, das nie versiegen wird (Offb 21,6; 22,1),
- unvorstellbare Schönheit (Offb 21,11.21),
- Sicherheit, die niemals gefährdet sein wird (Offb 21,12),

- ungebrochene Gemeinschaft zwischen den Gläubigen (Offb 21,12.14),
- vollkommene Heiligkeit (Offb 21,16),
- unvergleichliche Größe (Offb 21,16),
- unerhörter Reichtum (Offb 21,18-21),
- immer währendes Licht (Offb 21,23; 22,5),
- ein Zugang, der uns nie verwehrt sein wird (Offb 21,25),
- immer währende Frucht vom Baum des Lebens (Offb 22,2),
- unaufhörlicher Gottesdienst (Offb 22,3),
- Herrschaft Gottes in Ewigkeit (Offb 22,5).

Neben diesen packenden Beschreibungen aus dem Buch der Offenbarung wissen wir aus anderen Bibeltexten, dass der Himmel ein Ort sein wird, an dem es auch folgende Dinge geben wird:

- Ruhe (Hebr 4,1–11; Offb 14,13),
- volle Erkenntnis (1 Kor 13,12),
- Heiligkeit (Hebr 12,14; Eph 2,21),
- Freude (1 Thess 2,19; Jud 1,24)
- Ehre (2 Kor 4,17),
- Anbetung (Offb 7,9–12; 19,10).

Bei allem, was Himmel und Ewigkeit zu bieten haben, ist es nur schwer zu verstehen, warum jemand aus freien Stücken darauf verzichten sollte. Dennoch werden das nach Aussage von Offenbarung 21, Verse 8 und 27 und Offenbarung 2, Verse 11 und 15 viele tun. Vergewissern Sie sich, dass Sie nicht dazugehören!

Wir können es kaum erwarten!

Gott hat für seine Kinder einen Ort vorbereitet, der ihre kühnsten Erwartungen übertreffen wird. Johannes und andere Verfasser der biblischen Bücher konnten jedoch nur andeuten, wie großartig dieser Ort wirklich sein wird. Denn wir werden ihn erst dann voll zu schätzen wissen, wenn wir ihn persönlich gesehen haben. Genau das ist es, woran die 7 Jahre alte Heather Knepper jeden von uns erinnern möchte:

»Der Himmel wird der tollste Ort sein, den es gibt, vor allem deswegen, weil auch Jesus da ist. Damit wir aber an diesen herrlichen Ort kommen können, müssen wir an Christus, den Herrn, glauben.«[2]

Teil 3

Personen

20. Satan, der Drache

Buck hatte noch nie so dicht neben den Propheten gestanden, und er musste dem Drang widerstehen, sie zu berühren.

›Gebt euch dem Feind nicht zu erkennen‹, sagte Eli. ›Seid nüchtern und wachsam; denn euer Widersacher, der Teufel, geht umher wie ein brüllender Löwe und sucht, wen er verschlinge.‹

Buck brachte kein Wort heraus. Er versuchte zu nicken, um ihm zu zeigen, dass er ihn gehört und verstanden hatte, doch er konnte sich nicht rühren.

Moishe beugte sich vor und fügte hinzu: ›Widersteht ihm fest im Glauben.‹«
(»Apollyon«, S. 136)

Vielleicht kennen Sie die Fernsehreklame, bei der für eine bestimmte Sandwichkette Werbung gemacht wird. Ein junger Mann scheint zwischen zwei Alternativen hin- und hergerissen zu sein, von denen die eine gut und die andere schlecht für ihn ist. Auf der einen Schulter steht ein winziges Wesen in Weiß, mit Flügeln und Heiligenschein, das den jungen Mann dazu drängt, sich für das gesunde Angebot zu entscheiden. Auf der anderen Schulter steht ein kleiner Kerl in Rot, mit Hörnern und einer Heugabel, der den jungen Mann dazu drängt, seine Bedenken aufzugeben und sich für das fette Essen zu entscheiden.

Mit diesem Werbespot sind Sie eben Zeuge geworden, wie sich dessen Autor den uralten Konflikt zwischen Gut und Böse bzw. zwischen Engeln und Satan vorstellt. Seiner Ansicht nach ist der Widersacher nichts als ein schelmischer kleiner Kobold, fast ein knuddeliger kleiner Kerl, der uns zu Schokolade und fettem Essen verführen möchte.

Stimmt das?

Der wirkliche Widersacher, der Teufel der Bibel, ist weit schrecklicher. Gottes Wort sagt uns, dass er ein äußerst mächtiger und unaussprechlich böser Geist ist, der die Menschheit verführen und zu Tode bringen will. Er wird alles tun, was möglich ist, um die Ehre und Anbetung, die Gott allein gebührt, an sich zu reißen – und damit ist wirklich »alles« gemeint.

Der erste Sünder

Satan war im Grunde der erste Sünder, der erste Aufrührer gegen Gott. Obwohl er als »Kerub mit ausgebreiteten Flügeln« geschaffen war (Ez 28,14), der erlesene Schönheit und große Macht und Weisheit besaß, ist er an irgendeinem Punkt überheblich geworden und hat nach Gottes Stellung gegriffen. Der Prophet Ezechiel schreibt: »Deine Schönheit hatte dich überheblich gemacht; aus lauter Eitelkeit hattest du deine Weisheit preisgegeben und warst zum Narren geworden. Deshalb stürzte ich dich auf die Erde hinunter und gab dich dem Spott der Könige preis« (Ez 28,17; Gute Nachricht). Und Jesaja fügt eine weitere Erklärung hinzu: »Du Morgenstern, wie konnte es geschehen, dass du vom hohen Himmel niederstürztest? Du hast so viele Völker unterworfen, jetzt liegst du selbst zerschmettert auf der Erde! In deinem Herzen hattest du beschlossen: ›Ich steige immer höher, bis zum Himmel. Dort oben will ich meinen Thron errichten, ich will noch höher sein als Gottes Sterne. Ich setze mich im Rat der Götter nieder, im fernsten Norden, auf dem Götterberg. Ich steige höher als die Wolken reichen, dann endlich gleiche ich dem Allerhöchsten!‹« (Jes 14,12–14; Gute Nachricht).

Viele Schrecken der Trübsalzeit sind eine direkte Folge davon, dass es den Teufel danach gelüstet, sich an Gottes Stelle zu setzen, um an seiner statt angebetet zu werden. Satan ist die treibende Kraft hinter allen heidnischen Religionen der Welt, was auch Paulus klarmacht: »Was die Götzenverehrer opfern, das opfern sie nicht Gott, sondern den Dämonen« (1 Kor 10,20; Gute Nachricht). Der Teufel hat deutlich zum Ausdruck gebracht, dass sein eigentliches Ziel darin besteht, selbst angebetet zu werden, als er zu Jesus in der Wüste sagte: »›Dies alles [alle Reiche der Welt] will ich dir geben, wenn du dich vor mir niederwirfst und mich anbetest.‹ Da sagte Jesus: ›Weg mit dir, Satan! In den heiligen Schriften heißt es: ‚Vor dem Herrn, deinem Gott, wirf dich nieder, ihn sollst du anbeten und niemand sonst'‹« (Mt 4,9–10; Gute Nachricht).

Jesus sagt vom Teufel, dass er ein Lügner ist und alle Lüge von ihm stammt. Er sagt weiter, dass es keine Wahrheit in ihm gibt und dass er »von Anfang an ein Mörder gewesen ist« (Joh 8,44; Gute Nachricht). Der Verfasser des Hebräerbriefs schreibt, dass der Teufel über den Tod verfügt (Hebr 2,14). Und der Apostel Petrus sagt: »Euer Feind, der Teufel, schleicht um die Herde wie ein hungriger Löwe. Er wartet nur darauf, dass er jemand von euch verschlingen kann« (1 Petr 5,8; Gute Nachricht). Johannes warnt die Gemeinde in Smyrna: »Der Teufel wird einige von euch ins Gefängnis werfen, um euch auf die Probe zu stellen. Zehn Tage lang werden sie euch verfolgen« (Offb 2,10; Gute Nachricht). Und die Gemeinde in Pergamon lobt er: »Ihr habt euch zu meinem Namen bekannt und euer Vertrauen zu mir nicht widerrufen, nicht einmal, als mein treuer Zeuge Antipas bei euch getötet wurde, dort, wo der Satan wohnt« (Offb 2,13; Gute Nachricht).

Man kann über Wesen und Aktivitäten des Widersachers viel in Erfahrung bringen, wenn man die verschiedenen Namen unter die Lupe nimmt, die ihm im 12. Kapitel der Offenbarung gegeben werden. Dort finden wir folgende Bezeichnungen:

- »Großer roter Drache« (Offb 12,3): Er ist rot, weil er die treibende Kraft ist, die hinter einem Großteil des Blutvergießens der Welt steht. Und er wird »Drache« genannt, weil er ein bösartiger Zerstörer ist.
- »Alte Schlange« (Offb 12,9): Dieser Name ist eine Anspielung auf Genesis 3, wo er zum ersten Mal in der Bibel in Erscheinung tritt. Als Schlange hat er Eva im Garten Eden verführt, was direkt zum Sündenfall der Menschheit führte.
- »Teufel« (Offb 12,9): Dieser Name bedeutet »Verleumder« oder »Ankläger«. Und in Vers 10 heißt es: »Der Ankläger unserer Brüder ist gestürzt; er, der sie Tag und Nacht vor Gott beschuldigte.«
- »Satan« (Offb 12,9): Dieser Name bedeutet »Widersacher«, denn er ist der Feind aller, die zu Gott gehören.

An anderen Stellen der Bibel wird Satan als »Herrscher dieser Welt« (Joh 14,30) und als Geistesmacht bezeichnet, »die ihr Reich zwischen Himmel und Erde hat« (Eph 2,2; Gute Nachricht). Paulus warnt uns, dass sich Satan verstellen und als Engel ausgeben kann (2 Kor 11,14), und fügt ermahnend hinzu: »Legt die Waffen an, die Gott euch gibt, dann können euch die Schliche des Teufels nichts anhaben« (Eph 6,11; Gute Nachricht).

Wenn man alle diese Beschreibungen zusammenfasst, so ergibt sich daraus, dass der Widersacher ein ungeheuer starkes und äußerst intelligentes Wesen ist, das in jedem Augenblick von Hass gegen Gott und alle, die zu ihm gehören, verzehrt wird. Und dennoch ist er kein ebenbürtiger Rivale für Gott! In der Bibel gibt es keine Entsprechung für die dem östlichen Gedankengut entstammende Vorstellung, dass es in der Welt zwei gleich starke, aber entgegengesetzte Mächte gibt, von denen die eine gut und die andere böse ist. Auch wenn Satan als vollkommenes Geschöpf von Gott geschaffen wurde, steht er immer noch unendlich weit unter dem allmächtigen Gott. Und obwohl die Geschichte der Menschheit zeigt, dass Gut und Böse im Widerstreit miteinander liegen, besteht nicht der geringste Zweifel daran, wie diese Auseinandersetzung ausgehen wird. Wenn Sie noch Zweifel haben, dann lesen Sie, was Offenbarung 12 dazu zu sagen hat:

> »Dann zeigte sich am Himmel eine andere Erscheinung: ein großer roter Drache mit sieben Köpfen und zehn Hörnern. Jeder Kopf trug eine Krone. Mit seinem Schwanz fegte der Drache ein Drittel der Sterne vom Himmel und schleuderte sie auf die Erde« (Offb 12,3–4; Gute Nachricht).

Die sieben Köpfe, die in dieser Bibelstelle beschrieben werden, sind wahrscheinlich ein Hinweis auf die sieben Staatsoberhäupter Roms, einer Verkörperung alles menschlichen Bösen, die im Laufe der Geschichte in Erscheinung treten werden. Als Johannes lebte, waren fünf dieser Herrscher bereits gekommen und gegangen; einer war zu seiner Zeit gerade an der Macht; und der siebte steht für den kommenden Antichristen. Die zehn Hörner sind ein Bild für die zehn Könige, die in der Endzeit die Welt unter dem Antichristen regieren werden.

Wenn Johannes schreibt, dass der Teufel mit seinem Schwanz über den Himmel fegte und ein Drittel aller Sterne auf die Erde schleuderte, so wird damit wahrscheinlich die ursprüngliche dämonische Auflehnung gegen Gott beschrieben. Satan war es gelungen, ein Drittel der Engel auf seine Seite zu ziehen, damit sie sich mit ihm gegen Gott auflehnen. Diese Wesen werden nun »Dämonen« oder »gefallene Engel« genannt. Sie dienen Satan und werden bei den Gerichten der Trübsalzeit eine wichtige Rolle spielen.

In der Offenbarung dürfen wir einen kurzen Blick darauf werfen, wie es mit dem Teufel und seinen bösen Mächten weitergeht:

> »Dann brach im Himmel ein Krieg aus. Michael mit seinen Engeln kämpfte gegen den Drachen. Der Drache mit seinen Engeln wehrte sich; aber er konnte nicht standhalten. Er und seine Engel durften nicht länger im Himmel bleiben. Der große Drache wurde hinuntergestürzt! Er ist die alte Schlange, die auch Teufel oder Satan genannt wird und die ganze Welt verführt. Er wurde auf die Erde hinuntergestürzt mit allen seinen Engeln. Dann hörte ich eine mächtige Stimme im Himmel sagen: ›Jetzt ist es geschehen: Unser Gott hat gesiegt! Jetzt hat er seine Gewalt gezeigt und seine Herrschaft angetreten! Jetzt liegt die Macht in den Händen des Königs, den er gesalbt und eingesetzt hat! Der Ankläger unserer Brüder ist gestürzt; er, der sie Tag und Nacht vor Gott beschuldigte, ist nun aus dem Himmel hinausgeworfen. [...] Ihr aber, Land und Meer, müsst zittern, seit der Teufel dort unten bei euch ist! Seine Wut ist ungeheuer groß; denn er weiß, er hat nur noch wenig Zeit!‹« (Offb 12,7–10.12; Gute Nachricht).

Johannes sagt, dass zur gleichen Zeit, wenn unten auf der Erde die Trübsalzeit anbricht, oben im Himmel ein Kampf kosmischen Ausmaßes ausbrechen wird. In einem verzweifelten Bemühen, den Thron Gottes zu stürzen, werden der Teufel und seine Dämonen den himmlischen Heeren, die von dem Erzengel Michael angeführt werden, den Krieg erklären. Kein Mensch kann sich vorstellen, wie dieser Krieg aussieht, doch sein Ausgang steht bereits fest: Satan und seine Anhänger werden besiegt und für immer aus dem Himmel verbannt werden. Vergessen Sie nicht, dass der Widersacher jederzeit, auch jetzt, Zugang zu Gottes Thron hat, um Sie und mich vor dem Vater zu verklagen. Doch der Tag wird schnell kommen, an dem ihm dieser Zugang verwehrt sein wird, an dem der Teufel und seine Dämonen aus dem Himmel geworfen und auf die Erde beschränkt sein werden.

Im Himmel wird darüber große Freude herrschen: »Jetzt ist es geschehen: Unser Gott hat gesiegt! Jetzt hat er seine Gewalt gezeigt und seine Herrschaft angetreten! Jetzt liegt die Macht in den Händen des Königs, den er gesalbt und eingesetzt hat! Der Ankläger unserer Brüder ist gestürzt; er, der sie bei Tag und bei Nacht vor Gott beschuldigte. [...] Darum freue dich, Himmel, mit allen, die in dir wohnen!« (Offb 12,10.12; Gute Nachricht). Doch für die Bewohner der Erde wird das kein Anlass zur Freude sein: »Ihr aber, Land und Meer, müsst zittern, seit der Teufel dort unten bei euch ist! Seine Wut ist ungeheuer groß; denn er weiß, er hat nur noch wenig Zeit!« (Offb 12,12; Gute Nachricht).

Wir glauben, dass dieser große Kampf irgendwann in der Mitte der Trübsalzeit stattfinden wird. Nachdem Satan besiegt, aus dem Himmel vertrieben und auf die Erde verbannt ist, wird er persönlich in den Antichristen fahren und als »Tier« die Verehrung bekommen, nach der es ihn immer schon verlangt hat. Beginnen wird er mit der Entweihung des wieder erbauten Tempels, indem er sich auf den dortigen Thron setzt und erklärt, dass er Gott sei. Dieses Ereignis wird, wie wir bereits gesehen haben, die Drangsalzeit auslösen und den Zorn des Lammes heraufbeschwören. Satan weiß zu diesem Zeitpunkt, dass er nur noch dreieinhalb Jahre Zeit hat, bis er eingesperrt wird und sein Schicksal sich erfüllt. Dieses sichere Wissen erfüllt ihn mit rasender Wut.

Wen wundert es da noch, dass die zweite Hälfte der Trübsalzeit die schlimmste Zeit der ganzen Menschheitsgeschichte sein wird?

Sein Zorn ist in erster Linie gegen Gottes auserwähltes Volk gerichtet, was sich in der Geschichte schon mehrfach gezeigt hat. Woher kommt dieser blinde Hass gegen die Juden? Er ist darin begründet, dass es die Juden waren, durch die Jesus auf diese Erde gekommen ist. In der Offenbarung wird gesagt: »Als der Drache sah, dass er auf die Erde geworfen war, begann er die Frau [Israel] zu verfolgen, die den Sohn [Jesus Christus] geboren hatte« (Offb 12,13; Gute Nachricht).

Satan wird in der Drangsalzeit versuchen, das zu Ende zu führen, was vielen menschlichen Handlangern bislang nicht gelungen ist, doch er wird ein weiteres Mal daran gehindert werden, die Juden zu vernichten. In Offenbarung 12, Verse 14 bis 17 heißt es, dass Gott das Volk Israel in den letzten dreieinhalb Jahren der Trübsalzeit auf wunderbare Weise schützen wird. Darüber wird der Teufel überaus wütend, und er »ging fort, um ihre übrigen Nachkommen zu bekämpfen. Das sind die Menschen, die Gottes Gebote befolgen und als Zeugen für Jesus treu bleiben« (Offb 12,17; Gute Nachricht).

Das Ende des Drachens

Am Ende der Trübsalzeit wird Jesus in Herrlichkeit wiederkommen. Er wird die Heere des Antichristen und der Könige der Erde besiegen und einem mächtigen Engel befehlen, Satan zu ergreifen, ihn zu binden und für 1 000 Jahre in den Abgrund zu werfen (Offb 20,1–3). Am Ende dieser Periode wird Satan noch einmal für kurze Zeit freigelassen, damit er über die Erde gehen kann, um alle Ungläubigen, die während des Tausendjährigen Reiches aufgewachsen sind, in die Irre zu führen. Diese jungen Leute werden die Heilige Stadt angreifen, dabei aber selbst durch ein himmlisches Feuer umkommen. Und dann wird zu guter Letzt der Teufel selbst – der Betrüger, Verführer, Ankläger, Lügner, Mörder und Gott dieser Welt – in einen brennenden See geworfen, in dem er für alle Zeiten Tag und Nacht gequält wird (Offb 20,7–10).

So wird es mit Satan zu Ende gehen ...

> »Dann wird der König zu denen auf seiner linken Seite sagen: ›Geht mir aus den Augen, Gott hat euch verflucht! Fort mit euch in das ewige Feuer, das für den Teufel und seine Engel vorbereitet ist!‹« (Mt 25,41; Gute Nachricht)

21. Der Antichrist

Auch wird in der Bibel gesagt, dass es eine große Lüge geben wird, die mit Hilfe der Medien verbreitet und von einem selbst ernannten Weltführer unterstützt werden wird. Jesus selbst hat von einem solchen Menschen gesprochen. Er sagte: ›Ich bin im Namen meines Vaters gekommen und doch lehnt ihr mich ab. Wenn aber ein anderer in seinem eigenen Namen kommt, dann werdet ihr ihn anerkennen.‹

Ich möchte Sie vor einem solchen Führer der Menschheit warnen, der möglicherweise aus Europa kommen wird. Er wird sich als ein großer Betrüger entpuppen. Zuerst wird er mit so eindrucksvollen Zeichen und Wundern von sich reden machen, dass viele ihn als von Gott gesandt ansehen werden. Er wird eine große Gefolgschaft unter den Zurückgelassenen finden und viele werden ihn für einen Wundertäter halten.

Dieser Betrüger wird Stärke, Frieden und Sicherheit versprechen, doch die Bibel sagt, dass er sich gegen den Allerhöchsten wenden und die Heiligen des Allerhöchsten niedermachen wird. Darum warne ich Sie vor einem neuen Führer mit großem Charisma, der in dieser schrecklichen Zeit des Chaos' und der Verwirrung versuchen wird, die Weltherrschaft an sich zu reißen. Diese Person wird in der Bibel als Antichrist bezeichnet. Er wird vieles versprechen, sich aber nicht daran halten. Sie sollten nur dem vertrauen, was der allmächtige Gott durch seinen Sohn Jesus Christus versprochen hat.«

(»Finale«, S. 165 f.)

Ich möchte Ihnen zwei Fragen stellen:

1. Wer sind die zwei einzigen Personen, die in der Bibel »Sohn des Verderbens« genannt werden?
2. Wer sind die zwei einzigen Personen der Bibel, von denen angenommen wird, dass sie vom Widersacher selbst besessen sind?

Wenn Sie auf beide Fragen mit »Judas Iskariot und der Antichrist« geantwortet haben, liegen Sie goldrichtig.

Der Sohn des Verderbens

Wir alle wissen, wer Judas Iskariot war – der Verräter, der Jesus für 30 Silbermünzen mit einem Kuss verraten hat. Wann immer die Bibel seinen Namen erwähnt, gesellt sich auf irgendeine Art die Wendung »der ihn verraten hat« dazu.

Weniger gut bekannt ist es, dass in der Bibel zweimal gesagt wird, Satan habe von Judas Besitz ergriffen:

> »Da fuhr Satan in Judas, der auch Iskariot genannt wird. Judas war einer aus dem Kreis der Zwölf. Er ging zu den führenden Priestern und den Hauptleuten der Tempelwache und besprach mit ihnen, wie er ihnen Jesus in die Hände spielen könnte« (Lk 22,3–4; Gute Nachricht).
>
> Jesus sagte zu ihm: ›Ich werde ein Stück Brot in die Schüssel tauchen, und wem ich es gebe, der ist es.‹ Er nahm ein Stück Brot, tauchte es ein und gab es Judas, dem Sohn von Simon Iskariot.
> Sobald Judas das Brot genommen hatte, nahm der Satan ihn in Besitz. Jesus sagte zu ihm: ›Beeile dich und tu, was du tun musst!‹« (Joh 13,26–27; Gute Nachricht).

Auf Grund seiner teuflischen Tat wird Judas von Johannes »Sohn des Verderbens« genannt. Er ist verloren gegangen, »damit sich die Schrift erfüllt« (Joh 17,12; Einheitsübersetzung). Diese Phrase aus dem Hebräischen bedeutet: »Ein Mensch, der aufgegeben wird; ein absolut Verlorener; jemand, der dem Bösen überlassen wird«.[1]

Es ist interessant, dass der gleiche Ausdruck benutzt wird, um den Antichristen zu beschreiben. Im Brief an die Thessalonicher wird dieser »Mensch der Gesetzwidrigkeit« und »Sohn des Verderbens« genannt (2 Thess 2,3; Einheitsübersetzung).

Und obwohl an keiner Stelle der Bibel ausdrücklich gesagt wird, dass der Antichrist vom Teufel besessen ist, sind viele Exegeten, die Offenbarung 12 und 13 sorgfältig miteinander verglichen haben, zu diesem Schluss gekommen. Sie glauben, dass der Teufel, nachdem er etwa in der Hälfte der Trübsalzeit von Engelsheeren besiegt und gewaltsam aus dem Himmel vertrieben wurde, in den Antichristen fahren und im Tempel Gottes behaupten wird, dass er Gott sei.

Es ist offensichtlich, warum beide Männer Söhne des Verderbens, die zum Untergang bestimmt sind, genannt werden. Judas Iskariot hat sich offen gegen Jesus aufgelehnt und sich ihm bei seinem ersten Kommen widersetzt; der Antichrist wird sich öffentlich gegen Jesus auflehnen und ihm Widerstand leisten, bevor er ein zweites Mal kommt. Natürlich haben auch andere Zeitgenossen Jesu gegen ihn Stellung bezogen – Pharisäer, Sadduzäer, Schriftgelehrte, Hohenpriester, Pilatus und die Römer –, aber die Sünde dieser beiden ist so schrecklich und persönlich so verwerflich, dass ihre Schuld zum Himmel schreit. Und dementsprechend wird auch ihre Strafe sein. Nachdem sich Judas Iskariot erhängte, heißt es in der Bibel, dass er uns verlassen habe, um dorthin zu gehen, »wohin er gehört« (Apg 1,25; Gute Nachricht); und nachdem der Antichrist in der Schlacht von Harmagedon gefangen genommen wurde, wird er bei lebendigem Leib in einen See von brennendem Schwefel geworfen (Offb 19,20).

Das kleine Horn

Zum ersten Mal wird das schreckliche Treiben des Antichristen von Daniel vorausgesagt, der ihn als »kleines Horn« beschrieb. Achten Sie bei den folgenden Bibelstellen auf das Wesen dieses »kleinen Horns«:

> »Als ich die Hörner betrachtete, da wuchs zwischen ihnen ein anderes, kleineres Horn empor, [...] und an diesem Horn waren Augen wie Menschenaugen und ein Maul, das anmaßend redete« (Dan 7,8; Einheitsübersetzung).

> »Ich sah, wie das Tier, dessen Horn so prahlerisch dahergeredet hatte, getötet wurde« (Dan 7,11; Gute Nachricht).

> »Ich hatte beobachtet, wie dieses Horn mit dem heiligen Volk Gottes Krieg führte und es unterwarf« (Dan 7,21; Gute Nachricht).

> »Er wird verächtlich über Gott, den Höchsten, reden und das heilige Volk des höchsten Gottes unterdrücken. Er wird versuchen, das Gesetz Gottes und die heiligen Feste abzuschaffen. Ein Jahr und zwei Jahre und ein halbes Jahr wird das Volk Gottes in seine Gewalt gegeben. Dann aber tritt das himmlische Gericht zusammen und nimmt ihm seine Macht; er wird endgültig vernichtet« (Dan 7,25–26; Gute Nachricht).

Einige Details fallen in Daniels Vision des Antichristen besonders ins Auge, zum Beispiel:

- Er wird arrogant und überheblich sein.
- Er wird die Heiligen Gottes dreieinhalb Jahre lang verfolgen und gegen sie kämpfen.
- Er wird versuchen, die Gebote zu ändern und die Feiertage abzuschaffen.
- Er wird schließlich vernichtet und bei lebendigem Leib in die Flammen geworfen.

Doch damit ist Daniels Vision des Antichristen noch nicht zu Ende. Im 11. Kapitel malt er ein exakteres Bild der Dinge, die am Ende der Zeit geschehen werden. In dieser Vision wird der Antichrist auch »der König« genannt:

> »Der König aber wird schalten und walten, wie er will. Er wird sich einbilden, er sei mächtiger als alle Götter; sogar über den höchsten Gott wird er verächtlich reden. Aber das kann er nur, solange Gott es im Zorn über sein Volk zulässt; denn es geschieht alles genau nach Gottes festem Plan. Dieser König missachtet selbst die Götter, die seine Vorfahren verehrten, auch den Tamus, den Lieblingsgott der Frauen – jeden Gott ohne Ausnahme verachtet er, über jeden erhebt er sich. Stattdessen verehrt er den Gott der Festungen, den seine Vorfahren noch nicht gekannt haben; er wird ihm Gold, Silber, Edelsteine und andere Kostbarkeiten zum Geschenk machen. Mit Hilfe dieses fremden Gottes wird er starke Festungen zu Fall bringen. Wer seinen Gott verehrt, den überhäuft er mit Ehren und gibt ihm Land und Herrschaft über viele Menschen.
> Dann aber, wenn das Ende kommt, wird der König des Südens ihn angreifen und der König des Nordens wird zurückschlagen mit Streitwagen und Reitern und zahlreichen Schiffen. Er wird nach Süden vordringen, unaufhaltsam wie die Flut. Das Heilige Land bringt er in seine Gewalt und von dessen Bewohnern werden Zehntausende umkommen; aber die Edomiter und Moabiter und der Großteil der Ammoniter werden verschont.
> Auch Ägypten kann sich vor seinem Zugriff nicht retten; sein Gold und Silber und alle seine Schätze fallen ihm in die Hand. Selbst Libyen und Äthiopien werden sich ihm unterwerfen. Dann aber hört er, dass Feinde von Osten und Norden in sein Land eingefallen sind, und er wird wutentbrannt umkehren, um sie zu vernichten.
> Aber wenn er gerade seine prächtigen Zelte zwischen dem Meer und dem Berg Zion aufgeschlagen hat, wird ihn das Ende ereilen, und niemand kann ihn retten» (Dan 11,36–45; Gute Nachricht).

Auch aus dieser Bibelstelle erfahren wir weitere Einzelheiten über den Antichristen:

- Er wird sich über »jeden Gott« erheben (Vers 36).
- Er wird den wahren Gott lästern (Vers 36).
- Er wird ein durch und durch gottloser Mensch sein, der sich ausschließlich auf seine große militärische Stärke verlässt (Vers 38).
- Er wird ein brutaler Eroberer sein (Verse 39–42).
- Er wird die Finanzen der Welt beherrschen (Vers 43).
- Er wird »zwischen dem Meer und dem heiligen Berg Zion« sein Ende finden (d. h. in Israel, Vers 45).

Daniel liefert uns darüber hinaus auch im 9. Kapitel weitere wertvolle Informationen über den Antichrist. Dort ist zu lesen:

> »Nach Ablauf dieser Zeit wird ein gesalbtes Oberhaupt gestürzt werden; *die Stadt und der Tempel werden durch das Heer eines fremden Herrschers verwüstet werden*, über das jedoch die Vernichtung wie eine Flut hereinbricht; und bis zum Ende wird es Krieg und Verwüstung geben, wie es in Gottes Plan vorgesehen ist. *Der fremde Herrscher wird eine Jahrwoche lang vielen die Treue zum Bund mit Gott schwer machen.* In der Mitte dieser Woche wird er den Opferdienst im Tempel unterbinden und den Altar eines fremden Götzen dort aufstellen, bis ihn selbst die Vernichtung trifft, die in Gottes Plan für ihn vorgesehen ist« (Dan 9,26–27; Gute Nachricht, Hervorhebung durch den Autor).

Aus dieser entscheidenden Stelle geht hervor, dass der Antichrist von dem Volk abstammen wird, das die Stadt und den Tempel im Jahre 70 n. Chr. zerstört hat (»das Heer eines fremden Herrschers«). Da wir aus der Geschichte wissen, dass das durch die Römer geschah, muss auch der Antichrist auf die Römer zurückgehen, das heißt er wird vielleicht aus dem östlichen Mittelmeerraum kommen. (Das ist einer der Hauptgründe, warum wir glauben, dass es unmöglich ist, dass ein wieder erweckter Judas Iskariot der Antichrist sein kann, wie manche vermuten. Judas Iskariot war Jude, nicht Römer, was Daniels Prophetie widerspricht.) In unserer »Finale«-Reihe haben wir uns vorgestellt, dass der Antichrist, dem wir den Namen Nicolai Carpathia gegeben haben, aus Rumänien kommt, einem früheren Ostblockland, das noch viel von seinem alten römischen Erbe bewahrt hat.

Das 9. Kapitel des Buches Daniel ist auch die Stelle, in der wir zum ersten Mal davon hören, dass der Antichrist den Opferbetrieb im wiedererbauten Tempel unterbinden und öffentlich ausrufen lässt, dass er Gott sei, womit die Drangsalzeit in Gang gesetzt wird.

Der Feind Gottes

Der Apostel Paulus gibt noch weitere Einblicke in Wesen und Auftreten des kommenden Antichristen. Der Name dieses gottlosen Herrschers wird »Feind Gottes« sein. Den Gemeindemitgliedern in Thessalonich, die sich darüber Sorgen machten, ob der »Tag des Herrn« vielleicht schon da sei, schrieb Paulus, dass dieser Tag erst unter bestimmten Voraussetzungen kommen könne:

> »Erst muss es dahin kommen, dass viele ihrem Glauben untreu werden. Der Feind Gottes muss auftreten, der alles Böse in sich vereint und der zum Untergang bestimmt ist. Er wird sich gegen alles auflehnen und sich über alles erheben, was als göttlich und verehrungswürdig gilt. Ja, er wird seinen Thron im Tempel Gottes aufstellen und wird behaupten, er sei Gott! [...] Im Verborgenen ist die Macht der Auflehnung zwar schon am Werk; doch der, der sie bisher noch zurückhält, muss ihr erst noch den Weg freigeben. Dann erst wird der Feind Gottes offen hervortreten. Aber Jesus, der Herr, wird ihn mit dem bloßen Hauch seines Mundes töten, wenn er in seiner Herrlichkeit kommt. Der Feind Gottes wird bei seinem Auftreten vom Satan unterstützt, sodass er Aufsehen erregende Wunder vollbringen und die Menschen damit blenden kann. Alle, die verloren gehen, wird er durch seine bösen Künste täuschen« (2 Thess 2,3–4.7–10; Gute Nachricht).

Auch Paulus macht deutlich, dass sich der Antichrist in den Tempel setzen und behaupten wird, Gott zu sein. Er sagt darüber hinaus, dass der dämonische Einfluss, der dem Antichristen zur Macht verhelfen wird, insgeheim schon am Werk ist, auch wenn er vom Heiligen Geist, der in der Kirche am Werk ist, noch in Schach gehalten wird. Sobald die Entrückung stattgefunden hat (und der Heilige Geist sozusagen das Feld geräumt hat), wird der Antichrist öffentlich in Erscheinung treten. Bald danach wird er anfangen, Männer und Frauen mit Aufsehen erregenden Wundern und trügerischen Zeichen in Erstaunen zu versetzen, wozu ihm der Satan die Macht gegeben hat. Der Großteil der Weltbevölkerung wird sich von seinen Wundern blenden lassen. Die Menschen werden dem Antichristen bereitwillig folgen und ihn schließlich anbeten. Doch zuletzt wird der »Feind Gottes« durch den »Hauch seines Mundes« getötet werden, wenn Christus am Ende der Trübsalzeit in großer Herrlichkeit wiederkommt.

Das Tier

Johannes schildert im Buch der Offenbarung viele weitere Details über den Antichristen. Der besondere Name, den Johannes diesem gottlosen weltlichen Herrscher gibt, lautet »das Tier«, obwohl er uns den Antichristen zunächst nicht als Tier, sondern als siegreichen König vorstellt:

> »Da erblickte ich ein weißes Pferd. Sein Reiter hatte einen Bogen und erhielt eine Krone. Als Sieger zog er aus, um zu siegen. [...] Da kam wieder ein Pferd hervor, ein rotes. Sein Reiter wurde ermächtigt, den Frieden von der Erde zu nehmen, damit sich die Menschen gegenseitig töteten. Dazu wurde ihm ein großes Schwert gegeben« (Offb 6,2–4; Gute Nachricht).

Wir haben bereits gesehen, dass der apokalyptische Reiter auf den ersten beiden Pferden kein anderer als der Antichrist selbst ist. Er wird seine Siege zunächst durch Diplomatie erringen (was die offensichtliche Bedeutung eines Bogens ohne Pfeile ist). Er ist ein Diplomat *par excellence* und wird den Streit zwischen den Völkern durch seine persönliche Ausstrahlung und sein Verhandlungsgeschick schlichten. Doch schon bald wird er seinen schrecklichen Militärapparat gegen seine Feinde richten und einen furchtbaren Dritten Weltkrieg herbeiführen. Ein katastrophaler Verlust an Menschenleben wird die Folge sein: Ein Viertel der Weltbevölkerung wird ausgelöscht werden. Verstehen Sie jetzt, warum er als »Tier« bezeichnet wird?

Im 11. Kapitel der Offenbarung ist von »zwei Zeugen« die Rede, die sich dem bösen Treiben des Antichristen dreieinhalb Jahre lang entgegenstellen und die Menschen vor ihm warnen. Doch Johannes schreibt: »Wenn sie ihre Botschaft vollständig ausgerichtet haben, wird ein Tier aus dem Abgrund kommen und gegen sie kämpfen. Es wird sie besiegen und sie töten« (Offb 11,7; Gute Nachricht).

Schließlich wird sich das Tier in offener Feindseligkeit gegen alle richten, die zu Gott gehören, was in der Offenbarung deutlich gesagt wird: »Das Tier durfte unerhörte Reden halten, mit denen es Gott beleidigte, und es konnte zweiundvierzig Monate lang seinen Einfluss ausüben. Es öffnete sein Maul und lästerte Gott und seinen Namen, ebenso sein Heiligtum und alle, die im Himmel wohnen. Gott ließ zu, dass es mit seinem heiligen Volk Krieg führte und es besiegte« (Offb 13,5–7; Gute Nachricht).

Unmittelbar vor dieser Passage macht Johannes auch deutlich, dass das Tier seine Befehlsgewalt, seinen Thron und seine große Macht vom Widersacher selbst erhalten hat (Offb 13,2). Und er berichtet etwas, das außer ihm noch niemand gesehen hat:

> »Einer der Köpfe des Tieres sah aus, als hätte er eine tödliche Wunde erhalten; aber die Wunde wurde geheilt. Die ganze Erde lief dem Tier staunend nach. Alle Menschen beteten den Drachen an, weil er seine Macht dem Tier verliehen hatte. Sie beteten auch das Tier an und sagten: ›Wer kommt diesem Tier gleich? Wer kann es mit ihm aufnehmen?‹ [...] Es bekam Macht über alle Völker und Nationen und über Menschen aller Sprachen. Alle auf der Erde werden es anbeten, alle, deren Namen nicht seit Beginn der Welt im Lebensbuch des geopferten Lammes stehen« (Offb 13,3–4.7–8; Gute Nachricht).

Aus dieser Stelle geht hervor, dass jemand dem Antichrist eine tödliche Wunde zufügen wird, die auf irgendeine Art und Weise jedoch wieder heilen wird. Manche Exegeten betonen, dass diese Wunde nur tödlich zu sein *scheint* (»als hätte er eine tödliche Wunde erhalten«), da nur Gott – und nie der Teufel – Tote wieder auferwecken kann. Wir glauben, dass das Tier wirklich tot ist, denn Johannes spricht zweimal davon, dass er ein Tier aus dem Abgrund kommen sieht (Offb 11,7; 17,8). Dies bedeutet unserer Ansicht nach, dass das Tier getötet wird, hinunter in den Abgrund der Hölle geht und von dort wieder auf die Erde heraufkommt, wenn es zum Leben erweckt ist – eine teuflische Nachahmung des Todes und der Auferstehung Jesu Christi. Was immer auch mit dieser Bibelpassage exakt gemeint ist, sie beschreibt das Ereignis, das die Weltbevölkerung in Erstaunen versetzt und sie dazu bringt, das Tier anzubeten.

An diesem Punkt seiner »Laufbahn« wird das Tier totale Kontrolle über die Welt besitzen, denn es wird zehn »Könige« unter sich haben, die über die Völker dieser Erde herrschen: »Die zehn Hörner, die du gesehen hast, sind zehn Könige, deren Herrschaft noch nicht begonnen hat. Eine Stunde lang werden sie zusammen mit dem Tier königliche Macht bekommen. Diese zehn verfolgen dasselbe Ziel und übergeben ihre Macht und ihren Einfluss dem Tier« (Offb 17,12–13; Gute Nachricht).

Wenn jedoch diese Welt auf das Ende dieses Zeitalters zutorkelt und unter dem Zorn Gottes und unter seinen Gerichten taumelt, beginnt das Reich des Tieres auseinander zu brechen. Es hört, dass Feinde ins Land eingefallen sind, und zieht aus, »um sie zu vernichten«, um es in Daniels Worten auszudrücken (Dan 11,44; Gute Nachricht). Das Tier wird ins Tal Meggiddo marschieren, wo es auf die anderen Heere der Welt trifft – und dann wird etwas Erstaunliches passieren. Johannes beschreibt diese Szene folgendermaßen:

> »Dann sah ich das Tier zusammen mit den Königen der Erde. Ihre Heere waren angetreten, um gegen den Reiter und sein Heer zu kämpfen« (Offb 19,19; Gute Nachricht).

Diese Heere wenden sich nicht gegeneinander; nein, in ihrem Widerstand gegen Christus, das Lamm Gottes, vereinigen sie sich zu einem einzigen Heer! Doch die Schlacht wird schnell vorbei sein, denn »das Tier wurde gefangen genommen und auch der falsche Prophet. [Sie] wurden bei lebendigem Leib in einen See von brennendem Schwefel geworfen« (Offb 19,20; Gute Nachricht). Dort werden sie immer noch sein, bei vollem Bewusstsein, wenn 1000 Jahre später Satan selbst in diesen See geworfen wird:

> »Dann wurde der Teufel, der sie verführt hatte, in den See von brennendem Schwefel geworfen, in dem schon das Tier und der falsche Prophet waren. Dort werden sie für alle Zeiten Tag und Nacht gequält« (Offfb 20,10; Gute Nachricht).

Eine billige Imitation

Der Antichrist wird der letzte Herrscher dieser Welt sein – kurz vor Christi Wiederkehr. Die Ungläubigen dieser Welt werden zwar in der zweiten Hälfte der Trübsalzeit vor ihm niederfallen, um ihn zu verehren, doch am Ende der Trübsalzeit wird nur einer allein angebetet werden: Jesus Christus, der König der Könige und Herr aller Herren. Bei seiner Wiederkunft wird die ganze Welt wissen, dass sie einen ungeheuren Fehler begangen hat, als sie die billige Imitation des Widersachers für das Original gehalten hat.

Sind nicht auch Sie froh darüber, dass es für uns keinen Grund gibt, einen so kolossalen Fehler zu begehen? Wir können schon jetzt in die himmlischen Chöre einstimmen und mit ihnen singen:

> »Herr, unser Gott, du Herrscher der ganzen Welt, wie groß und wunderbar sind deine Taten! In allem, was du planst und ausführst, bist du vollkommen und gerecht, du König über alle Völker! Wer wollte dich, Herr, nicht fürchten und deinem Namen keine Ehre erweisen? Alle Völker werden kommen und sich vor dir niederwerfen; denn deine gerechten Taten sind nun für alle offenbar geworden« (Offb 15,3–4; Gute Nachricht).

22. Der falsche Prophet

Und Sie geben Carpath-, äh, Nicolai Carpath-, Potentat Carpathia einen Titel, der über Generationen hinweg religiösen Führern oder Königen vorbehalten war.‹

›Ja, und ich glaube, die Zeit ist gekommen, ihn so anzusprechen. Der Potentat hat mehr zur Einheit der Welt beigetragen als jeder Mensch, der je gelebt hat. Er wird von den Bürgern jedes Königreiches geliebt. Und nun, da er sogar übernatürliche Macht bewiesen hat, ist ›Exzellenz‹ wohl kaum ein zu hoch gegriffener Titel.‹«
(»Die Ernte«, S. 106)

Jeder skrupellose Diktator braucht einen solchen Menschen: Joseph Goebbels hat sich in dieser Rolle Adolf Hitler zur Verfügung gestellt, als er 1933 nach der Machtergreifung der Nazis Reichsminister für Volksaufklärung und Propaganda wurde. Von diesem Zeitpunkt an beherrschte Goebbels mehr und mehr das kulturelle Leben Deutschlands. Als brillanter Redner und »Meinungsmacher« formte er wie kein anderer die öffentliche Meinung. Hitlers frühe Popularität ist vor allem ihm zuzuschreiben. Goebbels ließ nur eine einzige Zukunftsvision in Deutschland zu – die von Hitler. Seine Intoleranz gegenüber abweichenden Meinungen hat er einmal mit dem schlichten Satz begründet: »Politik verdirbt den Charakter.«[1]

So meisterhaft Goebbels es auch verstand, dem deutschen Volk Hitlers Vision vom »Reich« schmackhaft zu machen, so wird in der Bibel doch angedeutet, dass seine Fähigkeiten und sein Charisma nichts sind verglichen mit denen eines weit mächtigeren und gefährlicheren »Speichelleckers«, der die Weltbühne erst noch betreten wird.

Das Tier mit den zwei Hörnern

Johannes ist der einzige Prophet der Bibel, der uns von dieser kommenden Figur berichtet. Der Mann, den er beschreibt, passt erstaunlich gut zu der Warnung, die Jesus seinen Jüngern mit auf den Weg gegeben hat: »Denn es werden so manche mit dem Anspruch auftreten, der versprochene Retter oder ein Prophet zu sein. Sie werden sich durch große Zeichen und Wundertaten ausweisen und würden damit sogar die von Gott Erwählten irreführen, wenn das möglich wäre« (Mt 24,24; Gute Nachricht). Johannes beschreibt diesen größten aller falschen Propheten, einen Meister, der »große Zeichen und Wunder« vollbringen wird:

> »Dann sah ich ein anderes Tier aus der Erde heraufsteigen. Es hatte zwei Hörner wie ein Lamm, aber es redete wie ein Drache. Unter den Augen des ersten Tieres übte es dessen ganze Macht aus. Es brachte die Erde und alle ihre Bewohner dazu, das erste Tier mit der verheilten Wunde anzubeten. Das zweite Tier tat große Wunder: Vor allen Menschen ließ es Feuer vom Himmel auf die Erde regnen. Durch die Wunder, die es im Auftrag des ersten Tieres tun konnte, täuschte es alle Menschen, die auf der Erde lebten« (Offb 13,11–14; Gute Nachricht).

Diese Person wird auch an anderen Stellen als »der falsche Prophet« bezeichnet (Offb 16,13; Offb 19,20; Offb 20,10). Die meisten Bibelausleger gehen davon aus, dass er jüdischer Abstammung sein wird, weil Johannes davon spricht, dass er im Gegensatz zum Tier, das aus dem »Meer« (der Welt der Heiden) kommt, »aus der Erde heraufsteigt«, was auf Palästina schließen lässt. Dass er zwei Hörner wie ein Lamm hat, deutet darauf hin, dass er darum bemüht sein wird, so sanftmütig wie »das Lamm Gottes« aufzutreten. Doch das ist nichts als Täuschung, denn er wird »wie ein Drache« reden und nichts anderes im Sinn haben, als die Worte des Widersachers zu verbreiten. Der falsche Prophet wird der große Propagandaminister des Antichristen sein, so wie Goebbels es für Hitler war. Von Goebbels wird er sich aber dadurch unterscheiden, dass er die Macht haben wird, »große Zeichen« zu vollbringen, wenn der Antichrist anwesend ist. Er wird sogar Feuer vom Himmel regnen lassen – was auch von den zwei Zeugen aus

Offenbarung 11 berichtet wird. Auf diese Weise wird er die zahlreichen nicht wiedergeborenen Menschen der Erde täuschen, damit sie das Tier anbeten.

Johannes sagt sogar, dass der falsche Prophet auch Nebukadnezars Vision in gewisser Weise nachahmen wird (Dan 2). Er wird ein Standbild des Antichristen anfertigen und verlangen, dass sich alle Menschen auf der Welt davor niederwerfen und es anbeten.

Ein Standbild, das sprechen kann

Und was für ein Standbild das sein wird! Eine der unglaublichsten Prophetien der Offenbarung sagt voraus, dass der falsche Prophet, die rechte Hand des Antichristen, etwa in der Mitte der Trübsalzeit ein großes Standbild anfertigen lassen wird, das dem Antichristen vermutlich sehr ähnlich sieht. Die Bevölkerung wird gezwungen sein, sich vor diesem Bild niederzuwerfen, um es zu verehren. Und dann wird etwas Unglaubliches gesagt: »Das zweite Tier bekam sogar die Macht, das Standbild des ersten Tieres zu beleben, sodass dieses Bild sprechen konnte und dafür sorgte, dass alle getötet wurden, die es nicht anbeteten« (Offb 13,15; Gute Nachricht).

Jahrhundertelang hat diese Bibelstelle allen, die sich mit Prophetie beschäftigen, große Rätsel aufgegeben. Jeder von uns weiß, dass Satan und seine Dämonen keine Macht haben, Leben zu geben oder Menschen zu erschaffen. An dieser Stelle wird aber gesagt, dass ihm die Macht gegeben wurde, dieses Standbild zu beleben. Es hat viele fantasievolle Vorschläge gegeben, wie Satan und der Antichrist in der Lage sein könnten, den Leuten vorzugaukeln, dass dieses Bild tatsächlich sprechen kann. Aber in den letzten Jahren wird immer deutlicher, dass diese Prophetie weit weniger in den Bereich der Science Fiction gehört, als bisher angenommen.

Ich kann mich noch gut daran erinnern, dass ich vor 25 Jahren bei einem Besuch in der *Independence Hall* in Buena Park, Kalifornien, lebensgroße Standbilder der Gründungsväter unseres Staates sah und sie darüber reden hörte, was in die Verfassung der Vereinigten Staaten aufgenommen werden sollte. Das wirkte alles sehr echt, denn man hat handgefertigte Nachbildungen ihrer Körper verwendet, die auf Grund ihrer wohl bekannten Gesichtszüge, Tonbandaufnahmen und elektronisch hervorgerufenen Bewegungen den Eindruck vermittelten, dass sie tatsächlich sprachen. Sie wirkten so lebendig, dass ich meiner Frau zuflüsterte: »Genau auf diese Art wird der falsche Prophet in der Trübsalzeit das Standbild des Antichristen zum Reden bringen.«

Und das war schon vor einem Vierteljahrhundert! Unsere Technologie ist heute so weit fortgeschritten, dass es möglich ist, ein Standbild so zu gestalten, dass es mittels Computertechnik und vorprogrammierter Fragen überzeugend antworten kann. Dadurch wird der Eindruck entstehen (insbesondere bei den vielen Millionen, die aus technologisch unterentwickelten Ländern der Welt kommen), als würde man tatsächlich mit einer lebenden Person sprechen.

Und vergessen Sie dabei eines nicht: Die Leute werden dieses Bild nicht nur anbeten, weil es sprechen kann, sondern auch, weil der falsche Prophet dafür sorgen wird, dass alle getötet werden, die das Standbild des Tiers *nicht* anbeten. Nebukadnezars Standbild, von dem in Daniel 3 berichtet wird, konnte nicht sprechen, aber dennoch zwang es »alle Völker, Nationen und Sprachen«, vor ihm niederzufallen und es anzubeten – allen außer den drei jungen Hebräern, die sich diesem Befehl nicht fügen wollten. Nebukadnezar versuchte, sie zu töten, doch Gott stand ihnen bei ... was er auch bei vielen seiner auserwählten Diener in der Trübsalzeit tun wird.

Das Zeichen des Tieres

Es ist interessant, dass das berühmte »Zeichen des Tieres« im Grunde nicht durch den Antichrist, sondern durch den falschen Propheten initiiert wird. Johannes schreibt:

> »Dieses Tier hatte alle Menschen in seiner Gewalt: Hohe und Niedrige, Reiche und Arme, Sklaven und Freie. Sie mussten sich ein Zeichen auf ihre rechte Hand oder ihre Stirn machen. Nur wer dieses Zeichen hatte, konnte kaufen oder verkaufen. Das Zeichen bestand aus dem Namen des ersten Tieres oder der Zahl für diesen Namen. Hier geht es um Weisheit. Wer Ver-

stand hat, kann herausfinden, was die Zahl des Tieres bedeutet, denn sie steht für den Namen eines Menschen. Es ist die Zahl sechshundertsechsundsechzig« (Offb 13,16–18; Gute Nachricht).

Alles, was der falsche Prophet tut, zielt darauf ab, die Macht und Autorität des Antichristen zu stützen. Das sollte uns nicht überraschen, da er seine eigene Macht und Autorität ebenfalls vom Antichristen bezieht. Da wir uns an anderer Stelle dieses Buches ausführlich mit dem »Zeichen des Tieres« beschäftigt haben, soll hier nicht mehr darüber gesagt werden, als dass es ein weiteres machtvolles Instrument ist, um die Macht und Herrschaft des Antichristen zu stärken. Totale wirtschaftliche Kontrolle ist in der Tat eine überaus mächtige Antriebsfeder.

Eine teuflische Dreieinigkeit

Satan hat es immer schon verstanden, geistliche Wahrheiten zu verdrehen, und in der Trübsalzeit wird er diese teuflische Kunst auf die Spitze treiben. Da Gott ein dreieiniger Gott ist, wird auch der Teufel versuchen, eine Art von Dreieinigkeit zu schaffen: Satan in der Rolle des Vaters, der Antichrist in der Rolle des Sohnes und der falsche Prophet in der Rolle des Heiligen Geistes. So wie der Heilige Geist nicht auf sich selbst aufmerksam macht, sondern alle Ehre dem Sohn zukommen lässt, so wird auch der falsche Prophet nicht sich selbst in den Mittelpunkt stellen, sondern die Aufmerksamkeit der Menschen auf den Antichristen lenken. Die Glieder dieser unheiligen Dreieinigkeit werden zusammenwirken, um gemeinsam ihre abscheulichen Ziele zu verwirklichen.

Das eindrücklichste Beispiel für dieses Zusammenspiel ist in Offenbarung 16 zu finden, wo Johannes schreibt: »Dann sah ich, wie aus den Mäulern des Drachen, des Tieres und des falschen Propheten drei unreine Geister hervorkamen, die aussahen wie Frösche« (Offb 16,13; Gute Nachricht). Diese Dämonen werden ausschwärmen und Wunder vollbringen, um die Könige der Erde für die Schlacht zu sammeln, die am »großen Tag Gottes, des Herrschers der ganzen Welt« (Offb 16,14; Gute Nachricht) ausgetragen werden wird. Man sollte dabei nicht übersehen, dass alle drei Glieder dieser unheiligen Dreiheit in völliger Übereinstimmung handeln; sie funktionieren wie *ein* Wesen und haben *ein* einziges Ziel und *eine* einzige böse Absicht vor Augen.

Das gleiche Schicksal

Darum ist es angemessen, dass die Glieder dieser teuflischen Dreiheit auch das gleiche Schicksal erleiden. Wenn die Schlacht von Harmagedon vorüber ist, werden sowohl der falsche Prophet als auch der Antichrist lebend vom Schlachtfeld gezerrt und lebendig in den brennenden See geworfen, wohin ihnen Satan 1000 Jahre später ebenfalls folgen wird. Dort werden sie (zwar zusammen, aber dennoch sehr einsam) bis in alle Ewigkeit Tag und Nacht gequält – nicht, um über die Verdammten zu herrschen, so wie manche denken, sondern um die Strafe zu erleiden, die Gott über sie verhängt hat (2 Thess 1,9).

Dreieinhalb kurze Jahre wird der falsche Prophet die Massen dazu zwingen, den Antichristen zu verehren; dafür wird er für alle Ewigkeit bestraft werden. Dreieinhalb kurze Jahre wird er versuchen, die Ehre, die allein Christus gebührt, an sich zu reißen; doch gerade davon wird er für alle Ewigkeiten ausgeschlossen sein. Dreieinhalb kurze Jahre wird er gegen die Heiligen Krieg führen und ihnen das irdische Leben nehmen; doch dafür wird er für alle Zeiten vernichtet werden und die Qualen des zweiten Todes erleiden.

Kein guter Handel, wie mir scheint.

Nein, das ist es nie.

23. Die zwei Zeugen

Doch niemand sah sie jemals kommen oder gehen; niemand wusste, woher sie stammten. Sie waren von Anfang an seltsam gewesen. Sie waren muskulös und doch hager, mit einer Haut wie Leder, dunkel und von tiefen Furchen durchzogen, und langen zottigen Haaren und Bärten. Manche hielten sie für eine Reinkarnation von Mose und Elia, aber Buck war der Meinung, dass sie die beiden alttestamentlichen Gestalten höchstpersönlich waren.

Ihre Augen glühten, ihre Stimmen waren übernatürlich laut und auch ohne Lautsprecheranlage über eine Meile weit zu hören. [...]

Eli unterbrach sie erneut. ›Versucht nicht die Erwählten, denn die Hand zu erheben gegen die Stimmen, die in der Wüste rufen, ist so, als würde man den eigenen Kadaver vor den Augen anderer Schakale verbrennen. Gott selbst wird euer Fleisch verbrennen, und es wird von euren Knochen fallen, noch bevor ihr den nächsten Atemzug getan habt!‹«
(»Apollyon«, S. 100–101)

Die zwei faszinierendsten Persönlichkeiten, denen wir im Rahmen biblischer Prophetie begegnen, sind vermutlich die beiden Propheten übernatürlicher Herkunft, die zu Beginn der ersten 1260 Tage der Trübsalzeit den Schauplatz der Ereignisse betreten. Gott nennt sie »meine zwei Zeugen«. Sie sind in Sackleinen gekleidet, prophezeien, vollbringen erstaunliche Wunder und bezeugen einem feindselig eingestellten Jerusalem die Gnade Gottes.

Das macht sie bei denen, die das Sagen haben, und bei vielen nicht erlösten Menschen nicht gerade beliebt – was schließlich zu einer Konfrontation führen wird, bei der der Welt der Atem stockt.

Wer sind diese beiden?

Im Buch der Offenbarung werden die zwei Zeugen folgendermaßen beschrieben:

> »Ich werde meine zwei Zeugen beauftragen. Sie sollen Trauerkleidung tragen und während dieser zwölfhundertsechzig Tage prophetisch reden. Diese beiden Zeugen sind die zwei Ölbäume und die zwei Leuchter, die vor dem Herrn der Erde stehen« (Offb 11,3–4; Gute Nachricht).

Manche haben versucht, einen der beiden Zeugen als Enoch zu identifizieren, einen Mann, der niemals gestorben ist (Gen 5,24), und den anderen als Elia, der ebenfalls nie starb (2 Kön 2,11–12), oder auch als Mose. Aus drei Gründen neigen wir zu der Annahme, dass es Mose und Elia sein könnten:

1. Mose und Elia waren die beiden einflussreichsten Männer in der Geschichte der Juden. Mose brachte Israel das Gesetz Gottes und verfasste die ersten fünf Bücher des Alten Testaments. Elia war der erste Prophet, der seine Prophetien aufschrieb und eine Prophetenschule gründete. Wann immer die Juden »Mose und Elia« sagen, dann meinen sie damit »das Gesetz und die Propheten«.
2. Mose und Elia waren bei Jesus, als er vor den Augen der drei Jünger auf einem Berg verklärt wurde. Mit ihnen hat er sein bevorstehendes Opfer am Kreuz besprochen (Mt 17). Dazu würde dann auch passen, dass Mose und Elia in diesen letzten sieben Jahren der Trübsalzeit nach Jerusalem zurückkämen, um als Gottes Zeugen aufzutreten und zu prophezeien.
3. Von den beiden Zeugen wird berichtet, dass sie die gleichen Wunder vollbringen, die auch Mose und Elia vollbracht haben, als sie auf der Erde lebten. Johannes sagt von ihnen: »Wenn jemand versucht, sie zu verletzen, kommt Feuer aus ihrem Mund und vernichtet ihre Feinde. Auf diese Weise werden alle getötet, die ihnen Schaden zufügen wollen. Sie haben die Macht, den Himmel zu verschließen, sodass es nicht regnet, solange sie ihre prophetische Botschaft ausrichten. Sie haben auch die Macht, alle Gewässer in Blut zu verwandeln und die Erde mit allen

möglichen Katastrophen zu erschüttern, sooft sie wollen« (Offb 11,5–6; Gute Nachricht).

Von Elia weiß man, dass er Feuer vom Himmel fallen lassen konnte. Der berühmteste Bericht darüber ist der Streit zwischen Elia und den Baalspriestern (1 Kö 18,36–38). Gott ließ auf dem Berg Karmel Feuer auf den Altar Elias fallen, als dieser zu ihm betete: »Herr, du Gott Abrahams, Isaaks und Jakobs! Alle sollen heute erfahren, dass du Gott bist in Israel und ich dein Diener, der dies alles in deinem Auftrag getan hat. Höre mich, Herr, erhöre mich! Dieses Volk soll erkennen, dass du, Herr, allein Gott bist und dass du sie wieder auf den rechten Weg zurückbringen willst« (1 Kö 18,36–38; Gute Nachricht). Weniger bekannt ist ein anderer Bericht, in dem es darum geht, dass zwei Truppenführer, die von jeweils 50 Soldaten begleitet wurden, von Elia, der auf dem Gipfel eines Berges saß, überheblich verlangten, dass er herunterkommen und mit ihnen zum König gehen sollte. Beide Male antwortete Elia: »Wenn ich wirklich ein Mann Gottes bin, dann soll Feuer vom Himmel herabfallen und dich und deine fünfzig Mann vernichten« (2 Kö 1,10, 12; Gute Nachricht). Und so geschah es auch! Das war dann auch der Grund, warum ein Dritter, der nach ihm ausgeschickt wurde, sich mit seinen 50 Begleitern die Mühe machte, den Berg hinaufzusteigen. Er fiel vor dem Propheten auf die Knie und flehte ihn an: »Mann Gottes, schone mein Leben und das Leben dieser fünfzig Männer! Feuer ist vom Himmel gefallen und hat die beiden Truppenführer vor mir samt ihren Leuten vernichtet. Schone mein Leben und lass mich nicht dasselbe Schicksal erleiden!« (2 Kö 1,13–14; Gute Nachricht).

Die beiden Zeugen haben dieselbe Macht, aber auch noch weitere Fähigkeiten. Im zweiten Band der »Finale«-Reihe haben wir uns vorgestellt, dass einer dieser feindlichen Zusammenstöße folgendermaßen aussehen könnte:

»Die zwei Zeugen hörten auf zu predigen und standen Schulter an Schulter und starrten dem Mann mit dem Maschinengewehr entgegen. Er rannte, so schnell er konnte, und feuerte auf sie, doch die beiden Prediger standen mit verschränkten Armen da, stocksteif, sprachen nicht und rührten sich nicht. Etwa fünf Meter vor ihnen schien der Mann gegen eine unsichtbare Mauer zu stoßen. Er prallte zurück

und wurde zu Boden geschleudert. Seine Waffe fiel ihm aus der Hand. Er schlug mit dem Kopf zuerst auf und blieb stöhnend liegen. Plötzlich rief einer der beiden Prediger: ›Es ist dir nicht erlaubt, in die Nähe der Diener des allerhöchsten Gottes zu kommen. Wir stehen unter seinem Schutz, bis unsere Zeit gekommen ist, und wehe jedem, der sich uns ohne den Schutz Jahwes nähert!‹ Und als er zu Ende gesprochen hatte, spie der andere Feuer, das die Kleidung des jungen Mannes in Brand setzte und seinen Körper in Sekundenschnelle zu Asche verbrannte. Die Waffe zerschmolz und floss auf den Zement.« (»Die Heimsuchung«, S. 245)

Elia wird sowohl mit Feuergerichten als auch mit göttlich verursachter Dürre in Verbindung gebracht. Was wir in der Bibel zum ersten Mal von ihm lesen, ist, dass er zu dem gottlosen König Ahab sagt: »So gewiss der Herr, der Gott Israels, lebt, in dessen Dienst ich stehe: In den nächsten Jahren wird weder Tau noch Regen fallen, bis ich es befehle!« (1 Kö 17,1; Gute Nachricht). Und so geschah es auch.

Mose hingegen wird neben den Gesetzen vor allem mit den zehn Plagen in Verbindung gebracht, die kurz vor dem Auszug Israels über Ägypten kamen (Ex 7–12). Bei der ersten Plage verwandelte Gott alles Wasser in Ägypten zu Blut – im Nil, in allen Bächen, Teichen, Tümpeln und selbst in allen hölzernen und steinernen Eimern. Das in Blut verwandelte Wasser tötete die Fische des Landes und ließ das Wasser stinken und dieser Zustand dauerte eine Woche lang an.

Die beiden Zeugen aus Offenbarung 11 werden Furcht einflößende Macht haben und in den ersten 42 Monaten der Trübsalzeit zusammen mit den 144 000 Zeugen eine enorme Bekehrungswelle auslösen, die in Offenbarung 7 beschrieben wird. Sie werden im Heiligen Land Millionen von Juden eine theologische und geistliche Brücke zum christlichen Evangelium bauen. Viele der Menschen, die in jener Zeit zum Glauben kommen, werden Söhne und Töchter Abrahams sein. Wir glauben, dass diese beiden Zeugen auch deshalb auf Plagen zurückgreifen, um damit in der ersten Hälfte der Trübsalzeit neue Christen vor dem Antichristen zu schützen.

Das übernatürliche Wirken, zu dem die beiden Zeugen in dieser Zeit befähigt sind, wird den Menschen die Macht des lebendigen Gottes bezeugen. Es hat den Anschein, als würde dieser durch die zwei Zeugen, über die der Antichrist keine Macht hat, »bis ihre Zeit gekommen ist«, noch einmal seine Existenz und Allmacht unter Beweis stellen.

Die Ermordung der zwei Zeugen

Wir könnten uns wünschen, dass diese beiden Zeugen dem Antichrist die Stirn bieten, um ihn schließlich zu besiegen, so wie Mose es beim Pharao und Elia es bei Ahab und Isebel getan hat. Aber das ist nicht ihre Bestimmung:

> »Wenn sie ihre Botschaft vollständig ausgerichtet haben, wird ein Tier aus dem Abgrund kommen und gegen sie kämpfen. Es wird sie besiegen und sie töten. Ihre Leichen werden auf dem Platz mitten in der großen Stadt liegen, in der ihr Herr gekreuzigt wurde. Geistlich gesprochen heißt diese Stadt ›Sodom‹ und ›Ägypten‹. Menschen aus aller Welt, aus allen Völkern, Stämmen und Sprachen werden sich dreieinhalb Tage lang die beiden Toten ansehen. Man wird nicht zulassen, dass die Toten beerdigt werden. Die Menschen auf der Erde werden sich über den Tod dieser beiden freuen, sie werden jubeln und sich gegenseitig Geschenke schicken; denn diese Propheten haben die Menschen gequält« (Offb 11,7–10; Gute Nachricht).

Die zwei Propheten machen sich den Antichristen und alle, die Christus ablehnen und das Tier verehren, in der ersten Hälfte der Trübsalzeit (bzw. in den ersten 1260 Tagen) zu Todfeinden. Aus Gründen, die nur Gott kennt, wird er ihnen erlauben, die beiden Zeugen zu überwältigen und zu töten, sobald diese ihren Auftrag erfüllt haben. Vor dieser Zeit sind sie jedoch unantastbar; jeder, der sie bedroht, wird durch Feuerflammen aus ihrem Mund umkommen. Doch wenn die Aufgabe ausgeführt ist, die Gott ihnen anvertraut hat, wird der Antichrist gegen sie kämpfen und sie töten.

Und dann werden die nicht geretteten Menschen dieser Welt, die voller Hass gegen die Zeugen sind, eine unglaublich böse Tat begehen. Sie werden ihnen die Ehre eines Begräbnisses verweigern und ihre toten Körper auf den Straßen Jerusalems der Verwesung überlassen. Sie werden aus ihrer Ermordung sogar so etwas Ähnliches wie eine Weihnachtsbescherung machen und sich »aus gegebenem Anlass« gegenseitig Geschenke senden.

Und dann geschieht etwas noch Unglaublicheres. Johannes prophezeit: »Menschen aus allen Völkern und Stämmen, Sprachen und Nationen *werden ihre Leichen dort sehen, dreieinhalb Tage lang*« (Offb 11,9; Hervorhebung durch den Autor). Wie ist es möglich, dass die ganze Welt ihre Leichen sieht? Noch vor 10 bis 12 Jahren war die Erfüllung dieser Prophetie eher unwahrscheinlich – aber heute könnte sie jeden Augenblick eintreten.

Ich musste erst die Invasion in Panama erleben, um die Tatsache zu begreifen, dass wir die erste Generation sind, für die es möglich wäre, die Erfüllung dieser Prophetie zu erleben. Meine Frau und ich machten gerade Urlaub in Mexiko und konnten die ganze Invasion über CNN im Fernsehen miterleben. CNN verkündete während dieses kurzen Überfalls voller Stolz, dass sie direkt live in 55 Länder der Welt übertrugen.

1990 erlebte die Welt etwas noch nie da Gewesenes: Fernsehkameras übertrugen die Bombardierung Bagdads und ermöglichten Milliarden von Zuschauern, diese Ereignisse im Fernsehen mitzuerleben, während sie passierten. Dieses Mal gab CNN stolz bekannt, dass sie eine Direktübertragung in 109 Länder der Welt hätten. Inzwischen ist es für sie möglich geworden, in 210 Länder direkt zu übertragen.

Mit Hilfe von CNN (und anderer Nachrichtensender) wäre es möglich, dass alle Welt die Leichen der zwei Propheten Gottes sieht, die vom Antichrist nach der Hälfte der Trübsalzeit umgebracht werden. *Wir sind die Generation, die durch das Fernsehen zum ersten Mal diese Möglichkeit hat!* Die prophetische Bedeutung dieser Tatsache kann gar nicht deutlich genug betont werden. Zum ersten Mal in der Geschichte ist die Menschheit im Besitz der notwendigen Technologie, um diese Prophezeiung der Offenbarung zu erfüllen. Für Gott ist das natürlich keine Überraschung – denn er hat schon vor mehr als 1900 Jahren vorausgesagt, dass dieses Ereignis in der ganzen Welt zu sehen sein wird.

Wenn die nicht erlösten »Völker, Stämme, Sprachen und Nationen« der Welt auf die verwesenden Leichen der beiden Zeugen starren, werden sie bestimmt denken: *Das geschieht euch recht, ihr elenden Miesmacher!*

Aber sie freuen sich zu früh.

Das ist noch nicht alles, Leute!

Es wird uns nicht berichtet, warum Gott dem Antichrist erlaubt, die zwei Zeugen zu töten. Aber wir wissen, das das Ganze nicht mit ihrem Tod enden wird! Gott hat vorhergesagt, dass er vor den Augen der ganzen Welt ein Wunder vollbringen wird:

> »Nach dreieinhalb Tagen kam der Lebensgeist Gottes wieder in die beiden Propheten und sie standen auf. Alle, die das sahen, erschraken sehr. Dann hörten die zwei Propheten eine mächtige Stimme vom Himmel, die ihnen befahl: ›Kommt herauf!‹ Ihre Feinde sahen zu, wie sie in einer Wolke zum Himmel hinaufstiegen. In diesem Augenblick gab es ein heftiges Erdbeben. Ein Zehntel der Stadt wurde zerstört; siebentausend Menschen kamen ums Leben. Die Überlebenden waren zu Tode erschrocken und erwiesen Gott im Himmel die Ehre« (Offb 11,11–13; Gute Nachricht).

Das übernatürlichste Ereignis, das sich in jener Zeit ereignet, wird rund um den Erdball im Fernsehen zu sehen sein – von allen »Völkern, Stämmen, Sprachen und Nationen«. Auch das ist eine liebevolle Geste des allmächtigen Gottes, nicht nur, weil er seine Propheten auferweckt und zu sich in den Himmel holt, sondern weil er damit vor aller Welt seine Existenz und Macht bekundet. Wir zweifeln nicht daran, dass viele Millionen Menschen, zu denen die 144 000 jüdischen Zeugen gesprochen haben, vom Heiligen Geist überzeugt werden und sich dem Erlöser zuwenden, wenn sie diesen göttlichen Beweis sehen.

Die Menschen in Jerusalem werden noch mehr Grund dazu haben, denn Johannes spricht von einem gewaltigen Erdbeben, das sich genau zu diesem Zeitpunkt ereignen wird. Ein Zehntel der Stadt wird einstürzen und 7 000 Menschen den Tod bringen. Wenn die Welt sonst von einem göttlichen Gericht getroffen wird, kann man in der Offenbarung oft lesen: »Aber sie kehrten nicht um, sondern verfluchten Gott, der die Macht über diese Plagen hat.« Aber nicht dieses Mal. Diesmal schreibt Johannes, dass die Überlebenden zu Tode erschraken und Gott im Himmel die Ehre gaben.

Übersehen Sie bitte nicht die Bedeutung dieser Verse! Gott will mit den schrecklichen Plagen und Gerichten der Trübsalzeit die

Völker der Erde zur Umkehr bewegen, damit sie sich ihm wieder zuwenden. In der Bibel heißt es an zahlreichen Stellen, dass er keine Freude am Tod der Sünder hat (vgl. Ez 18,32; 33,11), sondern dass er sich wünscht, dass sie von ihren Sünden lassen und ihre Hoffnung auf ihn setzen. Im ersten Band unserer »Finale«-Reihe ist von dem Videoband eines Pastors die Rede. Auf diesem Band hinterlässt er für alle, die nicht entrückt wurden, folgende Botschaft:

> *»So seltsam Ihnen dies auch erscheinen wird, dies ist Gottes letzter Versuch, die Aufmerksamkeit all jener auf sich zu ziehen, die ihn bis jetzt ignoriert oder zurückgewiesen haben. Er lässt nun eine Zeit der Bedrängnis zu, um zu Ihnen durchzudringen, die zurückgeblieben sind. Seine Gemeinde hat er aus einer korrupten Welt, die nur das Ihre sucht, fortgenommen.*
> *Ich bin davon überzeugt, dass Gott allen Zurückgelassenen Gelegenheit geben will, Bilanz zu ziehen und ihre Suche nach Vergnügen und Selbsterfüllung hinter sich zu lassen, um in der Bibel die Wahrheit und bei Christus das Heil zu suchen.«*
> (»Finale«, S. 165)

Gott ist ein liebender Vater, der »nicht will, dass einige zu Grunde gehen. Er möchte, dass alle Gelegenheit finden, von ihrem falschen Weg umzukehren« (2 Petr 3,9; Gute Nachricht). Mit diesem »alle« sind sowohl diejenigen gemeint, die bei der Entrückung zurückgelassen werden, als auch all jene, die das Vorrecht haben, schon vor der Entrückung glauben zu dürfen. Und die beiden Zeugen sind vor allem in der ersten Hälfte der Trübsalzeit Gottes Werkzeug, um viele Menschen zu bewegen, dass sie umkehren und ein ewiges Leben erhalten.

Eine letzte Chance

Gottes Barmherzigkeit hat nichts mit Schwachheit zu tun. Sie ist nicht verweichlicht oder halb blind. Sie sieht nicht über Sünde hinweg, nur weil sie nicht ertragen kann, dass Menschen unter den gerechten Gerichten Gottes leiden. Nein, Gottes Barmherzigkeit ist eine überaus starke, gewaltige Demonstration seiner Gnade, die sich nach allen ausstreckt, die es nicht verdienen, und dabei nichts unversucht lässt, um sie zur Besinnung zu bringen und den Himmel für sie zu offen zu halten.

Das ist der eigentliche Sinn des Dienstes, den die zwei Zeugen aus Offenbarung 11 versehen. Die Dürre, die sie über die Erde bringen, und die Plagen, mit denen sie deren Bewohner schlagen, sind eine Art »harter Gnade«, um einen Ausdruck zu verwenden, den Sheldon Vanauken in einem seiner Bücher geprägt hat. Auch der Prophet Jeremia hat dies schon vor vielen Jahrhunderten zum Ausdruck gebracht:

> »Darum ist es das Beste, zu schweigen und auf die Hilfe des Herrn zu warten. Für jeden Menschen ist es gut, wenn er schon früh gelernt hat, Lasten zu tragen. Wenn der Herr ihm etwas auferlegt, soll er für sich allein bleiben und schweigen. Er soll seinen Mund auf den Boden pressen – vielleicht ist doch noch Hoffnung auf Hilfe! Dem, der ihn schlägt, soll er die Backe hinhalten und Schmach und Schande auf sich nehmen. Der Herr verstößt uns nicht für immer. Auch wenn er uns Leiden schickt, erbarmt er sich doch wieder über uns, weil seine Liebe so reich und groß ist. Es macht ihm selbst keine Freude, seinen Kindern Schmerz und Kummer zu bereiten« (Klgl 3,26–33; Gute Nachricht).

Nein, es macht Gott keine Freude, wenn Menschen seelische und körperliche Schmerzen erleiden. Aber er wird sie damit strafen, wenn es das Einzige ist, womit er ihre Aufmerksamkeit noch auf sich ziehen kann. Das beweisen auch die zwei Zeugen aus Offenbarung 11.

Man könnte sie als Mittler dieser »harten Gnade« verstehen.

24. Die 144 000 jüdischen Zeugen

Meine geliebten Brüder und Schwestern.‹ Tsion stellte sich bequem hin und beugte sich ein wenig vor, um einen Blick auf seine Notizen zu werfen. ›Noch nie in meinem Leben habe ich so ungeduldig darauf gewartet, eine Botschaft aus dem Wort Gottes weitergeben zu können. Ich stehe vor Ihnen mit dem einzigartigen Privileg, zu einem großen Teil der, wie ich glaube, in der Bibel beschriebenen 144 000 Zeugen zu sprechen. Ich selbst zähle mich dazu, und Gott hat mir aufgetragen, Sie dabei zu unterstützen, die Gute Nachricht weiterzugeben. Die meisten von Ihnen tun das natürlich bereits und gewinnen Tag für Tag viele für Christus. Millionen Menschen auf der ganzen Welt sind schon zum Glauben an Christus gekommen.‹«
(»Apollyon«, S. 40)

Alle geistlichen Erweckungen der Geschichte weisen einige Gemeinsamkeiten auf: ernsthaftes Gebet, tiefes Verständnis der Heiligkeit Gottes und ein von der Sünde geläutertes Volk Gottes. Aber jede Erweckung, die ich kenne, zeichnet sich auch durch Folgendes aus: ein oder mehrere Evangelisten, die für die Sache Gottes »Feuer und Flamme« sind, Menschen, die sich dem Wort Gottes und seiner Wahrheit tief verpflichtet fühlen. Sie sehnen sich danach, mit dieser Wahrheit die Herzen ihrer Zuhörer zu erreichen, seien es Skeptiker oder Suchende.

George Whitefield, einer der großen Evangelisten des 18. Jahrhunderts, hat von seinem 21. Lebensjahr an bis zu seinem Tod im Alter von 55 Jahren drei- bis viermal pro Tag gepredigt. Er hatte es sich zur Gewohnheit gemacht, um vier Uhr morgens aufzustehen, eine Stunde in der Bibel zu lesen und ab fünf Uhr morgens zu predigen. Er verkündigte das Evangelium in ganz England, mehrmals in Wales, 15-mal in Schottland, zweimal in Irland und siebenmal in den amerikanischen Kolonien, von New Hampshire im Norden bis zu Georgia im Süden. Die Botschaft, die er an alle richtete – an Arme und Ungebildete ebenso wie an die Aristokratie Englands –, lässt sich im Wesentlichen in dem folgenden Satz zusammenfassen: »Du musst von neuem geboren werden!« Diese Botschaft predigte er mehr als 30 000-mal in seinem Leben, meist unter freiem Himmel – und das war auch der Hauptgrund für eine große Erweckung.

Stellen Sie sich vor, was in dieser Welt alles geschehen könnte, wenn es unter uns nicht nur einen Mann wie Whitefield, sondern Dutzende oder sogar Hunderte von ihnen gäbe! Wie viele Menschen würden dann zum Glauben an Christus kommen?

Wenn es nach der Bibel geht, wird es die Welt vielleicht schon bald erfahren.

Tausende von Evangelisten

Eine der bekanntesten Verheißungen über die Endzeit ist im Matthäus-Evangelium zu finden: »Aber die Gute Nachricht, dass Gott schon angefangen hat, seine Herrschaft aufzurichten, wird in der ganzen Welt verkündet werden. Alle Völker sollen sie hören. Danach erst kommt das Ende« (Mt 24,14; Gute Nachricht). Die meisten Fachleute für Prophetie gehen folglich davon aus, dass das Evangelium in der Trübsalzeit weltweit verkündigt wird.

Man nimmt an, dass die 144 000 Zeugen, die in der Offenbarung beschrieben werden, diesen Dienst ausüben werden. Sie werden so viele Menschen aus allen Nationen, Stämmen, Völkern und Sprachgruppen erreichen, »dass niemand sie zählen konnte« (Offb 7,9). Johannes hebt hervor, dass Gott dann für Tausende von Juden, die zu Christus umkehren, einen besonderen Auftrag haben wird. Er wird sie auf übernatürliche Weise dafür vorbereiten:

> »Danach sah ich an den äußersten Enden der Erde vier Engel stehen, in jeder Himmelsrichtung einen. Sie hielten die vier Winde zurück, damit kein Wind auf der Erde, auf dem Meer und in den Bäumen wehte. Von dort her, wo die Sonne aufgeht, sah ich einen anderen Engel emporsteigen, er hatte das Siegel

des lebendigen Gottes in der Hand. Mit lauter Stimme wandte er sich an die vier Engel, denen Gott die Macht gegeben hatte, dem Land und dem Meer Schaden zuzufügen, und sagte: ›Verwüstet weder das Land noch das Meer, noch die Bäume! Erst müssen wir die Diener unseres Gottes mit dem Siegel auf der Stirn kennzeichnen.‹ Und ich hörte, wie viele mit dem Siegel gekennzeichnet wurden. Es waren hundertvierundvierzigtausend aus allen Stämmen des Volkes Israel« (Offb 7,1–4; Gute Nachricht).

Aus dieser Stelle können wir schließen, dass Gott ein riesiges Heer, bestehend aus 144 000 jüdischen Evangelisten, auf die Beine stellen wird, bevor er am Ende des ersten Viertels der Trübsalzeit die Heimsuchungen und Katastrophen des sechsten Siegelgerichts über die Welt kommen lässt. Diese werden sich über die ganze Welt ausbreiten und eine Erweckungsbewegung unvorstellbaren Ausmaßes auslösen. Jeder dieser »Diener Gottes« wird auf seiner Stirn mit einem »Siegel« gekennzeichnet sein. Auch wenn wir nicht genau wissen, worin dieses Siegel besteht, scheint der Text doch nahe zu legen, dass es von anderen zu sehen sein wird. Das »Zeichen des Tieres«, das alle Ungläubigen erhalten, wird ganz sicher zu sehen sein. Aber für beide Kennzeichen gilt, dass sie irreversibel sind. In unserem Roman »Die Ernte« gingen wir von der Vermutung aus, dass dieses Zeichen der Gläubigen zwar für andere Gläubige, nicht aber für sie selbst oder für ungläubige Menschen zu sehen sein wird. Wir haben uns vorgestellt, dass das plötzliche Auftauchen dieses Siegels vielleicht zu folgendem Wortwechsel unter Gläubigen führen könnte:

»›Sehen Sie sich doch im Rückspiegel an‹, sagte Tsion. Er deutete auf Bucks Stirn.
›Na, sehen Sie *sich erst mal an!‹, sagte Buck. ›Auch* Sie *haben etwas auf der Stirn.‹*
Tsion klappte die Sonnenblende herunter und sah in seinem Spiegel nach. ›Nichts‹, murmelte er. ›Sie wollen sich doch nur über mich lustig machen.‹
›In Ordnung‹, erwiderte Buck frustriert. ›Sehen Sie mich noch einmal an. Doch, Ihres ist noch immer da. Meines auch?‹
Tsion nickte.

›Ihres sieht aus wie so ein 3-D-Bild. Wie sieht meines aus?‹
›Genauso. Wie ein Schatten oder wie eine Verletzung oder ein, wie nennen Sie das noch? Ein Relief?‹
›Ja‹, antwortete Buck. ›Hey, das sieht so aus wie eines dieser Bilder, das man erst erkennt, wenn man sich genau darauf konzentriert. Das Zeichen auf Ihrer Stirn ist ein Kreuz.‹
Tsion starrte Buck verständnislos an. Plötzlich rief er: ›Ja! Cameron! Wir haben das Siegel, das nur für andere Christen sichtbar ist!‹
›Wovon sprechen Sie?‹
›Im 7. Kapitel der Offenbarung steht, dass die ‚Diener unseres Gottes' auf ihrer Stirn mit einem Siegel gekennzeichnet sein werden. Das muss es sein!‹«
(»Die Ernte«, S. 139–140)

Was immer dieses Siegel ist, es wird diesen 144 000 jüdischen Zeugen »aus allen Stämmen der Söhne Israels« eine Art übernatürlichen Schutz geben, bis sie die große Ernte, von der in Offenbarung 7, Vers 9 berichtet wird, eingebracht haben. Diese Verse leiten die Stelle ein, die zu unserer Lieblingspassage in der Offenbarung geworden ist:

»Danach sah ich eine große Menge Menschen, so viele, dass niemand sie zählen konnte. Es waren Menschen aus allen Nationen, Stämmen, Völkern und Sprachen. Sie standen in weißen Kleidern vor dem Thron und dem Lamm und hielten Palmzweige in den Händen. Mit lauter Stimme riefen sie: ›Der rettende Sieg gehört unserem Gott, der auf dem Thron sitzt, und dem Lamm!‹ Alle Engel standen im Kreis um den Thron und um die Ältesten und um die vier mächtigen Gestalten. Sie warfen sich vor dem Thron zu Boden, beteten Gott an und sprachen: ›Das ist gewiss: Preis und Herrlichkeit, Weisheit und Dank, Ehre, Macht und Stärke gehören unserem Gott für immer und ewig. Amen!‹
Einer der Ältesten fragte mich: Wer sind diese Menschen in weißen Kleidern? Woher kommen sie?‹
Ich antwortete: ›Herr, du musst es wissen!‹ Er sagte zu mir: ›Diese Menschen haben die große Verfolgung durchgestanden. Sie haben ihre Kleider gewaschen und im Blut des Lammes weiß gemacht. Darum stehen sie vor dem Thron Gottes und

dienen ihm Tag und Nacht in seinem Tempel. Er, der auf dem Thron sitzt, wird bei ihnen wohnen. Sie werden keinen Hunger oder Durst mehr haben; weder die Sonne noch irgendeine Glut wird sie versengen. Das Lamm in der Mitte des Thrones wird ihr Hirte sein und sie an die Quellen führen, deren Wasser Leben spendet. Und Gott wird alle ihre Tränen abwischen‹« (Offb 7,9–17; Gute Nachricht).

Manche Bibelausleger halten es kaum für möglich, dass es in der Trübsalzeit eine so gewaltige Bekehrungswelle geben wird. Aber wir sind überzeugt, dieser Text weist darauf hin, dass in dieser Periode der Geschichte mehr Menschen für Christus gewonnen werden als in jeder anderen Epoche. Dass Gott durch das Wirken seines Heiligen Geistes schon zur Zeit des Alten Testaments eine große Bekehrungswelle ausgelöst hat, war in den Tagen Jonas zu sehen. Gott verschonte die Stadt Ninive, nachdem der Prophet Jona den Einwohnern den Zorn Gottes angedroht hatte: »Noch vierzig Tage, und Ninive ist ein Trümmerhaufen!« (Jona 3,4; Gute Nachricht). Und die Bewohner dieser gottlosen assyrischen Stadt hörten auf Jona: »Die Leute von Ninive setzten ihre Hoffnung auf Gott. Sie beschlossen zu fasten; und alle, Reiche wie Arme, legten zum Zeichen der Reue den Sack an« (Jona 3,5; Gute Nachricht). Und wie hat Gott auf diese ernsthafte Reue geantwortet? »Gott sah, dass sie sich von ihrem bösen Treiben abwandten. Da tat es ihm Leid, sie zu vernichten, und er führte seine Drohung nicht aus« (Jona 3,10; Gute Nachricht).

Und vergessen Sie nicht, dass es im Alten Testament einen weiteren Propheten gibt, der für die Endzeit eine große Welle der Bekehrungen vorausgesagt hat. Bei Joel lesen wir:

»Weiter sagte der Herr: Es kommt die Zeit, da werde ich meinen Geist ausgießen über alle Menschen. Eure Männer und Frauen werden dann zu Propheten: Alte und Junge haben Träume und Visionen. Sogar über die Knechte und Mägde werde ich zu jener Zeit meinen Geist ausgießen.
Dann ist der große und schreckliche Tag nahe, an dem ich Gericht halte. Am Himmel und auf der Erde werden seine Vorzeichen zu sehen sein: Menschen liegen erschlagen in ihrem Blut, Flammen und Rauchwolken steigen auf; die Sonne verfinstert

sich, und der Mond wird blutrot. Aber alle, die meinen Namen anrufen, werden gerettet« (Joel 3,1–5; Gute Nachricht).

Am ersten Pfingsttag erfüllte sich diese Prophezeiung zum Teil (Apg 2,16–21), aber sie wird erst in den Tagen der 144 000 jüdischen Zeugen, von denen im 7. Kapitel der Offenbarung die Rede ist, vollständig in Erfüllung gehen. Diese Menschen werden die Gute Nachricht so eindringlich und überzeugend predigen, dass sich in der Folge überall auf der Erde so viele Menschen für Gott entscheiden werden, dass »niemand sie zählen kann«.

Daniel und die Zeit des Endes

Wir sind Daniel, dem großen jüdischen Propheten, zu Dank verpflichtet, weil er genau die Fragen gestellt hat, die auch uns interessieren (vgl. Dan 12). Dort können wir lesen: »Wie lange wird es dauern, bis diese erstaunlichen Ereignisse an ihr Ende gekommen sind?« und »Wie wird dieses Ende aussehen?« Er bekommt zur Antwort: »Geh jetzt, Daniel! Was ich dir gesagt habe, soll bis zur letzten Zeit geheim und versiegelt bleiben« (Dan 12,9; Gute Nachricht). Und dann folgt ein Satz, der von vielen oft übersehen wird: »Viele werden von Gott geprüft werden, damit Gottes Volk am Ende rein und geläutert dasteht; die Treulosen, die sich von Gott abgewandt haben, werden bis zuletzt auf ihrer Untreue beharren. Sie werden nicht verstehen können, was ich dir offenbart habe, aber die Einsichtigen werden es verstehen« (Dan 12,10; Gute Nachricht).

Mit anderen Worten: In der Endzeit wird es eine gewaltige Trennung zwischen den »Gereinigten und Geläuterten« und den »Treulosen« geben. Das einzige Mittel, das uns reinigen und läutern kann, ist das Blut des Lammes, das alle Sünden von uns nimmt. Die Treulosen werden Christus jedoch hartnäckig ablehnen und sich weiter gegen ihn stellen.

Das, was an dieser Stelle beschrieben wird, wird erst in der Trübsalzeit vollständig in Erfüllung gehen, wenn das Evangelium mit Hilfe der 144 000 Zeugen auf der ganzen Welt verkündigt wird und der Engel seine Botschaft bringt, die »niemals ihre Gültigkeit verlieren wird« (Offb 14,6). Es ist traurig, aber wahr, dass diese

Worte auch jetzt schon den Zustand beschreiben, in dem sich unsere Welt befindet. Viele Menschen kommen heute überall auf der Welt zum Glauben und ändern ihr Leben, während andere weiterhin den Erlöser ablehnen und in ihren Sünden verstrickt bleiben oder diese sogar noch eifriger ausleben. Kann das Ende noch weit sein?

Das Ziel ist nahe

Jesus hat vorausgesagt, dass das Evangelium in der Trübsalzeit auf der ganzen Welt verkündigt werden wird (Mt 24,14). Mit dem Ende des vergangenen Jahrtausends sind wir diesem Ziel aber schon sehr nahe gekommen. Als 1992 die Direktoren der religiösen Fernseh- und Radiosender zu einem Treffen zusammenkamen, legten die Leiter dreier weltweiter Kurzwellensender ihre gegenwärtige Strategie zur Verbreitung des Evangeliums dar. Die fernöstliche Radiomission, HCJB in Quito, Ecuador, und Trans-World-Radio, das für Europa zuständig ist, stellten ihre Pläne vor, das Evangelium über Kurzwellensender auf der ganzen Welt zu verbreiten! Die Bibel-Übersetzer des Wycliff-Institutes rechnen damit, dass das Neue Testament bald in Hunderte von neuen Sprachen übersetzt sein und in Druck gehen wird.

Dr. Bill Bright ist einer der effektivsten Lehrer dafür, wie man in der heutigen Zeit Menschen für Christus gewinnt. Er und 16 000 weitere Mitarbeiter von »Campus für Christus« haben sich schon vor langem das Ziel gesetzt, dabei mitzuhelfen, die Welt für Christus zu gewinnen. Vor kurzem beschlossen sie, ihre Pläne noch intensiver zu verfolgen.

Der Jesus-Film, eine dramatisierte Version des Lebens Jesu nach dem Lukas-Evangelium, wird überall auf der Welt sehr erfolgreich gezeigt. Er wurde zunächst in Englisch produziert, hatte aber so erstaunliche Auswirkungen, dass das Drehbuch noch in viele andere Sprachen übersetzt wurde. Meine Frau und ich waren dabei, als Bill Bright, auf den diese Idee zurückgeht, eine goldene Kopie der 400. Übersetzung dieses Films überreicht bekam. Er erzählte mir, man habe »Campus für Christus« berichtet, dass bislang über 500 Millionen Menschen zum Glauben gekommen seien, seit dieser Film rund um die Welt ging. Der Film wurde aber in mehr Ländern gezeigt, als von ihnen nachverfolgt werden kann. Gott allein weiß, wie viele Menschen diesen Film wirklich gesehen haben und welche Auswirkungen er hatte.

Die Kirche hat viele große Evangelisten und einflussreiche christliche Leiter hervorgebracht, die andere zum Glauben führen konnten. In Amerika waren es Evangelisten wie George Whitefield, John Wesley, D. L. Moody, Billy Sunday und viele andere. Aber der führende Evangelist der letzten 50 Jahre, Billy Graham – der oft als »der am meisten bewunderte Mann der Welt« bezeichnet wird –, hat die frohe Botschaft zu mehr Menschen gebracht als jeder andere Mensch der Geschichte. Da ihm moderne Kommunikationsmittel zur Verfügung standen, hat er wahrscheinlich mehr Menschen mit der Botschaft erreicht als alle Evangelisten aller vergangenen Jahrhunderte zusammen.

Eine der letzten Ansprachen Grahams wurde vom Fernsehen zur gleichen Zeit in mehr Länder als je zuvor übertragen. Ein Reporter schätzte, dass an diesem Tag 281 Millionen Menschen seine Predigt gehört haben. Auch wenn diese Zahl nur zur Hälfte stimmen sollte, so ist sie immer noch erstaunlich hoch. Wenn man sie zu den Millionen dazurechnet, die ihn während seines 50-jährigen Einsatzes gehört oder im Fernsehen gesehen haben, die seine Filme gesehen und seine Bücher gelesen haben oder auf eine andere Art und Weise mit ihm in Berührung gekommen sind, dann ist es durchaus möglich, dass er allein eine Milliarde Menschen (oder mehr) mit dem Evangelium erreicht hat.

Die wahre missionarische und evangelistische Reichweite der Kirche ist eines der am besten gehütetsten Geheimnisse unserer Zeit. Der Fürst, der die Gewalt über die Lüfte hat, der Gott dieses Zeitalters, will uns weismachen, dass die ganze Welt hinter ihm herläuft. Das ist wahrscheinlich die größte Lüge unserer Tage. In Wahrheit finden überall auf der Welt Millionen von Menschen zu Christus. Sogar in China führt der Heilige Geist durch den Dienst der »Hauskirchen« Millionen von Chinesen zum Glauben an Jesus Christus. Wieder andere hören die Gute Nachricht über Kurzwellenradio.

Zweimal im Monat lese ich einen internationalen Bericht über den religiösen Status der Welt und bin immer wieder erstaunt über das Wirken des Heiligen Geistes, der überall auf der Welt Millionen von Menschen zum Glauben führt. Nach dem Fall der

Sowjetunion hat Gott in Ländern, die seit mehr als 70 Jahren verschlossen waren, wieder eine Tür für das Evangelium geöffnet.

Auch Zentral- und Südamerika erleben, dass Millionen von Menschen zum Glauben an Jesus Christus finden. Während der Regierungszeit Ronald Reagans, als die Kommunisten die jungen Demokratien Zentralamerikas zu stürzen versuchten, wählten alle fünf Länder konservative Präsidenten, die entweder selbst bekennende Christen oder den Christen zumindest gewogen waren. Einer dieser Präsidenten sagte zu mir, dass es »vor allem die Christen waren, die mich gewählt haben«. Die Zahl der Christen hatte sich in seinem Land vervierfacht, und sie waren es, die ihre Stimmen abgegeben und ihm zum Sieg über seinen kommunistischen Gegner verholfen hatten. Ähnliche Berichte gibt es auch aus anderen Ländern.

Schon jetzt ist überall auf der Welt ein neuer Trend zu beobachten. Hunderte von geistlichen Leitern tun das, was Jesus ihnen aufgetragen hat: »Darum geht nun zu allen Völkern der Welt und macht die Menschen zu meinen Jüngern und Jüngerinnen« (Mt 28,24; Gute Nachricht). Diese Leiter und Missionare nutzen die ihnen zur Verfügung stehende Technologie und vervielfältigen damit ihre Bemühungen, das Evangelium bekannt zu machen.

Die Zeit weltweiter Verkündigung steht noch aus

Die Prophezeiungen aus dem Matthäus-Evangelium, Kapitel 24, Vers 14 ist noch nicht in Erfüllung gegangen, und das wird auch nicht vor der Trübsalzeit passieren. Doch wenn die gegenwärtigen Entwicklungen anhalten, dann könnte der Auftrag, das Evangelium in die ganze Welt zu tragen, in ein oder zwei Jahrzehnten ausgeführt sein! Auch unsere Technologie trägt dazu bei, das Evangelium zu verbreiten. Noch vor 30 Jahren benötigte ein Übersetzer fast ein ganzes Leben lang, um die Sprache eines Stammes schriftlich aufzuschlüsseln und anschließend das Neue Testament auf eine Weise zu übersetzen, die von den Menschen auch verstanden werden konnte. Heute weiß man, dass ein Übersetzer das Neue Testament mit Hilfe des Computers in fünf Sprachen übersetzen kann! Die Aufgabe wird immer kleiner, nicht größer, obwohl die Weltbevölkerung zunimmt.

Daher ist die rasche Ausbreitung der frohen Botschaft ein weiterer Hinweis darauf, dass wir vielleicht die Generation sind, die diesen Auftrag an jene weitergeben wird, die ihn zum Abschluss bringen werden – an die 144 000 Zeugen, die zur Weltbevölkerung predigen werden, nachdem Jesus seine Gemeinde entrückt hat.

25. Die Heiligen und Märtyrer der Trübsalzeit

Könnt ihr euch noch daran erinnern, dass ich euch von den 144 000 Juden erzählt habe, die versuchen werden, die Welt für Christus zu erreichen? Viele derjenigen, die sich durch sie bekehrt haben, vielleicht sogar Millionen, werden durch den Weltführer und die Hure – dieser Ausdruck bezieht sich auf eine Weltreligion, in der Christus verleugnet wird – den Märtyrertod erleiden.‹

Rayford machte sich eifrig Notizen. Er fragte sich, was er noch drei Wochen zuvor von so verrücktem Gerede gehalten hätte. Wie konnte er das alles nur nicht wahrgenommen haben? Gott hatte versucht, sein Volk zu warnen, indem er ihm Jahrhunderte zuvor sein geschriebenes Wort gegeben hatte. Trotz Rayfords Bildung und Intelligenz war er ein Narr gewesen. Jetzt konnte er nicht genug davon hören, obwohl deutlich wurde, dass die Chancen für jeden schlecht standen, der bis zur Wiederkunft Christi am Leben bliebe.«
(»Finale«, S. 240)

Im Oktober 1998 tat eine Zeitung Oregons etwas, das es in den meisten amerikanischen Tageszeitungen bis dahin noch nie gegeben hatte. Sie begann eine fundierte, fünfteilige Serie über die weltweite Christenverfolgung, in der sie über die extremen Schwierigkeiten gläubiger Christen in Pakistan, Burma, Sudan, Ägypten und China berichtete. Um glaubwürdige Informationen zu bekommen, recherchierte die Zeitung neun Monate und befragte dabei rund um den Globus Menschen, die enge Verbindungen zu christlichen Untergrundbewegungen hatten.[1] Die erste Folge dieser Aufsehen erregenden Reihe trug die Überschrift »Christenverfolgung: eine weit verbreitete, verwickelte Sache«. Darin war Folgendes zu lesen:

»Ein presbyterianischer Pastor erbaute allen Drohungen zum Trotz die erste christliche Kirche in Pakistan. Der Pöbel rottete sich zusammen und zerstörte die Kirche. Maskierte Männer drangen in die Wohnung des Pastors ein und erstachen ihn.
Ein Mann kehrte dem Islam den Rücken zu, um Christ zu werden. Die ägyptische Geheimpolizei verhaftete ihn grundlos und folterte ihn mit Elektroschocks, um Informationen über andere Gläubige von ihm zu erhalten.
Ein römisch-katholischer Junge spielte im südlichen Sudan mit seinen Freunden zwischen den Bäumen. Islamische Soldaten, die einen heiligen Krieg führten, fingen ihn ein und machten einen Sklaven aus ihm. Er bekam einen islamischen Namen und wurde von den Frauen seines Herrn mit einem Stock verprügelt ...
Überall auf der Welt werden Christen gequält, geschlagen, vergewaltigt, ins Gefängnis geworfen, versklavt, aus ihren Häusern vertrieben und getötet – nur weil sie an Gott glauben.
Es gibt Christen in Ländern, in denen es Gesetze gibt, gegen die sie kaum eine Chance haben, und die dennoch am Glauben festhalten. Sie hören trotz größter Nöte nicht auf, Gott zu verehren und zu loben.«[2]

Die gesamte Folge berief sich auf wahre Geschichten, aktuelle Fakten und real existierende Personen. Sie öffnete uns die Augen dafür, dass es in Amerika noch »sicher« ist, Christ zu sein, aber für viele andere Orte rund um den Globus trifft dies nicht mehr zu. Millionen von Christen auf der ganzen Welt sind ständig von Verfolgung und Tod bedroht.

Und es kann noch schlimmer kommen. *Viel* schlimmer.

Gläubige in der Zeit des Zornes Gottes

Die Bibel berichtet nicht viel über Menschen, die in der Trübsalzeit zum Glauben an Christus kommen, aber was sie sagt, jagt mir einen Schauer über den Rücken. Einerseits sind wir über die Prophezeiung begeistert, dass Millionen von Menschen während dieser siebenjährigen Zornesperiode zum Glauben finden werden; andererseits ist es aber entsetzlich, von den schrecklichen Verfolgungen und den zahlreichen Märtyrern in jener Zeit zu hören.

Werfen Sie nur einen kurzen Blick auf die Prophezeiungen in den Büchern Daniel und Offenbarung:

»Ich hatte beobachtet, wie dieses Horn [der Antichrist] mit dem heiligen Volk Gottes Krieg führte und es unterwarf« (Dan 7,21; Gute Nachricht).

»Er wird verächtlich über Gott, den Höchsten, reden und das heilige Volk des höchsten Gottes unterdrücken. Er wird versuchen, das Gesetz Gottes und die heiligen Feste abzuschaffen. Ein Jahr und zwei Jahre und ein halbes Jahr wird das Volk Gottes in seine Gewalt gegeben« (Dan 7,25; Gute Nachricht).

»Dann brach das Lamm das fünfte Siegel auf. Da sah ich unterhalb des Altars die Seelen der Menschen, die man umgebracht hatte, weil sie an Gottes Wort festgehalten hatten und als seine Zeugen treu geblieben waren. Sie riefen mit lauter Stimme: ›Herr, du bist heilig und hältst, was du versprichst! Wie lange willst du noch warten, bis du die Bewohner der Erde vor Gericht rufst und Vergeltung an ihnen übst, weil sie unser Blut vergossen haben?‹ Sie alle erhielten lange weiße Gewänder, und es wurde ihnen gesagt: ›Gebt noch für kurze Zeit Ruhe, denn eure Zahl ist noch nicht voll. Von euren Brüdern, die Gott dienen genau wie ihr, müssen noch so viele getötet werden, wie Gott bestimmt hat‹« (Offb 6,9–11; Gute Nachricht).

»Gott ließ zu, dass es mit seinem heiligen Volk Krieg führte und es besiegte« (Offb 13,7; Gute Nachricht).

»Dann hörte ich eine Stimme vom Himmel, die sagte: ›Schreib auf: Freuen dürfen sich alle, die für ihr Bekenntnis zum Herrn sterben müssen – von jetzt an!‹
›So ist es‹, antwortete der Geist, ›sie werden sich von ihren Mühen ausruhen; denn ihre Taten gehen mit ihnen und sprechen für sie‹« (Offb 14,13–14; Gute Nachricht).

»Ich sah, dass die Frau [die Welteinheitsreligion] betrunken war vom Blut der Menschen aus Gottes heiligem Volk. Sie hatte das Blut aller getrunken, die als Zeugen für Jesus getötet worden waren. Ich war starr vor Entsetzen, als ich sie sah« (Offb 17,6; Gute Nachricht).

Wir möchten einige wichtige Punkte dieser Texte besonders hervorheben, um Ihnen einen Einblick in den Plan Gottes zu geben, den er in der Trübsalzeit für sein Volk hat.

1. In der Trübsalzeit werden viele zum Glauben an Christus kommen.

Aus diesen Bibelstellen können wir schließen, was auch in Joel 3, Vers 1 bis 5 ausdrücklich bestätigt wird, dass der Heilige Geist in der Trübsalzeit auf unserem Planeten sehr stark wirken wird. Er wird alle, die sich Gott nicht mehr verschließen, davon überzeugen, dass es wahr ist, dass Jesus für ihre Sünden gestorben und wieder auferstanden ist, so wie es in der Bibel gesagt wird, und dass sie gerettet werden können. Einzige Voraussetzung dafür ist das, was schon immer Bedingung war und es auch heute ist – nämlich dass sie umkehren und glauben.

2. Gott ist immer noch Herr der Lage.

Trotz der horrenden Zahl der Heiligen, die in der Trübsalzeit ihr Leben verlieren werden, wird Gott die ganze Zeit Herr der Lage sein. Achten Sie sorgfältig auf die Worte, mit denen Daniel und Johannes die Macht des Antichristen über das Volk Gottes beschreiben. Daniel macht deutlich: »Das Volk Gottes *[wird] in seine Gewalt gegeben*« (Dan 7,25; Gute Nachricht; Hervorhebung durch den Autor). Bei Johannes heißt es: »*Gott ließ zu*, dass es mit seinem heiligen Volk Krieg führte« (Offb 13,7; Gute Nachricht; Hervorhebung durch den Autor).

Beide Texte unterstreichen, dass der Antichrist nichts ohne Gottes ausdrückliche Erlaubnis tun kann. Das Tier kann die Heiligen weder aus Gottes Hand reißen noch sonst etwas tun, um ihn zu überlisten. Die Heiligen der Trübsalzeit befinden sich in der gleichen Lage wie Jesus, als er vor Pilatus stand. Ein überheblicher Pilatus fragte einen stummen Jesus: »Willst du nicht mit mir reden? Vergiss nicht, dass ich die Macht habe, dich freizugeben, aber auch die Macht, dich ans Kreuz zu bringen!« Worauf Jesus voller Autorität antwortete: »Du hättest keine Macht über mich, wenn Gott es nicht zugelassen hätte« (Joh 19,10; Gute Nachricht).

In derselben Situation werden sich auch die Heiligen der Trübsalzeit befinden. Der Antichrist hätte keine Macht über sie, wenn Gott es nicht zulassen würde. Ja, Gottes Macht schließt sogar die genaue Anzahl der Gläubigen ein, die getötet werden dürfen. Darauf bezieht sich auch die Angabe in Offenbarung 6, Vers 11, die davon berichtet, dass den Märtyrern im Himmel gesagt wird: »Gebt noch für kurze Zeit Ruhe, denn eure Zahl ist noch nicht voll. Von euren Brüdern, die Gott dienen genau wie ihr, müssen noch so viele getötet werden, wie Gott bestimmt hat« (Offb 6,11; Gute Nachricht). Das nenne ich Macht!

3. Auf dem Tod eines Gläubigen liegt dennoch Segen.

»Freuen dürfen sich alle, die für ihr Bekenntnis zum Herrn sterben müssen – von jetzt an!«, verkündet Offenbarung 14,13. Die Welt wird der Meinung sein, dass diese Märtyrer Dummköpfe sind. Viele Menschen werden dankbar sein (um dieses unpassende Wort zu verwenden), dass sie nicht zu denen gehören, die sterben müssen. Einige der Weichherzigeren unter ihnen (falls es überhaupt solche gibt), werden die Heiligen vielleicht bedauern, weil sie es vorziehen, lieber zu sterben, als ihren Herrn zu verleugnen.

Doch Gott wird sie nicht bedauern. Er wird sie segnen! Er wird ihnen die gleichen Gefühle entgegenbringen, die er schon immer für sein Volk hatte: »Der Herr lässt die Seinen nicht untergehen, dafür ist ihm ihr Leben zu wertvoll« (Ps 116,15; Gute Nachricht). Und dieser Segen Gottes ist weit mehr als ein frommer Wunsch. Johannes spricht von der Ruhe, die diesen Märtyrern gewährt wird – etwas, das kein Lebender kennen wird –, und dass ihnen ihre Werke folgen werden (Offb 14,13). Das bedeutet, dass ihre Treue bis in den Tod reichlich belohnt werden wird.

4. Gott wird den Tod seiner Kinder rächen.

Wenn die Seelen der erschlagenen Heiligen im Himmel schreien: »Herr, du bist heilig und hältst, was du versprichst! Wie lange willst du noch warten, bis du die Bewohner der Erde vor Gericht rufst und Vergeltung an ihnen übst, weil sie unser Blut vergossen haben?« (Offb 6,10; Gute Nachricht), dann werden sie von ihm nicht zurechtgewiesen. Stattdessen wird ihnen gesagt, dass sie sich noch eine Weile gedulden sollen. Unser Gott ist ein Gott der Vergeltung, woran uns auch der Apostel Paulus erinnert: »Denn es entspricht der Gerechtigkeit Gottes, dass er die, die euch Leiden bereiten, selbst leiden lässt und dass er euch, die ihr jetzt leiden müsst, mit uns zusammen von allen Leiden befreit. Das wird geschehen, wenn Jesus, der Herr, vom Himmel kommt und alle ihn sehen werden. Er kommt mit den Engeln, die seine Befehle vollstrecken, und in loderndem Feuer, um Vergeltung zu üben an allen, die Gott nicht ehren und die Gute Nachricht von Jesus, unserem Herrn, nicht gehorsam annehmen« (2 Thess 1,6–8; Gute Nachricht). Der Engel, der für das Wasser zuständig ist, sagt etwas Ähnliches, wenn Gott gegen Ende der Trübsalzeit das Wasser in Flüssen und Quellen zu Blut werden lässt: »Du Heiliger, der du bist und warst, in diesen Urteilen hast du dich als gerechter Richter erwiesen. Allen, die das Blut des heiligen Gottesvolkes und seiner Propheten vergossen haben, hast du Blut zu trinken gegeben. Sie haben es verdient!« (Offb 16,5–6; Gute Nachricht).

Wenn der Psalmist darüber nachdenkt, dass es den Gottlosen gut geht, während er leiden muss, dann bricht ihm fast das Herz. Er sagt, dass er seinen Glauben beinahe verloren hätte, als er den Eindruck hatte, dass seine Treue zu Gott vergeblich zu sein schien. »Doch dann kam ich in dein Heiligtum. Da erkannte ich, wie es mit ihnen ausgeht: Du stellst sie auf schlüpfrigen Boden, du verblendest sie, damit sie stürzen« (Ps 73,17–18; Gute Nachricht). Mit anderen Worten: Er fasst neuen Mut, weil er sieht, dass das Böse nicht für immer siegen wird.

Im Buch der Offenbarung werden wir ebenfalls mindestens zweimal auf diese Weise ermutigt. Beim ersten Mal heißt es: »Wer Ohren hat, soll gut zuhören: Wer dazu bestimmt ist, gefangen zu werden, kommt in die Gefangenschaft. Wer dazu bestimmt ist, mit dem Schwert getötet zu werden, wird mit dem Schwert getötet. Dann braucht Gottes heiliges Volk Standhaftigkeit und Treue!« (Offb 13,9–10; Gute Nachricht). Woher werden diese verfolgten Heiligen ihre Standhaftigkeit nehmen? Wird ihnen ihr Glaube die nötige Zuversicht geben? Die Gewissheit, dass Gott ein gerechter Richter ist, bringt alles wieder ins Lot. Auf diesen Gedanken stoßen wir auch in Offenbarung 14. Nachdem die ewigen Qualen all jener, die das Tier verehren und sein Zeichen annehmen, anschaulich beschrieben wurden, heißt es: »Hier muss Gottes heiliges Volk Standhaftigkeit beweisen, alle, die Gottes Gebote befolgen und in Treue zu Jesus halten« (Offb 14,12; Gute Nachricht). Gott macht immer deutlich, dass er die Bosheit bestrafen und sie selbst vergelten wird (vgl. Dtn 32,35; Röm 12,19; Hebr 10,30; etc.).

Der Sieg ist ihnen gewiss

Wir sollten dafür dankbar sein, dass der Bericht über die Heiligen der Trübsalzeit nicht mit ihrem irdischen Tod aufhört. Denn Gottes Wort macht sehr deutlich, dass sie durch das Blut des Lammes letzten Endes siegen werden. Betrachten Sie zunächst diese aufregende Stelle: »Unsere Brüder haben ihn besiegt durch das Blut des Lammes und durch die Botschaft, die sie empfangen und bezeugt haben. Sie waren bereit, ihr Leben zu opfern und den Tod auf sich zu nehmen« (Offb 12,11; Gute Nachricht).

Die Bibel entfaltet oft eine Logik, die in den Augen der Welt auf den Kopf gestellt zu sein scheint. Jesus sagt beispielsweise, dass jeder, der der Herr über andere sein will, sich allen anderen unterordnen soll. Er sagt, dass der Erste der Letzte und der Letzte der Erste sein wird. Und im Buch der Offenbarung heißt es, dass die Überwinder nicht jene sind, die andere umbringen, sondern alle, die ihr Leben um Jesu willen verlieren. Jedes Mal, wenn sich in der Trübsalzeit einer dieser Heiligen auf die Macht Gottes verlässt und bis zum Ende an seiner Treue zu ihm festhält, wird er den Antichristen und den Teufel damit überwinden. Diese Heiligen lieben Gott mehr als ihr eigenes Leben, und dafür werden sie mehr als belohnt werden:

»Aber zuletzt wird das heilige Volk des höchsten Gottes die Herrschaft ergreifen und sie behalten bis in alle Ewigkeit« (Dan 7,18; Gute Nachricht).

»Aber dann kam der Uralte, um Gericht zu halten, und die Herrschaft wurde seinem Volk, den Heiligen des höchsten Gottes, übergeben« (Dan 7,22; Gute Nachricht).

»Dann aber tritt das himmlische Gericht zusammen und nimmt ihm [dem Antichrist] seine Macht; er wird endgültig vernichtet. Darauf wird der höchste Gott die Herrschaft über die Völker der ganzen Erde seinem heiligen Volk übertragen. Dessen Reich soll die anderen Reiche ablösen und ihre Macht und Größe in sich vereinen. Gott aber behält die Herrschaft in alle Ewigkeit, alle Mächtigen der Erde werden ihm dienen und gehorchen müssen« (Dan 7,26–27; Gute Nachricht).

»Ich sah etwas wie ein gläsernes Meer, das mit Feuer vermischt war. Auf diesem Meer sah ich alle die stehen, die den Sieg über das Tier erlangt hatten und über sein Standbild und die Zahl seines Namens. Sie hielten Harfen in den Händen, die Gott ihnen gegeben hatte. Sie sangen das Lied, das Mose, der Diener Gottes, verfasst hatte, und das Lied des Lammes: ›Herr, unser Gott, du Herrscher der ganzen Welt, wie groß und wunderbar sind deine Taten! In allem, was du planst und ausführst, bist du vollkommen und gerecht, du König über alle Völker! Wer wollte dich nicht fürchten und deinem Namen keine Ehre erweisen? Alle Völker werden kommen und sich vor dir niederwerfen; denn deine gerechten Taten sind nun für alle offenbar geworden‹« (Offb 15,2–4; Gute Nachricht).

»Dann sah ich Thronsessel. Alle, die auf ihnen Platz nahmen, wurden ermächtigt, Gericht zu halten. Ich sah auch die Seelen der Menschen, die enthauptet worden sind, weil sie öffentlich für Jesus und das Wort Gottes eintraten. Sie hatten weder das Tier noch sein Standbild angebetet und trugen auch nicht das Kennzeichen des Tieres auf ihrer Stirn oder ihrer Hand. Sie wurden wieder lebendig und herrschten zusammen mit Christus tausend Jahre lang. Die übrigen Toten wurden erst wieder lebendig, als die tausend Jahre um waren. Dies ist die erste Auferstehung. Freuen dürfen sich die Auserwählten, die an der ersten Auferstehung teilhaben. Der zweite Tod, der endgültige, kann ihnen nichts anhaben. Sie werden Gott und Christus als Priester dienen und tausend Jahre lang mit Christus herrschen« (Offb 20,4–6; Gute Nachricht).

Welche Zweifel diese Heiligen während ihrer Prüfungen auf der Erde auch immer geplagt haben, diese werden sich augenblicklich in nichts auflösen, wenn sie vor dem König stehen und zusammen mit ihm in seinem Tausendjährigen Reich herrschen werden. Steht diese Belohnung noch im Verhältnis dazu, was sie eigentlich als sündige Menschen verdienen? Natürlich nicht. Aber das entspricht dem Wesen und der Herrlichkeit unseres Gottes. Seine Gnade ist grenzenlos, und er wird nie aufhören, sein Volk mit Wohltaten zu überschütten.

So war es immer und so wird es immer sein.

Es gibt nichts, das man damit vergleichen kann …

Die Wahrheit der Bibel ändert sich nicht. Da Gott ihr Urheber ist, wird sich auch die Botschaft der Bibel niemals ändern, denn »bei ihm gibt es kein Zu- und Abnehmen des Lichtes und keine Verfinsterung« (Jak 1,17; Gute Nachricht). Darum hat auch David gesagt: »Dein Wort, Herr, bleibt für alle Zeiten bestehen, bei dir im Himmel ist sein fester Platz« (Ps 119,89; Gute Nachricht).

Aus diesem Grund vermuten wir, dass sich die Heiligen der Trübsalzeit mit jeder Faser ihres Lebens an einen Vers aus dem Römerbrief klammern werden. Es kann sein, dass es der wichtigste Vers aus dem ganzen Waffenarsenal ist, das Gott ihnen in seinem Wort zur Verfügung gestellt hat. Obwohl wir auch jetzt schon von diesem Vers getröstet werden, so können wir uns doch vorstellen, dass für sie ein nicht zu überbietender Trost darin liegen wird. Dieser Vers lautet:

»Ich bin überzeugt: Was wir in der gegenwärtigen Zeit noch leiden müssen, fällt überhaupt nicht ins Gewicht im Vergleich mit der Herrlichkeit, die Gott uns zugedacht hat und die er in der Zukunft offenbar machen wird« (Röm 8,18; Gute Nachricht).

26. Die nicht erlösten Massen

Zusammenbruch der Moral
2 Petrus 3,1–12

Auf praktisch jedem anderen Kanal, den ich sah, wurde mir der Beweis geliefert – in diesem Sekundenbruchteil, bevor das Bild wechselt –, dass unsere Gesellschaft den absoluten Tiefststand erreicht hat.

Ich bin weder naiv noch prüde. Aber heute habe ich Dinge gesehen, die ich mir nie hätte träumen lassen. Alle Hemmungen, alle Grenzen, alle Schranken waren aufgehoben. Es war eine Zusammenfassung aller Gründe, die den Zorn des Lammes heraufbeschwören. Sexualität, Erotik und Nacktheit sind schon seit langem ein einträgliches Geschäft. Doch selbst all diejenigen, die diese Dinge im Namen der freien Meinungsäußerung rechtfertigen oder sich gegen jede Zensur verwahren, wissen genau, dass sie nur den Leuten zur Verfügung stehen, die sich bewusst dafür entscheiden.

Vielleicht war es tatsächlich der Verlust unserer Kinder, der uns dazu bewogen hat, Gott nicht länger zu ignorieren, sondern ihn auf die schlimmste aller Arten anzuerkennen – nämlich indem wir ihm die Zunge herausstrecken, wütend unsere Fäuste ballen und ihm ins Gesicht spucken. Aber solche Perversionen und sämtliche in der Bibel aufgezählten Todsünden nicht nur gespielt, sondern wirklich dargestellt zu sehen, lässt uns mit einem Gefühl der Unreinheit zurück.

Meine Freundin verließ den Raum. Ich weinte. Es wundert mich nicht, dass sich viele von Gott abgewandt haben. Aber all diesen Niederträchtigkeiten ausgesetzt zu sein, die eine Folge davon sind, dass wir uns von Gott abgewandt haben, ist wirklich traurig und deprimierend. Brutale Gewalt, tatsächliche Folterungen und Morde werden in der Werbung voller Stolz angekündigt und können auf einigen Sendern 24 Stunden am Tag gesehen werden. Zauberei, Schwarze Magie, Hellseherei, Wahrsagerei, Hexen, spiritistische Sitzungen und Weiße Magie werden wie selbstverständlich als Alternativen zu allem anderen angeboten, außer zu etwas Positivem.«
(»Die Ernte«)

Eigentlich sollte man denken, dass alle, die am Ende der Trübsalzeit nach all den schrecklichen Ereignissen noch am Leben sind, vor Gott auf die Knie fallen und um Vergebung flehen werden. Denn der Sinn dieser strengen Gerichte liegt vor allem darin, dass Gott die Aufmerksamkeit aller nicht erlösten Menschen auf sich ziehen will, damit sie seinen Namen anrufen und gerettet werden.

Doch eine sorgfältige Analyse der Bevölkerungszahlen, die im Buch der Offenbarung genannt werden, lässt darauf schließen, dass nicht mehr als 25 % aller Menschen umkehren und sich Christus zuwenden werden. Die Mehrheit wird sich dagegen wehren, denn in der Bibel wird von ihnen berichtet: »Aber die Menschen, die nicht durch diese Katastrophen getötet wurden, änderten sich nicht. Sie hörten nicht auf, die Dämonen und Götzen aus Gold, Silber, Bronze, Stein und Holz anzubeten, diese selbst gemachten Götter, die weder sehen noch hören, noch gehen können. Nein, sie änderten sich nicht; sie hörten nicht auf zu morden, Zauberei und Unzucht zu treiben und zu stehlen« (Offb 9,20–21; Gute Nachricht).

Dabei handelt es sich um die gleichen Leute, die etwa in der Hälfte der Trübsalzeit jubeln und einander Geschenke schicken, um die Ermordung der beiden Zeugen zu feiern (Offb 11,10); die gleichen Leute, die den Namen Gottes lästern, weil er es ist, der die Verfügungsgewalt über solche Katastrophen hat, und »sie änderten sich nicht und wollten Gott nicht die Ehre geben« (Offb 16,9; Gute Nachricht); die gleichen Leute, die Gott wegen ihrer

Qualen und ihrer Geschwüre verfluchen, »aber sie hörten nicht auf mit ihren schändlichen Taten« (Offb 16,11; Gute Nachricht); die gleichen Leute, die Gott wegen des schrecklichen Hagels verfluchen (Offb 16,21); und auch die gleichen Leute, deren Sünden sich bis zum Himmel auftürmen und die Schuld haben am Tod der Propheten und aller Heiligen (Offb 18,5.24).

Mindestens 75 % aller Menschen, die während dieser unglaublichen sieben Jahre auf der Erde leben, werden ihren eigenen Willen mit dem Gottes messen und seine vielfältigen Angebote zu ihrer Rettung ausschlagen. Und darum werden sie schließlich das bekommen, was sie verdienen.

Die sieben Hauptsünden der Trübsalzeit

In Offenbarung 9, Verse 20 bis 21 werden die sieben Hauptsünden der Trübsalzeit aufgezählt:

1. Rebellion gegen Gott (»und sie bereuten nicht«)
2. Dämonenverehrung
3. Götzendienst
4. Mord
5. Zauberei (Drogen)
6. Sexuelle Unmoral
7. Diebstahl

Es ist interessant, diese Liste mit der zu vergleichen, die uns der Apostel Paulus im Brief an die Kolosser gegeben hat. Dort werden erwähnt: »Unzucht, Ausschweifung, Leidenschaft, böse Lust und die Habsucht. Habsucht ist so viel wie Götzendienst« (Kol 3,5–6; Gute Nachricht). Paulus erinnert dann seine Leser daran, dass all diese Verhaltensweisen Gottes Gericht nach sich ziehen werden.

Wir wagen zu behaupten, dass diese sieben Sünden – auch wenn sie erst in der Trübsalzeit nach der Entrückung der Gemeinde überhand nehmen werden – schon heute zu den vorherrschenden Sünden in unserer Gesellschaft zählen. Lassen Sie uns einen kurzen Blick darauf werfen:

1. Rebellion gegen Gott

Auflehnung kennzeichnet heute den Lebensstil vieler Menschen, sowohl in der Öffentlichkeit als auch im privaten Bereich. Regierung, Medien und Erziehungswesen räumen schonungslos mit allen Überresten unseres christlichen Erbes auf, die mit Gott, Gebet oder christlichen Werten zu tun haben. Seit über 50 Jahren werden der Glaube an Gott und der Gehorsam ihm gegenüber so behandelt, als seien sie keine Tugend, sondern eine Untugend, kein Plus, sondern ein Minus eines Menschen.

Die Regierung ist oft in kontroversen Diskussionen darüber verwickelt, ob man Steuergelder dafür verwenden darf, Kinder an staatlichen Schulen sexuelle Enthaltsamkeit zu lehren – obwohl sich das als einzig wirksames Mittel erwiesen hat, um die immer mehr um sich greifende Promiskuität einzudämmen. Säkulare Freidenker verlangen, dass der Staat unseren Kindern Kondome finanzieren und auch die Möglichkeit einer Abtreibung für sie sicherstellen soll, sollten sie dennoch schwanger werden. Da Enthaltsamkeit aber ein biblischer Wert ist, der auf die jüdische und christliche Religion zurückgeht, ist sie nicht mehr *up to date*. Eine solche von Vorurteilen behaftete Einstellung richtet nicht nur unsere Jugend zu Grunde, sondern sie zeigt auch die offene Auflehnung gegen den Willen Gottes und gegen seine Gebote.

2. Dämonenverehrung

Noch vor 20 Jahren wusste kaum jemand etwas über Teufelsanbetung. Das hat sich seither geändert. Satansanbeter werden in den Abendnachrichten häufig erwähnt, weil immer wieder satanische Rituale stattfinden, bei denen Menschen getötet oder verstümmelt werden. Auch die Beschäftigung mit Hexerei wird immer beliebter. Vor kurzem wurde in der amerikanischen Zeitschrift *Today* ein Bild veröffentlicht, auf dem 700 Hexen zu sehen waren, die, ganz in Schwarz und Besen schwingend, das Matterhorn herunterfegten.[1] Dazu kommen noch Astrologie, parapsychologische Literatur und viele andere okkulte Praktiken, die auf widergöttliche Quellen zurückgreifen. Obwohl der Mensch sehr daran interessiert ist, Einblick in seine Zukunft zu bekommen, lehnt er es oft ab, das Wort Gottes und den Heiligen Geist zu befragen, sondern wendet sich lieber dem Spiritismus, Tarot-Karten, Ouija-Brettern, dem Voodoo-Kult oder anderen dämonischen Praktiken zu. Und das wird sich in der Trübsalzeit noch steigern!

3. Götzendienst

Unerlöste Menschen haben einen inneren Widerstand, wenn es darum geht, an Gott zu glauben und ihn zu verehren. Stattdessen rufen sie nach »Hilfen zur Anbetung« – nach Gegenständen, die von Menschen hergestellt sind, angefangen von Bildern bis hin zu Reliquien und Ikonen. Kein Wunder, dass Lenin zu dem Schluss kam, der Mensch sei »unheilbar religiös«. Das Heidentum ist heutzutage nicht nur in rückständigen Ländern, sondern auch in der westlichen Welt weit verbreitet. Ist Ihnen aufgefallen, wie sehr die Verehrung der Muttergöttin Gaja zugenommen hat? In einem Park in Nashville, Tennessee, kann man neben der Kopie des Parthenons eine riesige Statue Gajas sehen. Für Menschen, die Christus ablehnen, ist es immer reizvoll, eine weibliche Gottheit zu verehren, die nicht richtet und stets liebevoll und vergebend ist. Sie würde nie Menschen wegen ihrer Sünden in die Hölle verbannen, ja in den meisten Fällen nicht einmal strafen. Sie will sie nichts als segnen – was von jedem Sünder bevorzugt wird, der Gott den Rücken zuwendet.

Es ist gar nicht so unwahrscheinlich, dass irgendwann eine Verschmelzung der feministischen Bewegung mit dem liberalen Christentum (samt seiner Neigung, die Bibel feministisch auszulegen) und der Verehrung dieser Muttergöttin stattfinden wird. Gleichzeitig versuchen viele Mitglieder der katholischen Kirche, den Papst zu überreden, dass er die Marienverehrung zum offiziellen Dogma erhebt. Maria soll dabei neben Jesus als »Miterlöserin« bezeichnet werden und das vierte Glied der Gottheit sein. Wahrscheinlich wird diese verdrehte Lehre nicht mehr aufzuhalten sein, sobald alle wiedergeborenen Christen entrückt sind und keinen Einspruch mehr erheben können. Der nächste Schritt, und das ist nur mehr ein winziger Schritt, würde dann darin bestehen, dass Gaja-Verehrer zu Marienverehrern werden. Vielleicht ist das der Grund, warum Babylon – das religiöse Tier aus Offenbarung 17, das mit einer Frau auf seinem Rücken gezeigt wird

– das Reich des Antichristen in der ersten Hälfte der Trübsalzeit beherrschen wird.

4. Mord

Zu den großen sozialen Problemen unserer Zeit gehört die steigende Zahl der Morde. Sie haben inzwischen erschreckende Dimensionen angenommen. Bob Vernon, der frühere Polizeichef von Los Angeles, sagt, dass viele Jugendliche keine Achtung mehr vor dem menschlichen Leben hätten. Man bedenke nur die zunehmende Anzahl von Mördern, die jünger als elf Jahre sind. Die gegenwärtige Rate von Gewaltverbrechen – fast 25 000 Morde jährlich allein in Amerika – trägt dazu bei, aus dieser einst christlichen Nation die größte Mördergrube der Welt zu machen. Dadurch verlieren alle zweieinhalb Jahre mehr Amerikaner ihr Leben als in allen zehn Jahren des Vietnamkriegs zusammen, so beklagenswert dieser Krieg auch war.

Wenn man die Einstellung unseres Staates zum Töten Ungeborener bedenkt, sollte es uns dann überraschen, wenn heute viele nach Sterbehilfe und dem legalen Töten der Alten rufen? Die Führer unserer Welt scheinen vergessen zu haben, dass das Leben ein Geschenk Gottes ist. Darum sollte auch er die alleinige Entscheidung darüber haben, wie lange ein Mensch lebt. Der Wert, den wir dem Leben der Schwächsten und Hilflosesten unter uns beimessen, ist ein guter Gradmesser für den moralischen Stand eines Volkes.

Es schaudert uns bei dem Gedanken an die Zukunft, wenn wir schon jetzt das menschliche Leben so gering schätzen. Wenn die Rebellion gegen Gott in der Trübsalzeit einmal hemmungslos entfesselt ist, wird diese Welt ein äußerst gefährlicher Platz sein. Kein Wunder, dass Gott in seiner Barmherzigkeit plant, diese Zeit »abzukürzen«.

5. Zauberei (Drogen)

Unser Wort »Pharmazie« wird von dem griechischen Wort abgeleitet, das auch als »Zauberei« übersetzt werden kann. In der Trübsalzeit wird uneingeschränkter Drogengenuss üblich sein. Aber auch heute schon ist der Genuss von Alkohol und Drogen sprunghaft angestiegen und außer Kontrolle geraten.

Drogen und Alkohol gehören für viele nichtgläubige Menschen selbstverständlich zum Leben hinzu. Für manche Bewohner dieser Erde wird sich also nicht viel ändern, wenn in der Trübsalzeit Drogen zu ihrem Alltag dazugehören – sie werden den Genuss lediglich intensivieren.

6. Sexuelle Unmoral

Egal, ob im Weißen Haus oder in den Kinos bzw. dem Fernsehen – heute ist es durchaus üblich, Enthaltsamkeit vor der Ehe und Treue in der Ehe nicht allzu ernst zu nehmen. Viele Schulen haben aufgehört, diese Tugenden zu lehren. Stattdessen werden Homosexualität und lesbische Sexualität, die jahrhundertelang als »Perversion« gegolten haben und in der Bibel als etwas »Unnatürliches«, das Gott »ein Gräuel« ist, sanktioniert.

Die sexuelle Revolution der 60er bzw. 70er Jahre hat aus der westlichen Welt einen sexbesessenen Sündenpfuhl der Unmoral gemacht ... so wie es in der Trübsalzeit sein wird. Viele juristische Entscheidungen haben aus dem illegalen Geschäft mit der Pornografie ein gesellschaftlich akzeptiertes Gewerbe gemacht, das in den 90er Jahren einen Jahresumsatz von zehn Milliarden Dollar einbrachte. Es ist schwer, sich vorzustellen, dass sexuelle Unmoral noch schlimmer werden kann, als sie es bereits ist – aber sie wird es!

7. Diebstahl

Abgesperrte Gemeindebezirke und Sicherheitsvorkehrungen gehören heute in den USA, aber auch anderen Nationen, wie selbstverständlich zum Leben hinzu. Warum? Weil Diebstahl immer mehr zunimmt. Ich kann mich noch gut an eine Zeit erinnern, als ich im Süden Kaliforniens lebte. Die Haustür stand immer offen und ich konnte meinen Schlüssel im Auto stecken lassen. Heute sind die Fenster dort vergittert, und die Einwohner müssen ein Lenkradschloss anbringen, damit ihre Autos nicht gestohlen werden.

Diebstahl gilt heute oftmals als Kavaliersdelikt und wird auch bis zur Trübsalzeit nicht mehr von uns weichen – obwohl es unter dem Antichristen, der alles ablehnt, wofür Jesus Christus steht, noch viel schlimmer kommen wird.

In der Trübsalzeit wird gut zu böse und böse zu gut werden. Tugend wird etwas »Gefährliches« sein, denn Unmoral wird nicht nur allgemein üblich, sondern auch offiziell gutgeheißen werden.

Aber werden die Verhältnisse *wirklich* anders sein als heute? Die sieben Sünden, die in der Trübsalzeit besonders ins Auge stechen, sind bereits heute die Sünden, die am häufigsten begangen werden! Was die Sündenpraxis angeht, ist die Welt schon bereit, unter dem Antichristen zu leben. Das Einzige, das noch aussteht, ist die Entrückung seiner Gemeinde, die heute dem falschen Verhalten unserer Gesellschaft noch etwas entgegenzusetzen hat.

Eine zweite Meinung

Im Bereich der Medizin ist es klug und weise, die Meinung eines zweiten Arztes einzuholen, wenn etwas Schwerwiegendes diagnostiziert wird. Das ist auch hier keine schlechte Sache. Darum empfehlen wir, dass Sie bei Paulus nachlesen, was er über Gesellschaft und Kultur der »letzten Tage« zu sagen hat und ob sich diese Dinge noch verschlechtern werden:

> »Du musst wissen: In der letzten Zeit vor dem Ende der Welt stehen uns schlimme Zustände bevor. Die Menschen werden selbstsüchtig, geldgierig, prahlerisch und eingebildet sein. Sie werden Gott lästern, ihren Eltern nicht gehorchen und vor nichts mehr Ehrfurcht haben. Sie sind undankbar, lieblos und unversöhnlich, verleumderisch, unbeherrscht und gewalttätig, sie hassen das Gute, sind untreu und unzuverlässig und aufgeblasen vor Überheblichkeit. Sie kümmern sich nicht um das, was Gott Freude macht, sondern suchen nur das, was ihre ei-

gene Lust vermehrt. Sie geben sich zwar den Anschein der Frömmigkeit, aber von der wahren Lehre, von der Kraft, aus der echte Frömmigkeit lebt, wollen sie nichts wissen. Halte dich von diesen Menschen fern!
Aus diesen Kreisen kommen nämlich die Leute, die sich in die Häuser einschleichen. Sie versuchen gewisse Frauen für sich zu gewinnen, die mit Sünden beladen sind und von allen möglichen Leidenschaften umgetrieben werden, solche, die immerzu lernen wollen und doch nie zur Erkenntnis der Wahrheit durchdringen können« (2 Tim 3,1–7; Gute Nachricht).

Beachten Sie die 18 Kennzeichen, mit denen Paulus eine Gesellschaft beschreibt, die sich im freien Fall befindet. Betrachtern der Geschichte entgeht oft, dass dieser Werteverfall erst seit dem Ersten Weltkrieg zu einem Bestandteil unserer westlichen Kultur geworden ist.

1. Selbstsucht

Als erfahrener Eheberater kann ich mit Sicherheit sagen, dass der massive Zerbruch von Ehen, den wir heute erleben, selten einen anderen Grund als Selbstsucht hat. Das ist die natürliche Folge davon, dass wir zwei Generationen lang unseren Kindern beigebracht haben, es sei völlig in Ordnung, sich selbst zu verwirklichen und den größtmöglichen Genuss aus dem Leben zu ziehen. Dieser Selbstsucht ist es zu verdanken, dass in Deutschland jede dritte Ehe geschieden wird, in den USA sogar jede zweite.

2. Geldgier

Wie viel ist genug? Viele Menschen haben niemals genug, sondern wollen ständig mehr haben – mehr Geld, mehr Wohlstand, mehr Anerkennung.

3. Prahlerei und Stolz

Zwei Wesenszüge, die Gott hasst (Spr 16,18), die aber heute voll im Trend liegen.

4. Gotteslästerung

Den Namen des Herrn zu missbrauchen ist heute alltäglich. Früher war diese Sprache höchstens beim Militär üblich, sie war in Kneipen oder auf dem Sportplatz verbreitet, aber sie gehörte nie zum guten Ton. Heute begegnet man ihr in Filmen, im Fernsehen und auch ganz normal im Alltag. Die Tatsache, dass Gott diese Art von Sprache missbilligt und davor warnt, dass er »jeden bestrafen [wird], der das tut« (Ex 20,7; Gute Nachricht), scheint Millionen von Menschen nicht im Geringsten davon abzuhalten, Gott weiterhin zu lästern.

Es ist schwer zu erkennen, welche Sprachmuster noch verändert werden müssen, damit sie in die Trübsalzeit passen. Stellen Sie sich vor, was geschehen wird, wenn die eine Gruppe, die den Namen Gottes und den seines Sohnes so gut wie nie missbraucht, plötzlich von der Erde verschwunden ist und nur die Gotteslästerer zurückbleiben!

5. Ungehorsam gegenüber Eltern

Eltern, die Gott nicht gehorchen, werden Kinder großziehen, die ihren Eltern nicht gehorchen. Kriminalität grassiert wie eine Seuche unter Jugendlichen und beunruhigt unsere Gesetzeshüter sehr, wenn sie über die kommende Generation nachdenken. Ein Polizeibeamter sagte uns, dass die Kriminalitätsrate bei Kindern und Jugendlichen (im Alter von 8 bis 15 Jahren) so schnell in die Höhe schießt wie in keiner anderen Altersgruppe.

6. Rebellion

Der Geist der Auflehnung hat auch in christliche Häuser Einzug gehalten. Gerade heute war von offizieller Seite zu hören, dass »70 % aller Jugendlichen, die in einer christlichen Familie aufgewachsen sind, ihren Glauben ablegen, wenn sie das Elternhaus verlassen«. Wenn das stimmt, dann ist diese Zahl in nur 20 Jahren um 25 % gestiegen. Musik und Liedertexte, die bei der heutigen Jugend beliebt sind, propagieren Auflehnung gegen Eltern, Polizei und jegliche Autorität. Die Bibel lehrt uns, dass Kinder zwar zur Torheit neigen, dass aber strenge Erziehung sie davon heilen wird

(Spr 22,15). Jugendliche sind von Natur aus rebellisch, aber unsere heutigen Sozialarbeiter und Soziologen versuchen Eltern davon abzuhalten, ihre Kinder zu strafen. Als Pastor habe ich entdeckt, dass es bei Kindern, die später als Erwachsene dem Glauben ihrer Eltern folgen, eine direkte Verbindung dazu gibt, ob sie als kleine Kinder ungehorsam und frech sein durften oder nicht.

7. Undankbarkeit

Rebellische Menschen sind erfahrungsgemäß auch undankbare Menschen. Deshalb geht es ihnen ja so schlecht. Ich habe noch nie einen undankbaren Menschen getroffen, der glücklich gewesen wäre! Die Bibel lehrt uns, dass wir Gott in jeder Lebenslage danken sollen (vgl. 1 Thess 5,18). Das führt zu einer Haltung der Dankbarkeit und trägt zu einem glücklichen Leben bei – wie immer die Umstände auch sind. Dies ist jedoch nicht die Haltung, zu der heute ermutigt wird. Stattdessen werden alle Benachteiligten dazu ermuntert, sich über ihr schlimmes Los im Leben zu beschweren, auch wenn es ihnen dabei wesentlich besser gehen sollte als ihren Vorfahren. Ist Ihnen schon aufgefallen, dass es keine Wartelisten für Leute gibt, die aus Amerika, Kanada oder anderen westlichen Ländern auswandern wollen? Es gibt jedoch lange Warteschlangen für alle, die einwandern möchten. Menschen sollten dazu ermuntert werden, unabhängig von ihren Lebensumständen Gott für seine Wohltaten zu danken, und sich nicht ständig darüber zu beschweren.

8. Unheiligkeit

Die Spuren einer von Satan inspirierten Missachtung Gottes und die Verehrung anderer Götter sind heute überall zu sehen. Die Verehrung der Natur ist eine unheilige Form des Pantheismus, der für seine Intoleranz gegenüber anderen Religionen bekannt ist. Wer das Okkulte verehrt, hat kein Interesse daran, ein heiliges Leben zu führen, so wie es die Bibel verlangt, sondern er tut das Gegenteil. Vermutlich trägt es zur heutigen Anziehungskraft des Okkulten bei, dass dabei der Unmoral Vorschub geleistet wird, die immer schon Bestandteil der heidnischen Religionen war, die heute den Westen überfluten.

9. Das Fehlen natürlicher Liebe

Es gehört zu den Grundlagen der jüdisch-christlichen Lehre, dass die Liebe zwischen den beiden Geschlechtern als etwas Wunderbares und Natürliches angesehen wird. Auch die Liebe der Eltern zu ihren Kindern und die Liebe der erweiterten Familie zueinander werden gleichermaßen als etwas »Natürliches« betrachtet. Wir leben heute in einer verdorbenen Welt im Sinne von Römer 1, die Gott, wie viele fürchten, an ihre Begierden und Ausschweifungen, die die normale Ordnung der Dinge auf den Kopf stellen, preisgegeben hat oder preisgeben wird (vgl. Röm 1,25–27). Homosexualität und lesbische Sexualität werden heute offiziell oft als »normal« angesehen. Promiskuität wird wie selbstverständlich vorausgesetzt. Mehrfache Scheidungen und Wiederverheiratungen, so sagt man, stehen in keiner Beziehung zur moralischen Integrität eines Menschen. Wir sind in jener unheimlichen Zeit angekommen, in der es Mütter gibt, die ihre Kinder aussetzen oder töten. Man weiß von Kindern, die ihre Eltern ermordet haben und dann von der Gesellschaft mit einer Rente versorgt werden wollten, weil sie Waisen sind. Eine unverheiratete Mutter brachte ihr eigenes Kind um, nachdem sie es im Badezimmer zur Welt gebracht hatte. Sie warf das Kind in den Mülleimer und kehrte auf die Tanzfläche zurück, um beim Abschlussball ihres Colleges bis zum Morgen durchzutanzen. Man könnte sagen, dass wir in einer Zeit leben, in der natürliche Liebe ein Fremdwort ist.

10. Vertragsbruch und Verleumdung

Man denke nur an Israel und das Oslo-Abkommen mit der PLO, oder an Russland, China und Nordvietnam, die ihre Verträge mit Amerika und dem Westen nicht einhalten – die meisten unter uns haben jedenfalls ihr Vertrauen in den Staat und unsere Politiker verloren. Die große Mehrheit der Bürger erwartet gar nicht mehr, dass sich Politiker an ihre schriftlichen Zusagen halten, geschweige denn an ihr mündliches Versprechen. Aber es ist nicht nur der Staat, der seine Abkommen und Vereinbarungen nach Belieben bricht, das trifft auch auf den privaten Bereich zu. Unsere Gerichte sind z. B. mit Klagen konfrontiert, weil Versprechen, die bei der Eheschließung gegeben wurden, nach der Scheidung nicht eingehalten werden. Wir sind eine prozesssüchtige Gesellschaft geworden, die sich damit brüstet, dass für je 300 Menschen ein Rechtsanwalt zur Verfügung steht.

11. Unbeherrschtheit

Das griechische Wort dafür lautet »Inkontinenz« und bedeutet »ohne Selbstkontrolle«. Obwohl wir in einer Gesellschaft leben, deren Grundlagen u. a. Selbstdisziplin, Fleiß und persönliche Integrität sind, sind wir heute zu einem Volk von Übergewichtigen, Alkoholabhängigen und sexuell Perversen geworden, die ihre Wünsche und Leidenschaften nicht zügeln können – ja es nicht einmal versuchen.

12. Gewalttätigkeit

Unsere Gesellschaft hat feindselige Züge angenommen, und zwar so sehr, dass keiner von uns sicher sein kann, ob er beschimpft, beleidigt oder sogar tätlich angegriffen wird, nur weil sich jemand durch das, was er gesagt oder getan hat, auf die Füße getreten fühlt. Straßenrowdies gehören heute zu den schlimmsten Problemen auf den Autobahnen, und das bezieht sich auf Männer und Frauen gleichermaßen. Als ich in Washington, D.C., lebte, war ich erstaunt, wie selten Autofahrer die einfachsten Höflichkeitsregeln beachten. Wenn jemand versucht, die Fahrspur zu wechseln, wird er geschnitten, sodass er die richtige Ausfahrt verpasst. In schlimmeren Fällen haben zornige Fahrer zu ihrer Pistole gegriffen und andere erschossen, nur damit sie ihren Platz im Verkehr behaupten konnten.

In der Ehe führen Wut und Feindseligkeit oft dazu, dass Ehepartner oder Kinder misshandelt werden. Die Polizei sagt, dass häusliche Konflikte zu den gefährlichsten Fällen gehören, zu denen sie gerufen werden. Wir sind auf dem besten Weg, zu einem Volk von »Gewalttätern« zu werden.

13. Geringschätzung

Esau hat einen schlechten Ruf, da er sein Erstgeburtsrecht verachtet und es für ein Linsengericht an seinen Bruder Jakob verkauft hat. Heute haben wir in unserer intellektuellen Elite eine ganze Subkultur, die Gott und seine Weisheit gering schätzt. Sie klammern sich nicht nur an menschliche Weisheit oder an die Weisheit dieser Welt, sondern verlangen auch von allen Übrigen, das sie dasselbe tun – nämlich unser geistliches Erbe zu verachten.

14. Untreue

Wer könnte leugnen, dass Verrat und Treulosigkeit in der westlichen Welt immer mehr zunehmen? Leute in einflussreichen Positionen verkaufen Staatsgeheimnisse, um Geld und Einfluss zu bekommen oder neuestens auch aus ideologischen Gründen. Wenn jemand in einer einflussreichen Stellung seinen eigenen Vorteil über die Loyalität zu seinem Land stellt und geheime Verteidigungsstrategien verrät, dann ist er oder sie ein Verräter – ein weiteres Zeichen dafür, dass das Ende immer näher kommt.

15. Unbesonnenheit und Selbstsucht

Wir sind zu einem Volk von selbstsüchtigen Egoisten geworden, die sich wenig Gedanken darüber machen, welche Auswirkungen unsere Entscheidungen auf den Rest unseres Lebens haben werden. Vor kurzem haben wir gelesen, dass die Staatsschulden der USA auf über sechs Billionen Dollar angestiegen sind. Zusätzliche Darlehen haben diesen Betrag weiter in die Höhe getrieben, einschließlich zwei Billionen Dollar, die nur für Zinsen mit einem übertrieben hohen Zinsfuß zu zahlen sind. Das ergibt einen Gesamtbetrag von mindestens 14 Billionen Dollar an Staats- und Privatschulden – und dennoch werden an der Börse täglich Milliarden von Dollars neu investiert. Die meisten Volkswirtschaftler sind der Meinung, dass wir eines Tages die Rechnung dafür werden zahlen müssen. Sie glauben, dass ein Börsenkrach, verbunden mit einer Wirtschaftskrise, unvermeidlich ist.

Man kann aber nicht nur auf wirtschaftlichem Gebiet beobachten, wie unbesonnen und selbstsüchtig Menschen sind. Die gleiche Einstellung zeigt sich auch darin, wie überaus unbekümmert und sorglos mit Sexualität umgegangen wird, und zwar sowohl in heterosexuellen als auch in homosexuellen Beziehungen. Man kann nur den Kopf darüber schütteln, dass es trotz der zahlreichen Krankheiten, die auf sexuellem Weg übertragen werden, einschließlich Aids, die einen unglaublich hohen Todeszoll fordern, immer noch so viele Menschen gibt, die meinen: »Mich wird es schon nicht treffen!« Bedauerlicherweise trifft es aber Millionen von Menschen.

16. Überheblichkeit

Das griechische Wort, das mit »Hochmut« übersetzt wird, könnte sinngemäß auch mit »überheblich«, »aufgeblasen« oder »arrogant« wiedergegeben werden. Ich werde nie aufhören, mich darüber zu wundern, dass Vertreter des säkularen Humanismus, dessen Scheitern in der Gesellschaft ein offenes Geheimnis ist, immer noch so selbstherrlich sind, sich das Recht anzumaßen, auch für andere Entscheidungen treffen zu wollen. Wir wollen damit nicht entschuldigen, dass wir, die wir an der Lehre der Bibel und an ihren Werten festhalten, vielleicht dogmatisch sind – aber wir sind es nicht auf Grund unserer eigenen Weisheit oder Autorität. Wir sind davon überzeugt, dass es für den einzelnen Menschen, die Gesellschaft und die Völker der Welt gut ist, den Geboten Gottes zu gehorchen. Immer wenn man nach diesen Geboten gelebt hat, wurden der Einzelne und die Gesellschaft auferbaut. Immer wenn sie missachtet wurden, hat das zu kulturellem und moralischem Verfall geführt.

Doch überhebliche Menschen, die oft Akademiker sind, bekämpfen moralische Lehren sehr dogmatisch und geben dem Humanismus mit seinen unmoralischen Praktiken den Vorzug. Nehmen Sie z. B. die jüngsten Äußerungen der Schauspielerin Jane Fonda. Diese hat eine gewagte Werbekampagne angekündigt, mit der sie den Gebrauch von Kondomen unterstützen und somit die Idee der Enthaltsamkeit in der Erziehung lächerlich machen will. Ausgehend von der Annahme, dass »80 % aller Jugendlichen häufig wechselnden Geschlechtsverkehr haben«, will sie dafür kämpfen, dass alle jungen Leute freien Zugang zu Kondomen bekommen. Und das, obwohl man weiß, dass Kondome Schwangerschaften weder sicher verhüten können noch ausreichenden Schutz vor Geschlechtskrankheiten bieten.

Diese Überheblichkeit erinnert mich an einen Professor, neben dem ich einmal auf einem Flug nach Amsterdam saß und der seit 40 Jahren einen Lehrstuhl für Politologie innehatte. Er war unterwegs zu seinem ersten Besuch in Russland. Er glaube daran, erklärte er mir, dass eine sozialistische Weltherrschaft für alle unterdrückten Völker von Nutzen sei und dass sich das Leben auf dieser Welt dadurch verbessern würde. Wir unterhielten uns angeregt, bis ich ihn fragte: »Herr Professor, wie können Sie annehmen, dass ein Weltsozialismus das Leben vieler Menschen verbessern wird, wenn Sie mir kein einziges Land der Welt nennen können, dem je durch den Sozialismus geholfen wurde?« Er wurde wütend und fauchte mich an: »Daran seid nur ihr Kapitalisten schuld! Der Sozialismus würde funktionieren, wenn wir ihn überall auf der Welt einführen könnten.« Diese Art von verblendetem, überheblichem und selbstherrlichem Denken ist das Letzte, was Studenten in unseren Hörsälen wirklich brauchen.

17. Streben nach der eigenen Lust

Wer könnte bestreiten, dass unsere Welt vergnügungssüchtig ist? Ob für Unterhaltungen im Stil Hollywoods oder für Sportveranstaltungen – Millionen von Menschen geben Geld für Dinge aus, die sie sich eigentlich gar nicht leisten können, und opfern dafür viel Zeit und Energie. Die ganze Welt scheint dem Vergnügen verfallen zu sein. Denken Sie nur an die Menschenmassen bei Rockkonzerten oder größeren sportlichen Veranstaltungen. Manche begeisterten Fans ziehen von einer Sportveranstaltung zur nächsten. Jerry Jones, der Besitzer der *Dallas Cowboys* und Vorstandsmitglied für den TV-Bereich der NFL, sagte einem Reporter der amerikanischen Zeitschrift *Today* vorher, dass es »bis zum Jahre 2002 17 neue Austragungsorte« geben wird. Das heißt, dass es statt 30 ganze 47 Footballteams geben wird.[1] Football ist zum amerikanischen Nationalsport geworden und hat die meisten Fernsehzuschauer. Da wir selbst Footballfans sind, ist uns klar, dass einem Anhänger mehrerer Sportarten nur mehr wenig Zeit bleibt, um daneben auch noch Ehemann oder Vater zu sein.

18. Das Fehlen der Kraft Gottes

In der Bibel heißt es, dass Gerechtigkeit ein Volk erhöht, aber die Sünde sein Verderben ist (Spr 14,34). In allen Völkern der Welt werden jedoch offiziell Praktiken geduldet, die nicht mit der Bibel im Einklang sind und ebenfalls nicht zum Besten ihres Volkes dienen. Das amerikanische Volk hat z. B. so viele ungeborene Kinder ermordet, dass wir uns dadurch nicht nur den Zorn Gottes zugezogen, sondern auch die soziale Sicherheit unseres Landes ins Wanken gebracht haben. Wir sind der Auffassung, dass sich Christen viel stärker in die politischen Belange ihrer Nation einbringen sollten, um positiven Werten Vorschub zu leisten.

Die Warnung des Apostels Paulus an die Kirche der letzten Tage

Es wäre falsch, diese Ausführungen zu beenden, ohne die ernste Warnung zu beachten, die von Paulus an die Kirche gerichtet wird. Viele unserer Nachbarn, Freunde und Verwandten leben auf genau die Art, die wir eben beschrieben haben. Obwohl es wichtig ist, sie mit dem Evangelium bekannt zu machen und es ihnen glaubwürdig vorzuleben, sagt Paulus dennoch, dass wir uns von diesen Menschen »fern halten« sollen. Warum?

Christen sollten darauf achten, sich nicht von dem Lebensstil der letzten Tage beeinflussen zu lassen. Um Menschen für Christus zu gewinnen, die für das Evangelium offen sind, ist es nicht nötig, so *wie* sie zu leben. Wenn die Welt rings um sie schließlich zusammenzubrechen beginnt, werden wir Gelegenheit haben, ihnen die Hoffnung und Hilfe anzubieten, die in Christus liegt. So wie in Noahs Tagen werden zwar viele die Warnung in den Wind schlagen und ihre Augen vor dem bevorstehenden Gericht verschließen. Doch manche werden an den »schlimmen Zuständen« erkennen, dass das Ende nahe ist und ihre Zuflucht zu der »sicheren Arche« nehmen, indem sie den Namen des Herrn anrufen!

Eine Wiederholung der Tage Noahs und Lots

Jesus hat prophezeit:

> »Wenn der Menschensohn kommt, wird es genauso sein wie zur Zeit Noahs: Die Menschen aßen und tranken und heirateten, wie sie es gewohnt waren – bis zu dem Tag, an dem Noah in die Arche ging. Dann kam die Flut und vernichtete sie alle.
> Und es wird auch genauso sein wie in den Tagen Lots: Sie aßen und tranken, sie kauften und verkauften, bestellten das Land und bauten Häuser, wie sie es gewohnt waren. An dem Tag aber, an dem Lot die Stadt Sodom verließ, fiel Feuer und Schwefel vom Himmel und vernichtete sie alle. Ganz genauso wird es an dem Tag sein, an dem der Menschensohn erscheint« (Lk 17,26–30; Gute Nachricht).

Die zwei schrecklichsten Perioden der Geschichte waren die Zeit Noahs unmittelbar vor der Sintflut und die Tage Lots. Die Menschen führten in beiden Fällen ein so zügel- und gottloses Leben, dass Gott sie ausrotten wollte. Zur Zeit Noahs war die ganze Welt in Sünde verstrickt; in den Tagen Lots waren es nur die Städte Sodom und Gomorrha.

Es ist aufschlussreich, dass Jesus das moralische Klima, in dem diese Menschen lebten, als Beispiel heranzogen hat, um uns vor dem Lebensstil zu warnen, den Menschen haben werden, kurz bevor er wiederkommt. Wir sind überzeugt, dass wir heute in einem moralischen Klima leben, das dem der Tage Noahs und Lots durchaus vergleichbar ist.

Wie haben diese Tage ausgesehen?

Schon ein flüchtiges Lesen von Genesis 6, Verse 1 bis 9 zeigt, dass die Menschen zur Zeit Noahs von Sex regelrecht besessen waren. Es wird sogar berichtet, dass »Gottessöhne« Töchter von Menschen als Frauen nahmen und mit ihnen Kinder zeugten. Aus dieser Verbindung ist das Geschlecht der Riesen hervorgegangen, die als »große Helden der Vorzeit« berühmt waren – zweifelsohne auch wegen ihrer Verderbtheit. Manche Fachleute gehen davon aus, dass mit »Nephilim«, dem hebräischen Wort für »Riesen«, nicht nur große Männer gemeint waren, sondern dass es sich auch auf übernatürliche Wesen, auf die Nachkommen von Engeln (»Gottessöhnen«) und Menschentöchtern, beziehen könnte. Was auch immer der Fall ist, das Wichtigste, das wir aus dieser Bibelstelle lernen können, besteht darin, dass ihr verdorbener Lebensstil Gott dazu veranlasst hat, die Sintflut über die Erde kommen zu lassen. Sie begingen vor allem drei unterschiedliche Sünden:

1. Sexuelle Perversion.
2. »Alles, was aus ihrem Herzen kam, ihr ganzes Denken und Planen, war durch und durch böse« (Gen 6,5; Gute Nachricht).
3. Sie lebten ihren Alltagstrott weiter, ohne die Konsequenz eines drohenden Gerichtes zu beachten.

Diese Leute »aßen und tranken und heirateten«. Mit anderen Worten: Sie ignorierten 120 Jahre lang, was Noah ihnen predigte, und übertraten die bekannten göttlichen Gesetze weiter, so als würde es keinen Tag der Abrechnung geben. Sie waren schuldig, weil sie trotz drohender weltweiter Gerichte ihr Leben nicht änderten – eine Sünde, die auch in unseren Tagen anzutreffen ist.

Sexuelles Fehlverhalten war für Menschen, für die Gott nicht mehr Teil ihres Lebens war, schon immer ein Problem. Prostitution ist mit einem Fluch belegt, solange sie in der Geschichte der Menschheit zurückverfolgt werden kann. Was von Gott als Mittel gedacht war, um die menschliche Rasse fortzupflanzen, hat schon immer unter dem Beschuss des Feindes gestanden. Gott hat Mann und Frau mit einem starken Sexualtrieb ausgestattet, der zu ihrer gegenseitigen Freude dienen sollte. Aber Menschen wurden dazu verleitet, diesen Trieb zu missbrauchen und in Promiskuität, Perversität und »sexuelle Verderbtheit« zu fallen.

Der gegenwärtige Zustand unserer Welt könnte genauso schlecht oder noch schlechter sein als in den Tagen vor der Sintflut oder in den Tagen Lots. Die häufigsten Sünden unserer Zeit sind sexueller Natur, angefangen bei vorehelichem Geschlechtsverkehr bis hin zu Ehebruch und Homosexualität. Das zeigt sich auch in den 50 Millionen (oder mehr) Abtreibungen, die jährlich weltweit vorgenommen werden, sowie in den rasch überhand nehmenden Geschlechtskrankheiten – Krankheiten, die kaum jemanden befallen, der sich hinsichtlich seiner Sexualität an die Gebote Gottes hält.

In der vergangenen Generation hat die Promiskuität dank Pornografie, die durch Zeitschriften, Filme, Fernsehen, Internet und Videos zunehmend Verbreitung gefunden hat, immer mehr zugenommen, Die jungen Menschen sind bei ihrem ersten sexuellen Kontakt immer jünger. Der äußerste Gipfel sexueller Perversion ist Pädophilie und sexuelle Belästigung von Kindern. Es wird geschätzt, dass solche Vergehen gegenüber Kindern um 300 bis 500 % zugenommen haben, seit der Oberste Gerichtshof in den USA 1972 Pornografie legalisiert hat. Pornografie trägt auch dazu bei, dass Männer und Frauen ständig von Sex verfolgt werden, oder, um es mit den Worten der Bibel zu sagen, dass sie »durch und durch böse« werden (Gen 6,5; Gute Nachricht). Hollywood hat eines der mächtigsten Kommunikationsmedien, das der Mensch je erfunden hat und das die Fähigkeit besitzt, Verstand, Gefühle und Willen des Menschen zu beeinflussen – den Film –, vielfach in den Schmutz gezerrt.

Scheidung, Homosexualität und Promiskuität werden gebilligt und erfolgreich von der moralischen Integrität eines Menschen losgelöst. Noch vor einer Generation wurden Männer oder Frauen, die ihrem Ehegelöbnis untreu wurden, auch als unzuverlässige Glieder der Gesellschaft betrachtet. Dieser Maßstab wird heute nicht mehr angelegt. Film und Fernsehen führen uns vier- bis sechsmal Geschiedene vor Augen, um deutlich zu machen, dass auch sie nur Opfer sind. Es sollte aber niemanden überraschen, wenn dabei die Ansicht vertreten wird, dass Ehe und sexuelle Treue heute überholt und Promiskuität (bzw. »Sex aus Liebe« oder »Sex zur Entspannung«, wie sie es nennen) sinnvoll und gut sei. Da Ehebrecher aber oftmals geschickte Lügner und Betrüger sind, sollte es niemanden wundern, wenn diese zur Selbstsucht neigenden Menschen auch auf anderen Gebieten lügen, betrügen und stehlen (wenn nicht noch schlimmer), um persönlich voranzukommen.

Homosexualität, die Sünde der Tage Lots

Die sexuellen Sünden von Sodom und Gomorrha zur Zeit Lots waren so ungeheuerlich, dass Männer voll Leidenschaft zu ihrem eigenen Geschlecht entbrannten und nicht einmal vor den Engeln Halt machten, die in Lots Haus eingekehrt waren.

Noch vor wenigen Jahren hielten die Menschen ihre sexuellen Neigungen geheim. Heute geben sich Homosexuelle öffentlich zu erkennen und fordern ihre Rechte. Welche »Rechte« verlangen sie? Das Recht zu heiraten, das Recht mit einem gleichgeschlechtlichen Partner zu schlafen, das Recht, an Schulen zu unterrichten, wo sie junge Leute beeinflussen können, das Recht, Kinder zu adoptieren, das Recht, im Militär zu dienen – und noch vieles andere. Aber es wird als Verbrechen betrachtet, wenn man versucht, sie zu warnen, oder sich dagegen ausspricht. Und wer einen Homosexuellen bei der Arbeitssuche benachteiligt oder ihm kündigt, ist ein Gesetzesbrecher! Die Gesellschaft hat die Ordnungen Gottes auf den Kopf gestellt. Vor wenigen Jahren noch stufte die Vereinigung Amerikanischer Psychologen Homosexualität als Geisteskrankheit ein. Heute wird Homosexualität von dieser Vereinigung gutgeheißen, und ihre Mitglieder werden angehalten, Homosexuellen nicht länger nahe zu legen, ihren sexuellen Lebensstil zu ändern.

Die Zukunft hat schon begonnen

Wir haben den Punkt erreicht, an dem es auch gesetzlich völlig in Ordnung ist, fast jedem sexuellen Drang nachzugeben, ohne Rücksicht darauf, welche Auswirkungen das auf Ehe, Familie, Kinder oder den menschlichen Körper hat, wie viel Leid es bewirkt oder zu wie vielen Selbstmorden es vielleicht führt. Das einzig »Verwerfliche« ist das Festhalten an traditionellen moralischen Werten.

Mit anderen Worten: Die moralischen Voraussetzungen, von denen im Buch der Offenbarung gesprochen wird, sind bereits gegeben. Wir leben bereits in Zeiten, die den Tagen Noahs und Lots gleichen – Tage, von denen Jesus prophezeit hat, dass sie wiederkommen würden, bevor auch er auf diese Erde wiederkommt. Vom moralischen Standpunkt aus gesehen, braucht *nichts mehr* zu geschehen, damit es zur Entrückung kommt.

Das Zeichen der Spötter

Wir sollten noch ein letztes charakteristisches Merkmal für das moralische Klima während der Endzeit in Augenschein nehmen: das Auftauchen von Spöttern.

Der moderne Skeptizismus geht auf den Empirismus von Descartes zurück, der die Menschen aufforderte, ihren Verstand zu gebrauchen. Eine absolute Gültigkeit von Gesetzen, Werten und Normen wird abgelehnt, ebenso alles An- und Eingeborensein bestimmter Ideen, Grundsätze u. Ä. im Menschen. Was er jeweils ist, sei er geworden durch Erfahrung, Gewohnheit, eventuell auch Erziehung. Folglich sei auch die Beobachtung gegenwärtiger Lebensabläufe ausreichend, um damit Ursprung und Entwicklung aller physikalischen und biologischen Naturgesetze erklären zu können. Das schließt natürlich eine göttliche Offenbarung katastrophaler Ereignisse aus, durch die Gott seine Geschöpfe richten wird.

Es ist faszinierend zu sehen, wie der Apostel Petrus, ein ungebildeter Fischer aus Galiläa, schon vor 2 000 Jahren das exakte Denkmuster voraussagte, das diese Spötter kennzeichnen wird. Er prophezeite Folgendes:

> »In der letzten Zeit werden Menschen auftreten, die nur ihren eigenen selbstsüchtigen Wünschen folgen. Sie werden sich über euch lustig machen und sagen: ›Er hat doch versprochen wiederzukommen! Wo bleibt er denn? Inzwischen ist die Generation unserer Väter gestorben; aber alles ist noch so, wie es seit der Erschaffung der Welt war!‹
> Sie wollen nicht wahrhaben, dass es schon einmal einen Himmel und eine Erde gab. Gott hat sie durch sein Wort geschaffen. Die Erde war aus dem Wasser aufgestiegen, und auf dem Wasser ruhte sie. Durch das Wort und das Wasser wurde sie auch zerstört, bei der großen Flut. Ebenso ist es mit dem jetzigen Himmel und der jetzigen Erde: Sie sind durch dasselbe Wort Gottes für das Feuer bestimmt worden. Wenn der Tag des Ge-

richts da ist, werden sie untergehen und mit ihnen alle, die Gott nicht gehorcht haben« (2 Petr 3,3–7; Gute Nachricht).

Petrus wies damals schon darauf hin, dass diese Spötter die Wiederkunft Christi in Frage stellen werden, weil die Generation der Väter gestorben ist, »aber alles noch so ist, wie es seit der Erschaffung der Welt war« (2 Petr 3,4).

Wenn eine weltweite Sintflut ausgeschlossen wird, so wie es viele Wissenschaftlicher machen, dann beseitigt man damit auch einen Beweis, dass Christus wiederkommen wird. Aber wenn es die Flut wirklich gegeben hat, dann wird Gott auch erneut die sündige Menschheit richten, und wir haben allen Grund anzunehmen, dass er tatsächlich als Richter wiederkommen wird. Wenn der Mensch akzeptiert, dass die Sintflut tatsächlich stattgefunden hat, ist er damit gezwungen, es für wahrscheinlich zu halten, dass Christus auch ein zweites Mal kommen wird.

Petrus hat in der Geschichte weit ausgeholt, um diesen Punkt zu veranschaulichen. Mit bestechender Logik entwickelt er einen Gedankengang, der manchen Gebildeten unserer Zeit zu scharfsinnig und schwer zu sein scheint. Er hebt fünf bedeutende historische Ereignisse hervor:

- *Die Schöpfung:* Gott ist der Schöpfer aller Dinge, auch des Menschen.
- *Der Sündenfall:* Kurz nach der Schöpfung entschied sich der Mensch dafür, Gott nicht zu gehorchen. Mit dieser Entscheidung verlor er seine Unschuld und ist in Sünde gefallen. Die Folge davon waren Tod, Krankheit und menschliches Elend.
- *Die Sintflut:* Die Sünde des Menschen hat solche Ausmaße angenommen, dass Gott alle – mit Ausnahme von acht Menschen – in der größten Überschwemmung, die es auf der Erde je gegeben hatte – der Sintflut –, vernichtete.
- *Das Leben Jesu Christi:* Jesus Christus kam als göttliche Opfergabe auf diese Erde, um für die Sünde des Menschen zu sterben und den Fluch der Sünde von ihm zu nehmen. Gleichzeitig bereitete er diesem damit auch ein zukünftiges Reich, in dem er sich seines unbegrenzten Segens erfreuen wird, so wie es der Schöpfer ursprünglich für ihn vorgesehen hatte.
- *Die Wiederkunft Christi:* Diese wird das nächste große Ereignis sein, das Gott für den Menschen plant.

Nach Petrus' Aussage sind die Spötter also vollkommen im Irrtum, wenn sie meinen, dass seit der Erschaffung der Welt alles gleich geblieben sei. Im Gegenteil, die Menschheit hat zwei große Einschnitte erlebt und ein dritter wird noch kommen. Den ersten Abschnitt, der durch die Sintflut begrenzt wird, nennt Petrus »die damalige Welt«. Die gegenwärtige Welt bezeichnet er als »jetzigen Himmel und jetzige Erde«, die für das Feuer bestimmt sind. Und im dritten Abschnitt, nach der Wiederkunft Christi, wird Gott einen neuen Himmel und eine neue Erde schaffen, die durch sein Wort (oder seine Kraft) aufrechterhalten werden.

Petrus macht deutlich, dass die gegenwärtigen Ordnungen nicht mit denen vor der Sintflut zu vergleichen sind, und gibt präzise Hinweise darauf, wie diese Welt beschaffen war. Wissenschaftler, die von unseren gegenwärtigen Bedingungen ausgehen, müssen deshalb unweigerlich zu falschen Schlussfolgerungen kommen.

Warum sind sie so verblendet?

Petrus nennt uns zwei Gründe, warum Spötter so blind sind. Der erste findet sich in 2 Petrus 3, Vers 5: »Sie wollen nicht wahrhaben.« Der Verstand eines Nichtchristen sträubt sich gegen die Einsicht, dass Gott in die Angelegenheiten des Menschen eingreift. Sein Problem ist geistlicher Natur – es ist eine Sache des Willens – und Ungläubige verschließen sich bewusst vor der Wahrheit.

Ein bedeutender Amerikaner, den ich tief bewundere, war einmal zu einem Vortrag in unserer Stadt eingeladen. Ich schrieb ihm einen Brief und lud ihn zum Frühstück ein. Während wir zusammen aßen, stellte ich ihm eine Frage, die mir sehr am Herzen lag: »Wie kommt es, dass jemand wie Sie, der dem liberalen Gedankengut auf dem Gebiet der Wirtschaft, der Politik, der Geschichte, der Philosophie und Bildung so erfolgreich entkommen ist, ihn auf dem Gebiet der Religion aber so bereitwillig schluckt?« Er erwiderte: »Diese Angelegenheit hat sich für mich schon vor 40 Jahren mit dem Thema der Herkunft des Menschen erledigt; ich glaube, dass der Mensch ein Produkt der Evolution ist.«

»Aber es hat doch erstaunliche Entdeckungen im Bereich der Geologie, der Anthropologie und in anderen Bereichen gegeben, die an der Evolutionslehre Zweifel aufkommen lassen«, entgegnete ich.

Mit unnachgiebiger Stimme wiederholte er: »Das ist kein Thema mehr für mich!« Hier war ein Mann, der in weltlichen Dingen Beweise sehr sorgfältig abwägen konnte, aber geistlichen Wahrheiten gegenüber blieb sein Verstand verschlossen. Liegt das Problem etwa an fehlenden Beweisen? O nein! Petrus kannte das Herz des Menschen sehr gut, als er sagte, dass es nicht verstehen *will!*

Alle Argumente dieser Welt – auch wenn sie wissenschaftlich begründet und rational sind – werden Menschen, die wie die Pharisäer zur Zeit Jesu nicht zu ihm kommen *wollen*, nicht überzeugen. Erst wenn solche Menschen persönlich an ein Ende kommen, fangen sie an, nach der wirklichen und endgültigen Wahrheit zu suchen. Zum Glück sind viele, die diesen Spöttern zum Opfer fallen, offen für die Wahrheit. Für diese Menschen sollten wir uns dem Heiligen Geist täglich zur Verfügung stellen, damit wir ihnen Gottes Verheißungen zusprechen können.

Petrus erwähnt noch einen zweiten Grund für die intellektuelle Blindheit der Spötter: Sie lassen sich von ihren Begierden leiten und folgen nur ihren eigenen selbstsüchtigen Wünschen (vgl. 2 Petr 3,3). Viele von denen, die einst auf der Suche nach Lust die »freie Liebe« propagierten, befürworteten dann auch den Gebrauch von Marihuana und riefen dazu auf, sich gegen die Gesellschaft aufzulehnen. Und dass diese auch dem christlichen Glauben ablehnend gegenüberstehen, ist kein Wunder.

Ich kann mich noch gut daran erinnern, als an der Universität von Los Angeles die ersten gemischten Studentenwohnheime errichtet wurden. Ich war so naiv zu sagen: »Diese Idee wird sich nicht durchsetzen; die Eltern der Mädchen werden protestieren.« Ich irrte mich sehr! Heute wird dieser unmoralische Lebensstil an praktisch allen Hochschulen und Universitäten geduldet (außer in den meisten christlichen Einrichtungen). Wer ist dafür zur Verantwortung zu ziehen? Die Eltern, die die Kosten tragen? Oder die Studenten? Nein, es sind diese gebildeten Spötter, die meinen, dass unsere Kinder nichts weiter als junge Tiere sind, denen man ermöglichen sollte, all ihre Triebe voll auszuleben – so wie es viele ihrer Professoren auch tun.

Es besteht kaum ein Zweifel daran, dass dies eine Zeit der Spötter ist. Noch nie waren sie so überheblich und frech. Es reicht ihnen nicht aus, ihre eigene Lust zu steigern und großzügig darüber hinwegzusehen, was Gottes Wort von uns fordert; nein, sie leben auch der kommenden Generation einen Lebensstil vor, der dem von Sodom und Gomorrha gleicht. Von ihnen hat Jesus prophezeit: »Weh euch Gesetzeslehrern und Pharisäern! Ihr Scheinheiligen [ihr Spötter]! Ihr reist um die halbe Welt, um einen einzigen Anhänger zu gewinnen, und wenn ihr einen gefunden habt, dann macht ihr ihn zu einem Anwärter der Hölle, der doppelt so schlimm ist wie ihr« (Mt 23,15; Gute Nachricht).

Unser moralischer Holocaust

Es war Professor Alan Bloom, der in seinem 1990 erschienenen Bestseller *The Closing of the American Mind* (»Das Ende des amerikanischen Geistes«) aufgezeigt hat, dass heute gerade die Gebildetsten unter unseren jungen Leute die Ansicht vertreten: »Moral ist eine überholte Sache!«

Diese populäre, aber falsche Denkweise hat bislang gültige Werte fast völlig abgelöst. Sie hat zur Folge, dass Millionen von Kindern ohne Vater aufwachsen und Millionen von Jugendlichen mit Krankheiten konfrontiert sind, die sie nicht hätten, wenn sie nach Gottes Maßstäben leben würden – was an Umstände erinnert, wie sie in der Bibel für die kommende Trübsalzeit beschrieben werden. Der »moralische Holocaust«, den wir zur Zeit erleben und der zweifellos auf der Grundlage einer Evolutionstheorie beruht, die Gott, die Schöpfung und alle moralischen Maßstäbe ablehnt, deckt sich genau mit dem Bild, das für die moralischen Verhältnisse der Endzeit prophezeit ist.

27. Die Rolle der Engel

Plötzlich hörte Rayford eine Stimme, die aus dem Wageninneren zu kommen schien. Doch das Radio war abgestellt, und er war allein, aber er konnte die Worte deutlich vernehmen: ›Wehe! Wehe! Wehe den Bewohnern der Erde! Noch drei Engel werden ihre Posaunen blasen!‹«
(»Apollyon«, S. 209)

An allen entscheidenden Stellen der Geschichte waren immer auch Engel an den Geschehnissen beteiligt. Sie waren da, als die Welt erschaffen wurde, denn »damals sangen alle Morgensterne, die Gottessöhne jubelten vor Freude« (Ijob 38,7; Gute Nachricht). Sie waren da, als Sodom und Gomorrha vernichtet wurden (Gen 19,1). Sie waren zugegen, als den Menschen das Gesetz gegeben wurde (Gal 3,9). Sie waren da in der Zeit der Richter (Ri 21), in der Zeit Davids (2 Sam 24,16), in der Zeit Elias (1 Kö 19,5) und Jesajas (2 Kö 19,35). Sie waren da bei der Geburt Jesu (Lk 2,8–14). Sie waren da, als Jesus in der Wüste auf die Probe gestellt wurde (Mt 4,11). Sie waren da im Garten Gethsemane, um ihn zu stärken (Lk 22,43). Sie standen am leeren Grab, um seine Auferstehung zu verkündigen (Mt 28,2), und sie waren da bei seiner Himmelfahrt, um anzukündigen, dass er wiederkommen wird (Apg 1,10–11).

Im letzten Jahrzehnt wurde viel Falsches über Engel verbreitet, ausgesprochene Torheiten bezüglich ihres Aussehens, ihrer Interessen und ihres Dienstes. Erlauben Sie diesen Ansichten aber nicht, die wahre Sicht der Engel und ihre schreckliche Rolle zu verdunkeln, die sie in der kommenden Trübsalzeit einnehmen werden. In dem Drama, das sich bald entfalten wird, wird ihnen eine der Hauptrollen zufallen.

Was sind Engel?

Der erste Punkt, mit dem wir uns beschäftigen sollten, ist die Identität der Engel. Wer oder was sind sie? Sind sie verklärte Tote, so wie es in vielen Büchern und Filmen dargestellt wird? Oder sind sie niedliche, pausbäckige Engelchen, die auf flauschigen Wolken dahinsegeln und vom süßen Nichtstun träumen?

Die Bibel präsentiert uns alles andere als solche verfälschten oder süßlichen Bilder. Sie stellt uns die Engel als mächtige »dienende Geister« vor (Hebr 1,14), die von Gott geschaffen wurden, bevor er das Universum ins Dasein rief (Ijob 38,7), damit sie ihn anbeten und ihm dienen (Hebr 1,6–7).

Engel unterscheiden sich voneinander bezüglich ihrer Macht, ihrer Größe und ihrer Funktionen. Manche von ihnen werden wie Gabriel vor allem dazu eingesetzt, eine Botschaft zu überbringen (Dan 8,16; Lk 1,26), während andere, wie z. B. der Erzengel Michael, mit einer besonderen Schutzfunktion beauftragt werden (Dan 12,1; Jud 1,9). Engel, die Cherubine genannt werden, stehen in enger Verbindung mit dem Thron Gottes (Ez 10,20), während eine andere Klasse von Engeln, Seraphine genannt, diesen Thron offensichtlich bewachen und zur Anbetung führen (Jes 6). Im Zusammenhang mit den Plagen, die während seiner Wanderung in der Wüste über das Volk Israel kommen, können wir von einem Engel lesen, der Tod und Verderben brachte (1 Kor 10,10). Und wir erfahren auch, dass »ein Engel des Herrn« 185 000 assyrischen Soldaten, die Jerusalem belagerten, den Tod brachte (2 Kö 19,35).

Gottes Engel sind mächtige, weise und dienstbereite Wesen, die den Willen Gottes rasch ausführen.

Nicht alle Engel sind gut

Die Bibel unterscheidet zwischen »heiligen Engeln« (Mk 8,38), die Gott dienen, und »Dämonen«, die Belzebub, dem Teufel, gehorchen (Mk 3,22). Dämonen sind gefallene Engel (Offb 12,4), die sich vor langer Zeit dazu entschieden haben, gegen Gott zu rebellieren und sich Satan in seinem unheiligen Aufstand gegen Gott anzuschließen. Einige dieser gefallenen Engel haben die Ordnungen Gottes auf so abscheuliche Weise übertreten, dass sie für immer in Ketten gelegt und bis zum Tag des Gerichts in die Dunkelheit verbannt wurden (Jud 1,6; 2 Petr 2,4). Anderen ist es erlaubt, die Erde zu durchstreifen, um nach Menschen zu suchen, deren Körper sie in Besitz nehmen können (Mt 12,43–45). Menschen, die von ihnen besessen sind, bekunden dies durch ihr Verhalten oder Krankheiten, wie z. B. in manchen Fällen Taubheit (Lk 11,14), Krämpfe (Mk 9,18), die Weigerung, Kleider zu tragen, oder das Verlangen, in Grabhöhlen zu wohnen (Lk 8,27).

Jesus hatte oft Zusammenstöße mit Dämonen, die er auch »böse Geister« nannte. Er trieb sie aus Besessenen aus (Lk 11,20) und verbot ihnen, seine göttliche Identität bekannt zu machen (Mk 1,34). In der Apostelgeschichte wird eine faszinierende Geschichte erzählt: Sieben Söhne eines gewissen Skevas, eines führenden jüdischen Priesters, versuchten im Namen »Jesu, den Paulus verkündet« (Apg 19,13), böse Geister auszutreiben. »Aber der böse Geist in dem Kranken erwiderte: ›Ich kenne Jesus und ich kenne auch Paulus. Aber wer seid ihr?‹ Der Besessene fiel über sie her und schlug sie allesamt zu Boden. Blutend und halbnackt mussten sie aus dem Haus fliehen« (Apg 19,15–16; Gute Nachricht).

In den Evangelien wird aber klar gesagt – und die Apostelgeschichte verdeutlicht dies noch –, dass diese gefallenen Engel Jesus in keiner Weise gewachsen sind. Matthäus berichtet, dass Jesus einer Schar von Dämonen befiehlt, einen Mann zu verlassen und in eine Schweineherde zu fahren. Bevor sie gehorchen, schreien sie: »Was hast du bei uns zu suchen, du Sohn Gottes? Bist du hergekommen, um uns schon vor der Zeit zu quälen?« (Mt 8,29; Gute Nachricht). In diesem Zusammenhang sagt der Apostel Jakobus zu seinen Lesern den folgenden erstaunlichen Satz: »Du glaubst, dass nur einer Gott ist? Gut! Das glauben die bösen Geister auch – und sie zittern vor Angst« (Jak 2,19; Gute Nachricht). Warum zittern sie? Weil sie ihr schreckliches Schicksal bereits kennen. Sie können keinen Moment vergessen, dass »das ewige Feuer, das für den Teufel und seine Engel vorbereitet ist«, auf sie wartet (Mt 25,41; Gute Nachricht).

Engel im Buch der Offenbarung

Im Buch der Offenbarung werden Engel, sowohl heilige als auch gefallene Engel, ganze 77-mal erwähnt. Wir begegnen ihnen in diesem Buch und in der Periode, die dieses Buch umfasst, als Handelnde, die verschiedene Aufgaben ausführen.

Oft wird uns ein heiliger Engel vor Augen gestellt, der etwas ankündigt:

> »Und ich sah einen mächtigen Engel, der mit lauter Stimme fragte: ›Wer ist würdig, die Siegel aufzubrechen und das Buch zu öffnen?‹ (Offb 5,2; Gute Nachricht).

> »Dann sah ich einen anderen Engel hoch am Himmel fliegen. Er hatte eine Botschaft, die niemals ihre Gültigkeit verlieren wird. Die sollte er allen Bewohnern der Erde verkünden, allen Völkern und Nationen, den Menschen aller Sprachen« (Offb 14,6; Gute Nachricht).

> »Dem ersten Engel folgte ein zweiter und sagte: ›Gefallen! Gefallen ist das mächtige Babylon, das alle Völker gezwungen hatte, den todbringenden Wein seiner Unzucht zu trinken!‹« (Offb 14,8; Gute Nachricht).

> »Ein dritter Engel folgte ihnen. Er rief mit lauter Stimme: ›Wer das Tier und sein Standbild verehrt und das Zeichen des Tieres auf seiner Stirn oder seiner Hand anbringen lässt, wird den Wein Gottes trinken müssen‹« (Offb 14,9–10; Gute Nachricht).

An anderen Stellen lesen wir von Engeln, die bestimmte Anweisungen geben oder etwas erklären:

> »Von dorther, wo die Sonne aufgeht, sah ich einen anderen Engel emporsteigen, er hatte das Siegel des lebendigen Gottes in der Hand. Mit lauter Stimme wandte er sich an die vier Engel, denen Gott die Macht gegeben hatte, dem Land und dem Meer Schaden zuzufügen, und sagte: ›Verwüstet weder das Land noch das Meer noch die Bäume! Erst müssen wir die

Diener unseres Gottes mit dem Siegel auf der Stirn kennzeichnen‹« (Offb 7,2-3; Gute Nachricht).

»Dann kam wieder ein Engel aus dem Tempel. Er rief dem, der auf der Wolke saß, mit lauter Stimme zu: ›Lass deine Sichel schneiden, und bringe die Ernte ein! Die Stunde für die Ernte ist gekommen, die Erde ist reif!‹« (Offb 14,15; Gute Nachricht).

»›Warum bist du so entsetzt?‹, fragte mich der Engel. ›Ich verrate dir das Geheimnis dieser Frau und das Geheimnis des Tieres mit den sieben Köpfen und den zehn Hörnern, auf dem sie sitzt‹« (Offb 17,7; Gute Nachricht).

Zu anderen Zeiten wird von Engeln berichtet, die in einen mächtigen Lobgesang Gottes ausbrechen:

»Dann sah und hörte ich Tausende und Abertausende von Engeln, eine unübersehbare Zahl. Sie standen mit den vier mächtigen Gestalten und den Ältesten um den Thron und riefen mit lauter Stimme: ›Würdig ist das geopferte Lamm, Macht zu empfangen, Reichtum und Weisheit, Kraft und Ehre, Ruhm und Preis!‹« (Offb 5,11–12; Gute Nachricht).

»Alle Engel standen im Kreis um den Thron und um die Ältesten und die vier mächtigen Gestalten. Sie warfen sich vor dem Thron zu Boden, beteten Gott an und sprachen: ›Das ist gewiss: Preis und Herrlichkeit, Weisheit und Dank, Ehre, Macht und Stärke gehören unserem Gott für immer und ewig. Amen!‹« (Offb 7,11–12; Gute Nachricht).

Es sind ebenfalls Engel, durch die Gott in der Trübsalzeit die meisten seiner Gerichte vollstreckt. Sie sind es, die auf den sieben Trompeten blasen, um die zweite Folge der göttlichen Gerichte anzukündigen; sie sind es, die schließlich die sieben Zornesschalen ausgießen. Es ist ein Engel, dem gesagt wird: »Lass deine scharfe Sichel schneiden, und schneide die Trauben am Weinstock der Erde ab! Sie sind reif!« (Offb 14,18; Gute Nachricht). Es sind Engel, die den Knechten Gottes »das Siegel des lebendigen Gottes« auf die Stirn drücken (Offb 7,2–3; 9,4). Es ist ein Heer von Engeln, das Satan und seine gefallenen Engel aus dem Himmel vertreibt und hinunter auf die Erde stürzt (Offb 12,7–9). Es ist ein Engel, der am Ende der Trübsalzeit vom Himmel herabsteigt, Satan ergreift, ihn bindet und für tausend Jahre in den Abgrund verbannt (Offb 20,1–2). Und Engel werden damit beauftragt, das neue Jerusalem für alle Ewigkeit zu bewachen (Offb 21,12).

Nach Aussage des Propheten Daniel fällt dem Erzengel Michael in der Trübsalzeit eine besondere Aufgabe zu: Er wird damit beauftragt sein, das Volk Israel zu schützen. Daniel schreibt: »Zu jener Zeit [...] wird der große Engelfürst Michael eingreifen und für dein Volk kämpfen. Es wird eine Zeit der Not und Bedrängnis sein, wie es sie seit Menschengedenken nicht gegeben hat. Aber dein Volk wird gerettet werden, alle, deren Namen im Buch Gottes geschrieben stehen« (Dan 12,1; Gute Nachricht).

Gott wird in der Trübsalzeit seine Ziele sogar durch gefallene Engel verwirklichen. Apollyon, der böse Engel aus dem Abgrund, wird beim Schall der fünften Posaune losgelassen, um ein Heer von Dämonen anzuführen, die wie Heuschrecken aussehen. Diese dürfen alle Nichtgläubigen fünf Monate lang quälen (Offb 9,1–11). Beim Gericht der sechsten Trompete werden vier gefallene Engel, die am Euphrat in Fesseln liegen, freigelassen, damit sie ein Drittel der Menschheit töten (Offb 9,13–15). Und kurz vor der Schlacht von Harmagedon werden drei böse Geister, »die wie Frösche aussehen«, aus den Mäulern des Teufels, des Tieres und des falschen Propheten hervorkommen, um die Könige der Welt für den Krieg »am großen Tag Gottes, des Herrschers der ganzen Welt«, zu sammeln (Offb 16,13–14). Bei all dem führen die gefallenen Engel nur den Willen Gottes aus. Sie haben nie die Freiheit, das zu tun, was sie selbst wollen.

Gott ist Herr über alles

Das Buch der Offenbarung führt uns auf erschreckende Weise vor Augen, wie mächtig Engel sind und welch übernatürliche Fähigkeiten sie haben, und das gilt sowohl für die Engel Gottes als auch für gefallene Engel. Aber sie erlauben uns nie, so von ihrem Glanz geblendet zu werden, dass wir darüber die wichtigsten Personen dieses Buches vergessen, nämlich den allmächtigen Gott und seinen Sohn Jesus Christus. Johannes war vom Anblick dieser mächtigen Engel zweimal so überwältigt, dass er vor ihnen zu Boden fiel, um sie anzubeten. Und zweimal wird er von dem Engel sofort eindringlich ermahnt:

> »Tu das nicht! Ich bin nur ein Diener wie du und deine Brüder, die als Zeugen durch Jesus bestätigt sind. Bete Gott an!« (Offb 19,10; Gute Nachricht).

> »Tu das nicht! Ich bin ein Diener Gottes wie du und deine Brüder, die Propheten, und wie alle, die sich nach den Worten dieses Buches richten. Bete Gott an!« (Offb 22,9; Gute Nachricht).

Bete allein Gott an! Ob wir mit dem Studium der Prophetie beschäftigt sind oder etwas anderes tun – das ist immer noch der beste Rat für uns alle.

Nachwort

Es ist später als je zuvor

Niemand weiß, wann Christus wirklich kommen wird und ob wir tatsächlich in der Endzeit leben. Wir glauben aber, dass wir, die wir heute leben, mehr als jede andere Generation vor uns Grund zu der Annahme haben, dass Christus noch zu unseren Lebzeiten wiederkommen kann. So stimmen z. B. alle Fachleute für Prophetie darin überein, dass es sehr wohl möglich ist, dass die Generation, die 1948 die Gründung des Staates Israel miterlebt hat, auch die Generation sein könnte, von der Jesus gesagt hat: »Ich versichere euch: Diese Generation wird das alles noch erleben« (Mt 24,32–34; Gute Nachricht). Mit anderen Worten: Bevor diese strategisch wichtige Generation von der Bühne verschwindet, wird nach unserer Ansicht auch die Welt, so wie wir sie kennen, zu Ende sein.

Wenn man alle »Zeichen der Zeit«, die sich in den vergangenen Jahrzehnten erfüllt haben, untersucht, kommt man unweigerlich zu dem Schluss, dass die Wiederkunft Christi sehr nahe sein muss. Dann können wir nach den Worten Jesu wissen, »dass das Ende unmittelbar bevorsteht« (Mt 24,33; Gute Nachricht). *Unsere* Generation hat tatsächlich triftigere Gründe als jede andere Generation vor ihr, die dafür sprechen, dass Christus noch während unseres Lebens wiederkommen kann. Ja, wir könnten tatsächlich in der Endzeit leben!

Dr. John Walvoord, von dem man sagt, dass er *der* Fachmann für Prophetie ist, erklärte auf einer Tagung über prophetische Themen:

»Ich habe mich mehr als 50 Jahre lang mit Prophetie beschäftigt, und obwohl es nicht möglich ist, für die Wiederkunft Christi ein bestimmtes Datum anzusetzen, habe ich doch den Eindruck, dass wir heute

in einer Zeit noch nie da gewesener Krisen leben, die man als eine Zeit der Vorbereitung auf das Kommen unseres Herrn interpretieren könnte. Wenn es je eine Zeit gegeben hat, in der Christen jeden Tag so leben sollten, als könnte Jesus jeden Moment kommen, dann ist es unsere Zeit.«

Dem können wir nur zustimmen. Wir hoffen, dass jeder, der dieses Buch liest, darauf vorbereitet ist, dass Jesus jeden Augenblick kommen kann; und dass sich keiner unserer Leser zu »schämen« braucht, wenn er kommt. Wir beten dafür, dass Sie bereit sind, wenn er kommt!

Es gibt eine Geschichte, die von einem kleinen Mädchen handelt, das eines Abends einfach nicht einschlafen konnte. Ihr Zimmer befand sich im oberen Stockwerk des Hauses und ihre Eltern saßen noch unten im Wohnzimmer und lasen. Das Mädchen ging nach unten und bat zuerst um ein Glas Wasser, dann um einen Keks, oder sie wollte wissen, wie spät es sei. Schließlich verloren ihre Eltern die Geduld und drohten ihr eine Strafe an, wenn sie nicht endlich schliefe und noch einmal stören sollte.

Da lag sie also, sah zur Decke hinauf und horchte auf das Schlagen der Standuhr unten im Wohnzimmer. Als es elf Uhr schlug, muss irgendetwas mit der Mechanik schief gelaufen sein, denn die Uhr schlug einfach weiter, während sie mitzählte: 12, 13, 14 ... Als die Uhr bei 18 angekommen war, schlug das Mädchen alle Drohungen in den Wind, sprang aus dem Bett, rannte hinunter und rief: »Mama! Papa! Heute ist es später, als es jemals gewesen ist!«

Das ist genau das, was auch wir zu Ihnen sagen möchten: Vom Standpunkt der Prophetie aus gesehen ist es heute später als je zuvor. Wir beten dafür, dass Sie jeden Tag so leben können, dass Jesus jeden Augenblick kommen kann. Denn es hat noch nie zuvor eine Generation von Christen gegeben, die mehr als wir damit rechnen musste, dass Jesus noch während ihres Lebens kommen kann!

Über die Autoren

Jerry B. Jenkins (www.jerryjenkins.com) ist Mitautor der Bücher der »Finale«-Reihe. Er ist der Verfasser von über 100 Büchern, von denen es vier auf die Bestseller-Liste der *New York Times* geschafft haben. Als ehemaliger Vizepräsident des Moody-Instituts in Chicago gab er jahrelang die Zeitschrift *Moody* heraus und schreibt heute immer noch in erster Linie für sie.

Seine Schriften sind in so unterschiedlichen Veröffentlichungen wie *Reader's Digest*, *Parade*, auf Flugblättern und in zahlreichen christlichen Wochenzeitschriften erschienen. Er schreibt Bücher in vier Literaturgattungen: Biografien, Sachbücher für Ehe und Familie, Kinderbücher und Romane für Erwachsene.

Jenkins' Biografien schließen neben vielen anderen auch Bücher über Hank Aaron, Bill Gaither, Luis Palau, Walter Payton, Orel Hershiser, Nolan Ryan, Brett Butler und Billy Graham ein.

Die bislang erschienenen Bände seiner apokalyptischen Romane stehen auf der Bestseller-Liste christlicher Buchverlage und der Bestseller-Liste von *Publishers Weekly* im Bereich Religion. Der erste Band der »Finale«-Reihe wurde von der *Evangelical Christian Publishers Association* (»Christliche Vereinigung evangelikaler Herausgeber«) 1997,1998 und 1999 zum Buch des Jahres gewählt.

Als Autor und Redner zum Thema Ehe und Familie war Jenkins oft Gast in Dr. James Dobsons Sendung *Focus on the Family* (Familie im Blickpunkt).

Jerry Jenkins ist auch der Erfinder von »Gil Thorp«, einer Comicfigur, die in den Zeitungen der Vereinigten Staaten weite Verbreitung gefunden hat.

Er lebt mit seiner Frau Dianna in Colorado.

Informationen zu seiner Vortragstätigkeit sind erhältlich über speaking@jerryjenkins.com.

Dr. Tim LaHaye (www.timlahaye.org), der die Idee hatte, den biblischen Bericht über die Entrückung und die Trübsalzeit in Romanform zu vermitteln, ist ein bekannter Autor, Pfarrer, Pädagoge und anerkannter Redner über biblische Prophetie. Er führt den Vorsitz der *Tim LaHaye Ministries* und ist Gründer und Vorsitzender des *Pre-Trib Research Center* (Institut zur Erforschung einer vor der Trübsalzeit liegenden Entrückung). Zur Zeit hält Dr. LaHaye in den Vereinigten Staaten und Kanada, wo seine neun Bücher über Prophetie sehr bekannt sind, auf vielen Tagungen Vorträge zum Thema.

Dr. LaHaye ist Absolvent der Bob-Jones-Universität und hat einen Doktortitel sowohl vom *Western Theological Seminary* als auch von der *Liberty University*. Er ist seit 25 Jahren Pastor einer der prominentesten Kirchen Amerikas in San Diego, die drei weitere Gemeinden gegründet hat. Während dieser Zeit hat er auch zwei anerkannte christliche Hochschulen gegründet.

Dr. LaHaye hat über 40 Bücher geschrieben, von denen mehr als elf Millionen Exemplare in 32 Sprachen Verbreitung gefunden haben. Er schreibt über so unterschiedliche Themen wie Leben in der Familie, Temperamente und biblische Prophetie. Sein Romanwerk – die »Finale«-Reihe, geschrieben von Jerry Jenkins – hat Platz 1 auf der christlichen Bestseller-Liste erreicht. Andere Werke von Dr. LaHaye sind u. a.: »Immer noch so schön mit dir« und die »Finale«-Reihe für Teens.

Tim LaHaye ist Vater von vier Kindern und Großvater von neun Enkeln. In seiner Freizeit fährt er gern Ski, Wasserski oder Motorrad; er spielt gern Golf, joggt und liebt es, mit seiner Familie Urlaub zu machen.

Anmerkungen

Alle Zitate aus den Romanen der »Finale«-Reihe entstammen den derzeit lieferbaren Ausgaben des Verlages Projektion J.

Kapitel 2

1. Thomas Ice und Timothy Demy: *The Truth about the Signs of the Times*. Eugene, Oreg.: Harvest House, 1997, S. 8.

Kapitel 4

1. M. R. DeHaan: *Signs of the Times*. Grand Rapids, Mich.: Zondervan, 1951, S. 49.
2. Ebd., S. 50.
3. Richard Lacayo: »The Lure of the Cult«. In: *Time*, 7. April 1997, S. 45.
4. Tim LaHaye: *The Beginning of the End*. Wheaton, Ill.: Tyndale House, 1972, S. 35–36.
5. Vgl. Jes 66,7–9; Jer 4,23–31; Hos 13,12–14; Mi 4,9–5,3.

Kapitel 5

1. John Walvoord: *Armageddon, Oil and the Middle East Crisis* (überarb. Ausgabe). Grand Rapids, Mich.: Zondervan, 1990, S. 105–106.
2. Die Propheten sprechen in der Tat von einer zweimaligen Rückkehr ins Land Israel. Die Juden werden zunächst als ungläubiges Volk zurückkommen, das dann in der Mitte der Trübsalzeit durch den Antichristen wieder außer Landes verwiesen wird.

Sie werden dreieinhalb Jahre später, wenn Christus wiederkommt, ein zweites Mal zurückkommen, aber diesmal als Gläubige, die bereit sind, zusammen mit dem von ihnen inzwischen akzeptierten Messias dessen Königreich in Empfang zu nehmen.
3. Arthur James Balfour: »The Balfour Declaration«, 30. Januar 1996. http: www.lib.byu.edu/~rdh/wwi/1917/balfour.html (21. Juli 1999).
4. Walvoord: *Armageddon*, a. a. O., S. 105–106.
5. Arnold Fruchtenbaum: *Footsteps of the Messiah*. Tustin, Calif.: Ariel Press, 1982, S. 445.

Kapitel 6

1. Patricia Klein, Rezension bei: Amazon.com 1998.
2. Robert L. Thomas, in: *The Expositor's Bible Commentary*, Bd. 11. Grand Rapids, Mich.: Zondervan, 1978, S. 321–322.
3. Ralph Earl, in: *The Expositor's Bible Commentary*, Bd. 11. Grand Rapids, Mich.: Zondervan, 1078, S. 371.
4. D. Huthrie/J. A. Motyer/A. M. Stibbs/D. L. Wiseman (Hrsg.): *The New Bible Commentary: Revised.* Grand Rapids, Mich.: Eerdmans, 1970, S. 1172.
5. Earl: *The Expositor's Bibel Commentary*, a. a. O., S. 411.

Kapitel 8

1. Tim LaHaye: *The Beginning of the End*, a. a. O., S. 65.
2. Zum genaueren Studium bezüglich Russlands: LaHaye, *The Beginning of the End*, a. a. O., S. 63–87.
3. Ebd., S. 80.
4. *The Intelligence Digest*, 19. September 1997.

Kapitel 9

1. Thomas Ice/Timothy Demy: *Fast Facts on Bible Prophecy*. Eugene, Oreg.: Harvest House, 1997, S. 186–187.
2. *Our Hope Magazine*, August 1950, S. 50.
3. Tim LaHaye: *No Fear of the Storm*. Sisters, Oreg.: Multnomah, 1992, S. 41–42.
4. Ebd., S. 42–43.
5. Ebd., S.45.
6. Grant Jeffrey: *Apocalypse*. Frontier Research Publication, 1992, S. 85–94.

Kapitel 10

1. Thomas Ice/Timothy Demy: *The Truth about the Last Days Temple*. Eugene, Oreg.: Harvest House, 1997, S. 29.
2. Ebd., S. 30.
3. Ebd.
4. Ebd.
5. Ebd., S. 32.

Kapitel 11

1. Charles H. Dyer: *The Rise of Babylon: Sign of the End Times*. Wheaton, Ill.: Tyndale House, 1991, S. 141.

Kapitel 12

1. Fruchtenbaum, *Footsteps of the Messiah*, a. a. O., S. 121–122.
2. Gleason L. Archer Jr.: »Daniel«, in: *The Expositor's Bible Commentary*, Bd. 7. Grand Rapids, Mich.: Zondervan, 1958, S. 113.

Kapitel 13

1. Peter und Patti Lalonde: *The Edge of Time*. Eugene, Oreg.: Harvest House, 1997, S. 92.
2. Eine vollständigere Liste des Heidentums ist zu finden in: Tim LaHaye: *Revelation: Illustrated and Made Plain*. Grand Rapids, Mich.: Zondervan, 1975.
3. *H du B Report* 40, Paris, Oktober 1997.
4. *Washington Times*, 12. Oktober 1997.
5. *Time*, 21. Mai 1965, S. 35.

Kapitel 14

1. Terry L. Cook: *The Mark of the New World Order*. Springdale, Pa.: Whitaker House, 1996, S. 203–204.
2. John Walvoord: *The Nations in Prophecy*. Grand Rapids, Mich.: Zondervan, 1976, S. 141.
3. Joseph Lam: *China: The Last Superpower*. Green Forest, Ark.: New Leaf press, 1996, S. 102–103.
4. Henri M. Morris: *The Revelation Record*. El Cajon, Calif.: *Institute für Creation Research*, 1983, S. –311.
5. Lam, *China*, a. a. O., S. 56.
6. Walvoord, *The Nations in Prophecy*, a. a. O., S. 142.

Kapitel 19

1. Dave & Jan Dravecky: *Do Not Lose Your Heart*. Grand Rapids, Mich.: Zondervan, 1998.
2. Ebd.

Kapitel 21

1. Merill C. Tenney: »John«. In: *The Expositor's Bibel Commentary*, Bd. 9. Grand Rapids, Mich.: Zondervan, 1981, S. 164.

Kapitel 22

1. *The Random House Encyclopedia*, überarb. 3. Ausgabe, siehe: »Goebbels, Joseph«.

Kapitel 25

1. Mark O'Keefe: »Christian Persecution: Widespread, Complex«. In: *Oregonian*, 25. Oktober 1998, A7. Im Verlag Schulte & Gerth ist ebenfalls ein äußerst aufschlussreiches und bewegendes Buch zum Thema Christenverfolgung erschienen: »Märtyrer heute. Eine Dokumentation zur weltweiten Diskriminierung und Verfolgung von Christen«. Asslar 1999.
2. Ebd., A1, A7.

Kapitel 26

1. *USA Today*, 13. Oktober 1997.